HISTOIRE DE LA GRANDE-BRETAGNE

AUTRES OUVRAGES DE

ROLAND MARX

en poche

La Grande-Bretagne depuis 1945, Paris, Seuil, Mémo n° 29, 1996.

La Société victorienne (en collaboration avec Monica Charlot), Paris, Armand Colin, collection U langues, n° 57, 1997.

collection tempus

ROLAND MARX
PHILIPPE CHASSAIGNE

HISTOIRE DE LA GRANDE-BRETAGNE

Perrin
www.editions-perrin.fr

ISBN : 978-2-262-02236-5

tempus est une collection des éditions Perrin.

AVANT-PROPOS

On ne trouvera pas ici une étude de tous les aspects du passé britannique : c'eût été impossible sous ce volume. Sa matière résulte d'une série de choix : à chaque étape de l'évolution historique du royaume d'Angleterre, nous avons voulu dégager ce qui nous a paru essentiel à une claire compréhension de la civilisation britannique passée et présente. Nous avons été obligé de négliger trop souvent l'évolution originale de telle ou telle région pourtant intégrée au Royaume-Uni, en particulier l'Écosse. Nous avons jugé pouvoir commencer l'étude au lendemain de l'occupation romaine. Nous avons privilégié l'époque contemporaine au lendemain de la Seconde Guerre mondiale, en pensant aux programmes et aux besoins des étudiants anglicistes. Nous regrettons le tout premier certaines lacunes et la place insuffisante accordée à mainte question. Nous voulons espérer que cette introduction à l'histoire de la Grande-Bretagne sera utile aux amateurs comme aux spécialistes.

PREMIÈRE PARTIE

UN ROYAUME LIÉ AU CONTINENT

Ve siècle-début XVIe siècle

Pointe extrême de l'Europe, bordée d'un Océan pratiquement infranchissable et, malgré les Vikings, resté mystérieux, la Grande-Bretagne a pendant longtemps été un prolongement du Continent : des Celtes, arrivés au cours du premier millénaire, des Romains, établis à partir de 55 et 54 avant J.-C. mais surtout de 43 après J.-C., aux envahisseurs anglo-saxons, puis scandinaves et normands, elle en a reçu ses habitants, ses cadres, ses institutions, ses techniques, son organisation, ses croyances ; à partir du XIe siècle, elle y a eu ses dépendances, et ses souverains ont pu rêver d'un grand Empire qui aurait englobé leurs possessions anglaises et une partie ou le tout de la France voisine ; ses échanges commerciaux et culturels se sont faits avec l'Est. Comme l'a si bien montré Lucien Febvre, le milieu ne détermine pas l'homme, mais lui offre des potentialités qu'il exploite à un moment donné de l'évolution sociale et technique. Pendant tout le Moyen Âge, l'Angleterre, entourée par la mer, n'a pas été un pays de marins et sa « vocation maritime » ne s'éveille que lorsque les grandes découvertes la placent sur les routes du commerce mondial. Ajoutons que, pendant toute cette période, elle n'a pas non plus été une île : le royaume dont nous étudions la destinée a une frontière terrestre à défendre au nord et la guerre écossaise est endémique.

De Rome, l'Angleterre avait reçu des routes, des villes — telle Londres — une culture et des institutions ; de cet héritage, les traces ont été, pour la plupart, effacées par les invasions barbares et le vieux fond celte n'a pas resurgi pour déterminer les aspects d'une nouvelle civilisation. Voilà qui justifie le point de départ d'une étude consacrée aux racines historiques de la civilisation britannique.

Chapitre 1

LA PÉRIODE ANGLO-SAXONNE

Du ve au xie siècle, les îles Britanniques connaissent le sort du continent européen tout entier. Ici, les vagues d'invasions germaniques, hongroises, musulmanes, scandinaves se succèdent et bouleversent l'organisation politique et sociale, transforment, en s'y adaptant parfois, la civilisation romaine et chrétienne. Là, Germains et Scandinaves se disputent la possession du sol, refoulent les vieilles populations celtes, imposent une civilisation nouvelle. À cette période troublée, qui s'achève avec Hastings et l'implantation normande, revient la gloire d'avoir créé une première littérature indigène en langue vulgaire. Celle-ci est une des rares sources qui permettent de connaître les aspects nouveaux de la vie sociale en Grande-Bretagne.

1. LA SUCCESSION DES INVASIONS

Plus que jamais entre le ve et le xie siècles la terre britannique est le lieu de violences et de désordres. La « paix romaine » avait toujours été troublée par les menaces des peuplades d'Irlande (les Scots) et d'Écosse (les Pictes). Les invasions germaniques et scandinaves sont pourtant sans commune mesure avec l'ancienne « guérilla ».

L'« adventus saxonum »

L'abandon de la province d'outre-Manche par les Romains crée les conditions favorables. Honorius, empereur d'Occident, serait responsable d'une décision prise vers 410, alors que la frontière du Rhin avait « craqué » quatre ans plus tôt, et que Rome était sous la menace directe des Goths d'Alaric qui allaient la piller la même année. Le départ des dernières troupes romaines a-t-il été soudain et définitif ? Des pièces romaines, découvertes dans la région de Richborough et frappées à une époque postérieure, ont pu en faire douter de même que la *Notitia Dignitatum* de 428, « annuaire » de l'administration romaine, qui inclut encore la « Bretagne ». Mais le fait lui-même et l'époque où il se situe sont certains.

Les envahisseurs

Les premiers envahisseurs sont les Angles, les Jutes et les Saxons. Leur établissement a été précédé, dès l'époque romaine, par des opérations de piraterie sur les côtes orientales de la grande île. Ils viennent de régions différentes, mais voisines : le Jutland, le Holstein, le Schleswig. Les deux premiers peuples ont été décrits au premier siècle par Tacite, les trois par Ptolémée le Jeune au siècle suivant. Leur expansion s'est faite progressivement vers l'ouest et c'est de Frise que semblent être venus les envahisseurs jutes. Les Angles et les Saxons, souvent confondus, ont de même occupé d'abord des régions de la Weser avant de passer dans la zone du Zuiderzee. Pression démographique, appât de terres riches et poussée de nouveaux peuples venus de l'est expliquent leur passage en Grande-Bretagne. Ils font preuve de hardiesse si l'on en juge par la qualité de leurs bateaux : de véritables barques d'une vingtaine de mètres de long, d'environ trois à quatre mètres de large, à l'étrave élancée, actionnées par une trentaine de rameurs ; embarcations instables, tout au plus capables de transporter environ quarante personnes dans les conditions les plus inconfortables.

L'arrivée des « Barbares » commence à une date mal établie. Vers 440 selon certaines sources, après 446 selon Gildas, confirmé par Bède. Les deux historiens s'accordent sur les circonstances des premiers établissements : suivant un exemple romain vieux de plus de deux siècles, des chefs celtes locaux auraient fait appel à des Saxons pour arrêter les incursions barbares ou les prévenir ; ils auraient eu recours à de véritables *foederati* et, à l'instar des Romains, auraient introduit « le loup dans la bergerie ». La révolte de ces alliés suspects aurait, vers le troisième quart du siècle, provoqué le grand *adventus saxonum*.

L'établissement

L'établissement des nouveaux venus commence dans la seconde moitié du ve siècle et se poursuit pendant cent cinquante ans. Le premier royaume barbare est instauré dans le Kent en 473 : c'est un royaume jute par ses chefs, mais les troupes barbares semblent avoir été d'origines diverses. L'établissement du Kent est le seul qui ait été marqué par la préservation de l'organisation romaine existante et par la formation d'une civilisation romano-barbare semblable à ce que l'on pouvait observer à la même époque dans la Gaule franque. Vers 477 les Saxons s'installent dans le Sussex, alors que les premiers Angles peuplaient la région de la Wash, au nord du Norfolk. C'est à partir de ces trois foyers que la pénétration vers l'intérieur s'est faite. Des découvertes archéologiques récentes semblent toutefois démontrer l'existence de fortes colonies saxonnes à la fin du ve siècle dans la région de la Wash et permettent de supposer que l'expansion des Saxons s'est faite à la fois à partir du sud et de l'est.

Elle est marquée par des combats sanglants contre les Bretons, par des violences et des rapines considérables.

La défense est parfois bien organisée et Gildas mentionne les hauts faits de deux héros : Ambrosius Aurelianus et le légendaire Arthur, qui réussissent pendant plus d'un demi-siècle à arrêter l'expansion vers l'ouest des Barbares au début du VIe siècle. La conquête de l'Ouest, liée à l'arrivée de nouveaux groupes saxons, est le grand fait de la seconde moitié du VIe siècle. Pendant que se développent, dans le Nord, les royaumes de Deira et de Bernicie, les Saxons, partis du Wessex et de la Wash, poussent vers le nord. Seuls l'extrême Ouest gallois et le Nord écossais échappent à l'emprise anglo-saxonne et peuvent garder leur originalité.

Le bilan

Les conséquences de cette première vague d'invasions sont difficiles à minimiser.

On ne connaît pas le nombre des nouveaux venus. Par rapport à la faible population locale, ils sont proportionnellement plus nombreux que les Barbares en Gaule ; mais, bien qu'accompagnés de leurs familles, souvent fort larges, ils représentent une minorité. Leur œuvre destructrice n'en est que plus impressionnante. Les envahisseurs, contrairement à nombre de peuplades barbares converties au moins à l'arianisme, sont encore des païens peu disposés à composer avec l'Église et à respecter les institutions chrétiennes. Armés de longues lances de trois mètres de long, d'arcs en bois ou d'épées, ils sont de redoutables guerriers, des aventuriers décidés à tout pour s'imposer.

Écoutons Bède raconter les premiers événements de la conquête à la fin du Ve siècle :

> « Rapidement, le feu, répandu par les mains de ces païens manifesta la juste vengeance divine des crimes des hommes... ; car les conquérants barbares... pillèrent toutes les cités et campagnes voisines, répandirent la conflagration de la mer orientale à l'occidentale sans rencontrer d'oppo-

> sition... Les prêtres furent partout mis à mort devant les autels ; les prélats et les fidèles sans aucun respect des personnes furent détruits par le feu et l'épée ; et il n'y eut personne pour enterrer ceux qui avaient été ainsi cruellement massacrés... »
>
> (*Historia Ecclesiastica*, L. I.)

Sauf dans le Kent, ils pillent ou détruisent la plupart des cités romaines qu'ils dédaignent comme lieux de résidence : Verulamium (St Albans) et Wroxeter sont complètement détruites ; ailleurs, la vie subsiste dans les ruines. La vie urbaine n'est rapidement plus qu'un phénomène sans importance et la rapidité du déclin contraste avec sa relative lenteur dans la Gaule franque.

La destruction du premier christianisme insulaire est également rapide. Répandu au IVe et au Ve siècle par des missionnaires venus de Gaule ou d'Italie, par d'autres d'origine britannique, mais formés sur le Continent (saint Patrick au Ve siècle), le christianisme avait fait des progrès relativement importants, surtout dans les centres urbains. La ruine des villes, des écoles, les massacres de prêtres, la dispersion des fidèles survivants, l'exemple des nouveaux cadres anglo-saxons expliquent l'anéantissement de l'Église. Dans des populations toujours attachées à de vieilles superstitions païennes, les résistances ont dû être faibles. Et les Barbares apportent, Beowulf le montre bien, avec le culte des dieux de la Nature, l'exaltation de la force et de la mort héroïque, fin suprême de l'homme.

Les migrations de population provoquées par l'arrivée des Barbares semblent avoir été considérables. Des régions entières sont désertées : le fait est attesté par la toponymie. Plaines et vallées attirent, en premier lieu, les envahisseurs et les populations indigènes fuient vers les hauteurs. Les montagnes de l'Ouest deviennent des zones-refuges où se développent des États celtes. Bède évoque ceux qui « le cœur plein de tristesse, fuirent au-delà des mers (vers l'Irlande et surtout l'Armorique) ;

d'autres qui, dans leur propre pays, menèrent une vie misérable au milieu des bois, des rochers et des montagnes ». Il n'y eut pourtant pas un renouvellement complet du peuplement. Le moine bénédictin fait aussi allusion à ceux qui « revinrent et se soumirent à l'ennemi en échange de la nourriture » ; beaucoup de Bretons restent sur place, sont parfois en majorité, c'est le cas dans les royaumes du Nord, en particulier en Bernicie. Les chroniqueurs sont toujours tentés d'exagérer massacres et nombre de fuyards. Mais souvent la conquête a bien revêtu un aspect sanguinaire.

Plus discutable est la destruction du vieil ordre économique qui est souvent évoquée. Le déclin des villes semble bien avoir signifié le dépérissement des échanges ; mais il est antérieur à la fin de l'occupation romaine ; et un commerce lointain subsiste ou reprend : le trésor de Sutton Hoo a paru prouver l'existence de liens avec l'Empire byzantin lui-même. Quant à la vie agricole, les conséquences des invasions font l'objet des controverses que nous analyserons dans la suite de ce chapitre.

En revanche, et on a là aussi une originalité de l'Angleterre par rapport au Continent, les vieux cadres de l'administration sont effectivement brisés, les lois romaines dédaignées, la langue latine éliminée.

Au total, il reste fort peu de choses du vieil héritage celte et romain.

Les invasions « danoises »

Pas plus que sur le Continent, la mise en place d'un monde nouveau n'a pu se faire dans le calme et l'ordre. Sans insister ici sur les querelles intestines ni sur les continuelles « guérillas » aux frontières du monde celte, il faut souligner la persistance d'un courant d'invasion. Aux Anglo-Saxons, succèdent les « hommes du Nord », les Scandinaves : les victimes de leurs « raids » les ont souvent qualifiés sans discrimination de « Danois ».

C'est au début du IXe siècle que commencent les incursions des « longues nefs » des Vikings : barques longues d'un peu plus de vingt mètres, mues soit à la rame soit à la voile, capables de transporter de quarante à soixante hommes à une vitesse d'une dizaine de nœuds, de faible tirant d'eau et donc susceptibles de remonter sans peine estuaires et fleuves. Les premiers envahisseurs sont des pillards, qui remontent l'Ouse jusqu'à York, la Tamise et un affluent jusqu'à Reading. Ils sèment la terreur, apparaissent invincibles : vers 862, à l'instar de Charles le Chauve vingt ans plus tôt, le roi de Mercie paie pour la première fois rançon afin d'obtenir leur départ.

Les établissements provisoires succèdent aux razzias intermittentes : en 851, dans l'île de Thanet, à l'embouchure de la Tamise, on a ainsi un premier campement durable. Ils s'installent aussi en Irlande, dans les Shetlands et les Orcades, dans l'île de Man. Peu à peu ils entrent en lutte ouverte avec les royaumes anglo-saxons : le Deira, l'East-Anglia, la Bernicie, la Mercie, le Wessex. Ils fondent des royaumes « danois » sur la côte orientale. Seul Alfred le Grand réussit à leur résister au cours d'un règne de près de trente ans (871-899).

À partir de 980, les incursions s'amplifient encore, marquées par des pillages et des incendies.

Lisons la *Chronique saxonne* à la date de 1010 :

> « Cette année après Pâques... ils débarquèrent à Ipswich et avancèrent en direction d'Ulfkytel et de ses forces... Bientôt les Angles de l'Est s'enfuirent. Le Cambridgeshire s'apprêta à une ferme résistance. Là furent massacrés Athelstan, gendre du roi, et Oswy et son fils, et Wulfric, le fils de Leofwin, et Eadwy, le frère d'Efy, et tant d'autres bons *thanes*, et des hommes sans nombre : la fuite commença d'abord à Turkytel Myrehead. Et les Danois prirent possession du lieu dans le carnage ; et là ils prirent monture ; et ensuite ils eurent la domination sur l'East-Anglia et trois mois durant ils ravagèrent et brûlèrent la

contrée ; et ils allèrent même dans les *fens* incultes, et ils détruisirent les hommes et les troupeaux... ; et ils incendièrent Thetford, et Cambridge... »

L'avènement de Canut en 1016 symbolise la victoire « danoise » et marque une volonté durable de domination. Elle entraîne aussi, pour peu de temps, l'intégration de l'Angleterre à un grand Empire nordique avec le Danemark et la Norvège.

Après 1042 et le rétablissement d'une dynastie saxonne, les incursions reprennent. La guerre est endémique et l'État anglais devient « une proie » guettée « au-delà de la Manche par les ducs français de Normandie..., au-delà de la mer du Nord par les rois scandinaves ». L'invasion de 1066 couronne une longue période de luttes épuisantes.

Les invasions « danoises », de plus en plus originaires en fait de la Norvège, ont des conséquences considérables elles aussi. Non pas tant sans doute sur le peuplement, bien qu'Asser ait pu parler pour 877 de la venue de dizaines de milliers d'hommes : « Le nombre de (ces hommes) croissait tous les jours de sorte que, si trente mille d'entre eux furent tués en une seule bataille, d'autres prirent leur place en nombre double. » Exagération manifeste d'un homme peu sensible à la vérité du nombre et désireux avant tout de souligner la valeur des victoires du roi Alfred. L'implantation a sans doute été surtout celle d'une aristocratie fortement minoritaire ; sa domination a entraîné la venue plus tardive (IXe siècle ?) d'immigrants de couches « populaires ». L'aristocratie scandinave supplante l'anglo-saxonne à partir du règne de Canut.

Plus graves sont les destructions opérées, qui deviennent le lot périodique des habitants toujours inquiets des lendemains. Marc Bloch a cité le testament du roi de Wessex, Éthelwulf, en 868 : il ordonne des aumônes nombreuses, à prendre sur ses terres, à condition qu'elles restent « peuplées d'homme et de bétail et ne (soient) pas changées en désert ». Des foyers de culture disparaissent, en particulier les monastères de Northumbrie, illustrées par les noms de Bède et d'Alcuin. Des royaumes s'effondrent, parfois au profit des irréductibles Celtes du Nord, qui peuvent ainsi réunir Édimbourg à l'Écosse. Toute une culture anglo-saxonne disparaît ou dépérit.

Plus positif se révèle l'apport scandinave dans la langue (*sky, fellow, low, to call, to take* et tant d'autres mots usuels doivent tout à leurs racines nordiques). La toponymie souligne l'importance de certains établissements dans le comté d'York et dans les régions bordières de la mer d'Irlande au sud de la baie de Solway. Sur les structures sociales, les institutions administratives et militaires, l'effet des invasions nordiques a été également constructif.

Ce qu'il faut retenir en conclusion, c'est que pendant six siècles, les peuples de la Grande-Bretagne ont vécu dans la peur, l'incertitude, le changement. C'est que les institutions et les genres de vie apportés par les uns et les autres ont toujours été précaires. Et que très souvent, les faits que nous trouvons établis au XIe siècle, et dont nous faisons les fondements de nos connaissances de l'Angleterre anglo-saxonne, sont le résultat d'une évolution heurtée et d'influences variables.

2. L'INSTABILITÉ DES ÉTATS

Du VIe au XIe siècle, la vie politique et administrative de l'Angleterre anglo-saxonne est faite de changements fréquents et marquée par la variation des cadres.

Les États

Issus de chefferies plus nombreuses encore, pas moins de neuf royaumes se partagent au VIIe siècle le territoire conquis sur les Celtes romanisés : la Bernicie et la Northumbrie sont au contact des peuplades les plus remuantes du Nord ; le Deira, la Mercie, l'East-Anglia, l'Essex, le Kent, le Sussex sont des unités relativement restreintes à côté du grand royaume du Wessex. Au VIIIe siècle, on a l'*Heptarchie* : Bernicie et Deira ont été réunis à la Northumbrie. Les souverains de certains royaumes ne tardent pas à conquérir une supériorité et un protectorat de fait sur leurs voisins : à la fin du VIIIe siècle, Offa, roi de Mercie, est qualifié de « roi d'Angleterre » et, au début du IXe siècle, la Mercie contrôle le Kent et l'East-Anglia ; en 825, Ecgbert, roi du Wessex, vainc Beornwulf, souverain de Mercie, et soumet la Mercie, mais aussi le Kent, l'Essex et le Sussex à son autorité ; il ajoute bientôt la Northumbrie à son domaine ; conquérant de la Cornouailles, Ecgbert est ainsi le souverain anglo-saxon le plus important avant les grandes attaques danoises, et son œuvre unificatrice peut être comparée à celle des Mérovingiens et des Pippinides en Francie. Ses successeurs peuvent ainsi mieux résister aux envahisseurs du Nord que la Bernicie et le Deira, promptement écrasés, de même que l'East-Anglia. À la fin du IXe siècle, Alfred, roi du Wessex, dispose encore de forces respectables. Les Xe et XIe siècles représentent la période la plus anarchique, marquée par des transformations fréquentes. En 1016, Canut réalise la première unité réelle d'une Angleterre exsangue. Cette histoire politique troublée explique les difficultés que rencontre l'historien désireux de décrire les institutions anglo-saxonnes. Même les limites géographiques des diverses entités politiques ont constamment varié en fonction de la force respective des rois au pouvoir. Du moins les Scandinaves, Canut en particulier, n'ont-ils jamais bouleversé l'organisation anglo-saxonne de l'État.

L'État anglo-saxon

Les rois sont en général des souverains héréditaires ; au pire, l'hérédité bénéficie à une même famille. L'élection semble avoir été ignorée après le VIIe siècle. Les rois sont au départ des chefs de guerre entourés des meilleurs de leurs compagnons d'armes, les *gesiths* ou *thegns*. Ils sont aidés, très tôt en Mercie et en Wessex, par le *Witenagemot* ou Conseil des « sages », assemblée purement consultative et judiciaire. Montesquieu faisait remonter à la Germanie les institutions parlementaires britanniques (« ce beau système a été trouvé dans le bois ») : rien ne prouve, bien au contraire, qu'on ait eu dans ce conseil l'embryon d'un parlement. La cour du roi est le lieu des décisions suprêmes. Au début descendants du dieu Woden, les rois deviennent, à la fin du VIIIe siècle, les oints du Seigneur chrétien et en tirent prestige et autorité.

L'aristocratie anglo-saxonne s'est vue attribuer, lors des conquêtes, à la fois de grands domaines et une autorité administrative locale. Dans les derniers temps de cette période, de véritables principautés territoriales sont, de plus, constituées au profit des *earls* qui usurpent nombre de droits souverains. On a là le résultat d'une évolution comparable à celle qui s'est produite aux IXe et Xe siècles sur le Continent et il est probable que, sous l'effet même des invasions et des désordres, les mêmes causes aient produit les mêmes effets ici et là.

Le gouvernement local a comporté normalement deux subdivisions d'intérêt judiciaire, militaire et fiscal, créées à des dates différentes. Les *hundreds* correspondent à un groupe de communautés villageoises de peuplement et d'étendue fort variables et leur origine, discutée, semble remonter aux invasions elles-mêmes. En revanche, c'est au début du Xe siècle, et probablement sous le règne d'Athelstan, que l'on voit systématiser les *shires* : la circonscription regroupe un certain nombre de *hundreds* et les premiers exemples sont présentés par le Wessex un siècle plus tôt. Dix *shires* nouveaux sont instaurés par Athelstan pour les territoires dépendants du Nord et de l'Est et ils englobent deux cents *hundreds* ; leurs limites correspondent parfois à d'anciens royaumes (East-Anglia) et la majorité va conserver les limites saxonnes jusqu'à nos jours (par exemple l'Oxfordshire, le Bedfordshire, le Northamptonshire, etc.) ; à la tête des *shires*, un ou plusieurs *ealdormen*, souvent issus de la famille royale, richement dotés en terres.

À la fin du xe siècle également, à un échelon très inférieur, apparaissent de nouvelles unités, les *boroughs*, qui correspondent à des villes comme Londres, York, Lincoln, Bristol et sont administrés par des officiers royaux.

Dans les régions de domination danoise (pays du Danelaw), on voit se développer au xe siècle, sous le couvert d'une suzeraineté théorique du roi anglo-saxon, l'institution des *sheriffs*, responsables de l'ordre et de la loi dans une zone pouvant correspondre à un ou plusieurs *shires*. L'institution est étendue aux terres saxonnes où les *sheriffs* sont subordonnés aux *ealdormen*.

Le système administratif reposait théoriquement sur une double base : l'aristocratie des *thegns* se voyait confier des responsabilités importantes de contrôle et de gouvernement aux divers échelons ; les hommes libres restaient de leur côté maîtres des décisions judiciaires et de la perception des impôts dans le cadre des cours de *hundreds*, puis de *shires*. L'évolution des institutions aboutit en fait à l'accroissement des pouvoirs de l'aristocratie qui, seule, est représentée bientôt dans les cours.

Concrètement, l'autorité des rois et des *thegns* a surtout dépendu du nombre de guerriers, de compagnons, de fidèles qu'ils ont réussi à conserver autour d'eux par le jeu de donations de terres ou par la prise en charge de leurs principaux besoins. Des liens d'homme à homme se sont noués, moins solides que sur le Continent, mais de plus en plus généralement répandus. Le *hlaford*, « lord », (« donneur de miches ») est le seigneur qui obtient des services en échange de l'entretien de ses hommes.

Mais, plus heureux que les souverains d'outre-Manche, les rois anglo-saxons ont pu conserver deux droits essentiels : le droit au service militaire de tous les hommes libres et le droit à l'impôt. On n'a pas vu avant la conquête normande une caste de guerriers accaparer le métier des armes : le moindre recours à la cavalerie en est sans doute l'explication ; à Hastings, l'armée saxonne est une infanterie. Par ailleurs, les incursions nordiques ont amené l'instauration, au IXe siècle, d'un impôt, le *Danegeld* : conçu d'abord pour payer les rançons exigées par les pillards « danois », il devient au XIe siècle une taxe permettant au souverain de recruter une armée plus sûre que celle des *thegns*. Son produit s'ajoute à celui des domaines, aux amendes judiciaires, aux taxes indirectes (douanes et péages).

La puissance publique a trois devoirs essentiels : la défense, la protection de la religion et la justice. Ce dernier est capital. Les lois qui sont appliquées sont des lois coutumières, transmises oralement, parfois codifiées et rédigées, surtout à partir du IXe siècle et de la renaissance alfrédienne. La personnalité des lois et la composition sont les deux grands principes de la procédure judiciaire ; la responsabilité familiale est engagée par les actes d'un membre du groupe (*kindred*). Les cours de *hundreds* et de *shires* sont composées des puissants du lieu et appliquent la loi coutumière. Le roi n'intervient qu'exceptionnellement dans son application et se décharge sur les seigneurs du soin de veiller au bon fonctionnement de la machine judiciaire.

Le déclin de la puissance royale est certain tout au long de la période. Il est moins accusé que sur le Continent. Il a été un moment arrêté par les vigoureuses mesures de Canut qui, en créant seize *earls* aux pouvoirs étendus, avait tenté de mettre fin à la dangereuse désagrégation de la souveraineté. Mais ces *earls* eux-mêmes deviennent redoutables pour la Couronne.

3. LE DÉVELOPPEMENT D'UNE ÉCONOMIE ET D'UNE SOCIÉTÉ RURALES

La période anglo-saxonne ne présente pas, sur le plan économique, une unité plus grande que sur le plan politique. L'activité rurale est le fondement de la vie économique ; mais on doit relever la persistance d'une vie commerciale et urbaine qui trouve un élan nouveau dans les trois derniers siècles.

Le monde rural

La majeure partie de la population est regroupée dans de petites communautés agraires aux dénominations fort diverses : en 1086, on parle de *tuns, townships, vills et manors*. L'origine de ces communautés est âprement discutée : les uns veulent y voir un résultat de la conquête et la libre association d'Anglo-Saxons arrivés sur le sol britannique ; d'autres leur attribuent une filiation romaine et en font les héritières des *villae*. Les uns voient dans la progressive subordination des paysans à un seigneur le résultat d'une évolution historique : usurpation de droits ou subordination volontaire des hommes libres à l'autorité d'un protecteur. Leurs adversaires retrouvent dans le « manoir » du XIe siècle la structure même du grand domaine romain. Quoi qu'il en soit, la communauté agraire se caractérise par un habitat groupé, la possession de terres collectives, l'existence d'usages contraignants, une structure agraire et des méthodes de culture identiques dans une même région. Il est moins sûr qu'elle ait été une cellule administrative de quelque importance.

Les hommes du village sont loin d'être égaux en droits : les hommes libres ou « *ceorls* » s'opposent aux « non-libres » : l'esclavage est resté très important dans l'Angleterre anglo-saxonne et ses rangs sont recrutés soit parmi les populations conquises et leurs descendants, soit parmi les prisonniers de guerre, ou encore parmi les condamnés et les débiteurs insolvables. Entre les hommes libres, les différences de conditions sont considérables et les sous-catégories nombreuses.

Les petits propriétaires coexistent avec les tenanciers des seigneurs. Ils habitent des villages qui, sauf dans le Kent, ont adopté des sites différents de l'époque romaine. Les maisons rectangulaires en bois se pressent le long d'une rue dans un alignement plus ou moins respecté. L'*openfield* entoure l'agglomération. Dans le Kent, on trouve cependant des hameaux et des fermes au milieu de terres d'exploitation. Des exemples analogues ont été décelés en Northumbrie.

Les terres des communautés villageoises sont généralement divisées en trois grandes soles, elles-mêmes subdivisées en nombreuses parcelles. Bois et pâturages s'ajoutent à ces soles. Une rotation des cultures entraîne l'alternance de céréales (avoine, orge, froment) et de la jachère, indispensable repos de la terre. Cultures de légumineuses et de vignes, élevage complètent les fondements de l'économie agricole. Les paysans sont en même temps des artisans et fabriquent les produits de base.

Les communautés villageoises sont de plus en plus passées sous le contrôle de seigneurs puissants, les *thegns*, mais aussi, après la seconde christianisation, les évêques et les abbés. Concessionnaires par chartes de grands domaines, mais aussi de droits militaires, fiscaux, judiciaires, les seigneurs ont pu progressivement exiger services et redevances ; pour obtenir leur protection, de petits propriétaires ont transformé leurs droits en simple possession héréditaire et sont devenus les tenanciers des puissants. Cette évolution est parallèle à celle qui se produit sur le Continent. Elle ne se fait pas partout au même moment ni au même degré et la documentation permet difficilement de la suivre dans le détail. Il est pourtant certain que le « manoir » normand, dont nous aurons à décrire le fonctionnement, n'a pas été une révolution, mais a parfaitement épousé une institution saxonne en plein développement. Les invasions scandinaves avaient davantage entraîné un renouvellement de l'aristocratie que modifié les bases de sa puissance.

Commerce et vie urbaine

On a longtemps cru que les invasions anglo-saxonnes avaient signifié la naissance d'une véritable « économie fermée », la fin de toute vie commerciale, la disparition de la plupart des transactions monétaires. Nous avons dit plus haut combien le dédain des conquérants pour les villes et le déclin de la vie urbaine semblaient corroborer cette opinion. S'il importe de garder à l'esprit l'image d'une société et d'une économie essentiellement rurales, des nuances sont à apporter aujourd'hui à ces conceptions trop sommaires.

Le maintien de relations lointaines, dès le VIIe siècle, est attesté par le trésor de Sutton Hoo : il contenait des vases de métal d'Alexandrie et de Constantinople, des monnaies franques, des armes scandinaves et on en a tiré la conclusion que l'aristocratie au moins continua à bénéficier de l'apport des marchandises extérieures. De la découverte de pièces de cuivre, les *minimi*, fabriquées au cours de l'époque post-romaine, des numismates ont voulu déduire que l'économie monétaire n'avait jamais réellement disparu. On fait état aussi du maintien d'une vie urbaine : les rois du Kent avaient élu leur capitale dès la fin du VIe siècle dans la vieille cité romaine de Canterbury. Les Saxons de l'Ouest se regroupaient de même autour de Winchester, et Londres est décrite par Bède comme « la métropole des Saxons de l'Est » et le rendez-vous « de nombreux voyageurs arrivant par terre et par mer ». La christianisation et la création des sièges épiscopaux rendent vie à d'autres anciennes villes romaines. Dès le VIIIe siècle, on relève des traces de la venue de marchands de Frise à Londres et York et des déplacements de commerçants anglais vers le Continent : plats d'argent, bijoux, soies, vins, épices sont échangés en Angleterre contre des étoffes de laine. Le roi Offa de Mercie demande, en 795, à Charlemagne la protection des commerçants anglais. L'importance des échanges n'en a pas moins dû être relativement médiocre.

Paradoxalement, ce sont les nouvelles invasions qui donnent un élan à la fois au commerce et à la vie urbaine. Elles entraînent, surtout à partir du règne d'Alfred, la construction de bourgs fortifiés qui sont souvent à l'origine des cités marchandes par la protection qu'elles assurent. Établis sur la côte sud-est, les « Danois » font profiter l'Angleterre des courants commerciaux établis de l'Atlantique au Turkestan par les navigateurs et les commerçants vikings, des métaux précieux aussi, fruits des razzias et part de la production des mines du Turkestan, puis du Harz. Pendant tout le Xe siècle, un atelier monétaire produit, à York, sous l'autorité danoise, puis saxonne, un numéraire abondant et de qualité. Les échanges s'amplifient et des agglomérations se transforment de simples villages en véritables villes : York double sa population en deux siècles, Norwich devient une ville prospère, Londres s'élargit sur la rive droite de la Tamise. De vieux sites romains sont rendus à la vie : c'est le cas de Chester. Les marchands venus d'Angleterre passent les Alpes et vendent en Italie armes, étoffes, fourrures. Des commerçants du Continent viennent vendre dans l'île des produits précieux, des vins, etc. Il faut, bien entendu, garder le sens des réalités et ne pas s'exagérer l'importance de ce renouvellement ; on ne peut cependant qu'en souligner la précocité relative.

Géographie de l'Angleterre saxonne

Le *Domesday Book* permet de tenter, à la fin de la période, une géographie rétrospective de l'Angleterre. Elle apparaît peu peuplée : un million et demi d'habitants peut-être, dont 90 % vivent à la campagne et bien peu dans de véritables villes. Londres a environ vingt mille habitants ; trois autres villes seulement dépassent le millier de maisons : York, Norwich et Lincoln ; Oxford et Thetford viennent à un rang encore honorable. Huit villes seulement auraient eu plus de deux mille cinq cents habitants. Plus d'un quart de la population est établi dans l'Est, entre Humber et Tamise. Le Sud et le Centre sont également favorisés. Dans le Nord, les densités sont extrêmement faibles. Les villages compacts l'emportent de loin sur l'habitat dispersé. Dans le Nord-Ouest, les villages établis par les « Danois » sont des villages de clairière dans des zones de défrichements récents. Les régions habitées et cultivées sont caractérisées par la juxtaposition des villages, entourés de l'*openfield*, et des forêts et prairies. Une grande partie du sol est encore couverte de landes et de forêts, de marécages aussi : on a pu l'estimer à la moitié de la superficie du pays.

L'Angleterre de 1066 est une « terre de colonisation » aux vastes espaces encore vierges.

4. CHRISTIANISATION ET CULTURE ANGLO-SAXONNE

L'évangélisation

La destruction de la première Église fait de l'Angleterre anglo-saxonne une terre de missions. La reconquête spirituelle s'accomplit à partir de deux foyers : Rome et l'Irlande.

À Rome, la décision essentielle est prise en 597 par le pape Grégoire le Grand. Il envoie une mission en Grande-Bretagne sous la direction de saint Augustin et lui confie le double objectif de convertir le pays et de rétablir une hiérarchie ecclésiastique. Augustin s'acquitte à merveille d'une partie de ces tâches en obtenant la conversion du roi du Kent, Æthelbert, marié à une princesse chrétienne d'origine franque, et en créant plusieurs églises, dont celle de Canterbury. Par contre, il ne peut pas dépasser les limites du Kent ni même imposer son autorité aux évêques bretons des zones-refuges et d'Irlande. Celle-ci doit son rôle aux initiatives de saint Colomban et des moines d'Iona ; contrairement aux catholiques de Galles et de Cornouailles, farouchement hostiles aux Anglo-Saxons, les Irlandais sont animés d'un zèle évangélique ardent ; séparés de Rome, ils prennent des initiatives à la même époque que Grégoire.

Au début du VIIe siècle, les résultats sont pourtant encore fort médiocres et surtout aléatoires, dépendant de la bonne volonté de souverains... et de leurs successeurs.

L'histoire de la christianisation est celle de succès plus ou moins éphémères, de brusques reculs, de défaites plus ou moins durables. Certains royaumes sont longtemps rétifs à toute conversion : c'est le cas de la Mercie de la première moitié du VIIe siècle. Par ailleurs, les succès des moines irlandais, en particulier dans le Nord, sont loin d'être des réussites de l'Église romaine. La réunion des Églises celtes et romaines est le fait de la seconde moitié du VIIe siècle, après des débats doctrinaux dont Bède, leur témoin proche, s'est longuement fait l'écho. C'est vers 685 que l'œuvre d'évangélisation des rois païens porte ses derniers fruits et qu'une Église peut enfin s'organiser et songer à la conversion de tous.

Église et culture

L'organisation d'un clergé séculier est relativement rapide : en 690, quinze diocèses sont constitués et pourvus d'évêques ; en 709, on en a dix-sept. En même temps, Théodore, archevêque de Canterbury, commence, dans les diocèses qui dépendent de lui, une grande œuvre de développement de paroisses, cellules indispensables d'une vie chrétienne généralisée ; elle est imitée ailleurs. De nombreux monastères bénédictins sont fondés, destinés à devenir les foyers essentiels de la culture chrétienne en Angleterre et les centres de formation des prêtres indispensables : Wearmouth, Jarrow, Frome, Bradford-on-Avon, etc., deviennent les centres célèbres d'une vie monastique ardente et vont fournir des missionnaires au Continent (tel Boniface, organisateur de l'Église d'Austrasie).

Le développement d'une nouvelle Église chrétienne a eu une influence profonde sur celui de la culture anglo-saxonne. L'Église apporte avec elle l'usage de l'écrit, le goût des études, la connaissance des vieux auteurs. Les monastères sont des centres d'étude mais aussi de copie et de conservation des écrits des Pères de l'Église, des auteurs grecs et romains. Toute une élite intellectuelle leur doit sa formation ; Alcuin, conseiller de Charlemagne et un des principaux auteurs de la renaissance carolingienne, a reçu toute son éducation à York et témoigne à la cour du roi franc, à partir de 782, des immenses progrès intellectuels réalisés en Angleterre.

La crise

Le IXe siècle marque une coupure, surtout dans les vingt années qui suivent la venue en 865 d'une « grande armée » danoise : la moitié des évêchés d'East-Anglia et de Northumbrie disparaissent, comme la plupart des monastères ; dans le Sud même, à Leicester, Dorchester,

Elmham, les listes épiscopales présentent des interruptions. Une part de fanatisme païen joue dans l'action des envahisseurs et certains rois d'York, dans la première moitié du xe siècle, se font les propagateurs de vieux cultes scandinaves.

Les efforts d'Alfred empêchent un déclin certain de devenir catastrophique et permettent au contraire une véritable renaissance religieuse et intellectuelle : création de plusieurs monastères nouveaux, fondation d'écoles, traduction en langue vulgaire d'œuvres latines. Il est imité dans la première moitié du xe siècle par Athelstan, grand législateur et protecteur de l'Église. Après 939, saint Dunstan fait de l'abbaye de Glastonbury un « Cluny anglais », dont l'esprit s'inspire d'ailleurs de l'exemple continental. Une réforme régulière fait renaître à la fin du siècle un grand enthousiasme pour la vie monastique.

Le xie siècle ne modifie pas cette situation, à nouveau favorable, de l'Église et de la culture : Canut en particulier s'affirme le protecteur de la foi et de l'Église et attache un grand prix à un pèlerinage qu'il accomplit en 1027 à Rome.

Le rôle de l'Église dans le siècle

Les immenses progrès de l'Église ont comporté pour elle des avantages matériels substantiels et lui ont valu une influence qui déborde le seul cadre intellectuel et religieux. Évêques et abbés sont de plus en plus nombreux dans le *Witenagemot* et entrent, dès leur création, dans les cours de *hundreds* et de *shires*. À la cour d'Athelstan à Colchester, en 936, on ne compte pas moins de trois abbés, quinze évêques et l'archevêque de Canterbury. L'Église reçoit des donations nombreuses. Elle obtient des bénéfices qui lui valent à la fois des terres étendues et, par les immunités accordées, des droits fiscaux et judiciaires ; les rois sont d'autant plus généreux que les évêques et les abbés leur doivent leur nomination et qu'ils leur sont en principe dévoués. Qu'il y ait eu, comme sur le Continent, des abus, est certain et attesté par la volonté de réformes du xe siècle. L'influence des gens d'Église n'en a pas moins été positive dans le domaine public et privé : ils ont poussé à la codification des lois et à leur rédaction, ils ont cherché à encourager la suppression de l'esclavage en présentant toute manumission comme un acte pie par excellence et ont parfois obtenu l'adoucissement des peines.

Il est impossible de réduire la vie culturelle à l'époque anglo-saxonne à ses seuls aspects et apports chrétiens et d'y rechercher la seule empreinte de l'Église : dans la littérature comme dans les arts, les réminiscences païennes, les influences nordiques et franques sont aisément discernables. Mais les influences chrétiennes ont certainement été fondamentales.

5. CONCLUSION : L'INFLUENCE DES APPORTS ANGLO-SAXONS ET SCANDINAVES

Entre le ve et le xie siècle, un certain nombre de faits ont influé sur l'histoire de la Grande-Bretagne et cela pour très longtemps :

— Langue et civilisation romaines ont partout péri et la renaissance du latin est le fait des gens d'Église. Les groupes de langue celte, refoulés ou assimilés, n'ont pas pu substituer leur parler au langage éliminé et seules des régions-refuges ont vu subsister le vieil héritage indigène.

— Une langue nouvelle, à laquelle l'apport nordique a été ensuite considérable, atteint à la dignité de langue de culture. Fait frappant : la diversité d'origine des envahisseurs des ve-viie siècles n'a pas eu pour résultat le développement d'une série de langues vernaculaires, ce qui peut s'expliquer par les mélanges nombreux entre des groupes ethniques sans doute moins distincts que ne le prétendait Bède le Vénérable.

— Un droit nouveau s'impose, d'origine germanique, mais remanié et complété par les plus grands rois anglo-saxons. Il repose en grande partie sur la solidarité des lignages et le principe de la composition.

— Le christianisme, éliminé une première fois, sort victorieux de l'épreuve et, malgré les controverses entre « Celtes » et « Romains », l'Église anglaise se rattache fermement au trône de Saint-Pierre.

— Des frontières durables sont nées : entre une Angleterre qui a trouvé son centre dans le Sud (Winchester, Londres) et les terres irréductibles d'Écosse et de Galles ; à l'intérieur même de l'Angleterre où les divisions administratives et ecclésiastiques vont souvent persister.

— Sauf à de rares moments, l'Angleterre est restée ouverte sur les mondes extérieurs ; elle en a reçu des hommes, des marchandises, mais aussi des idées et un savoir ; en contrepartie elle a exporté ses produits et le trésor d'une érudition retrouvée. Liée fortement au Continent, elle a bénéficié de l'esprit maritime de ses « hôtes » danois.

Au moment où l'invasion normande va bouleverser les structures sociales et entraîner une refonte des institutions politiques, nombre de traits de l'Angleterre anglo-saxonne apparaissent ainsi déterminants pour l'avenir.

Chapitre 2

LA NAISSANCE D'UNE NATION XIe-XIVe SIÈCLE

Victorieuse dès 1066, la dernière « invasion » signifie l'intrusion de l'étranger-accapareur dans toute l'Angleterre, entraîne une remise en question des institutions et des structures sociales, amorce le déclin d'une première culture « nationale ». Trois siècles plus tard, la fusion est faite ; un régime original en voie de développement, un sentiment patriotique déjà certain et une culture « anglaise » attestent la vigueur d'une nouvelle vie intellectuelle. Trois siècles pendant lesquels une nation se forme et prend conscience d'elle-même ; trois siècles pourtant qui voient le royaume d'Angleterre plus que jamais lié au Continent et solidaire de ses destinées.

1. L'ANGLETERRE AUX MAINS DE L'ÉTRANGER : LE RÉGIME FÉODAL ANGLO-NORMAND

La conquête normande

Une seule bataille décide du sort de l'Angleterre anglo-saxonne. À Hastings, elle n'oppose pourtant, de part et d'autre, qu'environ six à sept mille soldats. Deux hommes y affrontent leurs ambitions rivales : Harold, fils de l'*earl*

Godwin de Wessex, doit son trône aux nobles seigneurs du Sud qui l'ont imposé au *Witenagemot* en janvier 1066, à la mort d'Édouard le Confesseur ; il symbolise en sa personne la montée de l'influence des *earls* dont il a fait partie et sa désignation rappelle celle de Hugues Capet en France, soixante-dix-neuf ans plus tôt. Guillaume de Normandie est le plus puissant seigneur féodal français, il appuie ses prétentions sur une double reconnaissance de ses droits : par Édouard le Confesseur en 1051, par Harold lui-même, tombé en 1063 en son pouvoir au cours d'un voyage aux buts mal connus, et que la Tapisserie de Bayeux représente en posture de vassal acceptant les ambitions de son seigneur ; il a l'appui de la Flandre, de l'Empire, du pape. Un troisième candidat au trône a été éliminé moins de trois semaines plus tôt par Harold son vainqueur : le roi Harold Hardrada de Norvège. La bataille décisive du 14 octobre met aux prises une armée de fantassins qui mêle *thegns* et paysans et une armée féodale composée de seigneurs à cheval, combattant avec la lance et l'épée, et de soldats à pied, archers et frondeurs surtout. Après avoir balancé fort longtemps, la victoire revient aux Normands lorsqu'ils réussissent à faire descendre d'une butte inexpugnable les hommes d'Harold, ivres de premiers succès, et à les tailler en pièces par leur cavalerie. Mais plus que d'une tactique, le triomphe de Guillaume procède de l'affaiblissement prolongé de la monarchie anglo-saxonne : les *earls* indociles ont répugné à fournir les troupes indispensables ; le peuple, souvent hostile à la nouvelle aristocratie scandinave et les paysans surtout, de plus en plus subordonnés aux seigneurs, n'ont pas assuré la nombreuse et enthousiaste infanterie qui avait permis à Alfred le Grand de triompher du danger danois. Le duc de Normandie a bénéficié d'autre part de toutes les chances : l'épuisement des troupes d'Harold, tout juste victorieuses des Norvégiens, la neutralité de la faible monarchie capétienne, des vents favorables pour la traversée de la Manche au moment le plus opportun. « Pari effrayant » (S. Barrow), la conquête a été un succès étonnant. Le 25 décembre 1066, Guillaume, rallié par les principaux *earls*, semble y mettre le point final en devenant roi couronné selon les règles traditionnelles de la monarchie anglo-saxonne.

Ce couronnement traditionnel revêt une signification : Guillaume se veut au départ non un révolutionnaire, mais un continuateur. Il le prouve de surcroît en maintenant en place l'essentiel des cadres anglo-saxons. De toutes celles qu'avait connues l'Angleterre, l'invasion normande s'avérait ainsi la moins chargée de bouleversements. Les révoltes de plusieurs *earls*, une rébellion endémique, modifient le point de vue du conquérant et la généralité des historiens s'accorde pour donner aux années 1069-1070 l'appellation d'« années-tournant » : des révoltes dans le Yorkshire, en Mercie, dans le Wessex, les menaces scandinaves conduisent Guillaume à une vigoureuse politique de reprise en main, à des représailles dévastatrices, à une définitive méfiance envers l'aristocratie locale et au sentiment de la nécessité d'une solide infrastructure militaire. Les années qui suivent sont celles de l'instauration d'un régime féodal à la normande au seul profit des compagnons du Conquérant.

L'État nouveau

Le régime féodal normand était au XIe siècle l'un des plus rigoureusement organisés de l'Europe continentale. Il était, comme ailleurs, fondé sur la double notion de liens d'homme à homme et de dévolution de fiefs en échange de services. Une hiérarchie de guerriers professionnels était constituée par l'échange des hommages et serments de fidélité, par l'octroi par le supérieur à son vassal de terres indispensables à son entretien et à l'accomplissement de ses obligations : service d'ost ou militaire, fixé à au moins quarante jours par an, service de conseil, etc.

Au sommet de l'échelle, le duc de Normandie, à la base un groupe mal défini, les vavasseurs, aux obligations à la fois guerrières et roturières. Le groupe des vassaux détenait la richesse foncière et les guerriers étaient aussi des seigneurs bénéficiaires sur « leurs » paysans de droits étendus de justice et du pouvoir d'exiger des services variés. C'est ce régime que Guillaume décide d'étendre, en le systématisant, à son nouveau royaume.

Les bénéficiaires de l'opération sont d'origine variée. Des Bretons, des Flamands figurent dans l'armée du Conquérant. Dans un ouvrage posthume (1951), L.C. Loyd s'était attaché à rechercher « les origines de quelques familles anglo-normandes » : sur trois cent quinze familles étudiées, deux cent quatre-vingt-dix-neuf étaient pourtant d'origine normande : les pays de Bray et de Caux, le Bessin avaient fourni l'essentiel de ce « contingent ». Cent quatre-vingts grands vassaux (dont Eudes de Bayeux, Robert de Mortain, Geoffroy de Mandeville, etc.), les évêques et les abbés reçoivent des fiefs étendus pour lesquels ils doivent, selon des ordres de grandeur fixés dès le départ, le service personnel, mais aussi l'entretien de vassaux qu'ils sont tenus d'emmener pour le service d'ost. Au total, une armée de six mille chevaliers doit pouvoir être réunie : tous ne sont pas forcément investis d'un fief, mais la plupart, compagnons de la conquête ou tard venus appelés par leurs patrons normands sont plus ou moins rapidement pourvus d'une terre et leurs châteaux symbolisent en la consolidant leur occupation.

Les Normands, hommes de confiance de Guillaume, sont placés à la tête des grandes circonscriptions administratives avec le titre de comtes qui remplace celui d'*earls* (Eudes de Bayeux dans le Kent, Hugues d'Avranches à Chester) ; les seigneurs les plus puissants des divers comtés obtiennent les fonctions de *sheriffs*. Dans leurs seigneuries ou manoirs, les vassaux sont les justiciers.

Le roi, seigneur suprême, reçoit les serments d'hommage et de fidélité de ses principaux vassaux et est au sommet de la chaîne des engagements vassaliques. Il ne se contente pas pourtant d'être un suzerain. Désireux de rester aussi un souverain, il s'en réserve les moyens en maintenant le Danegeld, impôt permanent, en restant le principal propriétaire du royaume, dont il garde les trois cinquièmes sous son contrôle direct, en exigeant de tous les vassaux, en 1086, un serment de fidélité directement à sa personne. Bénéficiant à la fois des services et des redevances féodaux et des revenus et droits du souverain, il entend écarter les risques de désagrégation qui affectent tant d'États du haut Moyen Âge. Il reste, tels les rois anglo-saxons, un monarque de droit divin. Il gouverne avec l'aide de la *curia regis*, Grand Conseil qui réunit les principaux prélats et barons du royaume, tenus, par leurs devoirs féodaux, d'assister le souverain de leurs conseils et régulièrement réunis au moins trois fois par an ; il est plus directement assisté par le « Petit Conseil » de ses collaborateurs les plus proches : le chancelier, chargé de l'expédition des actes, de la préparation et de l'interprétation des lois, les « maîtres » de la Trésorerie (*Exchequer*), les grands officiers de sa cour.

Vingt années après Hastings, l'Angleterre est aux mains de l'étranger. L'élite anglo-saxonne a été partout écartée, à quelques rares exceptions près, par une aristocratie étrangère. En 1086, le *Domesday Inquest*, effectué pour permettre au souverain de connaître avec exactitude la répartition des richesses et la capacité fiscale et militaire des nouveaux fiefs, atteste la réalité du changement. Conquise par Guillaume, l'Angleterre a été colonisée par les Normands.

2. FUSION DES GROUPES ET HIÉRARCHIE SOCIALE

Vers une nation nouvelle

À la fin du XIe siècle, les classes dirigeantes sont séparées du reste de la population et la langue parlée ajoute une barrière supplémentaire entre maîtres et sujets. La fusion s'avère d'autant plus difficile qu'elle doit se faire au niveau le plus élevé, l'apport normand dans les bases couches de la société étant négligeable.

Sur le plan linguistique, l'évolution a été très progressive. Le français, et naturellement le latin, restent longtemps les langues de l'élite sociale et cultivée. Le français est la langue de l'administration, le « véhicule » d'une littérature continentale longtemps appréciée de l'aristocratie. Les nécessités du gouvernement et de la vie religieuse ont pourtant, très tôt, imposé la connaissance de la langue populaire aux maîtres venus de l'étranger ; l'impossibilité d'exprimer toutes les réalités nouvelles en vieil-anglais a de même conduit les « anglophones » à introduire dans leur vocabulaire des mots français. Essentiellement changeante et évolutive, une langue traditionnelle ne peut que s'appauvrir de termes désuets et devenus inutiles, s'enrichir de vocables nouveaux. La fusion sociale, dont nous allons reparler, n'a pu que hâter un processus qui mène, vers le XIIIe siècle, au développement d'une langue qui n'est plus le vieil-anglais et qui conduit directement à l'anglais moderne. Cette mutation linguistique est un facteur essentiel de la fusion des groupes ethniques. Le XIVe siècle, le « siècle de Chaucer », marquera le triomphe de la langue nationale.

La fusion résulte par ailleurs des caractères originaux de l'élite anglo-normande. On a souvent insisté (Marc Bloch en particulier) sur la différence entre les noblesses du Continent et l'aristocratie britannique. Là, un groupe à l'accès de plus en plus difficile, bien que jamais fermé, où les liens du sang deviennent essentiels et où, après le XIIe siècle surtout, le noble a toutes chances d'être en général le fils d'un noble. Ici une distinction beaucoup moins nette entre fiefs de chevaliers et terres libres, une barrière juridique placée « plus bas », au niveau de la servitude et de la liberté, la transmission des privilèges aux seuls aînés, la facilité constante pour les riches de se faire reconnaître un rang social correspondant à leur fortune, de se voir aussi réclamer le service des armes, le déclin relativement précoce du service féodal d'ost contribuent à maintenir largement ouvertes les portes de l'aristocratie, à faciliter les ascensions sociales et à faire pénétrer, dans les rangs supérieurs, des hommes libres, héritiers des *thegns* et des plus riches paysans anglo-saxons. L'« anglicisation » de l'aristocratie s'accélère à partir du début du XIIIe siècle avec le rétrécissement des domaines continentaux des rois anglais et la scission de fait entre branches continentales et branches insulaires de mêmes familles.

La hiérarchie sociale, déterminée au début de l'ère normande par la distinction entre « colonisateurs » et « colonisés », dépend donc de plus en plus, comme sur le Continent, du double jeu des privilèges héréditaires et de l'évolution des fortunes. Les premiers sont politiques (accès à la *curia regis*, par exemple) et honorifiques (armoiries) surtout, judiciaires aussi, et sont transmis par ordre de primogéniture mâle. Ils s'héritent certes souvent en même temps que des revenus importants. Mais l'évolution économique a comporté des contrecoups sociaux sensibles et c'est sur ce second aspect qu'il convient d'insister.

Économie et société

L'établissement de la domination normande accentue d'abord le caractère rural de la société et modifie les conditions de la vie économique. Les révoltes et leur dure répression par Guillaume le Conquérant ruinent nombre de villes : Oxford, Chester, York, Dorchester ont particulièrement souffert, si Londres a échappé à toute destruction par une prompte soumission. Tout un essor commercial est momentanément brisé.

Le monde rural

Dans les campagnes, les systèmes de production ne sont pas fondamentalement modifiés. Mais les rapports humains changent du tout au tout. La plupart des villages sont intégrés dans les manoirs, seigneuries qui groupent souvent plusieurs agglomérations et sont soumises à l'autorité du lord ; les hommes du manoir doivent corvées et redevances au seigneur. Seules quelques régions semblent avoir conservé une structure de villages libres et de terres sans seigneur autre que le roi : le Nord, où les paysans restent souvent des guerriers auxquels on peut faire appel, tels les vavasseurs normands, l'Est où les Scandinaves, dans les pays du Danelaw et en East-Anglia, avaient quelque peu distendu les liens entre *thegns* et paysans et développé la classe libre des *sokemen*, le Kent aussi aux structures toujours originales. Ailleurs, les pouvoirs donnés aux lords s'accompagnent d'une rigide définition de la condition des autres hommes : l'esclavage disparaît peu à peu, mais la servitude comprend nombre d'anciens esclaves et d'hommes autrefois libres et le tenancier devient souvent un vilain, sujet de second ordre, plus ou moins corvéable à merci ; de petits propriétaires libres occupent le sommet d'une hiérarchie rurale extrêmement diverse d'un lieu à l'autre ; des *borders* et des *cottars*, souvent cadets de tenanciers, sont, au bas de l'échelle, les manouvriers que l'on emploie en cas de besoin. Les uns et les autres sont des cultivateurs englobés dans le système économique du manoir, soumis aux mêmes contraintes collectives. Les différencient la quantité de terre exploitée, le paiement ou la dispense de certaines taxes (le *chevage* est signe de servitude), la sûreté plus ou moins grande des *tenures*, la forme et la nature des corvées exigibles sur la « réserve » (*demesne*). L'importance de distinctions apparaît au XIIe siècle avec le développement de la *common law* et des juridictions royales : l'homme libre peut invoquer l'une et soutenir contre le seigneur des procès devant ces dernières ; la servitude interdit à ses concitoyens de se porter ailleurs que devant la cour même du lord et les prive de l'assistance, devant cette cour, du jury auquel les hommes libres peuvent prétendre.

Les institutions manoriales et le fonctionnement du manoir ont varié entre le XIe et le XIVe siècle. Les grands travaux de défrichement et d'assèchement entrepris par les lords et les abbayes dans l'Ouest et le Nord, surtout aux XIIe et XIIIe siècles, faisaient appel à des bras nouveaux alors que la population était faible : les seigneurs ont alors volontiers accordé des *tenures* même à leurs serfs et ont accepté de définir soigneusement les obligations des uns et des autres. L'essor démographique, qui fait passer la population anglaise de un million cinq cent mille à trois millions et demi d'habitants entre 1086 et le début du XIVe siècles entraîne à la fin de la période une réaction seigneuriale et le retour à l'emploi d'une main-d'œuvre de manouvriers mal payés en espèces ou de fermiers temporaires : ainsi, l'abbaye de Gloucester, dans ses terres des Costwolds, transforme, dès 1260, d'anciennes *tenures* coutumières en locations viagères contre loyers en espèces et versement d'un fort droit d'entrée. Parallèlement, les corvées sont volontiers remplacées par des redevances en argent. Par ailleurs, l'administration seigneuriale ne cesse de se perfectionner : le *reeve* (prévôt), élu au début par les vilains surveille la bonne marche des choses, assure la police ; toute une série d'agents (sénéchaux ou *stewards*, baillis, etc.) veillent à la bonne rentrée des redevances et à l'accomplissement des corvées. À partir du XIIIe siècle, les comptes des manoirs sont de plus en plus minutieusement tenus.

Dans le cadre de cette économie manoriale, la production reste longtemps inchangée ; la variété seule des sols entraîne ici et là une prédominance plus marquée des pâturages à moutons ou des terres à blé. Les quantités produites servent surtout à la consommation locale. Les rendements sont faibles, la jachère ne laisse chaque année que la moitié ou les deux tiers du terroir à l'exploitant. Sur des *tenures* que l'évolution démographique tend à diviser et à amenuiser, le paysan anglais vit souvent difficilement. Les économistes d'aujourd'hui s'accordent généralement pour estimer que la population anglaise au début du XIVe siècle représentait, avec ses trois millions et demi d'habitants, un maximum à ne pas dépasser sans risques graves de disette. Mais aux ressources de la terre s'ajoutent toujours celles d'un artisanat familial.

Quoi qu'il en soit, redevances, corvées, droits de justice, banalités, péages, droits personnels, etc., sont à la base de la fortune des principaux seigneurs et tout particulièrement des seigneurs ecclésiastiques.

Les développements de l'agriculture, les défrichements et les assèchements ont, par ailleurs, transformé l'aspect des campagnes anglaises : la hiérarchie sociale s'y reflète dans l'importance prise par les châteaux, les milliers d'églises et de chapelles, les monastères. Les villages tiennent une place de plus en plus grande et se sont multipliés ; les densités sont particulièrement fortes, au milieu du XIVe siècle, dans le Norfolk et le Suffolk, dans le Lincolnshire, dans le Northamptonshire, dans le Leicestershire. Une ligne Flamborough Head (Yorkshire)-estuaire de la Severn séparait une Angleterre orientale densément peuplée et une partie occidentale au peuplement plus diffus.

La renaissance urbaine

À partir du XIIe siècle, il est de plus en plus difficile de parler des structures sociales de l'Angleterre comme de celles d'un pays presque exclusivement rural. Le développement des villes, filles du commerce et de l'industrie, prend une allure plus rapide et introduit dans la hiérarchie sociale des éléments nouveaux.

À l'origine du renouveau urbain, on trouve de multiples facteurs favorables. La paix intérieure d'abord, hors quelques périodes de luttes civiles. Le développement de la vie ecclésiastique, qui peuple de vieux centres de clercs et de moines, entraîne la fondation d'écoles, attire une main-d'œuvre de constructeurs, du maçon à l'architecte, crée un foyer d'appel à une vie commerciale plus intense. Le développement de la population libère des hommes du travail de la terre, mais crée aussi des besoins nouveaux que seuls des échanges parfois lointains peuvent combler. En effet, à la fin du XIe siècle, la population anglaise pouvait être estimée, selon la valeur attribuée au foyer fiscal, entre 1,1 et 2,25 millions d'habitants, alors que trois siècles plus tard, elle aurait au moins doublé. Les ressources du sol et du sous-sol, laine des moutons, bois des forêts, métaux ferreux et non ferreux (plomb et étain surtout du Yorkshire, du Devon, de Cornouailles) apportent à la fois des produits d'exportation et la matière première du travail industriel. Les prolongements continentaux assurent marchés, sources de produits (vins de Guyenne par exemple) et étapes (en particulier vers l'Italie). Tout, certes, ne favorise pas les villes : le commerce intérieur et extérieur reste entravé par les taxes et les péages, qui procurent aux rois et aux lords des revenus fort appréciés ; certaines inventions techniques jouent contre le travail industriel urbain, tel le moulin à eau répandu par milliers d'exemplaires à partir du XIIIe siècle et qui permet un foulage mécanique des étoffes : il pousse à la dispersion du travail le long des cours d'eau et prive les centres urbains d'une activité traditionnelle : on a pu parler à son propos de « révolution industrielle ». Mais au total, les facteurs favorables l'emportent de beaucoup.

Les villes, anciennes ou nouvelles, se développent dans des sites et des positions favorables. Les ports se multiplient : Newcastle exporte charbon, plomb et laine et relie le pays à la Norvège ; Hull draine par l'estuaire de la Humber laine, cuirs, plomb et étoffes ; Yarmouth, qui exporte les produits du Norfolk, est aussi un grand port de pêche ; Bristol connaît son grand développement à l'abri d'un château normand et devient le grand port des liaisons avec la Scandinavie et la France, le grand port d'importation des vins de Gascogne. Les villes-marchés prospèrent également : de Canterbury à Lincoln, d'Ipswich à Leeds ; elles sont aussi des centres de production artisanale, des villes de foires ; elles se situent à proximité d'un point de passage d'une rivière (telle Leeds), au confluent de plusieurs rivières (telle Salisbury). Les nouvelles fondations sont le fait de particuliers — abbés (Salisbury), évêques (Jean de Coutances, évêque de Worcester et fondateur de Stratford-on-Avon), lords laïques — ou sont dues à des initiatives royales (Portsmouth créée par Richard Ier). Parmi les cités anciennes, Londres reste la plus importante et la plus active.

Dans les villes, une population anglaise jouxte un corps de marchands étrangers généralement nombreux. Aux Scandinaves se substituent peu à peu les Hanséates qui tiennent à partir du XIIe siècle le commerce de la Baltique et de la mer du Nord ; des Flamands, des Normands, des Italiens sont également fort actifs. Les juifs, établis dans le royaume après la conquête normande, jouent un rôle important, en particulier dans le commerce de l'argent ; mais leur position dans les villes est des plus incommodes : dès la seconde moitié du XIIe siècle, excités par l'esprit des croisades, les récits de meurtres rituels, l'envie et la haine de l'usure, les citadins de Londres, Lynn, Norwich, Lincoln, York commettent d'horribles massacres (1189-1190) ; l'expulsion des juifs en 1290 marque la fin de leur première période anglaise.

Sans que la proportion des citadins dans la population ait nécessairement beaucoup augmenté, le nombre qu'ils représentent est en net progrès depuis le XIe siècle.

Dans un ouvrage sur *La Population britannique au Moyen Age* (1948), M.J.C. Russel proposait les chiffres suivants pour quelques villes types :

	1086	1377
Londres	17 850	34 900
York	—	10 800
Bristol	2 310	9 500
Plymouth	—	7 250
Coventry	—	7 200
Norwich	4 400	5 900
Lincoln	3 560	5 350

Ces chiffres ne prétendent d'ailleurs offrir qu'un ordre de grandeur puisqu'ils reposent sur une estimation discutable de la valeur du « feu ».

Parmi les habitants, les différences de fortune peuvent être considérables entre le riche marchand, le boutiquier, l'artisan, le compagnon. Les métiers sont variés et les citadins-paysans, cultivateurs de parcelles hors des murs de la cité, encore très nombreux. Très rapidement, à partir du XIIe siècle, de multiples guildes se constituent pour défendre les intérêts des corps de métier. Les premières et les plus prestigieuses sont les guildes des marchands.

Aux possibilités d'ascension sociale offertes par l'enrichissement ou l'influence exercée dans les guildes s'ajoute bientôt l'exercice de fonctions municipales. Au départ, les villes sont administrées par des officiers du roi et des lords. À la fin du XIIe siècle, stimulés par la crainte d'un grand mouvement communal identique au mouvement de France et de Flandre, les pouvoirs publics multiplient les chartes de franchises et créent des corps municipaux. Les responsabilités sont tantôt attribuées à la communauté, tantôt aux guildes. Le droit de bourgeoisie n'est en général accordé qu'aux « hommes libres », à l'exclusion des domestiques, des ouvriers, des serfs établis avec ou sans autorisation seigneuriale dans les cités. Les pouvoirs confiés aux *boroughs* sont plus ou moins étendus en matière de police, justice, économie, et sont soigneusement énumérés dans la charte de chacun d'eux ; de même est stipulée l'organisation de l'administration municipale, y compris les titres de magistrats souvent empruntés au Continent (*mayor* par exemple). À Londres, des chartes successives, de 1191 à 1206, organisent de manière définitive le gouvernement de la ville et ordonnent l'élection du *mayor* et des *aldermen*, obligatoirement choisis dans le groupe des riches marchands de la ville. Ainsi prennent naissance des patriciats urbains qui, dans la société anglaise, occupent un rang élevé par les honneurs et la fortune de leurs membres.

Au début du XIVe siècle, la hiérarchie sociale ne correspond plus à une différenciation entre vainqueurs et vaincus ; elle est en grande partie encore commandée par les privilèges des lords et de l'Église. L'essor des villes, lié à celui du commerce et, à un moindre degré, de l'industrie, ajoute un élément nouveau à la structure sociale : le bourgeois enrichi, libéré, investi de responsabilités étendues, revendique déjà sa place dans les hauts rangs de la société... et aussi dans l'État.

3. L'ÉGLISE ET LA VIE INTELLECTUELLE

L'Angleterre connaît sur le plan ecclésiastique une évolution déterminée par les transformations générales de l'Église catholique et romaine : l'époque étudiée est celle de l'affranchissement de la vie spirituelle de l'emprise des pouvoirs temporels ; elle est celle des prétentions théocratiques croissantes des papes, qui culminent sous

Innocent III ; elle est aussi marquée par une lutte contre les abus et la recherche d'une organisation et de méthodes propres à permettre une vie chrétienne véritable à la foule des fidèles. Période de foi intense, période des émotions brutales et des ardeurs les plus généreuses, ces trois siècles, qui ont vu les croisades, ont partout donné naissance à des milliers d'églises et fait surgir écoles et universités.

L'Église d'Angleterre subit profondément les influences du Continent. Au XIe siècle, elle est réorganisée par l'archevêque de Canterbury, Lanfranc, Italien d'origine, venu du monastère normand du Bec dans les bagages du Conquérant ; au XIIe siècle, l'influence cistercienne entraîne non seulement la fondation de monastères rattachés à Cîteaux, mais une remise en ordre disciplinaire dans d'autres abbayes ; au XIIIe siècle on voit venir du Continent franciscains et dominicains. Ces derniers sont, au départ, des Français appelés en 1221 par l'évêque de Winchester, Peter des Roches ; les premiers sont pour deux tiers des Italiens et arrivent en 1224. Les uns et les autres donnent une impulsion considérable à la vie intellectuelle. Il ne faudrait pas en inférer que les clergés séculier et régulier anglais n'ont eu aucune originalité propre : en fait, il y eut échanges plus qu'apports à sens unique ; c'est un moine anglais, Stephen Harding, qui rédigea les règles de la vie cistercienne et, pour ne prendre que cet exemple, la délégation anglaise au quatrième concile du Latran (1215), menée par Langton, archevêque de Canterbury, joua un rôle prééminent.

L'Église et l'État

Les rapports de l'Église et de l'État dominent une grande partie de la période. À l'origine, Guillaume le Conquérant fut très favorable à un renforcement de l'Église, à condition qu'elle lui fût soumise. Lanfranc, introducteur en Angleterre de la réforme grégorienne, put mener une grande politique de réorganisation des diocèses, de création de paroisses, de restauration de la discipline ; archevêques, évêques et abbés reçurent des fiefs étendus, soumis d'ailleurs aux mêmes services que les fiefs laïques ; contrepartie jugée indispensable, évêques et abbés devaient être en pratique à la nomination du roi, même si, en apparence, l'élection subsistait. Le contrôle du temporel sur le spirituel s'étendait d'ailleurs aux curés : dans les paroisses fondées par le roi ou un seigneur, le fondateur était considéré comme un « patron » ayant droit de nomination. Dès la fin du XIe siècle, une querelle des investitures se développe ; elle est réglée en 1106 par des concessions de Henri Ier : les prélats prêteraient hommage pour leurs fiefs, mais recevraient l'investiture de leurs offices ecclésiastiques de la seule Église ; en fait, l'arrangement intervenu préserve tous les droits des laïques en matière de présentation. Au XIIe siècle, c'est le problème judiciaire qui est au premier plan : l'Église s'efforce de développer des cours de justice seules compétentes pour les clercs et de se réserver la connaissance de cas civils : très vive, la réaction du pouvoir royal aboutit au conflit fameux entre Henri II et l'archevêque Becket :

> D'origine bourgeoise, Thomas Becket, après des études classiques et théologiques à Londres et à Rome était devenu archidiacre à Canterbury en 1154 ; recommandé à Henri II, il donne à son souverain de telles satisfactions que celui-ci nomme, en 1162, son chancelier archevêque de Canterbury. La fonction fait l'homme : devenu premier prélat d'Angleterre, Becket met au service de l'Église l'intelligence et l'ardeur qui l'avaient fait apprécier du roi. Il s'oppose à toutes les mesures de Henri II, notamment aux *Assises de Clarendon* (1164) qui permettaient de traduire les clercs criminels devant des cours royales et exigeait une autorisation royale pour porter à Rome l'appel d'un jugement rendu par une cour ecclésiastique du royaume. Le conflit aboutit à un exil de Becket qui passe six ans en

France, protégé par Louis VII, enchanté d'embarrasser son gênant vassal. En 1170, une fausse réconciliation intervient et l'archevêque regagne son diocèse. Il s'y fait le pourfendeur de toutes les décisions prises par le roi. Le 29 décembre 1170, quatre chevaliers au service du roi, interprétant un vœu du souverain exaspéré, assassinent l'archevêque dans sa cathédrale au cours de sa messe. Considéré comme un martyr, canonisé dès 1173, sa tombe devenue un lieu de pèlerinage, Becket remporte une victoire posthume : en 1172, Henri II doit renoncer, pour obtenir son pardon, à tout contrôle des actes pontificaux avant leur publication, à toute opposition aux appels à Rome et doit admettre qu'un clerc pourrait demander son transfert d'une cour royale à un tribunal ecclésiastique.

Dès le début du XIIIe siècle, sous le pontificat d'Innocent III et le règne de Jean sans Terre, resurgit le conflit sur le droit de présentation du roi. Jean se refuse à reconnaître l'élection de Stephen Langton à l'archevêché de Canterbury. Interdit sur le royaume, excommunication du roi par le pape, pillage éhonté de tous les revenus de l'Église pendant quatre ans par le souverain marquent une lutte qui se termine par la défaite du roi, obligé de reconnaître Langton, de devenir le vassal du pape et de lui payer tribut. Le souverain garde le droit de confirmer l'élection d'un prélat, mais il s'engage à respecter la liberté même du vote. À partir de 1213, l'Église d'Angleterre, assurée de ses droits, peut évoluer plus librement, organiser des synodes diocésains et des *convocations* archidiocésaines (York et Canterbury). Les souverains, tout en la contrôlant de près, ne reviennent pas sur les conflits passés et négocient avec ces assemblées les taxes qu'ils entendent lever sur les biens du clergé. Ces rapports plus paisibles expliquent sans doute le relatif dédain du clergé pour le Parlement au début du XIVe siècle et l'absence, après Stephen Langton, de grands prélats politiques au XIIIe siècle.

La vie monastique

Peu à peu affranchie, l'Église d'Angleterre s'organise et prospère. La vie monastique brille d'un éclat particulièrement vif. Les monastères bénédictins poursuivent leur vie, ramenés à leur ancienne discipline par les abbés normands nommés à l'instigation de Lanfranc : au XIIe siècle, certains connaissent leur « âge d'or », tel St. Albans qui compte plus de cent moines, et, à l'instar de Winchester, Durham ou Canterbury font un immense travail de copie et de chronique. Les cisterciens s'installent à la même époque dans les zones encore peu peuplées et créent les abbayes célèbres de Rievaulx, Byland, Fountains, Furness au nord du Lancashire et du Yorkshire : ils y deviennent de grands défricheurs ; développé à partir de 1128, l'ordre surpasse les bénédictins par le nombre des moines à la fin du siècle. Le XIIIe siècle voit une certaine stagnation du monarchisme et un succès grandissant des ordres mendiants, franciscains et dominicains, plus ouverts aux besoins religieux du commun, plus pénétrés d'une culture nouvelle et qui se vouent à une tâche d'éducation. L'influence déclinante des moines bénédictins et cisterciens est aussi due sans doute à l'amélioration de la qualité des clercs séculiers : soutenus dans leurs efforts par la papauté, les décrets conciliaires et aussi les souverains, les prélats anglais ont constamment cherché à s'attaquer aux abus, à faire disparaître la simonie, le cumul, à imposer le célibat (le mariage des prêtres semble encore un problème important au début du XIIIe siècle), à créer des écoles. Certes, tout n'est pas parfait au début du XIVe siècle, mais le niveau moral et religieux a été sensiblement relevé. Tous ces efforts et cette prospérité ont été facilités par la richesse du clergé régulier et séculier, largement pourvu de terres par les donateurs royaux et les seigneurs laïques, et bénéficiaire de multiples sources de revenus, dont les dîmes.

La foi populaire

Dans le peuple, la foi est très vive pendant toute la période. En témoigne le succès de multiples pèlerinages : en Angleterre même, à St. Albans, à Bedricsworth dans le Suffolk (St. Edmond), etc. ; en Écosse, à St. Andrews, à partir du XIIe siècle ; outre-Manche, vers Saint-Jacques-de-Compostelle, Rome. L'atteste également le relatif succès des croisades, auxquelles participent de nombreux lords et aussi un roi, Richard Cœur de Lion (1190-1192), ainsi que des humbles, partis en 1147 du Sud de l'Angleterre, en 1197 du Lincolnshire. Cette foi se traduit aussi par la construction des églises et des cathédrales. Dès le XIe siècle, les constructeurs sont au travail et, parfois après avoir rasé les bâtiments existants, élèvent des monuments grandioses de l'art roman : Canterbury est dotée d'une nouvelle cathédrale par Lanfranc et le chroniqueur William de Malmesbury ne savait ce qu'il devait y admirer le plus « de la beauté ou de la rapidité (de la construction) » ; Winchester, St. Albans, Norwich voient s'élever des édifices, pour l'époque somptueux. Parti du sud-ouest, un grand mouvement de création d'églises paroissiales se développe entre 1150 et 1250 vers le Nord-Est et les bâtiments se signalent souvent par leurs flèches élancées. Le nombre de constructions est parfois surprenant : dans le comté de Rutland, peuplé de six à neuf mille habitants pendant cette période, sont construites cinquante-deux églises paroissiales. Le style gothique, venu d'Ile-de-France (mais l'ogive est employée dès le début du XIe siècle), s'impose à la fin du XIIe siècle : Canterbury, détruite par un incendie, est reconstruite par le Français Guillaume de Sens ; les cathédrales de Lincoln et de Salisbury sont d'autres joyaux gothiques du début du XIIIe siècle. Les architectes anglais n'imitent pas servilement les continentaux et, par le plan moins rigoureux, une place plus réduite des ouvertures, l'attrait précoce pour les lignes courbes, leurs édifices ont une grande originalité.

Si les arts de l'époque doivent tout au sentiment religieux, la culture doit beaucoup aux écoles et aux universités développées sous l'égide de l'Église.

La culture anglo-normande

Dans tout l'Occident européen, l'enseignement est sous le contrôle direct de l'Église et correspond à un aspect naturel de son action. Dispensé en latin, il est marqué par la diffusion relativement rapide des idées et des connaissances nouvelles d'un pays à l'autre. En Angleterre, les écoles les plus fameuses du XIe siècle sont rattachées aux monastères, mais dès le siècle suivant le clergé séculier contrôle les plus importantes. Certains centres prennent un essor remarquable : Oxford, mais aussi Northampton, Exeter, Lincoln, puis Cambridge développée après 1209 par l'installation d'étudiants et de professeurs venus d'Oxford. Les maîtres sont anglais, mais aussi étrangers. Ce sont des clercs séculiers, rejoints au XIIIe siècle par des dominicains et des franciscains. Parmi les plus fameux, Robert Grosseteste, originaire du Suffolk, professeur à Oxford avant 1235, et Roger Bacon, son disciple. Ils prennent une part brillante à la véritable renaissance de la culture qui caractérise les XIIe et XIIIe siècles. La découverte de la science arabe, l'étude des grandes œuvres d'Aristote, le développement d'un précoce esprit scientifique, l'étude approfondie du droit romain, la réflexion théologique surtout marquent cette période qui est aussi celle où Oxford commence à rivaliser avec Paris. De grands philosophes prennent part aux débats scolastiques de l'Europe chrétienne : John de Salisbury et Walter Map au XIIe siècle, Duns Scot et Guillaume d'Occam aux XIIIe et XIVe siècles.

Mais seule une élite est touchée par les progrès des connaissances et les débats philosophiques. L'aristocratie reste longtemps attentive surtout aux œuvres qui lui viennent de France et se montre friande de chansons de geste, puis de récits courtois ; les exploits de Roland, la légende du Roi Arthur (développée au début du XIIe siècle par Geoffroy de Monmouth), Lancelot et Perceval (« importés » de France à la fin du XIIe siècle avec les romans de Chrétien de Troyes) lui plaisent par-dessus tout. La masse reste longtemps sensible au charme des vieux récits anglo-saxons ; mais des traductions d'œuvres françaises et latines lui donnent le goût des récits chevaleresques et des légendes bretonnes : Layamon, vers 1200, adapte en langue vulgaire une paraphrase française de Wace de l'*Histoire des Bretons* (en latin) de Monmouth et révèle au « grand public » la légende du Roi Arthur. L'épopée anglo-saxonne est souvent remplacée par le récit épique des hauts faits d'étrangers qui deviennent ainsi de véritables « héros nationaux ».

Du moins le contenu religieux de l'idéal chevaleresque, la place donnée au sentiment chrétien dans tous les récits légendaires permettent-ils d'assurer que la religion n'a été absente d'aucune forme de culture dans l'Angleterre normande et angevine.

4. LA NAISSANCE D'UNE MONARCHIE NOUVELLE

La sauvegarde de l'unité

En 1086, la monarchie anglo-normande est féodale, mais a maintenu un certain nombre de pouvoirs souverains. Comme ailleurs, la féodalité comporte des germes de désagrégation. L'originalité de l'évolution constitutionnelle de l'Angleterre est d'avoir vu les grands barons accepter le cadre d'une monarchie unitaire en cherchant à s'y intégrer et à préserver leurs propres prérogatives. Ils n'en sont pas venus là sans avoir tenté leur chance dans d'autres directions. Les révoltes de barons ont été relativement fréquentes, menées contre des monarques jugés trop autoritaires et trop cupides. Les ambitions des premiers révoltés auraient le plus souvent conduit à une véritable désintégration de l'État. Guillaume le Roux, successeur du Conquérant, doit affronter en 1088 et 1095 deux sérieuses révoltes menées par Eudes de Bayeux, comte de Kent, et, la seconde, par Robert de Mortain, comte de Northumberland. De 1135 à 1154, le royaume, qui connaît un état de véritable anarchie, est disputé par deux candidats au trône : Étienne, descendant lointain des rois anglo-saxons par sa femme, lui-même grand seigneur anglais et neveu de Henri Ier ; et l'impératrice Mathilde, petite-fille du Conquérant. Les barons en profitent pour vendre leur soutien alternatif à l'un et l'autre partis. Henri II, premier souverain de la dynastie angevine, doit affronter en 1173-1174 une terrible révolte menée par trois comtes puissants, ceux de Chester, Leicester et Norfolk, soutenus par une forte minorité de seigneurs. L'opposition baronale se manifeste avec force en 1213-1215. La dernière grande rébellion est menée par Simon de Montfort, comte de Leicester, troisième fils du terrible comte de Toulouse, aidé par le comte Gilbert de Gloucester et l'évêque de Chichester ; elle est, de 1264 à 1267, dirigée contre Henri III. D'autres mouvements, sporadiques et de moindre ampleur, surgirent encore au siècle suivant.

Ces révoltes sont importantes et permettent de comprendre certains traits de l'évolution politique du royaume. Elles obligent les souverains à promulguer, de plus ou moins bon gré, des chartes qu'ils sont plus ou moins décidés à respecter : telles la charte de Henri Ier en 1100, les « Provisions » d'Oxford (1258) et de Westminster (1259) imposées à Henri III, la « paix de Kenilworth » (1266), accordée par le même roi à ses barons, et surtout la Grande Charte de 1215. Les droits et les pouvoirs des uns et des autres sont ainsi de mieux en mieux définis. D'autre part — la remarque est de Marc Bloch — la puissance même des rois a interdit toute action isolée de puissants barons et les a peu à peu conduits, à travers une série d'échecs, à l'idée que leurs droits devraient être défendus par une action commune et par des textes applicables dans l'ensemble du pays. Ainsi aurait été préservé, dans les pires périodes d'anarchie, le concept de l'unité du royaume ; ainsi aurait émergé peu à peu l'idée d'un parlement modérateur de la monarchie.

L'accord le plus fréquemment évoqué est celui de la *Grande Charte de 1216* et il convient d'y insister quelque peu. Les besoins d'argent de Jean sans Terre, soucieux de ne pas perdre son domaine continental, l'avaient poussé à des exactions financières accentuées : il tirait parti de toutes les occasions offertes par le droit féodal, exigeant des droits de relief considérables en cas de mort d'un lord, levant de nombreux écuages, taxes remplaçant le service militaire personnel, multipliant les aides extraordinaires. Son conflit avec Innocent III sur le droit de présentation des évêques s'était envenimé après 1209, et l'excommunication du roi avait succédé à l'interdit jeté sur le royaume dès 1208 ; réglé en 1213, le débat n'avait pas tourné à l'avantage d'un roi obligé de renoncer à ses prétentions et de transformer son royaume en fief du Pape. La révolte de plusieurs barons du Nord en 1213, le ralliement de nombre d'autres en 1214 conduisent Jean à accepter la médiation de Langton, archevêque de Canterbury, et à signer, le 15 juin 1215, « dans la prairie appelée Runnymede, entre Windsor et Staines », les 63 articles de la Grande Charte. Il n'y a là ni constitution, ni déclaration des droits au sens moderne de l'expression. On a une énumération des privilèges les plus importants des lords, de l'Église, des hommes libres ; l'article 14 stipulait que le consentement des prélats, des barons et de la ville de Londres était nécessaire à la levée de nouvelles aides ; l'article 61 reconnaissait le principe de la légitime insurrection en cas de refus du roi de se conformer à ses engagements. On voit par ces exemples qu'il y avait matière, pour les générations futures, à invoquer le texte de la Charte en élargissant sa portée. En 1215, le document ne visait qu'à éliminer des abus et à assurer la situation d'un groupe de féodaux révoltés. À partir du XVIIe siècle, le « mythe » de la Charte est plus important que le texte et les circonstances de sa rédaction.

Les droits du souverain

Du XIe au XIVe siècle, on a vu préciser la théorie monarchique et les droits du souverain, se développer une administration centrale de plus en plus efficace, définir les prérogatives du Grand Conseil, puis du Parlement, organiser une administration locale. Et une législation commune est venue assurer le bon fonctionnement de l'État et une justice plus satisfaisante.

Le pouvoir royal ne cesse de s'affirmer avant d'être circonscrit. Droit divin, hérédité, droit de conquête, légitime succession des rois anglo-saxons sont constamment évoqués. Oints par l'Église, les rois d'Angleterre (le titre prévaut à la fin du XIIe siècle) sont, comme les rois de France, des « rois thaumaturges », des guérisseurs capables, par leur saint caractère, de guérir les écrouelles par simple toucher. La béatification d'Édouard le Confesseur en 1161 en fait les héritiers d'un saint. La renaissance du droit romain apporte de l'eau au moulin des souverains angevins, les plus autoritaires. Des érudits du XIIe siècle se font les premiers défenseurs d'un véritable absolutisme : Ranulf Glanville, Richard fitz Nigel, etc. D'autre part, le roi reste à la tête de la pyramide féodale. Théoriquement, les pouvoirs du roi sont illimités et sa parole fait loi ; en fait, les révoltes baronales le lui montrent bien, il est tenu de respecter la coutume et, à la fin du XIIIe siècle, de ne pas innover sans consulter son Grand Conseil. Son serment du sacre lui impose de respecter l'Église, de bien administrer la justice, de faire des lois justes. À partir du XIVe siècle, le souverain est de plus en plus tenu de collaborer avec son Parlement ; les prétentions absolutistes sont alors plus que controversées et la déposition de Richard II en 1399 sera la défaite d'un roi qui avait voulu renverser la tendance du siècle. Pendant toute la période, pourtant, les prérogatives royales restent considérables, accrues sur les plans militaires et fiscaux par les droits du « suprême seigneur » féodal.

Depuis l'arrivée même du Conquérant, les souverains ont cherché à s'entourer de conseils et d'avis. Le Grand Conseil, de source féodale, avait pour but de réunir les vassaux du roi à Noël, Pâques et Pentecôte et à toutes les occasions jugées graves ; n'en faisaient partie en fait que les grands barons et les prélats : en 1164, à Clarendon, on n'a que cinquante présents. Les assistants sont censés être venus uniquement pour aider le roi, et n'ont pas de prérogatives, ni d'initiative propres ; mais leur accord donne aux décisions royales un appui appréciable. Le Grand Conseil joue par ailleurs le rôle de cour de justice. Parmi les membres du Grand Conseil figurent ceux du Petit Conseil dont nous avons dit les responsabilités dès le XIe siècle.

L'évolution vers un Parlement

L'évolution des XIIe et surtout XIIIe siècles est considérable. Le Petit Conseil tend à devenir le véritable Conseil du Roi, composé de proches et de serviteurs, d'experts en matière législative et judiciaire. Le Grand Conseil évolue pour devenir le Parlement. La Grande Charte fixait le mode d'appel au Grand Conseil, limitant la convocation personnelle aux grands barons tout en maintenant un appel général à tous les lords ; les convocations portaient en principe dans leur libellé l'ordre du jour prévu. Les membres du Conseil eurent des prétentions de plus en plus grandes au contrôle de l'action royale et les Provisions d'Oxford et de Westminster demandaient une réunion périodique du « Parlement » pour étudier « les besoins communs du royaume ». Le développement d'une bourgeoisie investie de fonctions municipales et d'une *knighthood* de petits nobles représentant l'autorité royale, mais aussi, lors des enquêtes ordonnées par le pouvoir central, interprètes de l'opinion publique des comtés, joue en faveur d'une représentation nationale des intérêts des hommes libres d'Angleterre. Pendant la crise de 1264, aussi bien Henri III que Simon de Montfort convoquent des représentants des divers *shires* pour discuter des affaires du royaume. À plusieurs reprises, après 1273, des Parlements sont convoqués qui représentent les barons, mais aussi les bourgs et les comtés. Les rois semblent avoir eu quelque peine à choisir une voie et, à plusieurs reprises, Édouard Ier revient à l'ancienne formule du Grand Conseil. Le tournant paraît définitivement pris en 1295, quand le même Édouard convoque son « Parlement-modèle » comprenant les trois éléments qui vont être par la suite représentés au Parlement : les lords spirituels et temporels, les *knights*, les bourgeois de cent dix cités et *boroughs*. Fait souvent souligné, le petit clergé n'a montré que peu d'empressement à participer au Parlement et sa représentation n'a cessé de fondre pour disparaître totalement au milieu du XIVe siècle. Ce même siècle voit les sessions du Parlement se multiplier et l'élément représentatif ne pas cesser d'y participer sauf en de rares occasions. C'est vers le milieu du siècle que se fait la coupure décisive en deux Chambres. Les Communes restent inférieures en dignité à la Chambre des lords, mais l'une et l'autre Chambres jouent désormais un rôle majeur dans la levée de l'impôt et dans la législation.

Évolution fondamentale donc, qu'on ne comprendrait pas si on ne tenait compte des besoins d'argent considérables de rois toujours préoccupés d'affaires continentales et de la nécessité d'éviter des révoltes intérieures lors des expéditions plus ou moins lointaines. Évolution qui n'a été commandée par aucune théorie préconçue et qui, paradoxalement, se trouve confirmée par le plus « personnel » des rois, Édouard Ier, lequel a peut-être vu dans le Parlement un auxiliaire du pouvoir central contre les féodaux.

L'administration

En même temps que les souverains voient ainsi limiter leurs prérogatives, ils organisent au mieux l'administration de leur royaume. L'administration centrale évolue dans le sens d'une bureaucratisation et d'une séparation progressive entre services publics et services de l'hôtel du roi ; le perfectionnement des méthodes entraîne le déclin, en l'espace d'un siècle, d'une fonction majeure sous les premiers rois normands : celle du justicier, homme de confiance du roi, doté de pouvoirs étendus en cas d'absence du souverain ; le chancelier, le trésorier placé à la tête de l'Échiquier sont les principaux chefs d'administration ; à l'époque angevine, les maîtres de la Chambre et de la Garde-robe jouent le rôle des deux premiers pour l'administration des biens et revenus privés du roi ; la Chambre détient le sceau privé du souverain. Sur le plan local, les vieilles divisions en *shires, hundreds et boroughs* sont maintenues, mais les *hundreds* perdent rapidement toute importance autre que fiscale ; les *sheriffs* sont les représentants du roi dans les comtés, ils y font des chevauchées, président les cours de justice, tiennent la main à la rentrée des impôts ; leur fonction est essentielle, et, confiée d'abord à des lords importants, elle a comporté des risques réels pour l'autorité monarchique : en 1170, Henri Ier, en révoquant presque tous les *sheriffs* et en nommant de nouveaux titulaires de la fonction, choisis parmi des hommes de plus médiocre rang, écarta le danger et inspira la politique de ses successeurs ; l'autorité des *sheriffs* est limitée par les droits des barons et plusieurs centaines de *hundreds* sont en fait sous juridiction privée, le lord étant censé représenter le souverain. Fonctionnaires soumis au roi, les *sheriffs* ont sans doute servi de modèles aux baillis français au XIIIe siècle. Pour seconder roi et lords dans leurs tâches, on a vu multiplier au XIIe siècle des commissions octroyées à des membres de la *knighthood* pour l'administration de la police, de la basse justice, du fisc ; « procureurs » (*coroners*), chefs de la police (*constables*), baillis (aux attributions surtout fiscales) constituent les plus marquants des officiers royaux et seigneuriaux de rang inférieur. L'institution du *frankpledge*, groupe de dix vilains, responsables les uns à l'égard des autres, tenus d'assister les pouvoirs publics dans la recherche des voleurs, de présenter à la justice le membre responsable d'un délit, assure un système policier efficace au moins jusqu'au XIVe siècle.

Deux objectifs tiennent particulièrement à cœur au roi : rendre bonne justice à ses sujets, conformément à son engagement lors du sacre ; se procurer des ressources suffisantes pour les besoins de l'administration et de la guerre. Sur le plan fiscal, on assiste progressivement au déclin des vieux impôts comme le *Danegeld* ; au milieu du XIIe siècle, il est en pratique remplacé par une taxe d'origine féodale, l'écuage, impôt représentatif du service militaire non accompli et dû par les vassaux ; au XIIIe siècle, c'est le principe d'une aide consentie par le Grand Conseil, puis le Parlement, qui l'emporte de plus en plus ; à ces ressources viennent s'ajouter les revenus du domaine royal, en particulier une taille sur ses tenanciers ; droits de douane et péages prennent également une importance grandissante dans les finances royales. Les comptes sont de mieux en mieux tenus et la fin du XIIe siècle est marquée par l'enregistrement régulier dans les *pipe rolls* (rouleaux de parchemin) des comptes rendus des *sheriffs*. Quant à la justice, c'est à partir de Henri II (1154-1189) que commence une grande œuvre de fixation de la législation coutumière, base de la loi commune (*common law*) : le roi s'entoure des plus grands érudits de son temps : Glanville, Richard fitz Nigel, Becket, Roger

Hoveden, Hubert Walter, etc. ; les cours royales se multiplient ; elles sont hiérarchisées depuis le *Hundred* jusqu'au Grand Conseil, et des tribunaux itinérants offrent la justice royale dans les villages les plus écartés ; la méthode du jury est généralisée même pour les procès civils ; des codes, influencés par le droit romain renaissant sont promulgués, sous le nom d'assises (ainsi les *Assises de Clarendon* de 1164) ; bien qu'autonomes, les cours seigneuriales appliquent la plus grande partie des dispositions nouvelles. Malgré les troubles du XIIIe siècle, l'œuvre est poursuivie, en particulier par Henri III et par Édouard Ier, « le Justinien anglais » : le grand juriste Bracton avait, dès 1250-58, dans ses *Lois et coutumes d'Angleterre*, résumé l'œuvre immense d'un siècle ; les statuts, votés par les Parlements d'Édouard Ier, complètent pourtant sur bien des points la législation antérieure, achevant d'enlever aux juges toute initiative législative tout en leur laissant l'interprétation jurisprudentielle ; le roi, assisté de son Conseil, puis du Parlement, peut seul dire le droit et modifier la législation. En moins de deux siècles, on est passé d'un système coutumier, préservant l'héritage anglo-saxon et normand, à un système commun, fondé sur le droit écrit.

Au début du XIVe siècle, l'État anglais est très différent de la monarchie de Guillaume le Conquérant. Le roi reste certes le dirigeant du pays, mais un parlement tend à limiter ses prérogatives et à transformer le service féodal de conseil en collaboration entre deux représentants de l'intérêt commun. Au moment même où Philippe le Bel et ses légistes faisaient de la monarchie française une monarchie plus absolue et prête à s'appuyer sur des états généraux contre les forces traditionnelles, Édouard Ier, roi législateur, organisait en Angleterre un État de moins en moins féodal. Parallélisme qui ne doit pas conduire à conclure à une identité. À travers de nombreuses vicissitudes, le pouvoir en Angleterre en était arrivé à être bien plus nettement défini et surtout partagé qu'en France ; mais les rois de France, eux, n'avaient eu qu'à se préoccuper de leur royaume, de l'élargissement de leur domaine, de l'affirmation de leur autorité. Ni les Normands ni les Angevins n'avaient eu l'Angleterre comme seule préoccupation...

5. LES PROLONGEMENTS CONTINENTAUX

Pendant toute la période envisagée, les souverains anglais ont été aussi des chefs de guerre.

Une œuvre manquée

Leurs ambitions ont parfois été insulaires ; ils ne se sont pas résignés aisément à accepter les frontières de l'Angleterre anglo-saxonne et ont cherché à prendre pied dans les zones irréductibles des îles Britanniques. Nous insisterons moins sur le détail des faits que sur leurs résultats. Le pays de Galles est acquis par Édouard Ier en 1284 et, malgré des soulèvements ultérieurs, solidement intégré au royaume au début du XIVe siècle. En 1171-72, Henri II avait conquis l'Irlande, mais l'histoire de ce territoire est, par la suite, celle de révoltes fréquentes et d'un amenuisement constant de l'autorité anglaise. Les plus gros échecs ont été essuyés en Écosse : le royaume du Nord, un temps plus ou moins vassalisé, avait été vigoureusement repris en main et développé par David Ier (1124-1153) ; au XIIe et au XIIIe siècle, la monarchie réussit à maintenir une unité solide, malgré le développement d'une féodalité ambitieuse ; Édouard Ier avait cru conquérir facilement le pays et avait en fait remporté des succès initiaux importants : mais la révolte de Robert Bruce en 1305 remit tout en question et, en 1314, à la bataille de Bannockburn, les Écossais remportèrent une victoire décisive. Ils allaient protéger leur indépendance jusqu'en 1707.

L'unification de la Grande-Bretagne n'a pas été l'œuvre du Moyen Âge. N'est-ce pas en partie parce que nombre de souverains anglais ont préféré poursuivre une chimère continentale plutôt que de rechercher ce qui était à leur portée ?

Le rêve continental

Cette poursuite d'une chimère s'explique d'abord par l'origine même des dynasties anglaises : les souverains anglo-normands, les Plantagenêts, qui leur succèdent en 1154 (dynastie angevine), n'ont jamais voulu renoncer à leurs droits, ni à leurs domaines continentaux. Les grandes familles baronales anglaises ont partagé leurs vues dans la mesure où elles aussi étaient possessionnées des deux côtés de la Manche. De plus en plus aussi, les intérêts économiques jouent en faveur d'une vigoureuse politique de « colonisation » sur le Continent et contribuent à rallier la bourgeoisie aux plans des souverains : les échanges avec la Guyenne, d'où l'on importe, en quantités croissantes, les vins consommés en Angleterre, la vente de la laine à la Flandre sont parmi les parties les plus intéressantes du grand commerce ; le Continent fournit également nombre d'objets du commerce anglais avec d'autres contrées : blés, vins, étoffes, etc. Les rois, soucieux de la prospérité de leurs sujets, mais aussi désireux d'augmenter leurs revenus par un renforcement des droits de douane, ont tout intérêt à garder sous leur contrôle direct des terres qu'aux XIIIe et XIVe siècles un nationalisme économique croissant tend à soustraire, du côté français, au commerce étranger.

L'histoire extérieure de l'Angleterre entre le XIe et le XIVe siècle est donc celle de conflits incessants outre-mer, de succès considérables qui aboutissent à la constitution de vastes empires, d'échecs graves également. Les luttes deviennent de plus en plus sévères, à mesure que les Capétiens prennent conscience de leur mission historique de rassembleurs de terres, que le royaume de France s'unifie et se renforce, que la présence de vassaux puissants, rois à l'étranger, apparaît plus insupportable aux rois de France. Il ne s'agit pas ici d'entrer dans le détail d'entreprises complexes. Tout au plus peut-on marquer quelques étapes :

> Sous les souverains normands, le souci essentiel est de préserver le duché normand. Guillaume le Roux, successeur en Angleterre du Conquérant, le dispute à son frère Robert et Henri Ier reprend la querelle à son compte. À la conquête de l'Angleterre par la Normandie, succède celle de la Normandie par l'Angleterre. La victoire de Tinchebray, le 28 septembre 1106 (quarante ans précisément après Hastings) décide du sort du conflit en faveur de Henri. En 1144, la Normandie est certes perdue par Étienne, mais le nouveau duc, Geoffroy d'Anjou, second mari de Mathilde, la tient pour son fils Henri, « héritier légitime du trône ».
>
> L'accession de Henri II Plantagenêt au trône d'Angleterre marque la naissance du grand « empire angevin » et son règne voit l'apogée de cet empire. Accrues par héritage, mariage (avec Éléonore d'Aquitaine) et guerres, le « *Channel State* » correspond vers 1180, outre l'Angleterre, à une moitié de la France (Normandie, Anjou, Maine, Touraine, Aquitaine : tout un ensemble uni de Rouen à Bayonne, de la Somme aux Basses-Pyrénées). Ensemble formidable, mais dont l'homogénéité est plus apparente que réelle, ensemble mieux tenu au nord qu'au sud de la Loire, et qui reste sous la souveraineté du roi de France pour les possessions continentales, fiefs de la couronne capétienne.
>
> L'effondrement de l'empire suit de peu son apogée. Miné par des rébellions soutenues par les propres fils de Henri II, il est progressivement désagrégé par les efforts intelligents des rois de France, à commencer par Philippe Auguste. Utilisant toutes les ressources du droit féodal, la monarchie française réussit à priver le vassal anglais de la plupart de ses fiefs, et, par une force militaire retrouvée, à imposer les décisions de la *curia regis*. La perte de la

Normandie est consommée à Bouvines en 1214. Des campagnes ultérieures ne laissent à Henri III, en 1259 (traité de Paris), que la Guyenne, les diocèses de Limoges, Cahors et Périgueux. Édouard Ier qui a convoqué à ce propos son Parlement de 1295, arrache péniblement la Guyenne des griffes de Philippe le Bel en 1304.
La question dynastique, posée par la mort sans enfant mâle des trois fils de Philippe le Bel, transforme le conflit et permet, aux XIVe et XVe siècles, la revendication par les rois anglais de tout l'héritage capétien.

On ne saurait assez insister sur l'importance, dans l'histoire d'Angleterre, de cette succession de guerres et de trêves précaires. Elles ont multiplié les besoins d'argent des souverains anglais, provoqué les levées arbitraires de taxes qui ont justifié les révoltes des barons et entraîné les concessions constitutionnelles. Elles ont aussi contribué à créer un sentiment patriotique anglais par l'orgueil de l'expansion, par l'humiliation de la dépendance féodale envers les Capétiens, par les haines nées des défaites. Elles ont détourné des ressources nécessaires aux guerres galloises et écossaises et aggravé les problèmes de la conquête d'une Écosse alliée à la France de 1294 à 1304.

Chapitre 3

LA CRISE DU MONDE FÉODAL

Entre le début du XIVe siècle et le début du XVIe siècle, il ne se produit à proprement parler aucune transformation révolutionnaire : ici et là prédominent les classes et les activités rurales ; ici et là l'Église catholique et romaine est le seul intermédiaire reconnu entre l'homme et Dieu ; ici et là un roi, à la fois suzerain et souverain, est censé collaborer avec un parlement, et de grandes familles aristocratiques jouent un rôle essentiel ; l'Angleterre n'a pas encore découvert sa « vocation » maritime. Mais le monde traditionnel connaît une crise grave et profonde : elle a ses aspects économiques et sociaux et c'est l'ébranlement du manoir, une série d'innovations dans la structure agraire, la naissance d'un premier capitalisme commercial et industriel ; elle a son côté politique et c'est, après une anarchie menaçante, le déséquilibre croissant entre le pouvoir ascendant de la monarchie et les autres autorités ; elle n'épargne pas le domaine religieux et on a l'esquisse d'une première et infructueuse « réforme » ; elle est liée à la remise en question des « prolongements continentaux ». Les divers aspects de cette crise sont étroitement noués les uns aux autres et leur étude successive ne doit pas cacher ce fait essentiel.

1. DÉMOGRAPHIE ET SOCIÉTÉ

La crise démographique

Entre le *Domesday Inquest* et le recensement des personnes assujetties à la *poll-tax* (1377), on ne possède aucune donnée d'ensemble sur l'évolution de la population anglaise. Les chiffres de 1377, dont l'interprétation prête d'ailleurs à controverses, présentent l'inconvénient majeur de traduire les effets d'une crise qu'on voudrait précisément circonscrire. Il est pourtant admis que le nombre des habitants de l'Angleterre avait plus que doublé en deux siècles et demi. Cela malgré une mortalité élevée, qui n'a jamais été inférieure à un taux de quarante pour mille entre 1292 et 1347 dans les domaines de l'abbaye de Westminster étudiés par MM. Postan et J. Titow, et a vraisemblablement toujours été proche de ce taux dans l'ensemble du pays pour la période considérée. Une précoce nuptialité et une natalité aux taux supérieurs à cinquante pour mille ont sans doute été à l'origine de l'essor démographique. À une époque de transports lents et onéreux, de grand commerce réservé aux produits les plus coûteux sous le volume le plus faible possible, l'accroissement de la population a posé des problèmes alimentaires grandissants : migrations intérieures et larges défrichements les ont résolus de manière plus ou moins satisfaisante jusqu'à la fin du XIIIe siècle. Dès les années 1315-1316, on s'aperçoit qu'un seuil a été franchi : une série de récoltes désastreuses, et qui affectent d'ailleurs une grande partie de l'Europe, entraînent une véritable famine ; le prix du boisseau de blé monte de cinq shillings en 1314 à quarante en 1316 et la mortalité par faim est accrue par des épidémies qui frappent les moins solides et en particulier les jeunes enfants. Dans les décennies suivantes, l'allure extrêmement cahotique de la courbe des prix agricoles démontre la sensibilité d'un pays surpeuplé à toute récolte déficitaire et, par la forte mortalité correspondant aux hausses des prix, présage le renversement de la tendance démographique.

Ce renversement de tendance s'accomplit lorsque survient la Peste Noire (*Black Death*). La maladie revêt deux formes : pulmonaire et bubonique. Venue d'Orient, elle se propage à partir d'août 1348 du Dorset vers le nord-est et s'apaise à la fin de 1349 seulement ; elle est suivie de plusieurs épidémies : en 1361-62, la « mortalité des enfants », en 1369, une nouvelle peste. L'effet de ces épidémies est considérable.

> Les contemporains n'ont pas manqué de le relever. Mais leurs chiffres sont toujours sujets à caution. Voici, à titre d'exemple, ce qu'en disait le chroniqueur Henry Knighton, chanoine de Leicester : « Il mourut à Leicester, dans la petite paroisse Saint-Léonard, plus de 380 personnes, dans la paroisse de Holy Cross, plus de 400 ; dans la paroisse Sainte-Marguerite de Leicester, plus de 700 ; et il en alla ainsi dans chaque paroisse. Alors l'évêque de Lincoln envoya une instruction pastorale et donna pouvoir général à tout prêtre, régulier et séculier, d'entendre confession et d'absoudre sous la pleine et entière autorité épiscopale... »

On admet, après l'analyse de cas particuliers, que la proportion de décès s'élève à vingt pour cent environ ; mais l'effet démographique fut bien plus important : les jeunes générations surtout furent frappées, en particulier en 1361-62, et, aux pertes directement dues à l'épidémie, il convient d'ajouter le déficit des mariages et des naissances dans les générations arrivées à l'âge adulte dans le dernier tiers du siècle. Le déclin de la population fut, en un siècle, supérieur au tiers et peut-être voisin de la moitié. Peu de villages furent entièrement désertés au moment de la maladie ; il ne semble y avoir eu aucune migration considérable de fuyards, mais partout la baisse du nombre des habitants se révéla considérable. À une conjoncture de pléthore de main-d'œuvre et de surpopulation des campagnes succède une situation de pénurie d'hommes. Les conséquences économiques et sociales, surtout dans le monde rural, s'avérèrent importantes.

La crise du « manoir »

La crise de l'économie manoriale est accélérée par le dépeuplement relatif des villages. Elle était en germe dans les transformations du XIIIe siècle, la substitution de fermes aux *tenures*, de paiements en argent aux corvées, du travail salarié au labeur périodique des vilains et des tenanciers libres. Elle prend une tournure et un visage très neufs à partir du milieu du XIVe siècle. Le revenu agricole faiblit avec l'abaissement de la consommation et des ventes de produits ; la diminution du nombre des tenanciers réduit les profits des redevances traditionnelles ; l'exploitation de certaines terres s'avère impossible. Pour le lord laïque comme pour le grand propriétaire ecclésiastique, la situation est aggravée encore par les besoins d'un train de vie souvent excessif, par la multiplication des aides et des décimes à payer au roi en guerre, par l'instabilité monétaire due aux manipulations royales et qui diminue la valeur des revenus perçus en espèces, par les salaires plus élevés qu'on doit accorder pour conserver le travail des manouvriers sur la réserve.

Une série de phénomènes contradictoires caractérise alors le monde rural à la fin du XIVe siècle et au XVe siècle. Les uns sont très favorables aux couches les plus déshéritées : le travail servile disparaît, aboli par des seigneurs affolés à l'idée de perdre, par la fuite, d'autres hommes encore ; la réserve est parfois supprimée et allotie à des tenanciers nouveaux ; les salaires des manouvriers montent rapidement et on a pu dire que le XVe siècle avait été « le siècle d'or du manouvrier anglais ». On voit se développer une classe de paysans riches, fermiers des seigneurs pour des terres étendues et qui, à leur tour, vont employer une main-d'œuvre salariée. Mais les grands et moyens propriétaires, qui « tiennent » le Parlement et ont l'oreille des rois successifs, réagissent : ils essayent de faire bloquer les salaires, d'imposer des restrictions aux déplacements des producteurs et le *Statute of Labourers* de 1351 n'a été que la première d'une longue suite de lois réactionnaires. Surtout, car l'effort législatif s'est révélé plus ou moins inopérant, ils s'efforcent de transformer les systèmes de culture ; des terres sont remembrées contre le gré des tenanciers (mais les seigneurs sont aussi les juges) ; on sépare au moyen de clôtures les terres cultivées et les pâtures de troupeaux de moutons en augmentation sensible : les régions du Sud et de l'Ouest proches de Londres, Winchester, Salisbury, Bristol sont alors les plus affectées ; des villages, plus d'un millier, disparaissent, *lost villages* aux ruines encore apparentes aujourd'hui, et sur leur emplacement cheminent les ovins : par l'importance de ses troupeaux, l'Angleterre est « l'Australie du Moyen Âge » (Marc Bloch). Le manoir devient un centre actif d'industrie lainière, en particulier dans les Costwolds, et le meilleur drap d'Angleterre est tissé dans les campagnes à la fin du XVe siècle. Élevage et industrie rendent au lord les ressources que lui avaient coûtées l'abandon de la culture sur la réserve et sauvent le *manoir* quand la seigneurie en France est en pleine décadence.

Les luttes sociales

Toutes ces transformations ne vont pas sans troubles profonds. De nouveaux conflits sociaux apparaissent, véritables conflits de classes entre employeurs (lords, fermiers riches) et salariés. Des mouvements de violence naissent des efforts de limitation des salaires et aussi des exigences excessives de la fiscalité royale. Une terrible jacquerie affecte en mai 1381 l'Essex et le Kent : conduite par un prêtre « niveleur », John Ball et un ouvrier, Wat Tyler, elle est marquée par la marche sur

Londres de milliers de paysans et d'artisans, qui s'emparent de la ville et ouvrent les prisons, pillant et massacrant ; Richard II temporise, accepte d'entendre les revendications, parmi lesquelles le partage des biens de l'Église, et finit par recourir à la force ; plus sporadiquement, des mouvements analogues ont affecté d'autres régions du pays, avec des revendications plus ou moins locales ou révolutionnaires. John Ball propageait une doctrine égalitaire :

« When Adam delved and Eve span
« Who was then a gentleman ? »

Souvent, les révoltés réclament simplement un allégement des charges.

La jonction entre paysans et artisans n'avait pas été le fait du hasard. Les villes et l'économie urbaine connaissent également des problèmes nouveaux et ardus.

La vie commerciale est troublée par une série de facteurs convergents dans leurs effets : les guerres apportent taxes et difficulté de préserver des liaisons traditionnelles (en particulier avec la Guyenne) ; la crise démographique et politique réduit les commandes de la Flandre et l'Angleterre ne trouve pas aisément de nouveaux marchés pour sa laine : les exportations annuelles tombent de trente-deux mille sacs en moyenne sous Édouard III, entre 1327 et 1377, à huit mille vers le milieu du XVe siècle. Quant à la vie industrielle, la réduction de la main-d'œuvre disponible, la hausse des prix de revient liée à la poussée des salaires créent des conditions difficiles. Production et vente sont l'une et l'autre gênées par l'absence d'une monnaie stable.

Ici encore, les solutions qui sont trouvées satisfont les uns, mais contribuent à tendre les relations sociales. Ainsi la limitation des salaires. Ainsi la création d'une vigoureuse industrie textile nationale, souvent localisée dans les campagnes, mais parfois sous le contrôle de marchands-fabricants de York, Leeds, Londres, Bristol. Ainsi le monopole du commerce de la laine concédé aux *staplers*, établis à Calais et la recherche de débouchés nouveaux dans le Nord et en Méditerranée par les marchands aventuriers. Ainsi la lutte contre la concurrence des commerçants étrangers en Angleterre, éveil d'un véritable nationalisme économique, qui joue surtout contre les Hanséates, privés une première fois en 1447 de leurs privilèges économiques à Londres. Toute une classe bourgeoise s'enrichit par le grand commerce, par la finance, par l'industrie ; des hommes d'affaires achètent des manoirs et le seigneur de Castlecombe, au nord du Wiltshire, est au début du XVe siècle un bourgeois originaire du Norfolk, le comte de Suffolk (1385), un descendant de marchands de Hull. Entre artisans et compagnons, entre fabricants et artisans, entre « aristocraties urbaines » et « plèbe », les antagonismes sont souvent profonds.

2. LA CRISE RELIGIEUSE

Dans les campagnes comme dans les villes, les crises et conflits économiques ont été accompagnés de remous religieux. Un anticléricalisme se développe, fondé sur la condamnation des richesses excessives de l'Église, sur la dénonciation des lourdes taxes pontificales, sur la demande d'une véritable égalité fiscale entre laïques et clercs. Né dès le début du XIVe siècle, le sentiment est suffisamment généralisé pour trouver un écho favorable auprès de nombreux députés aux Communes dans les années 1370-1380. Il explique la fortune exceptionnelle des idées de John Wyclif :

> Né dans le Yorkshire, docteur en théologie vers 1372, entré au service de la couronne à la même époque, John

Wyclif a écrit, prêché et enseigné surtout dans le milieu universitaire d'Oxford. De 1374 à 1384, il publie, outre un grand nombre de petits traités, quelques ouvrages essentiels : *De Dominio Divino et De Dominio Civili* (1374-76) ; *De Veritate Sacrae Scripturae* (1378), *De Ecclesia* (1378), *De Potestate Papae* (1379), *Confessio* (1381). Parmi les thèmes essentiels de son œuvre : la demande d'une profonde réforme disciplinaire et sacramentelle, fondée sur une interprétation littérale de la Bible, la défense du libre arbitre, le rejet de la transsubstantiation, le droit du prince de confisquer des biens détournés de leur destination originelle, le rejet d'un gouvernement autoritaire de l'Église par le Pape. Ses idées condamnées par le Pape Grégoire XI dès 1377, par un groupe de théologiens d'Oxford deux ans plus tard, par un synode à Londres en 1382, Wyclif doit à de puissants protecteurs de ne pas avoir été le martyr de ses opinions. Au demeurant, il n'a jamais été excommunié et il est mort dans le sein de l'Église catholique. Vers la fin de sa vie, il commença sans doute la première traduction anglaise de la Bible, qui parut en 1388.

Les disciples de Wyclif sont les *Lollards*. Parmi eux, des étudiants et des maîtres d'Oxford, dont presque tous sont obligés de se soumettre après 1382 ; certains ont été, sans l'aveu de leur maître, les prédicateurs de ses opinions. D'autres sont des membres de la *gentry*, issus des milieux parlementaires, surtout dans la région de Leicester et Northampton. Et il semble qu'un certain nombre d'hommes du peuple et de membres du petit clergé aient été également séduits par les condamnations wyclifites de la richesse ecclésiastique. C'est dans ces derniers milieux que, réduites à une attaque contre les biens de l'Église et la puissance du pape et du haut clergé, ses idées ont le plus longtemps survécu, et peut-être préparé une réception plus enthousiaste de la Réforme. Très vite, soutenues au Parlement par des possédants inquiets de l'agitation populaire, les mesures de répression ont limité l'extension de la « révolte » wyclifite et écarté tout danger de Réforme.

Mais le succès relatif de Wyclif est le signe d'une grave crise de l'Église, incapable de faire face à ses devoirs à une époque de malheurs multipliés. Les prélats sont souvent de qualité, mais leurs mérites mêmes les font réclamer par l'administration royale qui les emploie à des tâches diplomatiques ou gouvernementales : le chancelier du Royaume est toujours un évêque, tel Sudbury, tué en 1381 par les travailleurs à Londres ; d'autres très hauts postes de l'État leur sont pratiquement réservés. Le cumul et la non-résidence sont les plaies majeures de l'Église dans son ensemble. De plus, le clergé apparaît trop souvent comme une machine à lever des taxes pour le compte d'une papauté de plus en plus gourmande : les souverains, pour des raisons de politique extérieure, s'y opposent mollement, faisant porter leur effort surtout sur la préservation de leurs droits de justice. Paradoxalement, dans une époque de foi toujours intense, l'Église est critiquée par beaucoup, en particulier par les écrivains en langue vulgaire, dont Chaucer est, à la fin du XIVe siècle, le chef de file. Le clergé régulier n'est pas épargné. Si les bénédictins échappent souvent aux reproches, les ordres mendiants, parce qu'ils vivent d'aumônes en une époque de pauvreté, parce qu'ils représentent une organisation liée à la papauté, sont fréquemment pris à partie. Les couvents de femmes, peu nombreux, sont marqués par l'indiscipline la plus notoire. Vers 1500, le nombre de moines est d'environ 10 000 (14 000 avant la Peste Noire), celui des religieuses de 2 100 (contre 3 250).

Et pourtant, beaucoup de prêtres et de moines doivent leur formation à des écoles et à des universités de plus en plus nombreuses. Le XVe siècle voit naître, pour l'aristocratie, quantité d'écoles « secondaires », telle Eton. Il connaît le grand développement des universités d'Oxford et de Cambridge où triomphe, à la fin du XIVe siècle, l'organisation en collèges distincts : King's College est fondé à Cambridge en 1441 ; Lincoln College, par l'évêque de

Lincoln, à Oxford dès 1429, etc. Et les fondations ont souvent eu pour origine le désir d'accroître les connaissances théologiques. Il est vrai, et nous aurons à y revenir, que dès le dernier tiers du XVe siècle, sous l'influence de l'Italie humaniste, des préoccupations plus « laïques » caractérisent maints maîtres et étudiants.

Le bilan social des crises

À la fin du XVe siècle, la société anglaise apparaît profondément marquée par les crises économique et démographique. Environ trois millions d'habitants peuplent une contrée où les espaces vides sont plus nombreux, où l'effort de défrichement est pratiquement arrêté. Le monde rural, débarrassé de la servitude, n'en est pas moins très hiérarchisé et le seigneur anglais a sauvé l'essentiel de son pouvoir et de sa fortune foncière ; l'extension de l'élevage crée à moyen terme la menace d'une nouvelle « faim de terre ». Une classe de bourgeois nouveaux riches domine la vie urbaine et fait souche de nouveaux aristocrates ruraux. Cette société pleine de paradoxes est aussi bien définie par le goût du luxe, d'une vie ardente et, malgré les deuils, joyeuse, et par le profond désir de croire. Guerres extérieures et guerres civiles achèvent de préciser la hiérarchie sociale et de donner au peuple anglais une âme nationale.

3. GUERRES EXTÉRIEURES ET GUERRES CIVILES

Les XIVe et XVe siècles sont dans l'histoire de l'Angleterre deux siècles de guerres extérieures et intérieures. Les unes et les autres sont profondément liées : les rois s'affaiblissent dans des luttes sur le Continent, y épuisent leurs troupes et leur argent et sont amenés à prendre des mesures impopulaires chez eux ; irrités par les exactions royales, mécontents des échecs, et profitant de cette impopularité, grands seigneurs et prétendants au trône se rebellent souvent et recourent à la guerre civile pour imposer leurs vues. La personne du roi cesse d'être inviolable, la fidélité à une famille régnante n'est plus la règle : alors qu'Édouard II est déposé, mais remplacé par son fils en 1327, trois dynasties entièrement nouvelles s'imposent à la fin du siècle et au XVe siècle : celle des Lancastres en 1398, celle d'York en 1461 et les Tudors à partir de 1485. Ces deux siècles sont éminemment sanguinaires : la guerre, mais aussi le meurtre et les tortures leur donnent de sombres couleurs et l'assassinat en 1483 des enfants d'Édouard IV n'est que le plus horrible d'une longue suite de crimes royaux.

La guerre de Cent Ans

La guerre de Cent Ans est la dernière grande tentative des rois d'Angleterre pour consolider, étendre et affirmer les droits de leur couronne sur des terres du Continent. Elle correspond longtemps à un véritable élan national : les grands barons ne se sont jamais résignés à la perte de l'Empire angevin et sont décidés à tout pour conserver au moins la Guyenne dans la dépendance anglaise ; les bourgeois les appuient en y voyant leur intérêt économique ; et les Parlements votent les subsides indispensables. La guerre est aussi le fruit de l'imagination des rois : Édouard III, véritablement roi en 1330, lorsqu'il fait emprisonner une mère tyrannique, est le souverain qui a orienté pour longtemps la politique anglaise dans son rêve de grandeur et dans son espoir un peu fou de rétablir l'ancienne place des Plantagenêts en France ; Henri V Lancastre, devenu roi en 1413, a tout sacrifié à la gloire et à la conquête, avec l'argument qu'elles lui vaudraient de surcroît un trône plus solide.

Les buts de guerre

La guerre qui commence en 1337 se prête à plusieurs justifications :

— C'est une guerre dynastique. Édouard III estime qu'il a été injustement privé du trône de France en 1328 : les barons français, appelés à dire le droit en l'absence d'un héritier direct de Charles IV, ont invoqué une « soi-disant » loi salique et écarté Édouard, petit-fils par sa mère de Philippe le Bel, au profit de Philippe de Valois, seulement cousin du roi défunt. Certes, sous l'autorité de sa mère Isabelle, Édouard a prêté hommage à Philippe pour la Guyenne en 1329 à Amiens. Mais il ne s'arrête pas à cet argument. Au minimum, il veut en revenir à la situation du début du XIIIe siècle, avant la perte de la Normandie. Ces préoccupations sont l'héritage de ses successeurs.

— La guerre prend un aspect national : la subordination du roi d'Angleterre à son cousin français pour ses fiefs continentaux apparaît à tous les Anglais comme une humiliation intolérable. On désire un véritable État continental lié à l'Angleterre.

— Les arguments économiques ne doivent pas être négligés : maintenir ouvertes les frontières françaises et flamandes aux marchandises anglaises, contrôler de plus près une Flandre indispensable à la prospérité des lainiers anglais et où les villes sont d'ailleurs prêtes à soutenir le roi d'Angleterre, voilà des objectifs qui ne sont pas secondaires.

Les « buts de guerre » anglais pouvaient paraître démesurés : plus peuplée, efficacement gouvernée, riche, la France n'était pas une proie facile. Un art de la guerre moins évolué, l'absence d'un sentiment patriotique profond avant le XVe siècle, la malchance de souverains légers (Jean le Bon) ou malades (Charles VI), les déchirements intérieurs ont pourtant permis leur réalisation temporaire.

Les victoires

Pendant près d'un siècle, la guerre est victorieuse pour les Plantagenêts et les premiers Lancastres. À la « trilogie des désastres valois » (Crécy, 1346, Calais, 1347, Poitiers, 1356) correspond, au début du XVe siècle, le désastre français d'Azincourt (1415) ; et le traité de Troyes de 1420, qui reconnaît Henri V comme le successeur en France de Charles VI, apparaît comme le couronnement des plus fols espoirs anglais. Les succès militaires anglais ont été à chaque fois des succès défensifs, remportés grâce à la précision des tirs des arbalétriers dont l'ouvrage a été exploité par une solide infanterie, très mobile ; ils sont aussi le succès d'une armée toujours plus moderne (la première bombarde apparaît à Azincourt) et manœuvrière sur une troupe féodale et désordonnée. Cette période victorieuse a pourtant été entrecoupée de revers, surtout sous Charles V : alors qu'en 1360, le traité de Brétigny laissait à l'Angleterre près de la moitié de l'Ouest français, en 1413 Henri V n'avait trouvé dans son héritage que la Guyenne et Calais.

Le 21 octobre 1422, le jeune Henri VI est proclamé « Roi d'Angleterre et de France » et son oncle Bedford devient régent sur le Continent. Nombreux sont alors les Français qui acceptent le fait accompli, à commencer par le Parlement de Paris. La réduction de la moitié sud de la France apparaissait aisée et le siège d'Orléans devait ouvrir la route du midi.

L'échec final

Le déclin suit de peu l'apogée et nous n'en redirons pas le détail ici. L'intervention de Jeanne d'Arc, la naissance d'un véritable sentiment national français, la réconciliation des Bourguignons et des Armagnacs, l'habileté de Charles VII, sacré à Reims selon la tradition (Henri VI à Notre-Dame de Paris en 1431), une organisation financière et militaire désormais plus efficace du côté français expliquent en grande partie l'évolution de la situation. La détresse croissante des finances anglaises et la lassitude de leurs sujets a également joué un rôle dans la déconfiture des souverains britanniques. Les troubles intérieurs achèvent de leur enlever tout moyen d'action dans la seconde moitié du siècle. En 1453, la Guyenne, si longtemps anglaise, est perdue avec la prise de Bordeaux par l'armée de Charles VII. Sur le Continent, l'Angleterre ne garde que Calais, dont la possession lui est confirmée au traité de Picquigny de 1475.

Cet échec final ne marque pas le terme du rêve continental, mais signifie l'impossibilité au moins momentanée de le réaliser. Une longue période de guerres, coupée de trêves, s'achève en désastre. Dans l'histoire d'Angleterre, ce désastre n'a pas que des aspects militaires.

Le sentiment national

La longue suite d'opérations extérieures a contribué à l'épanouissement de la nation anglaise. Par le recrutement des armées comme par le paiement des taxes, toutes les classes sociales ont été mêlées à la guerre et se sont senties concernées par elle : un sentiment national s'est affirmé, fait d'orgueil lors des victoires, de haine pour l'adversaire. En plusieurs occasions, ce sentiment transparaît nettement.

> En 1399, le roi Richard II est dépossédé de sa couronne par Henri de Lancastre. La volonté absolutiste du roi et son total irrespect pour les droits et les biens de ses sujets expliquent le succès de la révolte. Mais parmi les arguments des rebelles, figurent aussi l'inaction extérieure du roi et sa politique conciliante envers la France du jeune Charles VI.
>
> Henri V obtient en 1413-1415 l'appui enthousiaste du Parlement pour ses préparatifs de guerre, alors que les questions intérieures auraient exigé un effort prioritaire.
>
> La poussée victorieuse de la langue anglaise, le rejet du français par les élites sont plus significatifs encore. Dès 1362, l'anglais devient la langue officielle du Royaume ;

Chaucer écrit dans cette langue le premier chef-d'œuvre de la littérature « anglaise », les *Canterbury Tales*, à partir de 1386 ; c'est vers 1377 que le français cède la place à l'anglais dans les écoles. La création par William Caxton de la première imprimerie anglaise, un siècle plus tard (1477) permet la stabilisation de la langue.

Il convient de préciser que cette manifestation du sentiment national, qui se produit au même moment en France, n'est pas due seulement aux entreprises continentales : pendant toute la période, les rois d'Angleterre ont eu souvent à se battre « sur deux fronts » : l'Écosse a cherché à profiter des embarras de sa puissante voisine. Ainsi le jeune pouvoir d'Henri IV fut menacé par des attaques venues du nord en 1400, et seule la victoire de Homildon Hill (1402) permit de mettre fin à ce conflit : c'était le dernier effort d'une Écosse à son tour atteinte par l'anarchie, après un siècle particulièrement fertile en combats, depuis la guerre libératrice et victorieuse de Robert Bruce en passant par les vaines victoires anglaises de 1332-1333 et surtout de 1346.

La crise de l'autorité monarchique

Les conséquences politiques et administratives des guerres extérieures ne sont pas moindres.

Les besoins de la monarchie

Assoiffés de subsides, les souverains ont été fréquemment obligés de convoquer des Parlements et de composer avec eux. Dès 1330, un « *statut* » avait prévu une réunion du Parlement par an ; bien que parfois oubliée (entre 1364 et 1396, il y a dix années sans réunion) cette disposition correspond souvent à la réalité, plus au XIVe siècle qu'au XVe cependant ; l'institution parlementaire s'était sans cesse précisée : dès 1339, la Chambre des communes, composée de bourgeois et de membres de la « *gentry* » (*knights*), apparaît constituée ; et, en 1430, on fixe, pour quatre siècles, la franchise électorale des comtés (exigence de la résidence et d'une franc-tenure ou propriété d'un revenu au moins égal à quarante shillings par an). Dotés de privilèges, jaloux de faire respecter les principes judiciaires de jugement par les pairs, les Lords et les Communes jouent un rôle essentiel dans le domaine fiscal : les rois se voient discuter le pouvoir d'établir à leur gré des taxes douanières et des péages et doivent à plusieurs reprises promettre de ne plus prendre d'initiatives nouvelles (ainsi Édouard III en 1340 et 1362) ; c'est le Parlement qui, au XIVe comme au XVe siècle, vote les impôts, tels les décimes et les quinzièmes sur les propriétés ou la fameuse *Poll-Tax* de 1377, 1379 et 1380, capitation fort mal accueillie par l'opinion. Sous Henri IV, les Communes obtiennent un contrôle sur les comptes royaux. Les souverains ont souvent mal supporté ces pouvoirs croissants des Parlements ; Édouard III leur reprochait d'avoir provoqué de premiers échecs contre la France en 1337-40 par leur avarice ; Richard II, entre 1397 et 1399, avait voulu s'en passer et avait soutenu des thèses absolutistes... qui lui coûtèrent son trône. Plusieurs ont créé des taxes indirectes ou exigé des « dons gratuits » des villes. Représentant avant tout des possédants, les parlementaires pouvaient difficilement défendre toute la nation anglaise. Mais en dépit des agissements des uns et des autres, l'institution parlementaire a progressé et les rois ont rarement osé l'attaquer dans son principe.

Pour affirmer leurs prérogatives, les souverains ont plutôt cherché à améliorer le fonctionnement de l'administration. Le Conseil privé du roi, héritier du Petit Conseil, n'a cessé d'accroître ses interventions et sa quinzaine de membres a joué un rôle majeur dans la définition de la politique royale ; à partir du milieu du XVe siècle, un secrétaire royal y exerce une influence grandissante. Le Chancelier est souvent apparu comme un véritable Premier ministre. La Chambre devient une efficace administration du domaine royal et assure aux souverains des revenus plus confortables et une certaine indépendance. Sur le plan local, les rois développent les offices de contrôle et de perception financiers et affirment leurs prérogatives judiciaires et de police en créant, vers le milieu du XIVe siècle, les *keepers*, puis *justices of the peace*, recrutés dans l'aristocratie locale, dotés de commissions royales, contrôlés par le Conseil, et qui prennent peu à peu les anciennes prérogatives du *sheriff*. Pour asseoir leur autorité à tous les niveaux, les rois, à partir de Henri VI et surtout Édouard IV, donnent pleine valeur aux actes simplement revêtus de leur sceau personnel (*signet seal*) et peuvent ainsi agir rapidement et sans formalités.

Cet effort administratif aurait sans doute porté plus de fruits sans les guerres civiles. Celles-ci sont menaçantes pendant toute la période, liées aux prétentions des grands lords, aux excès de monarques aux abois, aux échecs extérieurs. Ses revers écossais, son goût des favoris, sa politique autoritaire... et l'inimitié de sa femme, Isabelle, valent en 1327 à Édouard II un grand soulèvement de barons appuyés par une armée recrutée sur le Continent par Isabelle : arrêté, déposé, torturé, puis assassiné, le roi paye cher ses erreurs passées. En 1399, au retour d'une expédition en Irlande, Richard II paye lui aussi de son trône les injustices faites à Henri Bolingbroke, duc de Lancastre, et un soulèvement en sa faveur décide son successeur à le faire assassiner en 1400. Mais ces rébellions relativement brèves et rapidement réglées sont dépassées en gravité par la fameuse guerre des Deux Roses.

La guerre civile

Cette guerre plonge l'Angleterre dans une anarchie presque constante entre 1455 et 1485. Elle commence, de manière significative, au moment même où prend fin le grand rêve continental. Henri VI, malade, a perdu dans la défaite toute sa popularité et est attaqué de toutes parts.

Il commet la suprême « erreur » d'avoir un tardif enfant qui enlève toute chance à Richard d'York de ceindre un jour la couronne. Vainqueur à St. Albans en mai 1455, le duc d'York fait prisonnier son roi et devient « protecteur » du royaume. Cette première campagne est le signal de beaucoup d'autres :

— En 1459, Marguerite d'Anjou, épouse de Henri VI, réunit une armée qui réussit à défaire les Yorkistes en deux batailles, Wakefleld et St. Albans ; Richard d'York est tué et, au printemps de 1460, le parti de la rose rouge des Lancastres semble vainqueur.

— En 1461, les Yorkistes, qui ont maintenu leur position à Londres, font couronner roi le fils de Richard, Édouard. Warwick, son principal partisan, fait triompher la rose blanche à la bataille de Towton et le « faiseur de roi », par une série de campagnes victorieuses, oblige Marguerite à fuir en France en 1463. Le triomphe de Towton a été chanté en termes dithyrambiques :

« ... And on Palm Sunday, after noon, they met us in the field :
Within an hour they were right fain to flee and eke to yield.
Twenty seven thousand men the Rose killed on that field.
Blessed be the time that ever God spread that flower ».
(Auteur anonyme).

— En 1470, Warwick, passé au camp de Marguerite d'Anjou, envahit l'Angleterre à partir de la France, occupe Londres, délivre Henri VI et assure la victoire cette fois de la rose rouge des Lancastres. Mais Édouard IV, avec l'aide de troupes ramenées elles aussi du Continent et dues à Charles le Téméraire, son beau-frère, retourne la situation en 1471 et, Warwick tué, Marguerite prisonnière, parachève son succès par la mort d'Henri VI.

— En 1483, Richard, duc de Gloucester, usurpe la succession de son frère Édouard IV et fait assassiner ses deux neveux, âgés de 12 et 9 ans. Dès 1484, une majorité de Lords rallie la candidature au trône de Henri Tudor, comte de Richmond, apparenté aux Lancastres par son ascendance maternelle, sans aucun droit réel à la couronne, mais qui a l'habileté d'accepter un futur mariage avec Élisabeth d'York, fille aînée d'Édouard IV. Yorkistes et Lancastriens unis défont Richard III en août 1485 à la bataille de Bosworth : le roi vaincu y meurt en combattant courageusement (« un cheval ; un cheval ! mon Royaume pour un cheval ! »).

Plus que le détail des faits, comptent leurs conséquences. Elles sont faibles sur le plan des pertes humaines. Le poète yorkiste, anonyme que nous citions plus haut, exagérait manifestement en évoquant « vingt-sept mille morts » en une seule bataille. Les armées opposées comptaient au plus quelques milliers d'hommes, lords et mercenaires. La faiblesse même des ressources financières interdisait tout recrutement étendu. « Militairement parlant, il est exact que la guerre des Roses n'a été qu'une éruption cutanée sur la surface de la vie anglaise » (G.M. Trevelyan). Les effets des guerres sont, en revanche, considérables pour l'aristocratie : chaque campagne signifie la mort, l'exil, la confiscation des biens pour des centaines de lords de plus ou moins haut rang. Dans les intervalles, les complots vrais ou supposés comportent des suites analogues. De plus, toute campagne coûte cher à celui qui y participe et paye son équipement et celui de ses suivants. Renouvellement et affaiblissement caractérisent la classe aristocratique dans la seconde moitié du XVe siècle et ouvrent des perspectives heureuses à une monarchie plus forte. Mais le prestige de la Couronne a été affaibli par des luttes dont l'issue devait signifier la légitimité de telle ou telle famille. Le Parlement, appelé à reconnaître le fait accompli en 1399, 1483 et 1485, dans des formes différentes il est vrai, peut tirer argument de ce rôle souvent un peu pâle...

Les conséquences économiques et sociales sont plus difficiles à discerner. Les fréquentes levées de taxes, les dons gratuits multipliés par des villes soucieuses de neutralité, les remuements monétaires, l'incertitude du lendemain semblent avoir abouti à épuiser les ressources ou les initiatives des hommes d'affaires. La vigoureuse poussée de l'industrie lainière du XIVe siècle s'est arrêtée et la stagnation a succédé à l'essor ; les exportations tant de drap que de laine brute ont eu tendance à décroître fortement dans la seconde moitié du XVe siècle ou tout au moins cessent de croître : de 1447 à 1480, le total des exportations vers la mer du Nord et la Méditerranée passe de deux cent cinq mille à deux cent quarante-cinq mille livres, progrès très faible. Surtout les commerçants étrangers ont de plus en plus supplanté les Anglais : en 1474, Édouard IV avait concédé aux Hanséates, qui l'avaient aidé en 1470, des privilèges commerciaux exorbitants dans les ports anglais. Mais la misère semble davantage liée aux phénomènes généraux du siècle (*enclosures*, etc.) qu'aux guerres civiles proprement dites.

4. LA MARCHE À L'ABSOLUTISME 1485-1530

Nous n'entrerons pas dans la vaine querelle sur les limites du Moyen Age. Constatons simplement que les premières décennies de l'« âge des Tudors » ne correspondent pas, sur les plans économique, social, religieux, voire politique, à des nouveautés telles qu'on puisse parler de changement d'époque. Le grand fait qui caractérise le règne de Henri VII et les premières années de Henri VIII est l'exploitation tentée par ces deux souverains des facteurs favorables créés par la guerre des Deux Roses. Étudier leur politique est le nécessaire prolongement d'un chapitre sur « la crise du monde féodal ».

Henri VII et la restauration de l'autorité royale

En 1485, la situation n'est pas aussi favorable qu'on aurait pu le penser. Rien de comparable à la conjoncture française après les Frondes du XVIIIe siècle, elles aussi marquées par des soulèvements populaires et aristocratiques ; Henri VII n'est pas le jeune Louis XIV d'alors, sûr de son autorité retrouvée et capable rapidement, avec l'aide de Mazarin au début, d'instaurer un véritable absolutisme. Il y a certes la lassitude de l'opinion, l'affaiblissement des grandes familles, un homme habile aux rênes de l'État. Mais la légitimité du pouvoir n'est pas assurée : la couronne est le fruit de la conquête plus que du droit et les contemporains n'ont pu voir dans la victoire d'Henri qu'un épisode supplémentaire de la guerre civile ; les Yorkistes les plus convaincus n'ont pas dit leur dernier mot. Henri doit sa victoire à l'aide que lui ont apportée beaucoup de grands barons : ceux-ci ne sont pas disposés à le laisser gouverner à sa guise et le Parlement leur donne une voix dans l'administration des hommes et des choses. Les grands seigneurs du Nord gardent les moyens de provoquer de nouvelles rébellions. Et les adversaires du trône trouvent encouragements et soutiens sur le Continent, en France et dans les Pays-Bas, et en Écosse.

Les efforts de Henri VII ont abouti à une remise en ordre du royaume et à une consolidation de la dynastie. Le souverain a su utiliser avec intelligence toutes les chances qui s'offraient et a rallié l'opinion autour de sa personne.

Il a bénéficié d'une gloire extérieure certaine : en 1492, il obtient après un débarquement de vingt-six mille hommes près de Boulogne un traité fort avantageux de Charles VIII à Étaples et reçoit de la France une indemnité de cent cinquante mille livres, somme énorme pour l'époque. En février 1496, il signe avec l'Empereur un traité commercial et politique, le *Magnus Intercursus*, qui enlève aux éventuels rebelles toute possibilité de refuge aux Pays-Bas ; après une série de campagnes victorieuses contre l'Écosse, il scelle une provisoire réconciliation en donnant sa fille Marguerite en mariage à Jacques IV Stuart (1502). C'est encore par le mariage qu'il lie l'Angleterre et l'Espagne : Catherine d'Aragon épouse en 1501 le prince Arthur, héritier du trône ; dès l'année suivante Catherine est veuve, mais reste en Angleterre.

D'autre part Henri VII fait siennes les aspirations économiques de ses sujets. Il pratique une politique de nationalisme économique. En 1485 et 1489, il fait voter par le Parlement des actes de Navigation qui réservent aux navires anglais, quand il y en a de disponibles, le trafic à partir des ports du royaume et donne à ces mêmes navires le monopole des échanges avec la Guyenne. Il s'attaque aux privilèges de la Hanse en limitant, dès 1486, ses exemptions douanières aux seuls produits fabriqués sur le territoire même des cités hanséatiques et en obtenant, en 1491, l'établissement d'un comptoir anglais à Danzig. Il ouvre aux navires anglais le trafic méditerranéen en contraignant Venise, par une guerre douanière, à ne pas s'y opposer (1490). En 1496, le *Magnus Intercursus* réaffirmait la liberté totale et réciproque du commerce pour les marchands d'Angleterre et des Pays-Bas. Très tôt Henri prend conscience de l'importance des nouvelles routes transocéaniques et confie aux frères Cabot le soin de découvrir une route d'Asie par le nord-ouest : entre 1497 et 1509, la Nouvelle-Écosse et la baie d'Hudson sont ainsi découvertes. Si cette dernière tentative n'a pas abouti à des résultats matériels immédiatement importants, l'essor général donné au commerce, et attesté par l'accroissement des revenus douaniers du Trésor anglais, a ramené une prospérité altérée par les guerres civiles. La reprise des échanges a sa contrepartie malheureuse dans l'extension continue de l'élevage du mouton et la misère grandissante des petits paysans victimes des *enclosures*. Mais dans l'ensemble la conjoncture économique sert le prestige royal, en particulier auprès des « classes politiques » des campagnes et des bourgs.

Le prestige du roi et sa popularité expliquent la relative facilité avec laquelle il vient à bout de tous les complots et de toutes les révoltes : le soulèvement de Lord Lovell dans le Yorkshire en 1486, les complots et rébellions suscités entre 1491 et 1497 par Perkin Warbeck (que les Yorkistes utilisent en faisant de lui un fils, miraculeusement sauvé, d'Édouard IV : il est exécuté, en compagnie du compte de Warwick, âme de l'affaire, en 1499) ; la conspiration du comte de Suffolk est de même brisée en 1501 et son auteur emprisonné en 1506.

Henri VII, fort de ses succès et de sa popularité, essaya de faire évoluer le régime dans un sens plus autoritaire. Le Parlement n'est réuni que sept fois en vingt-cinq ans de règne, dont une seule fois après 1500. La Chambre des lords est tenue en main par la parcimonie avec laquelle Henri crée de nouveaux pairs laïques et par l'équilibre ainsi suscité avec les lords spirituels, ces derniers à la nomination du souverain. Les Communes, composées de représentants de groupes économiquement satisfaits, sont par ailleurs élues souvent sous un régime de « candidatures officielles » et les députés sont sensibles aux pressions des conseillers de la Couronne. À plusieurs reprises, pour éviter la réunion d'un parlement, Henri VII recourt à la convocation d'un *Grand Conseil*, véritable « assemblée des Notables » (M. Braure). Le rôle du Conseil privé ne cesse de se développer. Surtout, arguant des révoltes et des complots, le roi obtient du Parlement en 1487, l'instauration de ce qui sera appelé la « *Star Chamber* », cour suprême de justice autorisée à juger rapidement et sans recours les grands seigneurs reconnus coupables d'attentats contre la paix publique : composée de sept hauts personnages — le chancelier, le trésorier, le garde du sceau privé, deux juges, un évêque et un pair du royaume — elle permet en fait au souverain de recouvrer une part importante de ses prérogatives judiciaires. En 1495, un nouveau Parlement vote une série de mesures parmi lesquelles l'obligation pour les juges de paix de dénoncer tous les troubles au Conseil du roi et le pouvoir pour les juges itinérants de juger tous les contrevenants à la paix publique sans souci des tribunaux ordinaires. Henri VII chercha à se donner les moyens financiers d'un pouvoir absolu par une meilleure administration du domaine royal et par une accumulation des rentrées plus ou moins extraordinaires telle la fameuse indemnité obtenue à Étaples. Il laissa à sa mort un trésor bien garni.

Ces faits, par leur nombres même, pourraient donner l'impression d'une marche irrésistible vers l'absolutisme : elle serait très exagérée. En 1509, les pouvoirs locaux des lords, la nécessité de réclamer au Parlement des subsides en cas de guerres importantes, l'autonomie des bourgs, la puissance des grandes familles, en particulier dans le Nord, sont parmi les principaux obstacles à un tel régime autoritaire.

La marche à l'absolutisme

Les vingt premières années du règne de Henri VIII semblent pourtant devoir accélérer l'évolution.

La personnalité du nouveau roi joue un rôle certain. Comme François Ier quelques années plus tard, Henri VIII est le type du roi-chevalier, vigoureux et apte à tous les combats, et en même temps le modèle des courtisans par son savoir, ses capacités littéraires. Admirateur de l'humanisme qui se développe à Oxford et Cambridge depuis la fin du XVe siècle, ami de Thomas More, en relations épistolaires avec Érasme, le jeune souverain est « un des plus remarquables, peut-être le plus intelligent qu'ait connu l'Angleterre » (M. Braure). Il bénéficie, comme d'autres rois du Continent, du renouveau intellectuel, de l'admiration pour l'Antiquité et les institutions de l'Empire romain, de l'exaltation du patriotisme grec et romain : les fonctionnaires qu'il recrute sont non seulement mieux formés, mais décidés à le servir avec un dévouement sans bornes.

Comme Henri VII, le nouveau souverain réussit à incarner les aspirations et les intérêts de son peuple. Sa politique extérieure active semble ranimer le rêve continental : il échoue dans la reconquête de la Guyenne (1512), mais remporte plusieurs victoires sur Louis XII et obtient en 1514 Tournai et une large indemnité financière (Tournai sera revendue à François Ier en 1518) ; vainqueur d'une nouvelle guerre écossaise (1513-1514), il devient un arbitre en Europe et Charles Quint et François Ier se disputent son alliance : il la leur accorde tour à tour, d'abord à l'Empereur, malgré ou à cause de l'entrevue du Drap d'Or, puis à François lorsque la domination impériale devient trop menaçante (1526). Sur le plan économique, tout en poursuivant la politique de son père, Henri VIII prête davantage attention aux misères des ruraux. En 1515, le Parlement est amené à interdire toute nouvelle clôture de terres et à ordonner la suppression des clôtures existantes : mesure mal appliquée malgré une grande enquête ordonnée par Wolsey en 1517, mais qui, pendant plusieurs années, ralentit le mouvement. Ami des érasmiens, le roi n'en est pas moins le défenseur acharné de l'orthodoxie et, par un ouvrage contre Luther, mérite le titre de « Défenseur de la Foi » (1521).

Sa popularité permet à Henri VIII de poursuivre l'œuvre absolutiste de son père. Il y est fortement poussé et aidé par son plus proche conseiller, Wolsey.

> Thomas Wolsey est un prêtre, aumônier du Roi dès 1509. Ambitieux et intelligent, il devient en 1511, à moins de quarante ans, membre du Conseil privé.
> Employé à diverses missions diplomatiques en Écosse et en France, il s'y distingue et joue dès lors un rôle de premier plan dans l'élaboration de la politique extérieure. Nommé successivement évêque de Lincoln, puis archevêque d'York, il obtient en 1515 le chapeau de cardinal.

Le 24 décembre de la même année, il devient Chancelier du royaume. Personnage plein de contradictions, véritable homme de la Renaissance, il choque par sa magnificence et sa manière de vivre, mais se veut sincèrement le protecteur des pauvres et inspire la législation contre les *enclosures*. En 1518, il reçoit de Léon X les fonctions de légat pontifical et peut régenter l'Église d'Angleterre. Il rêve de la tiare et est à deux reprises un candidat malheureux au trône de saint Pierre. Autoritaire, il est soucieux de centralisation et a été le meilleur serviteur de son maître dans la politique absolutiste jusqu'à sa disgrâce en 1529.

Les méthodes employées sont dans la ligne de celles du règne précédent. On accroît le rôle du Conseil privé, décidément divisé en deux sections, l'une politique, qui suit toujours le roi, et l'autre judiciaire, qui siège dans la Chambre étoilée. Les membres du Conseil sont utilisés pour des missions dans les comtés, où ils contrôlent l'exécution des ordres royaux. Dans le pays de Galles, à partir de 1529, dans le Northumberland et le Cumberland, dès 1521, des conseils locaux, détachés du Conseil du roi, sont mis en place avec les mêmes pouvoirs judiciaires et administratifs. Par ailleurs, le Parlement est très peu réuni : en 1510, 1512, 1514-15, 1523 et 1529, chaque fois pour voter des décimes et des subsides. Les revenus du Trésor sont accrus par la perception illégale de « *loans* » et de « *benevolences* », prêts et dons gratuits arrachés aux bourgs ; en 1522, on demande une « contribution patriotique » volontaire, l'« *amicable grant* », levée plus ou moins sous la menace. Malgré les protestations parfois véhémentes, on semblait s'acheminer vers une « subversion » totale des lois anglaises et un absolutisme identique à celui qui était l'objectif de François Ier en France. C'est cette évolution que le renvoi de Wolsey semble arrêter. La volonté de Henri VIII de divorcer, les remous religieux, la réforme anglaise vont entraîner le sauvetage de l'institution parlementaire dans la seconde moitié du règne.

La « crise du monde féodal » aboutit au début du XVIe siècle à une situation très différente de celle que l'on pouvait observer à la veille de la guerre de Cent Ans. La vieille société aristocratique a été secouée par la crise économique et démographique, par les pertes de la guerre extérieure et intérieure ; les élites sont progressivement renouvelées par l'apport d'un sang bourgeois ; mais le *manoir*, rajeuni, revivifié par des activités nouvelles, est sauvé et survivra jusqu'au début du XXe siècle. Le déclin des industries flamandes a favorisé les initiatives nationales et une économie industrielle vient apporter à un commerce extérieur en plein développement les produits d'échange avec les pays du Nord et de la Méditerranée. La monarchie a triomphé de l'anarchie féodale, et, héritiers de certains droits préservés ou gagnés par leurs prédécesseurs, les Tudors ont, entre 1485 et 1529, affirmé les pouvoirs de la Couronne et cherché à revenir sur ceux acquis par le Parlement depuis Édouard III. Des problèmes anciens continuent de se poser et de nouvelles questions sont soulevées : si la servitude a disparu, la misère des classes rurales reste profonde ; si les grands féodaux semblent vaincus, leurs héritiers n'ont pas abandonné toute ambition ; si le Parlement est en déclin, son existence reste encore un fait ; si l'Église a triomphé de l'« hérésie » wyclifite, des *Lollards* subsistent et, de l'extérieur, des idées de réforme font revivre le vieil anticléricalisme. C'est après 1529 que les grandes options politiques et religieuses sont prises, que l'on renonce au rêve continental, que la grande économie industrielle et maritime se développe. Alors commence un âge nouveau...

DEUXIÈME PARTIE

L'ÉVEIL MARITIME ET LA CONSOLIDATION DE L'ORIGINALITÉ ANGLAISE

XVIe-XVIIe siècle

Le grand commerce océanique l'emporte peu à peu sur les échanges méditerranéens et l'Angleterre est admirablement placée pour tirer parti de cet immense changement. Commerçants, armateurs, politiques regardent toujours davantage vers la mer et celle-ci devient une source essentielle d'enrichissement : devancés par les Espagnols et les Portugais, les Anglais leur disputent de plus en plus âprement les terres nouvelles et ne se résignent pas à des monopoles invoqués par les premières nations maritimes. Les étendues marines se révèlent de précieuses protectrices de la sécurité britannique et, à partir de l'union personnelle avec l'Écosse, en 1603, les avantages de la position insulaire sont soulignés. L'éveil de la « vocation maritime » coïncide avec d'autres grandes transformations. Sur le plan religieux, le schisme est peu à peu créé et consolidé et, tout en demeurant réceptive aux influences continentales, aux enseignements des réformateurs comme aux disputes doctrinales dans les proches Pays-Bas, l'Angleterre se constitue un statut religieux original, différent de celui de ses voisins les plus proches et les plus puissants. Sur le plan politique, l'institution parlementaire, miraculeusement préservée au XVIe siècle, triomphe de ses adversaires au XVIIe et deux révolutions consacrent la réputation des Anglais, étonnante pour l'observateur d'aujourd'hui, d'être des trublions incapables de stabilité politique, mais surtout instaurent un régime de monarchie modérée dans une Europe où l'absolutisme semblait devoir l'emporter généralement.

Chapitre 4

L'ÉLAN ÉCONOMIQUE ET LES TRANSFORMATIONS SOCIALES

L'« âge des Tudors », le « temps des Stuarts » correspondent à une époque de considérable développement de la richesse anglaise. Les progrès, plus rapides au XVIe siècle, ne cèdent pas la place, comme dans la France de Louis XIV, à une récession importante et, malgré des crises certaines, les deux siècles étudiés ici sont marqués par une régularité relative de la croissance économique. À l'Angleterre « pauvre » du début de la période s'oppose l'image d'un pays enrichi et plus prospère que ses voisins continentaux au déclin du XVIIe siècle. Que cet enrichissement global n'ait pas également bénéficié à toutes les classes de la société, que la pauvreté réglementée soit un des traits de cette société, que l'inégal esprit d'entreprise des uns et des autres et les aléas de la vie politique aient entraîné des ascensions et des chutes également remarquables ne doivent pas dissimuler ce fait essentiel : enfin éveillée à sa « vocation » maritime, tirant de l'Océan des ressources de plus en plus abondantes, bénéficiant du génie de ses navigateurs, de ses hommes d'affaires, de ses économistes, dotée de colonies, son agriculture modernisée et son industrie transformée, l'Angleterre conquiert dès les XVIe et XVIIe siècles des positions économiques qui faciliteront le grand essor du XVIIIe siècle.

1. LES DONNÉES NOUVELLES

Quelques facteurs, plus ou moins spécifiques, expliquent l'essor économique du royaume. Leur importance respective et la durée de leur effet peuvent être discutées, non pas leur réalité.

Le stimulant monétaire et démographique

Il doit sans doute être placé au premier rang.

L'Europe occidentale et centrale tout entière connaît, à partir du deuxième tiers ou de la seconde moitié du XVIe siècle, les effets de l'arrivée en quantités croissantes de métaux précieux en provenance de l'Afrique occidentale, de l'Asie, mais surtout de l'Amérique espagnole, relayée au XVIIe siècle par le Brésil. De l'or, mais surtout de l'argent arrivent légalement en Espagne et au Portugal, par contrebande ailleurs. Par le jeu des échanges commerciaux, mais aussi de la piraterie, et les corsaires anglais du temps d'Élisabeth ont été fort actifs, ces métaux circulent et viennent bouleverser les échanges et les transactions. Ils permettent de fabriquer des monnaies dignes de ce nom, et c'est l'explication de la réforme monétaire d'Élisabeth, conseillée par Gresham, en 1560-61. La confiance dans la monnaie agit positivement dans tous les secteurs de la vie économique. Surtout, l'accroissement de la masse monétaire en circulation provoque une élévation lente et continue des prix : les victimes sont surtout les salariés, cependant que les producteurs et les employeurs, qui ne cherchent pas à relever les salaires en proportion de la hausse des prix, bénéficient de profits supérieurs. L'esprit d'entreprise en est fortement stimulé. Le XVIIe siècle, qui est marqué par une moindre hausse relative des métaux précieux en circulation, voit s'estomper ce facteur de progrès économique après 1650, plus tard donc qu'en France.

L'augmentation de la population joue également dans un sens favorable. Aucun chiffre n'est sûr. Mais les ordres de grandeur suffisent à démontrer le fait. Trois millions d'habitants environ sous Henri VII, moins de quatre millions et demi vers 1579, environ cinq millions quatre cent mille, selon Gregory King, en 1688, l'essor est important, même si, à la date de la dernière estimation, l'Angleterre n'a encore qu'un peu plus du quart de la population française d'alors. Pourtant, de brusques accidents démographiques sont encore survenus : il y a eu des retours de peste en 1563, 1578-1583, 1593 et surtout 1665, année meurtrière à Londres. Plus fort au XVIe siècle, le taux d'élévation annuel aurait été en moyenne supérieur à 1 %. Cet accroissement a procuré la main-d'œuvre indispensable aux industries textiles et extractives, a autorisé les travaux de défrichement, mais aussi de clôture. Il a probablement contribué à renforcer les effets de l'afflux de métaux précieux : une demande plus forte a poussé à la hausse des prix, l'abondance des bras a joué contre les relèvements des salaires et les perspectives de profit ont été augmentées.

Religion et économie

La coïncidence remarquable entre le début de l'élan économique et le développement de la Réforme anglaise a entraîné nombre de sociologues et d'historiens à établir un lien entre protestantisme et capitalisme et à faire de l'esprit protestant un facteur de la naissance du capitalisme dans toute l'Europe. La rupture avec l'Église et le rejet de ses enseignements contre l'« usure » auraient facilité les opérations bancaires, la constitution de sociétés d'actionnaires. Développant l'individualisme et le sens de la responsabilité personnelle, le protestantisme aurait stimulé l'esprit d'entreprise. Supprimant le lien entre œuvre et salut, les cultes nouveaux auraient libéré le capitalisme de tout scrupule paralysant. Le travail et l'enrichissement, signes de l'élection d'un individu par Dieu, auraient été réhabilités. Le problème a été repris au fond par le professeur R. H. Tawney : ni l'État ni l'Église d'Angleterre n'ont cessé de protester contre l'usure, de la poursuivre et de la condamner, de chercher au moins à limiter les taux d'intérêt ; l'État a conservé la conception traditionnelle de sa fonction sociale de défenseur des pauvres et les docteurs de l'Église, jusqu'en 1642, n'ont pas cessé de rappeler les souverains à ce devoir. Les puritains eux-mêmes n'ont jamais eu, avant le milieu du XVIIe siècle, des conceptions identiquement révolutionnaires sur les problèmes de la vie économique et de l'argent et n'ont pas, dès le départ, assimilé travail et prière, réussite sociale et élection divine. Le grand nombre de bourgeois et de membres de la *gentry* parmi les puritains expliquerait la tournure progressivement neuve de la réflexion économique des prostestants anglais. Que retenir ? L'emprise certainement moins forte de l'Église établie a favorisé la mise en question des vieilles valeurs et permis à l'esprit de gain de se développer. Nombre de dissidents, privés de fonctions officielles, ont pu être d'autant plus tentés de rechercher dans les affaires la satisfaction de leurs ambitions qu'effectivement enrichissement et salut n'étaient plus contradictoires. La haine croissante des « papistes » a apporté le soutien de l'opinion publique à ceux qui s'attaquaient aux monopoles commerciaux espagnols et portugais. Ni les souverains, ni les hommes d'affaires n'ont pu être embarrassés par les décisions pontificales qui avaient partagé à la fin du XVe siècle l'hémisphère occidental entre les deux puissances ibériques. Ce sont là des points importants. Ils ne permettent pas de parler d'un rôle déterminant de l'esprit protestant. D'autant qu'il ne faut pas oublier les grands hommes d'affaires catholiques du Continent, des Médicis aux Fugger, la hardiesse des armateurs catholiques, tel le Français Jean Ango, le refus d'un roi très chrétien,

François Ier, de reconnaître le partage du monde garanti par les bulles pontificales... Et qu'on pourrait aussi bien trouver dans mainte religion, la catholique comme la juive, des facteurs tout aussi « déterminants » de progrès économique ! Et que certains « historiens » ne s'en sont pas privés...

État, société et économie

À ces données nouvelles, il convient d'en ajouter d'autres, qui le sont moins, mais qui jouent un rôle plus grand qu'à d'autres époques. Les Tudors, comme les Stuarts, la république comme la monarchie, épousent nombre de revendications des citoyens les plus entreprenants. Sans qu'une théorie économique détaillée soit formulée et adoptée, on passe progressivement à un véritable mercantilisme, avec ses composantes habituelles de protectionnisme (plus réel au XVIIe siècle qu'au XVIe), de recherche d'une production intérieure sans cesse accrue, de véritable guerre monétaire et douanière avec l'étranger, de protection à des compagnies de commerce et de colonisation dotées de monopoles. Politique d'un des meilleurs conseillers d'Élisabeth, Burleigh, comme de Cromwell lui-même ; politique parallèle à celle des grandes puissances du Continent, dont elle s'inspire d'ailleurs souvent. L'intervention de l'État, jugée pourtant rétrograde en diverses occasions, a pesé en définitive positivement dans le destin économique du royaume. La paix intérieure, pratiquement assurée, sauf à de rares intervalles, jusqu'en 1642, et l'absence de toute invasion ont permis la régularité de la croissance économique, qui contraste tant avec le sort de la France et de l'Espagne. La structure sociale, marquée par l'absence de toute barrière infranchissable, par le renouvellement par le bas de la classe aristocratique, par le besoin des cadets de grandes familles de trouver leurs propres voies vers les honneurs et la richesse, par le va-et-vient de bourgeois enrichis vers les campagnes et de fils de la *gentry* vers les villes, joue contre la routine et draine capitaux et énergies vers les secteurs les plus rentables. Le bourgeois peut être tenté d'investir son argent dans la terre, mais, contrairement à son homologue français, il ne le gaspille pas dans l'achat d'un office anoblissant.

La dynamique même des changements joue également son rôle. Le développement de l'aire commerciale a poussé à la croissance industrielle. La surexploitation des forêts, augmentée encore par l'effort de constructions navales, a conduit à utiliser le plus possible des combustibles nouveaux. Les transformations du monde rural ont libéré une main-d'œuvre pour une industrie dont les besoins (en laine surtout) accélèrent ces mêmes transformations.

2. LA TERRE ET SES PROBLÈMES

Structure agraire et techniques nouvelles

Les remuements amorcés avec la crise du *manoir* et la transformation de la structure agraire se poursuivent aux XVIe et XVIIe siècles. La question agraire est modifiée par des éléments nouveaux. De grands domaines traditionnels sont vendus en bloc ou en détail : domaines des adversaires des Tudors ou des Stuarts, domaines de soixante-dix lords pendant la première révolution ; biens de mainmorte des monastères, confisqués par les deux actes de 1536 et 1539, distribués ou vendus par Henri VIII et ses successeurs immédiats ; les bénéficiaires de ces opérations ont pu être de grands personnages, mais souvent aussi des membres de la *gentry* et surtout des bourgeois enrichis ; les transferts de propriété ont été durables, sauf dans le cas des terres confisquées par la révolution. La hausse des prix agricoles stimule l'intérêt pour les choses de la terre, bénéficie aux propriétaires qui exploitent directement ou à ceux qui ont le droit ou les moyens de modifier les conditions de location ; la hausse générale des prix rend précaire la position des propriétaires incapables de transformer ces mêmes conditions et contribue à jeter sur le marché de nouvelles terres, acquises parfois par les tenanciers prospères. La science agronomique relève la tête et on voit paraître des ouvrages importants à l'usage des agriculteurs : Fitzherbert publie dès 1523 son *Boke of Husbandry* et son *Boke of Surueyeng and Improuvements*, Tusser édite en 1557 ses *Hundred Good Pointes of Husbandrie*, qu'il complète en 1573 ; entre 1594 et 1608, Sir Hugh Platt multiplie les ouvrages sur l'art et la manière de cultiver champs et jardins ; parmi les nombreux écrits du XVIIe siècle, citons le *Discourse of Husbandrie Used in Brabant and Flanders* de Richard Weston et l'*English Improver*, dû à Walter Blith, édité en 1649, puis 1652 ; ce ne sont là que quelques exemples d'ouvrages qui plaident en général pour les *enclosures*, donnent des conseils pour l'utilisation d'engrais animaux et végétaux, exposent les méthodes d'élevage les plus adéquates. Peut-être parce que la hausse des prix se ralentit et que le profit est moins facile au XVIIe siècle, on y met au point de nouvelles techniques et des outils agricoles appelés à un avenir plus ou moins brillant, telles les charrues de Hamilton (1623) et de Parham (1634), tels les semoirs mécaniques de Ramsey (1634) et Plattes (1639). Transferts de propriétés et volonté d'appliquer les conseils des agronomes entraînent des modifications non négligeables dans la vie rurale.

Les progrès de l'individualisme agraire

L'individualisme continue de progresser aux dépens des servitudes collectives. L'*openfield* représente de plus en plus une gêne au progrès, d'autant qu'au XVIIe siècle on commence à développer des cultures nouvelles, rave et pomme de terre. L'exploitation concentrée, où l'élevage de bovins et de moutons fournit les engrais, apparaît de loin préférable aux parcelles dispersées dans les soles. La liberté pour chacun de disposer d'une part des communaux semble aux riches plus satisfaisante que des droits communs d'usage. On voit donc s'amplifier le mouvement des *enclosures* : remembrées, des exploitations sont encloses non seulement pour l'élevage, mais de même pour une culture plus rentable. Les grands propriétaires sont parmi les initiateurs, de petits propriétaires paysans, les *yeomen*, et des fermiers importants y poussent également ; il semble que les tenanciers n'y aient pas toujours été hostiles et aient sollicité parfois le remembrement des parcelles. En fait, il faut distinguer les *enclosures* faites ou demandées pour l'amélioration des conditions du travail et des rendements de celles effectuées pour la seule croissance des revenus du lord et accompagnées d'évictions brutales. Les plaintes nombreuses, auxquelles font écho tant d'écrits, de l'*Utopie* de Thomas More (1516) aux proclamations des *Levellers* (Niveleurs) sous la première révolution, soulignent l'importance des opérations de la seconde catégorie, mais ne doivent pas faire oublier les premières. L'État s'est longtemps opposé aux unes et aux autres et le Conseil privé a efficacement joué, sous les Tudors comme sous les premiers Stuarts, son rôle judiciaire de dernier recours des plaignants. Des enquêtes parlementaires, semblables à celles de 1517, ont été menées à plusieurs reprises et des actes passés contre les *enclosures* en 1562-63, 1597-1598, 1601, pour ne prendre que le seul règne d'Élisabeth. Cette ardeur devient plus molle à partir de la révolution et les Parlements en arrivent, dès 1656, à considérer la lutte contre l'*enclosure* « comme le programme d'une secte de radicaux religieux et politiques » (R. H. Tawney) ; signe à la fois de la portée des conseils agronomiques et de l'influence des propriétaires dans le Parlement. Il ne faudrait pas croire pourtant qu'entre le début du XVIe siècle et la fin du siècle suivant le paysage anglais ait été fondamentalement modifié : le mouvement a surtout affecté les comtés de l'Est et des Midlands, très peu les comtés du Sud-Ouest (Devon et Cornouailles) et ceux du Nord, à l'exception du Northumberland et du Durham. La majorité des terres sont encore soumises à l'ancien système communautaire au début du XVIIIe siècle. Il est pourtant remarquable que la longue opposition de l'État n'ait pas davantage retardé les innovations : sans doute l'explication est-elle à rechercher dans la mauvaise volonté des serviteurs mêmes de cet État, qui, dans les campagnes, ne sont autres que des propriétaires fonciers personnellement intéressés à leur réalisation.

La société rurale

Les classes dirigeantes

Une hiérarchie sociale plus différenciée caractérise de plus en plus les campagnes. Les lords (les Russel, les Seymour, les Dudley, les Cecil,...), possesseurs de domaines immenses, d'acquisition souvent récente, laissent en général, par leur non-résidence, le haut du pavé à la petite noblesse, dont les rangs se renouvellent d'ailleurs. Il n'est guère possible de dire d'un mot la condition réelle de cette *gentry*, extrêmement diverse, où se rencontrent aussi bien de très grosses fortunes foncières que des cas de réelle pauvreté ; dans son ensemble, la classe a inégalement bénéficié de l'évolution économique : la hausse des prix a durement touché au XVIe siècle, des propriétaires moyens au train de vie exagéré, mais au XVIIe siècle, les achats de terres et les nouveaux modes d'exploitation ont relevé certaines fortunes... de même que des alliances matrimoniales opportunes ; véritable bourgeoisie rurale riche et active ou groupe sans homogénéité et en partie en crise, les deux définitions font l'objet des controverses entre historiens ; tous s'accordent à souligner son rôle social et son prestige, et la plupart des tenants de la thèse pessimiste distinguent entre la « vieille » *gentry* et la « nouvelle », d'origine bourgeoise et plus aisée.

Les paysans

Cette même diversité se retrouve au niveau inférieur de la *yeomanry* : terme parfois ambigu, qui désigne en principe les paysans propriétaires d'un bien suffisant pour en faire des citoyens à part entière, mobilisables et dotés du droit de vote lors des élections parlementaires. Leurs biens propres satisfont plus ou moins à leurs besoins et nombre d'entre eux sont obligés de louer des terres supplémentaires et apparaissent peu différents des tenanciers ; plus nombreux dans l'Est, les *yeomen* ont bénéficié du mouvement des prix et leur prospérité s'est traduite dans la construction de fermes cossues à la fin du XVIe siècle ; au début du XVIIe, ils ont été souvent parmi les premiers à solliciter la clôture des terres ; mais leur position indépendante en a parfois fait aussi les adversaires les plus coriaces des lords désireux de remembrer, de partager les communaux, etc. Quelle que soit sa réelle fortune, le *yeoman* est considéré avec beaucoup d'envie par les tenanciers cependant que les pouvoirs publics voient en lui le citoyen utile par excellence ; selon Gregory King et Ch. Davenant, les *yeomen* auraient été, avec leurs familles, neuf cent quarante mille en 1688, près du quart des ruraux, mais deux cent quatre-vingt mille seulement auraient été de la « meilleure condition ».

La *peasantry* regroupe des catégories encore une fois fort variées : la transformation du manoir en une exploitation de type capitaliste a apporté de notables innovations au sort des tenanciers ; on a vu se développer une catégorie de fermiers, tenant leur terre à bail (*leaseholders*) et dont beaucoup sont fort proches, par leur condition, des plus aisés des *yeomen* ; les *copyholders* sont ceux qui, profitant de la conjoncture favorable, ont pu faire établir par écrit la coutume du manoir et détiennent, à titre perpétuel et héréditaire, une tenure d'étendue variable à des conditions fixes ; les *tenants at will* jouissent d'un droit précaire et purement oral d'occupation et d'exploitation de terres qu'ils ont souvent défrichées de leur propre initiative sur les communaux et peuvent en être privés brusquement. Le grand effort des propriétaires a été, au cours de cette période, de faire prévaloir la condition de *leaseholders* sur celle de *copyholders* et d'englober ainsi dans la première catégorie la plupart des tenanciers, avec la possibilité de faire varier les redevances : la pression exercée sur les intéressés a parfois été fort brutale. Dans ce monde des fermiers et tenanciers, les différences de fortune sont considérables, accentuées par la gestion plus ou moins heureuse et par l'inégal degré des initiatives lié à la durée des contrats. À l'époque de Gregory King, il y aurait eu cent cinquante mille familles de fermiers, représentant sept cent cinquante mille personnes.

À la base de la société rurale, les *cottagers*, propriétaires de leur seule maison, à laquelle, selon une loi mal respectée d'Élisabeth (1589), devaient être rattachés au moins quatre acres ; parmi eux se recrute l'essentiel des travailleurs salariés que Gregory King estimait à trois cent soixante-quatre mille familles ou un million deux cent soixante-quinze mille personnes. Un nombre variable de vagabonds et de mendiants — plusieurs dizaines de milliers à la fin du XVIIe siècle — sont durement pourchassés et sujets aux condamnations les plus sévères. Toutes ces oppositions sociales se marquent de plus en plus dans le paysage où les élégantes demeures précédées de jardins de l'aristocratie et les fermes pimpantes contrastent avec des chaumières misérables. La législation remédie plus ou moins bien aux abus : la loi des pauvres de 1597 ordonne certes, sous la responsabilité des juges de paix, que des secours soient accordés aux indigents sous forme de travail ou de charité en cas d'invalidité ou de jeune âge ; mais le Statut des Apprentis et Artisans de 1563, s'il donne certaines garanties de stabilité aux travailleurs, édicte aussi des contraintes rigoureuses et prescrit la fixation du salaire par les juges de paix, chaque année, après consultation de « personnes compétentes et avisées », ce qui permet en fait au XVIIe siècle surtout de maintenir son niveau à un taux très bas. La misère des campagnes se traduit par des révoltes agraires plus ou moins sérieuses, surtout sous les premiers Stuarts.

La production

On aimerait établir avec quelque sûreté l'effet des transformations de la structure agraire sur la production. Défrichements et assèchements ont certes accru les surfaces cultivées : l'œuvre la plus célèbre est le drainage des *Fens*, immense plaine insalubre, au nord du Norfolk. Commencée sur l'initiative de John Morton, évêque d'Ely, plus tard archevêque de Canterbury, sous le règne de Henri VII, l'opération progresse surtout dans la première moitié du XVIIe siècle sous la direction du Hollandais Cornelius Vermuyden qui achève en 1652 l'assèchement d'une vaste section et procure des terres à blé là où il n'y avait que marécages et terres de chasse. Des plantes alimentaires nouvelles apparaissent ou renaissent et, à la fin du XVIe siècle, le goût du jardinage multiplie la culture de légumineuses longtemps dédaignées, en particulier sur la côte du Suffolk ; mais, pendant toute la période, le paysan anglais a été fort méfiant à l'égard des conseils que lui prodiguaient les agronomes. Quelques expériences sont faites au XVIIe siècle : le houblon est planté dans le Kent, le Suffolk, l'Essex, le Surrey ; le lin et le chanvre sont cultivés dans l'Essex et le comté de Nottingham, la navette et le colza dans le Kent et le Lincolnshire. Mais les céréales traditionnelles prédominent, avec le vif encouragement d'un État surtout soucieux d'éviter la faim... et les désordres. L'élevage se développe, surtout des ovins, mais aussi des bovins autour des villes de plus en plus avides de laitages. Si le nombre des moutons s'accroît, s'ils sont mieux soignés et nourris dans les enclos, la laine produite est souvent de moindre qualité qu'autrefois et le XVIIe siècle est une époque de transition entre l'élevage pour la laine et l'élevage pour la viande. Quoi qu'il en soit par ailleurs, les fluctuations relativement faibles et peu fréquentes des prix agricoles au XVIIe siècle témoignent en faveur de la thèse d'une production — suffisante pour les besoins de la nation — Mais on ne peut guère en dire davantage.

3. UNE « PREMIÈRE RÉVOLUTION INDUSTRIELLE » ?

On est parfois tenté d'utiliser facilement le prestigieux vocable « révolutionnaire » en évoquant les transformations du monde industriel. Nous l'avons signalé pour le XIIIe siècle à propos du transfert vers les campagnes d'une partie des industries lainières. L'historien américain John U. Nef a avancé une série d'arguments impressionnants pour justifier cette appellation qu'il croit pouvoir donner aux phénomènes de la période 1540-1640. Qu'en est-il ?

État et industrie

Les Tudors comme les premiers Stuarts se font une conception très « dirigiste » de l'industrie et, avec plus ou moins de bonheur, s'efforcent de développer les productions, de les diversifier et d'en assurer la qualité. À son rôle traditionnel de protecteur, l'État ajoute ceux d'animateur et de contrôleur. Il prend, pour ce dernier, la place des guildes, en pleine décadence au XVIe siècle, et qui ne se relèvent pas de la confiscation de leurs biens, prononcée par Édouard VI. Des règlements nationaux sont édictés et des méthodes mises au point pour assurer leur application. Nous avons déjà évoqué le fameux Statut des

Apprentis et Artisans de 1563 ; il ordonne, pour les métiers industriels, un apprentissage uniforme de sept années, et interdit la maîtrise avant l'âge de vingt-quatre ans ; ces règles sont applicables dans les campagnes comme dans les villes. D'autre part, pour protéger les métiers urbains, draperie, mercerie, orfèvrerie, un véritable cens est fixé : seuls les fils de propriétaires ruraux dont la terre vaut un revenu de plus de 60 shillings, peuvent être admis dans les ateliers urbains comme apprentis ; on aboutit ainsi à une discrimination fort nette entre ruraux et citadins. D'autres règlements portent sur la qualité des produits et sont édictés pendant toute la période. Pour assurer l'exécution des lois et règlements, on recourt de plus en plus, à partir de la fin du règne d'Élisabeth, à des compagnies industrielles locales, composées de riches fabricants, dotées de privilèges accordés par la Couronne et non pas par les municipalités, et qui prennent des responsabilités autrefois dévolues aux guildes. Jacques Ier et Charles Ier accentuent les contrôles étatiques et nomment des officiers spécialement chargés de veiller à la bonne observance des règles : ainsi en 1605, le duc de Lennox est, avec le titre d'*aulnager*, placé à la tête d'une administration qui a pour mission de contrôler les tissus. La seconde moitié du XVIIe siècle voit l'écroulement d'un système tracassier et la marche au laisser-faire.

Les souverains ont cherché d'autre part à encourager l'implantation d'industries nouvelles : à une époque où le secret technique est la règle, ils ont dû faire appel, comme la France, à des ouvriers étrangers. Pays protestant et terre de refuge, l'Angleterre a accueilli sur son sol des vagues successives d'immigrants, calvinistes de Flandre et de Wallonie sous Élisabeth, calvinistes français à la même époque, huguenots chassés un siècle plus tard par les persécutions de Louis XIV, etc.

Avec eux sont introduites en Angleterre les industries de la soie, et surtout les futaines, étoffes grossières de laine et de lin ; on leur doit également les premières et petites industries du coton, transférées d'Anvers au Lancashire, et des progrès dans les techniques de la verrerie et de la métallurgie. Les étrangers désireux de s'établir en Angleterre reçoivent des lettres patentes où sont énumérés droits et privilèges de toutes sortes : elles leur sont d'autant plus nécessaires que, sauf quelques cités (telle Norwich), les corporations municipales leur font un accueil mitigé.

L'octroi de privilèges et de monopoles ne se limite pas aux étrangers : dès le règne d'Élisabeth, mais surtout sous les deux premiers Stuarts, la Couronne prend l'habitude d'octroyer à des particuliers ou à des sociétés l'exclusivité de la production dans un secteur donné, salines, savonneries, papeteries, verreries, etc. ; le monopole est justifié par une invention réelle ou supposée, telle la fonte du verre au charbon de terre, qui permet d'économiser le précieux charbon de bois. En 1624, le Parlement prétend limiter tout monopole à quatorze ans et veut le faire dépendre d'une invention réelle ; mais Charles Ier s'est plus ou moins soucié de ces limitations. L'octroi d'avantages à certains producteurs s'accompagne en général, pour l'État, de substantielles rentrées d'argent (ainsi, en 1615, le monopole du verre est accordé à un groupe de neuf entrepreneurs, et finalement au seul Robert Mansell, amiral et courtisan, pour une redevance annuelle de mille livres). Dans les faits, l'octroi de lettres patentes a moins favorisé le progrès industriel que permis à la Couronne de « faire de l'argent ». Quelques exceptions confirment seulement cette règle : tel le monopole de la mouture du malt concédé par Élisabeth à John Court de Bridgewater en 1587, parce que ses nouveaux moulins étaient mus à l'énergie hydraulique.

Les progrès de la production

Sous l'impulsion de l'État, mais surtout des particuliers, certains progrès substantiels sont réalisés. Les vieilles industries lainières progressent et gagnent de nouvelles régions, en particulier le Nord et l'Ouest. Dès le règne d'Élisabeth, le Yorkshire, le Lancashire, le Devon, certains districts gallois deviennent des lieux actifs de fabrication des étoffes ; Manchester et Bolton constituent des centres de production de la futaine. Les soieries se développent à Spitalfields et Canterbury. La seconde moitié du XVIIe siècle voit grandir l'importance du coton, concentré presque exclusivement dans le Lancashire. L'accroissement des productions s'accompagne de la modification des structures. Plus que jamais, l'industrie textile est loin d'être une industrie proprement urbaine : les ateliers ruraux restent fort nombreux ; la division du travail devient la règle et le travail industriel est effectué à l'initiative de marchands capitalistes, qui répartissent les matières premières entre de multiples ateliers et ramassent le produit fini, les artisans restant les maîtres de leurs machines (*putting-out system*). Les crises sont pourtant graves dans l'industrie textile au XVIIe siècle, liées parfois aux événements politiques (première révolution), mais aussi à la politique mercantiliste des autres puissances européennes et à la concurrence hollandaise et française.

Si le textile reste le secteur industriel de base, d'autres se développent : fonderies de cuivre à Birmingham, verreries à Londres, dans le Hampshire et le Staffordshire, petite métallurgie (par exemple à Colchester où s'installent après 1561 quelques dizaines de familles flamandes). Dans les régions du bassin de Londres, la grosse métallurgie est florissante et on construit, dès le règne d'Élisabeth, des hauts-fourneaux de quarante pieds de haut dont la production annuelle, cent à cinq cents tonnes de fonte, est considérable pour l'époque.

Les industries extractives sont sans doute les plus prospères. Les individus sont d'autant plus actifs que la propriété du sous-sol n'appartient pas ici à l'État. Des mines de cuivre sont exploitées dans la seconde moitié du XVIe siècle dans le Nord, des mines d'étain et de plomb dans le Devon et la Cornouailles. Et surtout, on voit naître la grande exploitation du charbon de terre : l'épuisement croissant des forêts y pousse et, si les efforts d'utilisation dans les hauts-fourneaux s'avèrent vains, les débouchés sont multiples dans les forges, les verreries et le chauffage domestique. Exploité d'abord à fleur de terre, le charbon l'est au XVIIe siècle par des puits, ce qui pose le difficile problème de l'évacuation de l'eau. Les grandes régions sont le Durham, le Northumberland, les Midlands, le Cumberland et le pays de Galles. La production, selon les estimations de J.U. Nef, atteint des totaux de plus en plus élevés, passant de deux cent dix mille tonnes par an en moyenne dans la période 1551-1560 à près de trois millions de tonnes un peu plus d'un siècle plus tard, dans la période 1681-1690. Expédié par eau vers les grandes villes, en particulier Londres, le charbon y supplante le bois dans les usages domestiques.

Diversifiée, réorganisée, encouragée, dotée depuis 1571 d'un véritable marché national par l'abolition des douanes intérieures, l'industrie anglaise paraît dès la fin du XVIIe siècle avoir surpassé toutes les autres. D'où la thèse de J.U. Nef qui lui donnait une avance de deux siècles par rapport aux conceptions traditionnelles lorsqu'il fixait le moment du grand essor. Il semble pourtant à la plupart des historiens spécialisés que le terme de « révolution » soit outré et qu'il ne faille pas tirer de quelques exemples particuliers des conclusions exagérées. Les techniques de l'industrie textile, la plus importante, n'ont pas été fondamentalement modifiées et l'invention du métier à tricoter de William Lee (1598) a peu marqué la production. Quant à l'industrie métallurgique, elle continue de travailler au charbon de bois. Qu'il y ait eu élan considérable et progrès plus rapides que sur le Continent est, en revanche, assuré. Il faut de même retenir la dispersion géographique croissante des industries, malgré la continuelle prédominance de Londres, où, depuis les constructions navales jusqu'à toutes les formes du travail artisanal, l'industrie occupe une place majeure.

Les maux des producteurs

Le développement de l'industrie s'est accompagné de maux sociaux certains. En période de hausse des prix, les artisans soumis au *putting-out system* et les ouvriers ont été plus ou moins victimes des efforts des fabricants pour maintenir au plus bas les salaires et rémunérations. Le Statut des Apprentis a certes permis de garantir un salaire minimum, mais il n'a été appliqué en fait que jusqu'à la révolution de 1642 et avec beaucoup de répugnance ; de plus, les juges de paix ont systématiquement estimé que les nouveaux secteurs industriels n'étaient pas couverts par le Statut. Les périodes de dépression ont été d'autant plus sévèrement ressenties que la Loi des Pauvres, de son côté, ne semble pas avoir été appliquée avec un zèle excessif. L'absence de toute organisation de défense a privé les ouvriers de tout moyen de réagir efficacement. Dans certaines villes où le développement industriel est grand, à commencer par Londres, les questions de l'hygiène et du logement se posent de façon dramatique et dans l'agglomération de près d'un demi-million d'habitants, les travailleurs, logés surtout dans les quartiers extérieurs de Saint Giles, Cripplegate, Whitechapel, Stepney, souffrent particulièrement en cas de maladie ou de disette. Il est difficile d'estimer le niveau de vie des artisans et ouvriers en général, car au salaire s'ajoute fréquemment, toujours dans les campagnes, les ressources tirées de l'exploitation d'un champ ou d'un jardin et, d'autre part, le revenu d'un artisan est celui que lui procurent son propre travail et celui des membres de sa famille. Il serait certainement erroné de dresser un tableau très optimiste de la situation sociale de l'Angleterre. Aux fortunes accumulées par les fabricants et marchands-fabricants, les Winchcombe, les Dudley, les Foley, correspondent la misère ou la pauvreté du grand nombre.

4. L'ESSOR MARITIME ET COLONIAL

Le XVIe siècle voit la fin du rêve de colonisation continentale. La perte de Calais en 1558 symbolise l'achèvement d'une période, et l'acquisition de Dunkerque, un siècle plus tard, sera de trop courte durée et de trop faible intérêt pour ranimer de vieilles espérances. Les grandes découvertes et la fondation des empires coloniaux ont placé l'Angleterre dans une position nouvelle : elle n'est plus un cap extrême de la civilisation, elle est sur la route des échanges et du grand commerce. L'exemple des puissances catholiques joue le rôle d'aiguillon. L'État stimule les particuliers. Un triple phénomène d'exploration, d'établissement colonial et de développement commercial change du tout au tout le destin du royaume.

L'exploration

L'exploration joue évidemment un rôle majeur : on cherche à reconnaître de futurs lieux d'établissement ou de contacts commerciaux, on cherche surtout à découvrir de nouvelles routes entre l'Europe et l'Asie. Les explorateurs partent sur des bateaux affrétés par des compagnies de marchands et il ne leur est pas interdit de commercer en cours de route. Vers le milieu du siècle, Sébastien Cabot, fils de Jean, recommande la route du nord-est pour arriver en Chine et dès 1555 Chancellor arrive en mer Blanche et aborde à Arkhangel ; sous Élisabeth, les grands marins Hawkins, Francis Drake, Frobisher, Walter Raleigh explorent respectivement les côtes de Guinée, la côte Pacifique américaine, le Labrador et Terre-Neuve, la Floride, la Guyane et la Virginie. Au début du XVIIe siècle, Henry Hudson cherche un passage par le nord-est et explore le Groenland, le Spitzberg, la Nouvelle-Zemble en 1607-1608, avant de repartir en 1609 vers l'ouest et d'explorer la côte Atlantique américaine du Labrador à la hauteur de New York. Ces quelques exemples sont les premières et les plus importantes des multiples tentatives effectuées au cours des deux siècles considérés.

Commerce et colonisation

Le développement commercial et la fondation de colonies ont lieu simultanément. Ils sont dus tous deux au rôle de compagnies privées par actions qui reçoivent de la Couronne des chartes : celles-ci concèdent un monopole pour les relations commerciales entre l'Angleterre et un secteur déterminé du monde, octroient des droits régaliens sur les territoires où il y aurait établissement. Les processus sont identiques à ceux que l'on retrouve dans tous les pays européens du temps, mais le rôle de l'État et ses droits sont inférieurs en Angleterre à ceux que la monarchie se réserve en Espagne ou au Portugal. Vers le milieu du XVIe siècle, la seule grande association de marchands est celle des *Merchant Adventurers*, constituée un siècle plus tôt pour le commerce de la mer du Nord et de la Baltique, en lutte constante contre la Hanse à qui elle parvient à faire retirer tous ses privilèges à Londres (1552). En 1553, la Compagnie de Moscovie (240 actionnaires) a été créée. Le règne d'Élisabeth voit se multiplier les compagnies : de la Baltique (1579), du Levant (1581), du Maroc (1585), de Sénégambie (1588), de Gambie et de Sierra Leone (1592), et surtout la Compagnie des Indes Orientales, fondée en 1600. Cette dernière est promise aux destins les plus importants ; elle est fondée à l'initiative d'un marchand de Londres, Jacques Lancaster ; son capital initial est de quatre-vingt mille livres, ce qui est relativement peu, et son rôle premier est purement commercial ; la concurrence hollandaise la rejette bientôt vers l'Inde. Après plusieurs crises, elle est réorganisée en 1657 et son capital fixé à sept cent quarante mille livres : elle assure alors des dividendes de plus en plus importants à ses actionnaires (20 à 40 %). Sous les Stuarts, apparaissent d'autres compagnies, plus ou moins heureuses dans leurs opérations et plus ou moins précaires dans leur existence : une compagnie de Guinée doit être réorganisée à plusieurs reprises, la Compagnie de la Baie d'Hudson (1670) connaît une prospérité relative. Ces diverses compagnies ont pu être appelées à établir des colonies ou au moins des points d'appui, telles la Compagnie des Indes Orientales ou la Compagnie de Guinée. Parfois la tâche coloniale a été confiée à des compagnies spécifiquement constituées : en 1606, la *Virginia Company* reçoit la mission de Plymouth, une région correspondant au Massachusetts. Des chartes ont pu être concédées également à des fondateurs de colonies : en 1637, Lord Baltimore crée le Maryland (du nom de la reine Henriette-Marie) et une charte d'établissement est octroyée aux colons qui fixe leurs droits politiques et religieux.

Les colonies

Aux XVIe et XVIIe siècles, la plupart des colonies sont établies dans l'hémisphère occidental, et plus particulièrement dans les Antilles et en Amérique du Nord. Les risques de conflits y sont moindres avec l'Espagne, le Portugal et surtout les Hollandais. Dans les *West Indies*, les établissements se succèdent entre 1595, qui voit Walter Raleigh s'emparer de la Trinidad, et 1684, date à laquelle la Couronne annexe les Bermudes. La plupart des petites Antilles ont été occupées entre 1624 et 1650 et la Jamaïque acquise en 1655. Tous les régimes ont apporté leur pierre à cette construction antillaise, et on se l'explique aisément par les immenses profits que valent les plantations de tabac, de café, de canne à sucre et aussi de coton. Un commerce triangulaire peut ainsi se développer, qui englobe l'Afrique où, dès les années 1562-1569, John Hawkins avait montré la voie de la traite des Noirs. En Amérique du Nord, de premières initiatives avaient été prises sous Élisabeth par Raleigh, qui avait proclamé la mainmise de la Couronne sur la Virginie (1584). C'est le XVIIe siècle qui est la grande époque des établissements : réussissant à éliminer les Hollandais et les Suédois, les Anglais fondent entre la Floride espagnole et Terre-Neuve une série de territoires. Les plus méridionaux appartiennent véritablement à un monde hispano-américain par la structure économique et sociale : grandes propriétés, main-d'œuvre servile, plantations (tabac, canne à sucre) ; plus au nord sont les zones de défrichement et d'agriculture à l'européenne et les colons sont souvent des puritains émigrés, à l'instar des *Pilgrim Fathers*, arrivés au Massachusetts en 1620 sur le *Mayflower*. Hors du continent américain, les colonies sont avant tout des comptoirs et des points d'appui : au XVIIe siècle des comptoirs et des fortins sont établis en Afrique occidentale, en Gambie et sur la Gold Coast ; des comptoirs sont fondés en Inde à Madras, puis à Hugli sur le delta du Gange, à Bombay en 1662 et près de Calcutta en 1686.

La structure des échanges

Le commerce anglais se fait dans de multiples directions et les marchandises échangées sont de plus en plus diversifiées. Certes, les produits de l'industrie nationale et de l'élevage restent importants, encore que la laine brute soit de moins en moins exportée. Bien sûr de nouveaux produits anglais s'ajoutent aux anciens : tel le charbon, dont douze mille tonnes étaient en moyenne exportées chaque année entre 1541 et 1550 et dont cent à cent cinquante mille tonnes le sont entre 1661 et 1690. Mais les commerçants trafiquent de plus en plus de marchandises d'origine coloniale ou qui intéressent les colonies : épices, sucre, tabac, coton, ivoires, métaux précieux, esclaves transportés aussi bien vers les possessions anglaises que revendus parfois aux Espagnols et aux Portugais, bois d'Amérique du Nord, fourrures, etc. Dans leur aire respective, les grandes compagnies de commerce échangent et redistribuent des produits d'origine métropolitaine ou lointaine. Les commerçants anglais pénètrent partout, s'assurent une part grandissante du commerce de la Russie, à travers laquelle ils cherchent d'ailleurs à pénétrer en Perse, font une concurrence victorieuse aux ports allemands en mer du Nord et en Baltique, pénètrent en Méditerranée où ils signent, dès la fin du XVIe siècle, des capitulations avec le sultan ottoman, écument l'Atlantique en se risquant souvent à la contrebande avec les colonies espagnoles et portugaises, trouvent des marchés en Inde, cherchent à en obtenir en Chine.

Les obstacles et les actes de Navigation

Les difficultés rencontrées sont pourtant considérables. C'est la piraterie, difficilement combattue par les marines de guerre des grands États, et contre laquelle les souverains anglais n'ont jamais pu réunir des moyens suffisants ; c'est le coût croissant de la construction des navires, lié à l'augmentation du prix du bois qui se raréfie en Angleterre ; c'est surtout la difficulté de recruter des équipages dans un pays qui, à la fin du XVe siècle encore, ne comptait qu'environ vingt mille marins et pêcheurs et qui n'en a guère plus de trente mille un siècle plus tard. Des efforts considérables sont faits sous le règne d'Élisabeth, stimulés par les dangers extérieurs qui culminent avec la menace de l'Invincible Armada en 1588. Burleigh semble avoir été le principal conseiller de la reine dans ce domaine aussi. Dès 1558, un *Statut* interdit d'abattre des arbres pour la métallurgie dans un rayon de 14 milles à partir de la côte. On encourage l'établissement de corderies et de fabrication de toiles. Pour développer la pêche, une loi de 1563 ordonne qu'il y aura trois jours de consommation de poissons par semaine : les pêcheries passent pour d'excellentes écoles de marins. La même loi dispense pêcheurs et marins de tout service militaire à terre. Mais le problème du recrutement resta grave pendant toute la période et on dut avoir recours à des étrangers : un équipage formé pour les trois quarts seulement par des marins anglais paraissait un cas normal au milieu du XVIIe siècle. En 1688, il y aurait eu cinquante mille marins.

À la fois pour encourager la formation d'une marine nationale et pour réserver à leurs ressortissants les profits du grand commerce, les gouvernants en viennent de plus en plus à la promulgation d'actes de Navigation. Nous avons signalé en leur temps les actes passés sous Henri VII. Mais le grand effort législatif date de la seconde moitié du XVIIe siècle, lorsque l'on estime augmenté le nombre de marins britanniques et que l'on croit les chantiers navals de la métropole et de certaines colonies nord-américaines capables de répondre à la demande nécessairement croissante de frêt anglais. C'est en 1651 qu'un acte est promulgué « pour l'accroissement de la flotte et l'encouragement de la vie maritime de la nation » : toute marchandise coloniale ou provenant d'un continent extra-européen devait être apportée dans un port anglais uniquement sur des bateaux anglais, dont l'équipage serait en majorité anglais. D'Europe, les marchandises pouvaient venir sur bâtiments étrangers, mais de la nationalité exclusive des pays producteurs du bien vendu ; aux navires anglais seuls était réservé le trafic entre des ports dépendant de la Couronne d'Angleterre. Inspiré par des nécessités militaires autant que par des vues économiques, mais sollicité avec vigueur par des marchands de Londres, l'acte de Navigation de 1651 a surtout provoqué une guerre contre la Hollande. Ses dispositions sont reprises dès la Restauration et l'acte de Navigation de 1660 précise que les trois quarts d'un équipage de navire anglais devaient être de nationalité anglaise ; il est complété en 1663 par un nouvel acte, qui réserve à la métropole le commerce exclusif avec ses colonies et fait de l'Angleterre l'entrepôt et l'étape nécessaires de tous les produits à destination des colonies ou en arrivant. Ces actes sont plus ou moins rigoureusement appliqués, car souvent la nécessité oblige à tourner la loi.

Le soutien de l'opinion

Tous ces efforts de la monarchie, l'élan qui anime navigateurs et marchands ne se comprendraient pas sans un état d'esprit « impérialiste » progressivement forgé. Des écrivains et des hommes d'action ont dès le début du XVIe siècle poussé l'Angleterre « vers le large ». Thomas More est généralement cité le premier, qui dans son *Utopia* exalte un État insulaire idéal, tournant le dos au continent et se lançant vers la mer : mais, traduite en anglais en 1551 seulement, l'œuvre ne semble pas avoir eu, du point de vue maritime et colonial, l'importance qu'on lui a parfois prêtée. Au temps d'Élisabeth, la haine de l'Espagne et le patriotisme agissent en faveur d'une expansion que souhaitent des hommes bien en cour : Richard Hakluyt, auteur des *Principal Navigations*, Sir Humphrey Gilbert, originaire du Devon et grand tenant de la route du nord-est, son ami Peckham plaident pour une colonisation qui résoudrait le problème du « surpeuplement » en Angleterre et pour le développement d'une flotte qui permettrait à leur pays de tirer le plus grand profit des relations avec la Chine et tout l'Extrême-Orient. Walter Raleigh souligne que « qui tient la mer, tient le commerce du monde, qui tient le commerce du monde, tient la richesse du monde, qui tient la richesse du monde, tient le monde lui-même ». Élisabeth, qui n'hésite pas à investir de l'argent dans l'expédition de Francis Drake contre les gallions espagnols (1573-1580), est d'autant plus convaincue que nombre de hauts personnages sont également séduits par toutes ces perspectives : tels Burleigh, les comtes de Leicester et de Pembroke, le Lord Amiral Clinton. Un esprit d'aventure pénètre la population anglaise, plus fort d'abord en Cornouailles et dans le Devon, d'où partent les grands marins, mais qui se répand partout : on le retrouve dans certaines œuvres de Shakespeare, dont *La Tempête*, qui doit peut-être son inspiration à Walter Raleigh. Moins fort que dans les pays catholiques, le sentiment que colonisation et diffusion d'une civilisation et surtout d'une religion sont liées contribue à encourager explorateurs, marchands et gouvernants. Au XVIIe siècle, tous ces sentiments ne font que s'accentuer et les deux premiers Stuarts sont convaincus de la nécessité de l'expansion commerciale et coloniale. Vers le milieu du siècle, deux ouvrages viennent montrer combien le destin de l'Angleterre est désormais associé à la mer : Thomas Hobbes, dans son *Leviathan*, réunit par un lien indissoluble les colonies à la métropole dans un même *Commonwealth* ; James Harrington, près d'un siècle et demi après l'*Utopia* publie l'*Oceania*, où l'État-type tire l'essentiel de sa force et de sa puissance de l'exploitation de la mer et de la possession de territoires lointains. L'approbation que la Restauration s'empresse de donner aux actes du pouvoir puritain démontre que les milieux influents du Royaume sont désormais acquis à tout ce qui peut développer la prospérité maritime du pays.

Les profits de l'essor maritime

Cette prospérité est celle d'hommes de classes sociales variées : aux grands marchands de Londres, de Plymouth, de Bristol, s'ajoutent les membres de grandes familles, de la *gentry* et la Couronne elle-même ; la substitution de la compagnie par actions à l'association de marchands a permis à beaucoup de rechercher des dividendes, parfois exagérés et qui rendent difficile la survie même de certaines compagnies. Cette prospérité est celle aussi d'un certain nombre de ports qui renaissent et se développent. Hull augmente sa flotte de pêche, Plymouth, Bristol et Liverpool sont les lieux de départ et d'arrivée de nombreux bateaux de commerce lointain, Whitby, Yarmouth et Harwich accroissent les constructions navales. Par leur population, les ports de l'Ouest deviennent des villes importantes pour l'époque : Bristol et Plymouth ont une trentaine de milliers d'habitants à la fin du XVIIe siècle. Londres occupe une place largement prépondérante. Elle est le grand port et le grand centre de redistribution des marchandises venues de partout. En 1558, on y a, sur la suggestion de Gresham, créé le *Royal Exchange*, grande bourse de commerce imitée de celle d'Anvers. La *City* est le cœur commercial et industriel, elle est surpeuplée et des quartiers nouveaux doivent être aménagés qui échappent à la juridiction de la corporation municipale. De cent mille habitants vers 1558, sa population passe à deux cent mille vers 1603, à environ un demi-million à la fin du XVIIe siècle. Décimée par la peste en 1665, ravagée par la Grande Conflagration de 1666, la ville surmonte toutes ses épreuves et témoigne d'une vitalité étonnante. Son essor même est le meilleur symbole de la transformation de l'économie anglaise et du rôle croissant de la mer dans sa prospérité.

À la fin de cette période, Gregory King affirmait que l'Angleterre était le pays le plus riche d'Europe après la Hollande et il pouvait avec orgueil souligner la supériorité du revenu moyen par tête d'habitant en Angleterre par rapport à la France. Il n'y avait pourtant pas eu de révolution brutale dans l'agriculture, ni dans l'industrie, malgré des progrès certains ; il y avait eu des crises, en particulier dans l'industrie textile ; l'essor maritime et colonial s'était fait par à-coups et non sans défaites. En apparence, d'autres États européens étaient plus riches que la Grande-Bretagne. Mais en un siècle et demi l'Angleterre, épousant enfin ses possibilités maritimes, s'était hissée vers les tout premiers rangs.

Chapitre 5

DES CRISES RELIGIEUSES À L'ACTE DE TOLÉRANCE

En 1530, l'Église d'Angleterre est une Église catholique et depuis plusieurs années, défenseur avisé de la foi, Henri VIII pourchasse l'hérésie dans son royaume. À la mort d'Élisabeth, les catholiques anglais ne représentent déjà plus qu'une minorité soumise à des mesures discriminatoires et l'Église officielle réalise une synthèse de la foi traditionnelle et du calvinisme. En 1689, au terme de près d'un siècle de luttes, anglicans et puritains acceptent enfin de coexister et s'accordent pour laisser en dehors de la tolérance les seuls catholiques. L'histoire religieuse de la période est celle des crises successives qui opposent les réformateurs modérés et les extrémistes « dissidents », après l'effacement du catholicisme. L'originalité profonde de l'Angleterre est d'avoir évité de véritables guerres de religion : le sang a coulé, mais les luttes proprement religieuses n'ont pas par elles-mêmes provoqué des déchirements civils de la même ampleur que sur le Continent. Un autre trait particulier est la part prise par les représentants légitimes de la nation, le plus souvent associés au pouvoir royal, pour trancher les grandes controverses religieuses et instaurer un ordre nouveau.

1. LA CONSTRUCTION D'UNE ÉGLISE NATIONALE AU XVIe SIÈCLE

L'Église anglicane n'est pas née d'une décision unique et définitive ni d'une réforme accomplie en quelques années sous l'égide de prophètes révolutionnaires. Elle est le fruit d'une lente gestation, marquée par bien des hésitations, des retours en arrière, des mesures partielles et des remises en question.

Les origines de la réforme anglicane

Les origines de la réforme anglicane ne sont pas à rechercher dans le seul événement fortuit qui lui sert de prétexte : la volonté de divorcer du roi Henri VIII. Un large mouvement d'idées et de réelles aspirations populaires expliquent seuls la profondeur croissante des réformes accomplies et le soutien qu'elles obtiennent du Parlement.

Les abus

L'admirable formule de Lucien Febvre — ce qu'on reproche à l'Église, ce n'est pas seulement de « mal vivre, mais de mal croire » — s'applique au cas anglais. Les abus des mœurs ecclésiastiques jouent un rôle moindre que les insuffisances doctrinales. Des abus, il y en a eu dans le clergé anglais, comme dans les autres depuis des siècles : nous les avons évoqués à propos de Wyclif ou de la baisse du niveau religieux dans l'Angleterre du XVe siècle. Jamais ils n'avaient été aussi clairement mis en évidence que dans la courageuse oraison de John Colet, alors doyen de Saint-Paul, devant la Convocation de l'archevêché de Canterbury réunie dans sa cathédrale en février 1512 :

> « Jamais l'état de l'Église n'a davantage requis vos efforts. Car l'Église — épouse du Christ — qu'il souhaitait sans

taches ni rides — est devenue stupide et déformée... Rien n'a tant défiguré la face de l'Église que la manière séculière et mondaine de vivre du clergé... Faites que soient respectées les lois qui ordonnent que les bénéfices ecclésiastiques soient conférés à ceux qui en sont dignes... ; et que l'on n'accepte pas, comme cela devient la coutume de nos jours, que des enfants au lieu de vieillards, des fous au lieu de sages, des méchants au lieu de bons, règnent et gouvernent. Faites que soient respectées les lois contre la faute de simonie... Faites que soient respectées les lois qui commandent la résidence personnelle des curés dans leurs paroisses... Faites que soient remises en honneur les lois et les saintes règles qui nous viennent de nos ancêtres concernant la vie et le caractère des hommes d'Église et interdisant à tout clerc de se faire marchand, usurier ou chasseur ou joueur, de porter des armes... de fréquenter les tavernes, d'avoir des relations impies avec des femmes, les lois qui commandent la sobriété et la modestie du vêtement et la décence dans l'habillement... ».

Les princes de l'Église, les abbés, les clercs de moindre rang ne suivent pas, après 1512, les sages conseils de Colet et le cardinal Wolsey, le plus munificent, se fait construire le magnifique château de Hampton Court, que Henri VIII s'empressera de lui confisquer en 1530 : il est l'exemple typique d'un prélat plus préoccupé des jouissances du monde que du salut des âmes. Les richesses de l'Église sont immenses : on estime couramment à l'époque que les seules terres des monastères représentent le tiers ou le quart des superficies cultivées en Angleterre et, si l'estimation paraît forte, l'enquête royale de 1535 n'en prouve pas moins que les revenus de l'Église dans son ensemble se montent à l'énorme somme de trois cent mille livres, dont cent soixante-trois mille pour les seuls monastères. Les terres sont gérées le plus souvent par des laïques, qui les afferment selon la coutume générale et y pratiquent les mêmes abus que sur les autres domaines (*enclosures* par exemple). Une partie des revenus est détournée vers Rome et les vieilles antipathies à l'égard de la papauté en sont largement entretenues. Les essais de réforme disciplinaire ont en général lamentablement échoué : Wolsey s'était certes proclamé l'adversaire de certains abus, avait supprimé de petits monastères et utilisé leurs biens pour entretenir de bons collèges à Ipswich et Oxford. Mais que valent quelques heureuses décisions en regard des excès plus grands que se permet le tout-puissant ministre, couvert de ses prérogatives de légat *a latere* : cumul de l'archevêché d'York et des diocèses de Bath, Wells, Durham et Winchester, mainmise sur l'abbaye de St. Albans qu'il s'attribue en commende, nominations et révocations illégales, etc. ? Envie, jalousie, mépris sont des sentiments répandus dans le public à l'égard de l'Église. Que d'aucuns aient attendu du roi et de ses conseillers une action disciplinaire dont elle semblait incapable est certain. Qu'on ait là une explication du ralliement de l'opinion aux mesures de Henri VIII est probable. Mais ni le schisme ni la réforme doctrinale ne sont contenus dans ces passions anticléricales.

Esprit nouveau, idées nouvelles

Une place majeure est à faire à la diffusion d'un esprit nouveau et d'idées plus ou moins révolutionnaires. Toute une élite intellectuelle est en fait acquise en 1530, à l'idéal érasmien de réforme morale dans l'unité de la chrétienté et par la stricte observance des règles de l'Évangile. Érasme de Rotterdam a joué un rôle capital dans la germination d'idées réformatrices, en Angleterre. Il a séjourné dans le royaume à plusieurs reprises : en 1498-1500, 1505-1506, 1510-1514. Il a professé à Cambridge et Oxford, a rencontré tous les humanistes anglais du début du XVIe siècle, en particulier Colet et More, a fait connaître directement ses idées à Henri VIII et, même après son retour sur le Continent, ainsi qu'au cours de ses brèves absences, il a entretenu une large correspondance avec ses amis anglais qu'il mettait au courant des disputes théologiques allemandes et suisses. Son influence ne fut pas la seule : la plupart des humanistes anglais séjournèrent en Italie à un moment de leur existence : William Grocyn en ramena, après 1490, le goût des études grecques qu'il développa à Oxford ; John Colet, fils d'un lord-maire de Londres, séjourna trois ans, de 1493 à 1496, dans la péninsule et y rencontra ou y connut plus ou moins directement les grands Florentins : Marsile Ficin, Pic de la Mirandole, Savonarole ; au premier, maître de l'école néoplatonicienne, il emprunta l'exigence de pureté, la croyance en une valeur de toutes les religions, la foi dans une régénération du christianisme à la lumière de l'enseignement des maîtres de la philosophie grecque et hallénistique ; au dernier il dut pourtant de préserver sa croyance dans le destin unique de la religion chrétienne. Il développa ses idées jusqu'à sa mort (1519).

Les humanistes anglais, groupés surtout dans l'université d'Oxford au début du XVIe siècle, remettent en honneur l'étude des textes, n'hésitent pas à renouer avec une analyse attentive et critique de la Bible, tenue pour suspecte depuis l'hérésie wyclifite. Tels les « préréformateurs » français, ils souhaitent de plus en plus ouvertement une Église plus proche des hommes, plus charitable et aussi plus libérale. Dans son *Utopia*, publiée en 1516, Thomas More décrit avec une audace inouïe le régime religieux idéal : dans son île imaginaire, plusieurs religions coexistent paisiblement qui professent toutes l'existence de Dieu et l'immortalité de l'âme ; comme plus tard dans la Cité idéale de J.-J. Rousseau, les intolérants sont chassés ; mais plus heureux que les citoyens de l'État rousseauiste, les Utopiens ont le droit d'être athées ; les prêtres sont des êtres exceptionnels, ils sont peu nombreux, élus par le peuple et mariés ; la prêtrise est ouverte aux femmes. Treize ans après, Thomas More s'est quelque peu assagi : dans son *Dialogue sur les hérésies* (1529), il souhaite certes une simplification des dogmes, un allégement des pratiques, le rejet des superstitions populaires ; mais il défend avec vigueur la tradition catholique contre l'hérésie luthérienne, que cherchait à répandre William Tyndale, auteur d'une traduction anglaise du Nouveau Testament en 1525 et, en 1528, de *The Obedience of a Christian Man*. Cette position modérée est alors celle même du roi.

L'antipapisme

Ni la critique biblique, ni l'étude des enseignements des philosophes grecs, ni les disputes théologiques ne touchent la masse. Mais une doctrine diffuse est bien plus largement répandue : il existe un « anglicanisme » identique au « gallicanisme », fait de méfiance traditionnelle envers la papauté et de la volonté de ne pas subir son autorité. Elle est professée précisément dans les années 1529-1530 par Thomas Cromwell, astucieux homme d'affaires, brillant conseiller de Wolsey jusqu'à sa chute et qui réussit à « survivre » à la disgrâce de son maître en obtenant en 1530 la confiance de Henri VIII, qui le fait entrer au Conseil dès 1531. Cromwell est convaincu que l'une des conditions de la puissance royale réside dans une autorité réelle sur l'Église et il fait miroiter aux yeux de Henri VIII tous les avantages qu'il aurait à s'annexer une partie des richesses de l'Église. Les « Anglicans » font revivre les *statuts* de *Praemunire* du XIVe siècle, dirigés contre les interventions romaines dans l'Église d'Angleterre.

Le divorce du roi

C'est dans ce contexte propice au changement que se situe l'affaire du divorce royal. Depuis 1527, Henri VIII, follement épris d'Anne Boleyn, est décidé à se séparer de sa femme, Catherine d'Aragon. On se tromperait pourtant en voyant dans ce désir l'expression de la seule passion déchaînée : Catherine n'a pas donné à son mari l'héritier mâle qu'il espérait et Henri VIII craint de laisser tomber en quenouille un trône que la dynastie des Tudors n'a conquis que depuis relativement peu de temps. Sollicitée du pape Clément VII, l'annulation du mariage aurait normalement dû être obtenue : des arguments canoniques solides soutiennent la cause de Henri VIII, et en particulier l'interdiction pour quiconque d'épouser la veuve de son frère. Mais Catherine est la tante de Charles Quint et, en 1529, Clément VII craint trop l'Empereur pour se permettre de le mécontenter. Le refus, exprimé après deux ans d'hésitations, exaspère Henri et coûte à Wolsey sa position de Premier ministre. Pour faire céder le pape, Henri accomplit un certain nombre de gestes qui, devant la persistante attitude du Saint-Siège, deviennent en fait les premiers pas vers le schisme.

La réforme henricienne

Un roi, sincèrement attaché au catholicisme, devient un souverain réformateur : mais, dans la perspective d'une réunification future, la réforme henricienne est une réforme érasmienne, surtout guidée par la volonté de mettre fin à des abus et de supprimer des institutions inutiles. Elle est faite en accord avec le Parlement qui vote des *Statuts* que le roi promulgue et fait appliquer.

Les réformateurs

Les principaux artisans de la réforme, en dehors du roi lui-même, sont Thomas Cromwell et Thomas Cranmer. Le premier nommé jouit de la faveur de Henri VIII jusqu'en 1540 : entré au Conseil privé en 1531, il devient secrétaire du roi en 1533, garde du sceau privé en 1534, vicaire général avec la responsabilité des affaires religieuses en 1535 et reçoit en 1540 le titre de comte d'Essex ; la même année il est arrêté et exécuté, sous l'inculpation de « trahison », en fait pour avoir été le principal artisan du mariage avec Anne de Clèves que Henri VIII décide de répudier dès la première rencontre.

Pendant près de dix ans, Cromwell fut le farouche défenseur de la prérogative et de la suprématie royales et construisit sa fortune personnelle sur le succès d'une politique anti-romaine. Thomas Cranmer n'entre véritablement en scène qu'en 1532 : remarqué en 1530 par Fox, aumônier de la Cour, et Gardiner, secrétaire du roi, il avait donné alors l'excellent conseil de s'adresser aux universités pour obtenir leur soutien dans le « procès » du roi (Oxford, Cambridge, mais aussi Paris, Orléans, Toulouse, Padoue, Pavie, etc., s'étaient rangées aux côtés du souverain anglais) ; envoyé auprès de l'Empereur, il avait en vain plaidé la cause de Henri VIII, mais avait rencontré en Allemagne la nièce du théologien Osiander, qu'il avait épousée, et avait été séduit par certaines doctrines luthériennes, dont la justification par la foi. Dévoué au roi, il apparaît en 1532 comme le candidat idéal à l'archevêché de Canterbury, devenu vacant ; Clément VII, désireux de faire un geste, accorde toutes les bulles nécessaires et, le 30 mars 1533, Cranmer devient archevêque, prêtant le serment d'obéissance au pape, mais exprimant une réserve formelle à l'égard de ce qui lui serait commandé contre son roi ou les lois du royaume d'Angleterre. Excellent théologien, intelligent, énergique, mais souple quand cela est nécessaire, Cranmer est l'instrument idéal de la nouvelle politique royale. Il parvint à rester en grâce tant sous Henri VIII que sous Édouard VI.

La rupture

En 1531-1532, une série de mesures visent à intimider le Saint-Siège : le 11 février 1531, le roi est reconnu par la Convocation de Canterbury comme le chef suprême de l'Église anglaise « autant que la loi du Christ le permet » et la formule est reprise par la *Convocation* d'York. Le 10 avril 1531, une loi interdit le paiement des annates et l'appel des procès à Rome ; le 16 mai 1532, l'Église d'Angleterre prend l'engagement de soumettre ses décrets au gouvernement royal et accepte la révision de toutes les lois existantes par une commission de seize membres du Parlement et de seize ecclésiastiques (Soumission du clergé). Pendant ces deux années, l'autorité théorique du pape et des conciles est pourtant sauvegardée et, témoignage de la bonne volonté catholique du roi, on pourchasse avec plus de vigueur les hérétiques, en particulier les *Lollards* qui se réclament de Wyclif. C'est entre mai et septembre 1533 que les deux actes décisifs sont accomplis : le 23 mai, une commission ecclésiastique présidée par Cranmer prononce le divorce du roi et quatre mois plus tard, le pape publie sa bulle d'excommunication contre Henri, préparée depuis juillet.

En 1534, après une série de vaines négociations, la rupture s'accentue : le Parlement vote en janvier plusieurs Statuts : ils fixent les modes de nomination aux bénéfices ecclésiastiques (les évêques sont confirmés par les archevêques, eux-mêmes confirmés par le primat de Canterbury avec l'autorisation du roi) ; ils font de l'Église d'Angleterre le seul juge des questions de dogme, de liturgie, de discipline ; l'« évêque de Rome » se voit dénier toute autorité et les écrits dirigés contre lui ne sont plus actes d'hérésie. En novembre 1534, sont passés trois actes : l'acte de Suprématie établit le roi comme chef de l'Église anglaise ; un second acte exige un serment de tout adulte au roi ; le troisième condamne pour « trahison » toute résistance aux décisions royales.

Le schisme ainsi consacré ne provoque que peu de protestations : seuls les franciscains et les chartreux s'élèvent contre les mesures prises, ainsi que de rares prélats, tel l'évêque Fisher, et des humanistes comme Thomas More, qui avait résigné dès 1532 sa charge de chancelier obtenue trois ans plus tôt. Quelques exécutions, dont celles de Fisher et More, suffisent à épouvanter les éventuels récalcitrants.

Portée et limites de la réforme

Les années suivantes sont marquées par le double souci de réformer l'Église, mais de rompre le moins possible avec les traditions catholiques. En 1536 et 1539, on supprime les monastères, au nombre de cinq cent cinquante, renfermant quelque sept mille religieux ; leurs biens sont confisqués, et attribués soit à l'aristocratie locale ou de cour, soit à la Couronne qui les met progressivement en vente. La plupart des abbés et prieurs sont dotés d'opulentes charges épiscopales ou canoniales et les moines perçoivent indemnités et pensions ; les revenus ainsi étatisés servent en partie à la fondation de nouveaux sièges épiscopaux à Westminster, Oxford, Chester, Gloucester, Bristol et Petersborough. En 1536, Cromwell promulgue les « X Articles » pour le rétablissement d'une meilleure discipline, la mise à la disposition des fidèles d'une Bible en anglais, le développement de l'éducation religieuse et la prédication contre Rome. En mai 1539, le Parlement, à l'instigation du même Cromwell, vote l'Acte des VI articles : ce « fouet à six cordes » est surtout dirigé contre les réformateurs trop zélés et conserve l'essentiel des dogmes catholiques, tous les sacrements, la messe, le célibat des prêtres. En 1543, le *King's Book*, ou « *The Necessary Doctrine and Erudition for any Christian Man* » confirme, dans la plupart de ses affirmations, la volonté de s'en tenir à la tradition catholique : rédigé sur l'initiative de Cranmer, approuvé personnellement par Henri VIII, adopté par les *Convocations*, l'ouvrage marque nettement les limites de la réforme henricienne.

La période 1536-49 n'est caractérisée que par une seule opposition dangereuse à la politique royale : le *Pèlerinage de la Grâce* de 1536 est une révolte des comtés du Nord provoquée en partie par les premières mesures contre les monastères et elle s'est avérée extrêmement menaçante pour l'autorité royale.

À la mort de Henri VIII, en 1547, l'Église d'Angleterre

est certes indépendante. Elle est amputée du clergé régulier ; mais l'essentiel des dogmes a été maintenu. La vraie réforme protestante reste à venir.

La réforme des croyances sous Édouard VI

Roi à neuf ans en 1547, Édouard VI meurt à quinze ans. Malgré une piété profonde et une érudition rare, il ne joue un rôle réel que très tard et l'évolution religieuse est commandée par l'attitude des deux « Protecteurs » successifs, Édouard Seymour, duc de Somerset (1547-1549), destitué au profit de John Dudley, comte de Warwick. Ils sont conseillés et secondés par Cranmer, de plus en plus partisan d'une réforme radicale ; leur attitude est en partie déterminée par la diffusion très large dans le royaume des enseignements de Luther, introduits en particulier par le grand théologien strasbourgeois Martin Bucer, professeur à Cambridge en 1548 ; Calvin, en correspondance successive avec les deux Protecteurs et avec Cranmer, puis avec Édouard VI lui-même, qualifié de « nouveau Josias », assume une influence grandissante.

Entre 1547 et 1549, malgré l'opposition d'évêques henriciens comme Gardiner, on abolit les *VI Articles*, on institue la communion sous les deux espèces et on autorise le mariage des prêtres. Rédigé par Cranmer et imposé par l'acte d'Uniformité de janvier 1549, un *Book of Common Prayer* dépouille la messe de son caractère de sacrifice.

Après 1549, la réforme devient plus radicale. Un nouvel *acte d'Uniformité*, voté en mars 1552, impose un second *Prayer Book* et, aidé par John Knox en particulier, Cranmer met au point une nouvelle Confession de Foi, les *XLII Articles* : deux sacrements seuls sont conservés, le baptême et la communion, la doctrine de la transsubstantiation est condamnée. Par ailleurs, on interdit le culte des images et des statues, on remplace les autels par des tables, on dénie au prêtre tout caractère particulier.

Malgré la conservation du roi à la tête de l'Église, les calvinistes sont dans l'ensemble satisfaits.

Seule la mort d'Édouard VI arrête une évolution de plus en plus précipitée. Celle-ci s'est heurtée à la résistance de plusieurs évêques henriciens : cinq prélats sont déposés, dont Gardiner et Tunstall. Elle a paru insuffisante à certains autres, dont Hooper, évêque de Gloucester. L'opposition de l'héritière du trône, Marie, à toute doctrine anticatholique laisse de toute manière présager que les réformes opérées n'auront qu'un caractère précaire.

L'organisation de l'Église sous Élisabeth

En 1558, à son accession au trône, Élisabeth se trouve en position de choisir. En cinq ans de règne, Marie Tudor a anéanti la plus grande partie de l'œuvre de ses prédécesseurs, rétabli le catholicisme en Angleterre, noyé l'hérésie dans le sang de plusieurs centaines de victimes dont Cranmer. Elle n'a pas osé revenir sur la confiscation des biens monastiques, dispersés alors entre trop de mains puissantes. La facilité relative du retour en arrière a de quoi surprendre : elle atteste la réceptivité médiocre de la masse du clergé aux mesures prises sous Édouard VI.

Prudente et sans conviction religieuse exigeante, Élisabeth choisit la voie protestante parce qu'elle correspond à ses intérêts dynastiques — fille d'Anne Boleyn, ses droits sont discutés par les catholiques — et que l'opinion publique a évolué : les persécutions sanglantes ont réveillé l'antipapisme, et la politique pro-espagnole de Marie, qui aboutit à la perte de Calais en 1558, a heurté le sentiment national et conduit au vœu d'une rupture avec les puissances catholiques. La reine est décidée à procéder avec modération : elle y est encouragée par l'attitude longtemps prudente du pape. Comme son père, elle entend faire endosser par le Parlement les mesures qu'elle juge indispensables. Soucieuse de son autorité, elle n'a que défiance envers les calvinistes les plus convaincus, tel Knox, qui risquent de mettre en question les droits de la Couronne.

C'est en quelques années, entre 1559 et 1563, qu'est organisée une Église anglicane dont les fondations s'avéreront cette fois des plus durables.

On peut distinguer deux « temps » dans le processus d'organisation : une première série de mesures sont rapidement promulguées par Élisabeth et le Parlement. Puis les évêques eux-mêmes fixent la doctrine.

Dès 1559, conseillée par son secrétaire d'État, William Cecil, et son garde des Sceaux, Nicolas Bacon, Élisabeth crée un nouveau schisme. En avril, le Parlement vote un acte de Suprématie qui confère à la reine le titre de *Supreme Governor* des affaires spirituelles du royaume ; le même mois, un nouvel acte d'Uniformité rétablit le *Prayer Book* de 1552 : on se contente d'y supprimer certains passages contre « la tyrannie de l'évêque de Rome ». On impose à nouveau le serment prévu par l'acte de 1534. Les lois contre les hérétiques, promulguées sous Marie la Sanglante, sont annulées. À cette œuvre législative doit s'ajouter une réorganisation de la hiérarchie : alors que cinq cents seulement des neuf mille quatre cents prêtres deviennent des *récusants* en refusant de prêter serment, tous les évêques sauf un ou deux se rangent dans cette catégorie ; un nouvel épiscopat doit être formé, dont Mathieu Parker devient le Primat et qui se recrute surtout parmi des exilés ou des victimes du règne précédent. Dans le royaume, divisé en six grandes sections, des commissions spéciales sont chargées de veiller au respect des décisions parlementaires et à la prestation du serment. La réorganisation de la hiérarchie, et en particulier la consécration de Parker, ont-elles abouti à couper tout lien entre l'ancienne et la nouvelle Église et enlèvent-elles définitivement toute validité, aux yeux de l'Église romaine, aux ordinations ultérieures de prêtres anglicans ? La question est encore débattue aujourd'hui.

La mise au point de la doctrine est l'œuvre des nouveaux évêques. Certains apportent une contribution personnelle : en 1562, John Jewel, évêque de Salisbury, publie une *Apologia Ecclesiae Anglicanae* qui dénonce les errements de l'Église romaine, fait de l'Église d'Angleterre la seule Église catholique et adopte pour l'essentiel les thèses calvinistes. Mais c'est la *Convocation* de Londres de 1563 qui fixe les articles de foi : les archevêques et évêques des deux provinces adoptent *XXXIX Articles* « pour mettre fin aux divergences d'opinion et établir l'accord en ce qui concerne la vraie religion ». Ces articles, ratifiés à nouveau en 1571, constituent pour les siècles à venir le credo de l'Église anglicane. Ils rejettent une partie importante du dogme catholique : l'Écriture est la seule base de la Foi, l'Église romaine « a erré... non seulement en ce qui concerne les mœurs et les cérémonies, mais aussi sur les matières de foi » ; ni le pape ni les conciles ne sont infaillibles ; tout ce qui concerne le purgatoire, les indulgences, le culte et l'adoration des images et des reliques, l'invocation des saints « est une invention frivole » ; seuls le baptême et la Cène sont des sacrements ; la transsubstantiation ne peut pas être démontrée par l'Écriture. D'autre part, prêtres et évêques ne sont plus tenus au célibat. L'article XXIV déclarait « contraire à la parole de Dieu » d'employer « une langue incomprise du peuple ». En 1568, l'œuvre des évêques est couronnée par la publication d'une *Bible des Évêques* fortement inspirée de la Bible de Genève.

L'Église d'Angleterre ne conserve plus que les apparences extérieures de l'Église catholique et la réforme anglicane apparaît désormais comme bien plus qu'un simple schisme. Sans doute est-on allé moins loin que dans l'Écosse voisine : là, au même moment, triomphe une authentique réforme calviniste, dont les articles de foi sont dus à John Knox qui les a fait ratifier par le Parlement le 17 août 1560 ; là, l'épiscopat était supprimé, les ministres devaient être élus par les fidèles et l'Église presbytérienne était conçue comme une hiérarchie d'assemblées, depuis le consistoire local jusqu'à l'assemblée générale. Mais Élisabeth ne pouvait approuver un tel schéma, qui l'aurait privée de toute autorité réelle. Et jusqu'à sa mort, en 1603, elle défendit victorieusement les institutions créées en 1559-1563. Triomphant aisément des catholiques, totalement déconsidérés par la Bulle d'excommunication de Pie V qui prétendait délier les sujets de la reine de toute obéissance à la Couronne (25 février 1570), elle n'en connut pas moins, avant les Stuarts, la nécessité de faire face à des sectes protestantes dissidentes.

2. DISSIDENTS ET ANGLICANS : LES CONFLITS

L'organisation d'une Église nouvelle créa, parmi les tenants mêmes des réformes, deux types d'opposition. L'une ressortit à une intransigeance doctrinale et au refus de ce que l'anglicanisme avait retenu du catholicisme ; négligeant le réel contenu protestant de la doctrine, d'aucuns se durcissent « sur des questions de constitution, de liturgie, de vêtements et d'usages : le rejet du surplis (devient) pour eux chose essentielle » (E. G. Léonard). La seconde relève de considérations plus spirituelles et qui, comme l'a fait excellemment remarquer Maurice Braure, ne sont pas propres aux seuls protestants : certains esprits s'irritent aisément de l'accent exagéré mis sur les rites et l'accomplissement de gestes formels, souhaitent une religion plus personnelle, exaltent l'importance de la vie intérieure et en viennent à nier toute nécessité d'une Église organisée. À ces intransigeants et à ces purs, on a parfois appliqué collectivement le terme de « puritains », dénomination réservée pourtant au départ aux tenants d'une organisation presbytérienne de l'Église. Pendant longtemps, beaucoup de puritains ne constituent pas une organisation propre et le puritanisme est une attitude d'esprit, un comportement moral, une attente plus qu'une révolte. C'est peu à peu, et surtout au cours du XVIIe siècle, que l'on voit naître et se développer de véritables sectes. Elles ne se développent pas en vase clos, mais doivent leurs idées et leurs maîtres au Continent où nombre de non-conformistes sont obligés à un moment ou un autre de chercher refuge : la Suisse, l'Allemagne et, de plus en plus, les Provinces-Unies deviennent les lieux d'exil et de formation spirituelle des adversaires anglais de l'Église établie.

Les premières luttes sous Élisabeth

Dès le début du règne d'Élisabeth, les adversaires d'une réforme modérée se manifestent ouvertement. Beaucoup se recrutent parmi les exilés rentrés après la mort de Marie Tudor et influencés par leurs contacts avec les calvinistes français et surtout suisses. Plus calvinistes que Calvin lui-même, qui avait accepté la suprématie du souverain anglais sur son Église, ils sont surtout hostiles au maintien de la hiérarchie anglicane et combattent le pouvoir des évêques. Souvent partisans d'une seule Église nationale, ils rêvent d'une organisation presbytérienne. Parmi les principaux inspirateurs d'un premier mouvement figure un professeur de Cambridge, Thomas Cartwright. Hostile à tout ce qui n'est pas interprétation littérale de la Bible, plein de défiance à l'égard de l'État, il prêche une organisation démocratique de l'Église ; son extraordinaire influence sur les étudiants lui vaut d'être privé de sa chaire en 1565, mais ses doctrines continuent de se propager, à la vive inquiétude des évêques anglicans qui craignent de voir déserter le ministère des paroisses par ses disciples. La protection de certains proches conseillers de la reine, tels Cecil, Leicester, Walsingham, permet au presbytérianisme de s'étendre, en particulier dans les comtés du sud-est.

À ces presbytériens s'ajoutent plus tard des « indépendants » influencés par les doctrines de Robert Browne. Au cours d'un séjour aux Provinces-Unies, Robert Browne avait publié un grand traité, *The Life and Manners of All True Christians* où il exprimait ses théories. Ses critiques sont sévères contre les rites et la liturgie de l'Église anglicane. Mais il s'attaque surtout à deux domaines : la hiérarchie et les liens entre l'Église et l'État. Il repousse toute autorité impérative au sein de l'Église et plaide pour l'autonomie des congrégations locales (d'où le nom de *Congregationalists* donnés aux *Brownists*). Il repousse d'autre part avec vigueur tout rattachement à l'État. Sur le plan de la vie religieuse proprement dite, il n'accorde pas une importance exclusive à l'Écriture, mais il met l'accent sur l'inspiration intérieure.

Les progrès des sectes dissidentes augmentent leur audace et, après 1572, les presbytériens tentent de créer une hiérarchie de synodes et nient purement et simplement l'autorité des évêques. C'était plus qu'Élisabeth en pouvait admettre.

Dès 1573-74, une vigoureuse réaction se dessine : des évêques « à poigne » sont nommés dans les diocèses, la surveillance des universités est accrue, le contrôle de l'imprimerie se fait plus sévère. Menacés d'arrestation et de procès d'hérésie, de nombreux dissidents doivent s'exiler : Cartwright s'enfuit en Allemagne dès 1573 ; Robert Browne s'exile dans les Provinces-Unies en 1582. À partir de 1583, un nouveau primat de Canterbury, John Whitgift, multiplie les poursuites, applique aux puritains des procédures prévues pour les catholiques, dont l'interdiction d'assemblées illégales. En 1585, une cour de Haute Commission, composée de douze évêques, est chargée d'épurer le clergé et de réprimer le non-conformisme. En mai 1593, une loi dirigée contre les « sujets séditieux » est promulguée qui interdit en fait aux dissidents toute propagande et les expose au bannissement. Plusieurs exécutions ont lieu qui effrayent certains : en particulier, Robert Browne se soumet en 1590, après son retour en Angleterre et son arrestation.

D'une manière plus pacifique, l'Église anglicane réagit en épurant ses rangs et en précisant sa doctrine. En 1595, les Articles de Lambeth fixent les vérités admises et interdisent toute réforme dogmatique profonde.

Les puritains ne cédèrent pas sans combattre. Une véritable guerre de pamphlets, d'ouvrages, de prédications marqua les diverses phases de la lutte. Déjà aussi, celle-ci revêt des aspects politiques : au Parlement de 1587, Peter Wentworth et Anthony Cope se font les défenseurs du presbytérianisme ; ce dernier propose la rédaction d'un nouveau *Prayer Book* et Wentworth dénonce les prétentions de la Couronne à régler ce qui devrait être du seul ressort du Parlement ; le même conflit renaît à chaque session ultérieure.

Malgré la vigueur de ses défenseurs, le puritanisme apparaît très affaibli à la mort d'Élisabeth. Si les idées demeurent vivaces, les organisations n'ont pas pu survivre. Nombre de presbytériens et de congrégationalistes ont dû prendre le chemin de l'exil ou de la prison. L'Église anglicane, plus homogène et aux doctrines clairement énoncées, rallie la grande majorité du public, surtout avide de paix religieuse et pour lequel l'antipapisme est le seul sentiment à cultiver.

L'aggravation des conflits sous Jacques Ier et Charles Ier

L'avènement des Stuarts avait soulevé beaucoup d'espérances parmi les presbytériens : Jacques Ier n'était-il pas le roi Jacques VI d'une Écosse calviniste et presbytérienne ? En fait, les deux premiers Stuarts, imbus de prétentions absolutistes, sont convaincus que seule l'union intime de la Religion et de l'État permettra la construction de la monarchie de leurs rêves. Jusqu'à la première Révolution, on assiste ainsi à la parallèle progression des sectes dissidentes et de la répression engagée contre elles.

Dès 1603, s'affirme l'opposition des puritains et des Stuarts : un millier de pasteurs présentent à Jacques Ier une pétition (*the Millenary Petition*), qui contient des demandes fort modérées, telles l'abolition du signe de croix sur les enfants lors du baptême, celle de l'anneau de mariage, la faculté de ne pas revêtir le surplis, tel aussi le respect strict du dimanche. En 1604, le roi répond qu'il ne voulait qu'« une seule doctrine et qu'une seule discipline, qu'une seule religion dans les dogmes et dans les rites ».

Le premier tiers du XVIIe siècle voit pourtant la diffusion, en Angleterre, de thèses nouvelles. Dès 1612, Thomas Helwys fonde près de Londres la première Église baptiste anglaise : les baptistes, dont les premières manifestations en Angleterre remontent en fait à Henri VIII, demandent la séparation de l'Église et de l'État, et, sur le plan des croyances, refusent le baptême des enfants, le réservant aux adultes préparés par leur expérience spirituelle à entrer dans la société des justes. Les baptistes anglais ne tardent pas à se diviser en *General Baptists*, pour qui la mort du Christ rachète les péchés de tous les hommes, et en *Particular Baptists*, convaincus que le salut est réservé aux seuls élus. D'autre part, les idées congrégationalistes et presbytériennes continuent d'exercer leur influence ; les puritains insistent de plus en plus sur l'exigence morale, demandent la stricte observance du jour du Seigneur et, en 1618 et 1633, le pouvoir royal se voit obligé, devant leur attitude, à publier un *Book of Sports* qui affirme, contre leurs vœux, le droit à certaines distractions le dimanche. L'évolution même de l'Église anglicane fait des indépendants et des presbytériens les défenseurs de plus en plus acharnés de l'orthodoxie protestante. Venue de Hollande, la doctrine de Jacob Armenzsoon, dit Arminius (d'où le nom d'arminianisme), gagne l'épiscopat anglican. Selon cette doctrine, il convient de modifier quelques thèses calvinistes, telle la prédestination, et de chercher à revenir à la situation de l'Église primitive. Les arminiens anglais mettent l'accent sur le droit divin des évêques et plaident pour le retour à certains rites catholiques. La crainte d'un rapprochement avec Rome pousse bien des esprits vers les sectes dissidentes.

Contre ses adversaires, l'anglicanisme use des méthodes de répression et de contrôle de plus en plus autoritaires. La Cour de Haute Commission est largement utilisée pour écarter les pasteurs suspects. Les sermons sont guidés par des prescriptions impératives. On applique avec rigueur les dispositions de l'*acte de Suprématie* d'Élisabeth, qui impose, sous peine d'amende, la fréquentation dominicale de l'église paroissiale à tous les fidèles valides. On condamne avec sévérité les suspects d'hérésie : deux hérétiques sont brûlés en 1612 ; des pamphlétaires puritains, Prynne, Bastwick et Burton, sont condamnés à l'essorillement en 1637 et marqués au fer rouge des initiales *S.L. (Seditious Libeller*). Conseiller de Charles Ier en 1626, archevêque de Canterbury en 1633, Laud, arminien convaincu, ancêtre, par ses convictions, des anglo-catholiques, accroît encore les poursuites et la censure. Attaqué en Angleterre, l'épiscopalisme gagne du terrain en Écosse : dès 1610, Jacques Ier y instaure une hiérarchie épiscopalienne et Laud s'efforce de laminer le presbytérianisme originel.

Ces diverses mesures entraînent deux réactions. D'une part, la fuite du royaume, qui a pour résultat l'établissement de communautés puritaines anglaises en Hollande, et les départs vers les colonies, que nous avons évoqués dans le chapitre précédent. Et d'autre part, un croissant sentiment de révolte : il est surtout sensible en Écosse, où il détermine la rébellion de 1640, si lourde de conséquences politiques. Il caractérise aussi beaucoup d'Anglais que le courage de certains condamnés émeut profondément. On se répète de bouche à oreille telle épigramme qu'avait composée Prynne après sa mutilation :

> « Triumphant I return : My face descries
> Laud's scorching scars — God's grateful sacrifice
> S.L., Stigmata Laudis
> Stigmata maxellis bajulans, insignia Laudis
> Exultans remeo, victima grata Deo. »

Les attaques de l'Église anglicane et l'évolution intérieure de cette Église conduisent à un durcissement de ses adversaires, à un divorce bien plus prononcé qu'à l'époque d'Élisabeth. Parmi les groupes sociaux particulièrement sensibles aux besoins d'une religion plus pure et révoltés par l'anglo-catholicisme de Laud, on relève surtout les classes moyennes, bourgeois et membres de la *gentry* : ces hommes entreprenants, fiers, hostiles à toute règle impérative dans leurs affaires, sont sensibles aux attaques dirigées contre la hiérarchie, les rites contraignants, et à l'exaltation de l'individualisme religieux et de la vie intérieure. Les témoignages du temps situent les fiefs du puritanisme dans quelques grandes villes, dont Londres, dans les comtés manufacturiers comme le Norfolk, le Suffolk et l'Essex, dans le Middlesex, en plein développement économique, et dans l'Ouest, qui naît à la vie industrielle.

Le triomphe des dissidents et l'essor des sectes, 1640-1660

La première Révolution offre aux adversaires de l'anglicanisme épiscopalien l'occasion d'une large revanche, d'autant plus nette que le parti vainqueur compte dans ses rangs nombre de représentants des classes gagnées au puritanisme. Mais d'accord pour détruire, les dissidents ne le sont pas pour construire, d'où plusieurs phases à l'intérieur de la période considérée.

La convocation du *Long Parlement* et les événements qui suivent déterminent une vive réaction contre la politique de Laud et une victoire provisoire des presbytériens. Le 1er mars 1641, Charles Ier doit laisser arrêter le primat de Canterbury et le 30 décembre, payant en partie le massacre par des Irlandais catholiques de plusieurs milliers de protestants dans l'Ulster, l'archevêque d'York et onze autres évêques le rejoignent en prison. Le triomphe des antiépiscopaliens sera consacré par l'exécution de Laud le 10 janvier 1645. L'année 1643, qui voit la formation d'une « solennelle ligue et Covenant » entre les antiépiscopaliens d'Angleterre et d'Écosse, est marquée par une première série de mesures réformatrices : le système épiscopalien est aboli (novembre), le *Prayer Book* supprimé, les vêtements des ministres, les ornements des églises et les orgues interdits. En juillet de la même année, une commission composée de cent vingt et un clercs, dix lords et vingt députés, ainsi que de cinq théologiens écossais, est constituée : elle travaille jusqu'en 1648, mais promulgue entre-temps plusieurs textes fondamentaux : en 1646, les *XXXIII Articles* remplacent les *XXXIX* et proclament l'essentiel des principes calvinistes ; une organisation presbytérienne est donnée à l'Église, qui reste liée à l'État. Deux catéchismes sont également adoptés et on y trouve la condamnation du *Book of Sports* et l'exaltation du repos du dimanche.

Cette organisation nouvelle déplaît souverainement aux indépendants et aux tenants de sectes nouvelles et égalitaires. Représentés en particulier par Milton et en nombre dans l'armée du *New Model*, ils refusent de substituer un autoritarisme nouveau à l'ancien. La victoire de l'armée de Cromwell sur le Parlement entraîne dès 1649 la fin d'un système religieux national et contraignant ainsi que la croissance du mouvement « indépendant » issu du brownisme. La période qui suit voit en fait une liberté totale accordée à toutes les sectes protestantes et l'abrogation de toutes les ordonnances sur l'assiduité à un culte donné. Cromwell n'a qu'un souci : éviter au peuple d'être trompé par des charlatans. C'est ce qui explique la création en 1654 de jurys composés de ministres de diverses sectes et chargés d'examiner tout postulant au ministère d'une paroisse, la nomination la même année d'*ejectors* commissionnés pour épurer le clergé, l'envoi de *visitors* dans les comtés. Tolérant pour les protestants, mais animé d'une foi ardente et d'une exigence morale profonde, le Protecteur multiplie par ailleurs les prescriptions : tous les exercices « pervers » sont interdits, tels les combats de coqs, les courses de chevaux, les spectacles licencieux (dont la plupart des pièces de théâtre) ; des officiers envoyés dans les comtés en 1655-56 travaillent, entre autres choses, au redressement des mœurs, ferment de nombreuses brasseries et des débits de boissons. Le dimanche reste jour de repos et doit être consacré au Seigneur.

Alors que presbytériens, indépendants et baptistes demeurent les groupes essentiels, ces derniers passant de cinquante à près de trois cents communautés de 1644 à 1660, de nouvelles sectes prospèrent. Les unes sont caractérisées par une exigence sociale particulière ; les *Levellers* trouvent leur doctrine dans les écrits de John Lilburne, que prolonge son ouvrage posthume, *The Levellers or Principles and Maxims Concerning Government and Religion* (1658) : partisans de la pleine liberté religieuse, plus ou moins anabaptistes, ils rêvent d'une république égalitaire et sont surtout nombreux dans l'armée ; les *Diggers*, menés par Gerard Winstanley, sont à la fois des communistes agraires et les adversaires de tout dogme. D'autres sectes sont plus ou moins mystiques, tels les *millénaristes*, qui annoncent la fin du monde pour

1673 au plus tard. Partis du mysticisme pour insister bientôt sur la fraternité et la bienfaisance, les *Quakers* sont développés sous l'impulsion de George Fox : persuadé que la lumière intérieure est supérieure aux dogmes, hostile à toutes les Églises, apôtre d'un mysticisme passionné, Fox rallie nombre d'anciens indépendants et baptistes et peut compter sur soixante missionnaires dès 1654.

L'émiettement du monde religieux anglais caractérise donc la période révolutionnaire. Seule l'Écosse reste dans l'ensemble adepte du presbytérianisme défini par la Commission de 1643-48.

La réaction épiscopalienne

La Restauration naît sous le signe de la réaction religieuse ; mais elle est cependant marquée par la vigueur des sectes.

Dès 1660, la hiérarchie anglicane est rétablie et les évêques encore vivants retrouvent leurs sièges ; le nouvel épiscopat est en général composé d'hommes brillants, sinon toujours de théologiens avertis. Le *Prayer Book*, les vêtements liturgiques, le serment sont remis en honneur. Le 19 mai 1662, malgré une forte opposition presbytérienne, le Parlement-Cavalier adopte un nouvel *acte d'Uniformité* que le roi sanctionne malgré sa *déclaration de Breda :* 1760 *récusants* sont contraints de quitter leur ministère. En Écosse, l'épiscopat est également rétabli et on s'efforce de concilier le système épiscopalien et l'organisation presbytérienne. Malgré les efforts de conciliation de certains, tel Richard Baxter, les persécutions reprennent. De nombreux quakers, dont Fox lui-même et William Penn, des baptistes, dont John Bunyan, connaissent les prisons de Charles II pour une durée plus ou moins prolongée. Les dissidents sont ainsi pourchassés jusqu'à la Déclaration Royale de 1687, aussitôt proclamée illégale par les adversaires de Jacques II, mais qui, pour faire passer des mesures favorables aux catholiques, les étendait aux sectes protestantes.

Les dissidents sont souvent réduits à l'émigration pour échapper aux poursuites. Mais, aussi bien en Angleterre que dans leurs terres de refuge, ils approfondissent leur foi et consolident leurs doctrines. Les baptistes trouvent en John Bunyan leur plus grand penseur : fils d'un ouvrier, soldat de l'armée parlementaire pendant la guerre civile, converti en 1655, emprisonné pendant de nombreuses années, il rédige en prison son *Pilgrim's Progress*, où, en termes allégoriques, il s'attaque à toutes les erreurs et décrit le chemin que l'homme doit suivre pour parvenir à la Jérusalem céleste. Les quakers doivent à William Penn et à l'Écossais Robert Barclay d'avoir évité les errements auxquels les exposait le mysticisme exacerbé de Fox et reçoivent d'eux un corps de doctrines cohérent, qui met l'accent sur le rôle de la lumière intérieure et souligne la superfluité de tous les rites ; repoussant la prédestination calviniste, Barclay insiste sur la nécessité des bonnes œuvres. Le quakerisme se répand considérablement en Nouvelle-Angleterre, en partie grâce aux efforts de William Penn.

En 1688, si l'Église anglicane a recouvré une part importante de ses anciennes positions, elle n'a pas pu vaincre la résistance des dissidents. Seuls les sectaires sociaux se sont réfugiés dans une clandestinité qui ne leur est nullement profitable.

3. LE TRIOMPHE D'UNE TOLÉRANCE LIMITÉE AUX NON-CATHOLIQUES

La déposition de Jacques II et l'avènement de Guillaume et de Marie marquent le moment où, pour reprendre l'expression d'E. G. Léonard, commence véritablement, sur le plan ecclésiastique, « l'Angleterre moderne ». Les nouveaux souverains, protestants convaincus, maintiennent certes l'Église d'Angleterre. Mais, très vite déçus dans leurs espérances d'un rapprochement de l'Église officielle et des presbytériens, ils favorisent l'adoption par le Parlement de l'acte de Tolérance de 1689 : tous les non-conformistes qui acceptaient le dogme de la Trinité étaient autorisés à avoir leurs propres lieux de culte, pourvu qu'ils fussent publics, à employer leurs propres professeurs et prédicateurs. Seule était maintenue leur exclusion des emplois publics. Cette dernière restriction ne sera pas sans conséquences sur l'orientation des non-conformistes du XVIIIe siècle vers la recherche du progrès économique, seule source de promotion sociale.

La tolérance exclut formellement les catholiques et cela mérite qu'on s'y arrête quelque peu.

L'exclusion des catholiques

En dehors du règne de Marie Tudor, qui vit le royaume tout entier revenir à la foi catholique, le nombre de catholiques avoués ne cessa de diminuer au XVIe siècle, et l'accroissement relatif que l'on constate au XVIIe siècle semble en grande partie dû à l'évolution démographique elle-même : vers 1583, on estime leur nombre à environ cent vingt mille et il aurait atteint deux cent mille à la fin du siècle suivant ; ils ne représentent que deux à quatre pour cent de la population du royaume. Leurs meilleurs prêtres ont dû s'exiler sur le Continent et, en France en particulier, participent activement, à la fin du XVIe siècle et au début du XVIIe, à la réforme catholique. En Angleterre même, tous les services catholiques sont clandestins. Ce qui marque leur condition, c'est le véritable ghetto moral dans lequel on les place : ils ne sont pas tant considérés comme des chrétiens égarés que comme des agents de l'étranger et des traîtres, parfaitement indignes de servir l'État ou de bénéficier de quelque liberté.

À l'origine de cette situation, il y a certes l'antipapisme

que nous avons noté dès les années 1530 et que les sanglantes persécutions de Marie Tudor avait rendu plus violent que jamais. Mais plus que tout compte leur attitude dans les premières années du règne d'Élisabeth et à l'époque du grand antagonisme anglo-espagnol. L'opposition religieuse tourne, dès les années 1568-70, en révolte ouverte contre la souveraine dans les comtés du Nord : entre la Trent et l'Écosse, toute une zone est encore largement contrôlée par de grands seigneurs féodaux, véritables princes dans leurs domaines (familles de Percy, Neville, Dacre...) ; cette zone correspond à une région restée religieusement très particulariste, attachée à la foi catholique ; la rivalité traditionnelle entre féodalité et absolutisme est poussée à son comble par la politique religieuse d'Élisabeth et aussi par sa politique écossaise : à la fois pour soutenir Marie Stuart et au nom de leurs libertés menacées, les grands seigneurs déclenchent une révolte que les armées de la reine noient dans le sang. Cet acte de rébellion intérieure apparaît très vite comme l'un des aspects d'un véritable complot international dirigé contre Élisabeth. Alors que l'ordre est à peine rétabli, le pape Pie V, rompant avec l'attentisme de ses prédécesseurs, promulgue sa bulle *Regnans in Excelsis*, par laquelle il excommunie la reine, la déclare sans droit au trône, délie ses sujets de tout devoir d'obéissance et condamne à la fois le *Prayer Book* et l'*acte de Suprématie*. Le Parlement de 1571 en tire immédiatement les conséquences en assimilant à un acte de haute trahison toute diffusion en Angleterre des bulles ou des symboles venus de Rome et en ordonnant la confiscation des biens des catholiques qui émigreraient. Les informations, souvent exactes, de complots organisés par Philippe II, le duc d'Albe, Paul V contre la vie de la souveraine accroissent encore la défiance à l'égard des Anglais catholiques. Les diverses phases de la rivalité anglo-espagnole et en particulier les préparatifs de débarquement entrepris par Philippe II entretiennent la masse dans ses sentiments. Seule l'absence de réel fanatisme chez Élisabeth explique que l'on n'ait pas eu en Angleterre de sanglante Saint-Barthélemy. Grégoire XIII, de son côté, ne fait rien pour diminuer la tension ; il soutient même, en 1578, une ridicule expédition destinée à soulever l'Irlande catholique contre le pouvoir d'Élisabeth ; son secrétaire d'État, le cardinal Como, encourage le tyrannicide ; l'envoi de jésuites en Angleterre pour prêcher la « vraie foi » inquiète tous les protestants. Les années 1580 voient alors l'aggravation continue des peines et des amendes contre ceux qui ne respecteraient pas l'*acte d'Uniformité*, et assisteraient à une messe ; la conversion au catholicisme est assimilée à une trahison ; finalement tous les religieux catholiques reçoivent l'ordre de quitter le royaume. Un acte de 1593 limite les déplacements des catholiques condamnés pour absentéisme au service religieux.

L'attitude des catholiques au début du règne de Jacques Ier, qui déçoit leurs espoirs, aboutit à un durcissement à leur égard. L'organisation de plusieurs complots amène le gouvernement royal à proclamer, le 22 février 1604, qu'il maintiendrait la législation du règne précédent. Le *Complot des Poudres*, fomenté en 1605 par Guy Fawkes et neuf complices, dont deux jésuites, aggrave encore la condition des catholiques en provoquant une véritable hystérie dans l'opinion protestante et en empêchant le roi de suivre des idées primitivement plus tolérantes. Le Parlement de 1606 vote deux actes : le premier oblige les catholiques non plus seulement à assister aux services, mais à communier selon les rites anglicans ; le second prévoit des récompenses pour les dénonciateurs de comportements non conformistes, exclut les catholiques de la profession judiciaire et de toute fonction publique, leur interdit de venir à Londres s'ils n'y résident pas en permanence, leur impose des passeports pour quitter leur lieu de résidence habituel. On exige d'eux un serment de loyauté à la Couronne.

Après 1610, on voit certes se calmer la répression des actes catholiques. Malgré les critiques des puritains, le gouvernement royal fait preuve d'une relative tolérance à l'égard des petits groupes qui subsistent çà et là. Charles Ier, époux d'Henriette de France, apparaît philo-catholique. L'anglo-catholicisme de Laud soulève même des espoirs. Mais la première Révolution prouve que la tolérance plaidée par beaucoup ne s'étend pas aux catholiques, que Cromwell va massacrer en Irlande au nom du Seigneur. Charles II est catholique *in pectore* et protège les catholiques, les admettant même en 1672 dans les emplois publics ; son frère Jacques se convertit au catholicisme et les conversions de plus petits personnages sont relativement nombreuses. Mais les préjugés anciens sont intacts et tous les protestants s'accordent sur le « *no popery* ». Un pseudo-complot papiste, révélé par un aventurier, Titus Oates, entraîne le Parlement à entreprendre une vigoureuse action que Charles II lui-même n'ose pas entraver : de nombreux catholiques sont emprisonnés, cinq jésuites, un lord (Lord Stafford), un archevêque (Olivier Plunkett) sont mis à mort (1678-81). Quelques années plus tôt, en 1673, le *Test Act* obligeait tout titulaire d'une fonction publique à prêter serment selon l'usage de l'Église anglicane, et à faire une déclaration contre la transsubstantiation. Dirigé contre tous les adversaires de l'anglicanisme, et non pas seulement contre les catholiques, cet acte n'en avait pas moins frappé le plus illustre de ceux-ci : Jacques, duc d'York, obligé de renoncer à l'Amirauté. En 1679, les catholiques sont expressément exclus des deux chambres du Parlement.

Le court règne de Jacques II, catholique déclaré, ravive toutes les inquiétudes : les jésuites reviennent en force, jusque dans le Cabinet du roi ; les conversions de hauts personnages sont encouragées (comte de Sunderland, James Drummond, chancelier d'Écosse, etc.). Les dispenses accordées par Jacques II à des catholiques normalement exclus de fonctions officielles par le *Test Act* déchaînent l'indignation. Dans une large mesure, la révolution de 1688 est une révolution anticatholique.

La violence croissante des sentiments antipapistes, que nous venons de constater, explique aisément que la tolérance n'ait pas été accordée aux catholiques en 1689.

Précocité et origine de la tolérance

Il n'en reste pas moins que, malgré le maintien d'un *Test Act* qui s'applique aux non-conformistes, plus de quatre-vingt-quinze pour cent des Anglais jouissent désormais de la pleine liberté de culte. Cela à un moment où les protestants français sont privés de tous leurs droits, plus d'un demi-siècle avant que Frédéric II n'accorde la tolérance à ses sujets, 92 ans avant l'édit de Tolérance de Joseph II dans les États de la Maison d'Autriche.

Ce triomphe précoce ne s'explique que par la force d'un courant de pensée développé depuis les origines mêmes de la réforme anglaise, mais qui, pendant longtemps, n'a séduit qu'une minorité. Dès 1530, un ouvrage anabaptiste, *The Sum of the Scriptures*, dénie toute mission spirituelle au pouvoir temporel ; vers 1536-38, Thomas Starkey, dans son *Dialogue between Cardinal Pôle and Thomas Lupset* souligne que la loi est incapable d'imposer la vertu ; en 1542, le moine défroqué Brinklow, dans sa *Complaynt of Roderyck More*, s'attaque au pouvoir épiscopal et s'insurge contre la peine de mort infligée aux hérétiques. Né ainsi sous Henri VIII, le courant de tolérance connaît des fortunes diverses, encouragé sous Élisabeth par des laïcs comme Lord Cecil. Avec moins de netteté, Hooker, auteur d'une *Ecclesiastical Polity* publiée entre 1593 et 1600, demande une Église d'État, mais admet une large diversité en son sein (position de *comprehensiveness*).

Au XVIIe siècle, la tolérance trouve des champions dans tous les groupes : des évêques anglicans, tels Griffith Williams et J. Ussher défendent, sous les premiers Stuarts, un libéralisme religieux rejeté par Laud ; presbytériens et catholiques sollicitent une liberté qu'ils ne seraient pas prêts réellement à accorder à des adversaires en position d'infériorité ; les baptistes et les indépendants font de la liberté de conscience un fondement de leurs doctrines respectives : l'indépendant John Goodwin écrit en 1644 la *Theomachia* où il dénie à l'État tout droit d'intervenir dans les affaires religieuses ; Cromwell ne partage pas ce dernier point de vue, mais admet toute doctrine conduisant au salut ; Milton devient le champion d'un « anticléricalisme, ouvert ou implicite » ; partisan de Charles II, Richard Baxter ne s'en fait pas moins l'« apôtre de la conciliation religieuse ». Tirant les leçons de nombre d'écrits antérieurs, John Locke rédige en 1685 sa première *Letter concerning Toleration* où il proclame que « le soin du salut des âmes humaines ne peut appartenir au magistrat ». Mieux accueilli dans le siècle rationaliste des Francis Bacon, Harvey, Newton, par l'élite intellectuelle, le cri de tolérance aboutit enfin à l'acte de 1689.

Chapitre 6

LE TRIOMPHE D'UNE MONARCHIE MODÉRÉE

Avant 1529, on semblait s'acheminer vers un système politique absolutiste. Cent soixante ans plus tard, la *Déclaration des droits* rend un tel système définitivement impossible. Deux révolutions ont certes été nécessaires au XVIIe siècle pour en arriver là. Mais dès le XVIe siècle, l'institution parlementaire a été volontairement sauvée et développée par la volonté même des souverains et on peut à ce propos parler de véritable « miracle » de la tradition. Alors qu'en France, les guerres de religion provoquent une réflexion politique fort brillante dès le dernier tiers du XVIe siècle, les luttes idéologiques ne deviennent véritablement âpres et originales en Angleterre qu'à partir du milieu du siècle suivant. Ce décalage atteste l'existence d'une longue période d'alliance de la monarchie et de la nation, particulièrement évidente sous les Tudors après 1529.

1. UN ABSOLUTISME RESPECTUEUX DE LA TRADITION PARLEMENTAIRE, 1529-1603

Il serait erroné de rechercher sous les Tudors la véritable naissance d'une monarchie modérée. En fait, et avec beaucoup d'habileté, ils réussissent à concilier deux systèmes apparemment contradictoires : ils développent les instruments d'une monarchie autoritaire, mais soulignent de plus en plus leur respect de l'institution parlementaire.

Le renforcement de la monarchie

Depuis 1485, les Tudors ont cherché à assurer leur autorité personnelle et Henri VIII n'y renonce nullement après le renvoi du cardinal Wolsey. Ses trois enfants et successeurs, Édouard, Marie et Élisabeth, font preuve d'une identique volonté. Cette dernière ne prend pas même époux et ses amants ont eu un rôle « exclusivement esthétique et thérapeutique » (A. Bourde).

Le souverain s'appuie toujours, dans son gouvernement, sur son Conseil privé : moins d'une vingtaine de personnes, choisies pour leur compétence, parfois dans le Parlement lorsqu'elles s'y sont fait remarquer, tenues à un serment spécial d'obéissance, mais en général écoutées et influentes. Les conseillers sont de plus en plus des laïcs, surtout à partir du règne d'Élisabeth. Le chancelier ou le garde des Sceaux (*Lord Keeper*) font partie du Conseil sans nécessairement y jouer un rôle majeur. Le secrétaire du roi auprès du Conseil prend en revanche une importance considérable : il est à la fois la mémoire et l'exécutant premier des décisions prises. La compétence du Conseil est quasi universelle, les « ordres en Conseil » sont de véritables lois qui ne doivent simplement pas contredire un statut du Parlement ; ses membres siègent de plus en plus dans la Chambre étoilée et, à partir du règne d'Élisabeth, constituent la majorité de ce tribunal d'exception. Instrument de gouvernement, de législation et de justice, le Conseil est l'arme par excellence de l'absolutisme.

Les administrations existantes sont développées et on les complète. En 1539, Henri VIII organise définitivement le *Conseil du Nord* qui, sous le contrôle du Conseil privé, reçoit juridiction sur les comtés de Northumberland, Cumberland, Westmorland, Durham et York et qui, comme le *Conseil du Pays de Galles*, a de très larges pouvoirs judiciaires et administratifs. Ces conseils, dans lesquels on introduit nombre de notables locaux, n'ont en fait chacun que sept membres permanents et jouent efficacement leur rôle de défenseurs de la loi commune et de la prérogative royale contre les survivances féodales. À la *Star Chamber*, on adjoint de nouveaux tribunaux d'exception : dès Henri VIII, Édouard VI et Marie, des commissions temporaires sont dotées de pouvoirs d'enquête et de répression dans les cas d'hérésie ; en 1559, Élisabeth constitue pour la première fois, sous la présidence de l'archevêque Parker, une Haute Cour commissionnée pour faire respecter les *actes de Suprématie et d'Uniformité* ; des commissions successives précisent et augmentent les pouvoirs de ce tribunal de Haute Commission qui devient, avec Whitgift, le principal instrument de poursuite contre les récusants de divers bords. Aucun Tudor ne se prive par ailleurs de créer des cours extraordinaires pour juger des actes plus ou moins réels de trahison : Henri VIII en use ainsi à l'encontre d'Anne Boleyn, et Élisabeth dans le cas du duc de Norfolk en 1572, de Marie Stuart en 1586, et du comte d'Essex en 1601.

Sur le plan local, les Tudors s'appuient de plus en plus sur les juges de paix, dont les pouvoirs sont sans cesse accrus et qui, sous Élisabeth, deviennent directement responsables de l'application du Statut des Apprentis et de la Loi des Pauvres ; notables assurant bénévolement de lourdes tâches, qui leur valent prestige et honneurs, les juges de paix permettent aux monarques de disposer d'une bonne administration locale sans que cela pose à leur Trésor des problèmes par trop délicats. Sous Édouard VI, on voit apparaître d'une manière officielle une nouvelle catégorie de fonctionnaires locaux : *les lords-lieutenants*, chargés, dans les divers comtés, du recrutement et de l'organisation de milices ; leur existence confirmée par les deux successeurs d'Édouard, les *lords-lieutenants*, auxquels on adjoint des *deputy-lieutenants*, reçoivent des pouvoirs militaires étendus, sous le contrôle du Conseil privé, peuvent mobiliser tout citoyen en cas de péril extérieur ou intérieur, soit par ordre de l'autorité centrale, soit, en cas d'urgence, sous leur propre responsabilité.

Théoriquement dépendants du Parlement pour l'essentiel de leurs revenus, les souverains ont cherché à trouver des ressources qui ne dépendraient que de leur volonté propre. Dès 1534, Henri VIII donne une interprétation extensive à un acte du Parlement et s'arroge le droit de modifier, à son profit, les taxes douanières ; il est imité par Marie et Élisabeth. L'octroi de monopoles devient une autre source de rentrées d'argent sous Élisabeth. L'exigence de dons gratuits des *Convocations* ecclésiastiques caractérise surtout la première moitié du siècle. Mais Élisabeth recourt fréquemment aux emprunts forcés (*loans*), dont les intérêts sont plus ou moins régulièrement payés, mais qui sont en général remboursés tôt ou tard : en 1589, cinquante mille livres sont ainsi empruntées, l'équivalent d'une année d'impositions accordées par le Parlement. On peut ajouter à ces ressources les revenus des domaines royaux, le produit des amendes et des confiscations prononcées par les cours royales et, surtout sous Henri VIII, celui de la vente des biens des monastères.

Cette politique autoritaire soulève peu de protestations et c'est l'accord visible de la nation au développement d'une monarchie vigoureuse qui a rendu sans danger le recours plus fréquent à des Parlements. Comment expliquer cette adhésion de la nation à la monarchie ? Il semble que quelques éléments aient joué ici un rôle essentiel :

— le souvenir, relativement proche, des déchirements civils du XVe siècle est sans cesse ravivé par des résurgences de l'esprit féodal : Henri VIII doit faire face à la révolte des Pèlerins de la Grâce, Élisabeth à celle des comtés du Nord. Ces révoltes, surtout la dernière, ont le soutien de l'étranger, de l'Écosse, du pape, de l'Espagne. La Couronne apparaît ainsi comme le rempart de l'ordre, le principal bouclier contre l'anarchie. L'Angleterre est dans une île, mais elle n'est pas isolée du Continent. L'Empire est déchiré jusqu'à la paix d'Augsbourg de 1555, la France ensanglantée par les guerres de religion à partir de 1562, les Pays-Bas révoltés et en butte à la rigoureuse répression espagnole. L'Anglais ne peut que se réjouir de la paix relative apportée par la forte poigne des Tudors.

— le danger extérieur resserre les liens entre la nation et le souverain. Ce danger est surtout réel sous Élisabeth : Philippe II, roi très catholique et veuf de Marie Tudor, se mêle à toutes les intrigues ; l'immense puissance espagnole pourrait être épaulée par une France ramenée au catholicisme militant, et cette formidable alliance serait mortelle pour l'Angleterre. Elle ne s'est jamais véritablement réalisée, et Élisabeth, en soutenant de ses derniers les huguenots français, a travaillé pour un intérêt bien compris. Mais l'Espagne à elle seule, avec son point d'appui des Pays-Bas, représente une menace redoutable jusqu'en 1588. La reine incarne la patrie menacée et tire le meilleur de cette situation pour son pouvoir. La victoire remportée sur une Armada, déjà fort éprouvée par les éléments, stimule encore un orgueil national fort profitable à la Couronne.

— la politique économique et sociale des Tudors leur a valu des soutiens enthousiastes. Nous avons montré quelle part l'État a cherché à prendre au développement économique, mais aussi combien, sous Henri VIII, à propos des *enclosures* par exemple, et sous Élisabeth, qui poursuit la politique de son père et développe d'autre part une action en faveur des pauvres, la monarchie avait cherché à conserver son visage de défenseur des faibles. Les groupes sociaux qui comptent, aristocratie foncière, *gentry*, marchands, doivent à la Couronne une part de leur fortune ou de leur prospérité. Un large « consensus » populaire a pu être ainsi créé au profit de la monarchie.

Le maintien et la consolidation de l'institution parlementaire

Le « sauvetage » de l'institution

À partir de 1529, le Parlement est réuni fréquemment et on ne songe plus à s'en passer. La périodicité des sessions a pu varier au cours des règnes successifs : en quarante-cinq années, Élisabeth a convoqué dix Parlements qui ont tenu treize sessions ; la durée même des sessions a été inégale et l'ensemble des séances parlementaires ne représente que trois années entre 1558 et 1603. Malgré ces premières nuances, l'institution parlementaire est sauvée. Les deux Chambres délibèrent normalement sur les projets de loi qui leur sont soumis et leurs membres prennent parfois l'initiative de propositions plus ou moins bien reçues par les souverains ; les prérogatives fiscales du Parlement sont grignotées, elles ne sont jamais abolies ; considéré comme le représentant de la volonté nationale, il est appelé à définir les règles de la succession royale dès 1534, invité à ratifier, voire à définir les statuts de la religion nouvelle. Dans le souci affirmé de rendre plus représentatives les Communes, les Tudors créent de nouveaux sièges, attribués en général à des *bourgs* de nouvelle création : soixante-deux sièges sont ainsi institués sous le règne d'Élisabeth. Les membres des deux Chambres reçoivent peu de privilèges nouveaux, mais les anciens sont en général confirmés : droit d'accès à la personne du souverain pour les lords et le *Speaker* des

Communes ; immunité pendant les sessions, sauf cas de trahison, félonie et troubles à la paix publique ; droit de juger les infractions à cette immunité. Mais la liberté de parole n'est jamais véritablement garantie, dans la mesure où les divers souverains ont toujours refusé dans la pratique de reconnaître une quelconque impunité aux auteurs de discours parlementaires.

La composition du Parlement a subi des modifications. La Chambre des lords a perdu, après l'abolition des monastères, les abbés-lords spirituels ; mais les souverains ont limité la création de nouveaux pairs laïques et la proportion des pairs ecclésiastiques a été en général voisine du tiers. La Chambre des communes a reçu un recrutement plus large par la tolérance accordée aux candidatures de non-résidents dans les comtés et qui a favorisé l'élection de nombreux hommes de loi.

Les Parlements du XVIe siècle ont été loin d'être des chambres d'enregistrement. Les actes royaux, et en particulier les emprunts forcés, la politique religieuse, les projets de loi ont souvent été l'occasion de débats houleux. Pourtant, la Couronne ne s'en est jamais inquiétée et cela mérite quelque explication. La Chambre des lords a toujours été solidement tenue par la possibilité des souverains de nommer de nouveaux pairs laïques et par la fidélité des lords spirituels élevés à la prélature par ces mêmes souverains. À la Chambre des communes, toutes sortes de garde-fous existent : le *Speaker*, théoriquement élu par ses pairs, est en fait désigné par la Couronne ; celle-ci, et l'innovation date de 1535, dispose de véritables représentants non élus dans la Chambre, qui peuvent expliquer et défendre les thèses royales ; les députés trop audacieux s'exposent à se voir interdire l'entrée de la salle de délibérations (cas de Cope et de ses amis en 1587), ou encore risquent l'emprisonnement (tel Wentworth en 1593). Élisabeth n'hésite pas à retirer de la discussion des projets de loi jugés nocifs et utilise son veto en cas de nécessité : dans un message aux Communes, le 27 février 1593, elle affirmait son droit d'« acquiescer ou de s'opposer à toute action du Parlement » et elle commandait expressément qu'« aucun projet ayant trait aux affaires de l'État ou à des changements dans le domaine ecclésiastique ne fût mis en avant ». Bien plus, tous les souverains interviennent dans les élections et pratiquent un système de véritables candidatures officielles recommandées aux autorités locales (*sheriffs*, juges de paix) ; les créations de bourgs nouveaux servent essentiellement à offrir des sièges à des hommes estimés fidèles ; Édouard VI et Marie s'efforcent de faire élire les membres de leur Conseil et disposent ainsi de défenseurs, particulièrement avertis, dans la Chambre basse ; Élisabeth s'occupe activement des élections dans le Kent en 1571, dans le Norfolk en 1586. Les succès obtenus par cette méthode sont variables, car l'influence de grands seigneurs locaux peut contrebalancer celle de la Couronne et la *gentry* fait souvent preuve d'un réel esprit d'indépendance. Mais en 1536, les Pèlerins de la Grâce affirmaient que « la plupart des députés étaient des serviteurs du roi » : ils tenaient sans doute compte de la grande place des juges de paix et autres officiers ou commissaires royaux parmi les élus en négligeant la très réelle indépendance d'esprit de nombre de ces hommes. Cette politique de la monarchie trouve des excuses dans l'existence de véritables fiefs électoraux de grandes familles qui disposent en pratique des sièges des bourgs qu'elles ont réussi à faire créer. Les nouveaux députés sont, de toute manière, d'autant plus malléables qu'ils ne se connaissent pas toujours au départ et que les Tudors ont toujours su choisir de remarquables intermédiaires entre la Couronne et le Parlement, de Thomas Cromwell sous Henri VIII à Christopher Hatton sous Élisabeth. Il n'en reste pas moins que la plus solide garantie de la monarchie est l'accord profond des classes sociales représentées aux Communes avec les principaux actes des souverains et le nationalisme orgueilleux qui s'incarne pour elles aussi dans la personne royale.

Couronne et Parlement

Il reste à comprendre pourquoi les Tudors, à commencer par Henri VIII, tournèrent résolument le dos à un absolutisme pur et simple et maintinrent volontairement l'institution parlementaire. À cela, il y a d'abord des raisons dynastiques. Depuis l'avènement même de Henri VII, les Tudors ont dû leur pouvoir à l'acquiescement du Parlement ; le divorce de Henri VIII pose le problème de la succession et c'est encore au Parlement que le souverain songe pour établir une règle de succession indiscutable et fonder solidement la légitimité des droits de ses enfants : dès 1534, le Parlement vote un *Act* reconnaissant la validité du mariage du roi et d'Anne Boleyn et des droits successoraux de leur progéniture. Les naissances d'Élisabeth et d'Édouard, ce dernier fils de Jane Seymour, obligent à modifier l'ordre de succession. Dynastie et Parlement ont ainsi partie liée, au point que le Parlement d'Élisabeth, dans ses efforts pour peser sur les actes de la Couronne, fait une très large place au problème du mariage de la reine ; effrayé par les perspectives d'une succession catholique, il approuve toutes les mesures prises contre Marie Stuart et pousse à son exécution après sa condamnation.

Aux raisons dynastiques, on peut ajouter le poids de la question religieuse : Henri VIII jugea commode et sage de faire approuver par son peuple, aux yeux du monde chrétien, les décisions schismatiques qu'il avait été amené à prendre ; sa politique fut imitée par tous ses successeurs.

L'importance de la tradition ne doit pas être sous-estimée : en particulier, toute atteinte aux prérogatives fiscales du Parlement n'aurait pas manqué de susciter des troubles à un moment où les révoltes féodales et les dissensions religieuses occasionnaient des difficultés déjà fort suffisantes.

Il serait certes erroné d'imaginer un quelconque partage de la souveraineté : les Tudors appliquent en fait un système souvent qualifié de « paternaliste » ou encore décrit comme un « despotisme légal ». Sûrs de leur autorité, toujours prêts à recourir à des ordres en Conseil, ils acceptent de laisser des sujets plus ou moins sélectionnés les aider de leurs conseils et les appuyer par le vote de lois dont le projet a été préalablement approuvé par eux. « Ce fut pour fortifier leur autorité que les Tudors forgèrent l'arme qui paraîtra plus tard aux Anglais le palladium de leur liberté » (M. Braure).

2. LE DIVORCE DE LA MONARCHIE ET DU PARLEMENT 1603-1660

Les deux premiers Stuarts ne surent pas maintenir les bonnes relations entre la Couronne et le Parlement et Charles Ier paya de sa tête des prétentions par trop absolutistes. Le divorce du roi et du Parlement affaiblit l'une et l'autre institutions et la première Révolution s'acheva par un retour au passé : un ménage mal accordé sembla alors préférable à la dissolution de toute constitution politique.

Le conflit du roi et de la nation jusqu'en 1640

L'idéologie absolutiste sous les Stuarts

Les Stuarts héritent les tendances autoritaires de la dynastie précédente. Ils croient sincèrement d'ailleurs que le roi a un rôle unique à jouer, qu'il lui appartient d'arbitrer tous les conflits, de protéger le peuple contre tous les dangers, y compris la misère. Charles Ier tire beaucoup de ses idées d'une France à laquelle le lie sa femme Henriette, sœur de Louis XIII, et qui, de Jean Bodin en 1576 à Richelieu et Guez de Balzac, en passant par Loyseau, vit une grande époque de pensée politique absolutiste. Jacques Ier est plus original ; il expose ses idées dans des messages au Parlement : « C'est le fait de sujets séditieux de discuter de ce qu'un roi peut faire dans la plénitude de son autorité : mais des rois justes seront toujours disposés à dire ce qu'ils ont l'intention de faire, s'ils ne veulent pas encourir la malédiction divine. Je serai fort mécontent de voir discuter mon pouvoir : mais je serai toujours prêt à faire apparaître la raison de mes actes », déclare-t-il en 1609. Un député, John Chamberlain, s'inquiète fort de déclarations semblables faites en 1610 et écrit à un ami que « si la pratique devait suivre la théorie, nous ne pourrions laisser à nos successeurs la liberté que nous ont transmise nos ancêtres ». Jacques Ier est imbu du droit divin des rois : il demande à son fils Charles de se souvenir que « Dieu a fait (de lui) un petit dieu ». Dès 1599, alors seulement roi d'Écosse, il avait publié un ouvrage théorique, *The Trew Law of Free Monarchies* ; il y affirmait la nécessité d'une source unique d'autorité, seul moyen d'éviter la confusion et les désordres ; le souverain, maître de toutes les choses, devait avoir aussi un droit de vie ou de mort sur ses sujets, tout en se gardant de prendre, sans raison, la vie à l'un d'eux. Trop prudent pour affirmer ouvertement de telles idées après 1603, Jacques Ier, par le ton paternel de ses discours au Parlement, montre bien qu'il se situe au-dessus de lui. L'absolutisme est d'ailleurs soutenu par des penseurs anglais de valeur, tels Francis Bacon et surtout Cowell qui place le roi au-dessus des lois, tels aussi Robert Filmer, auteur de *Patriarcha*, œuvre rédigée en 1640, publiée en 1680, dans laquelle il évoque l'autorité des Patriarches, et Strafford, qui invoque, lui, la tradition. Partisan de l'autorité monarchique dès 1640, Hobbes n'écrit son *Leviathan* qu'en 1651 : fondant le *Commonwealth* sur la conclusion d'un *Covenant* primitif, il trouve dans la crainte et le désir de paix les mobiles de ce contrat et attribue donc au monarque tous les pouvoirs pour maintenir la paix, y compris le droit de légiférer et de juger, celui de surveiller les opinions et de guider les consciences, sans souci moral apparent.

La politique autoritaire

Imbus des théories du droit divin, les premiers Stuarts ont voulu forger les instruments d'une politique absolutiste et écarter ce qui les gênait. Ils gouvernent avec leur Conseil, qui prend beaucoup plus d'initiatives que sous la soupçonneuse Élisabeth et se subdivise de plus en plus en Conseils spécialisés. Leurs plus proches conseillers les assistent avec dévouement : sous Jacques Ier, Salisbury et Francis Bacon jouent d'abord un rôle majeur, avant d'être supplantés par de nouveaux favoris, après 1615, en particulier Buckingham qui conserve son influence dans les premières années du règne suivant ; à partir de 1633, Laud est le principal agent du « despotisme royal », plus que Strafford qui n'intervient dans les grandes décisions qu'après 1638. Plus que jamais, on recourt à des tribunaux extraordinaires pour éliminer les adversaires gênants et la *Star Chamber* comme la *High Commission* connaissent alors leur apogée ; la *Chambre Étoilée*, conçue d'abord pour lutter contre les fauteurs de troubles et aussi comme un suprême recours des particuliers, étend considérablement son champ d'action ; elle connaît progressivement de tous les actes contraires à l'ordre public, des libelles séditieux et des écrits hérétiques (1622), et peut juger les juges et les jurés dont les décisions lui semblent inacceptables. Pour se procurer de l'argent, les Stuarts utilisent diverses méthodes : Jacques Ier exige à trois reprises, en 1614, 1620 et 1622, des dons gratuits (*benevolences*) de ses sujets et emprunte des sommes variables à des particuliers, souvent sous la caution de ses conseillers privés. Charles Ier imite son père, mais innove sur plusieurs points après 1629 : il fait revivre de vieilles taxes plus ou moins oubliées ; des amendes sont infligées aux propriétaires de domaines rapportant plus de quarante livres par an et qui ne se seraient pas fait adouber, d'autres à des défricheurs de forêts, à des propriétaires de terres encloses malgré les anciens *statuts* ; en 1635-1636, le *ship-money*, contribution de guerre exigible des seules villes côtières, est étendu à tous les comtés. Très hostiles aux Parlements, les deux rois leur dénient tout droit de limiter leur action ; entre 1629 et 1640, Charles Ier ne convoque pas les Chambres et on vit l'époque de la monarchie la plus absolue, le *thorough system*.

La vigueur de l'opposition

Cette attitude de la monarchie est de plus en plus vivement combattue. Les souverains tentent d'aller plus loin que les Tudors alors même que la conjoncture est de moins en moins favorable. Tout danger extérieur a disparu et la politique étrangère des Stuarts, très pacifiste sous Jacques Ier, relativement favorable aux puissances catholiques, et surtout à la France, sous Charles Ier, n'est en rien exaltante et inquiète même les protestants ; le patriotisme cesse de bénéficier à l'absolutisme après l'échec de La Rochelle (1629). De larges fractions de la nation sont lésées par les divers aspects de l'action royale : le soutien d'une Église épiscopalienne et arminienne écarte un nombre croissant de puritains, même les mieux disposés à l'égard du trône ; les monopoles industriels et commerciaux gênent industriels et marchands et ces derniers regrettent les échecs des tentatives coloniales aux Indes Orientales et la politique de paix envers l'Espagne qui enlève tout espoir d'accès aux marchés américains ; un siècle d'inflation a créé dans les villes une grande misère des travailleurs et le mouvement des *enclosures* ruine des petits paysans : la bonne volonté du gouvernement royal, pourtant certaine dans le cas de Laud, aussi hostile aux *enclosures* que Wolsey un siècle plus tôt, est mise en doute ; la fiscalité abusive frappe nombre de grands seigneurs et contribue à une certaine hostilité aristocratique contre la Couronne. À cela on peut ajouter que la personnalité même des souverains ne les sert pas : Jacques Ier, très intelligent, est disgracié physiquement et on le taxe à juste titre de couardise ; Charles Ier, dont la vie familiale est fort digne, et qui est un beau cavalier, manque de clairvoyance et passe pour être influencé par sa femme et par ses favoris du moment.

On s'explique ainsi l'opposition croissante à l'absolutisme royal. Elle s'exprime dans des pamphlets et des libelles. Elle trouve ses points d'appui essentiels dans les parlements successifs. Les Communes se font le champion des libertés traditionnelles avec une franchise d'autant plus grande que les Stuarts n'ont pas su pratiquer l'habile politique électorale des Tudors et n'ont pas non plus su choisir des représentants habiles pour défendre leur politique devant les chambres. Dès 1614 de violentes attaques sont menées contre les pratiques financières de Jacques Ier, qui envoie à la Tour, après la fin de la session, les orateurs les plus virulents ; en 1621, les députés proclament leur droit à la liberté complète de parole et à l'impunité et votent une solennelle protestation contre les entraves à leur action (18 décembre 1621). En 1628, les deux Chambres contraignent Charles Ier, pressé par ses besoins d'argent, à souscrire à cinq résolutions contenues dans une *Pétition des Droits* : l'interdiction des arrestations arbitraires, le bénéfice de l'*habeas corpus* pour tout détenu, la libération immédiate d'un détenu injustement emprisonné, la renonciation de la Couronne à tout emprunt et à toute taxe émis sans consentement du Parlement, la fin du logement arbitraire des gens de guerre chez l'habitant. L'arrestation, en 1629, des principaux responsables de la Pétition prouve l'absence de sincérité de Charles Ier. La révolte écossaise de 1638, en obligeant le roi à réunir un nouveau Parlement, donne de nouvelles occasions à l'opposition. En 1640, la plupart des meneurs de 1628 encore vivants sont réélus et le quart des membres des Communes est composé d'« anciens » : réuni le 13 avril, le *Court Parlement* est dissous le 5 mai, après avoir manifesté une vigoureuse hostilité à l'égard de tous les aspects du système absolutiste et avoir acclamé, le 27 avril, un long discours de Pym affirmant que le Parlement était au Commonwealth « ce que l'âme est au corps ».

La vigueur des opposants à l'absolutisme s'explique-t-elle seulement par l'indignation provoquée par les mesures fiscales ou religieuses ? Ou témoigne-t-elle d'une prise de conscience croissante de leurs droits et de leur destin politiques parmi les groupes sociaux les plus prospères ? Bourgeois et membres de la *gentry*, qui dominent l'économique, ont-ils eu la ferme volonté de se saisir du politique, de se libérer ainsi de toutes les entraves à leur enrichissement ? Cette interprétation marxiste d'un conflit profond entre le souverain et les forces vives de la Nation est intéressante, mais controversée. D'aucuns voient dans l'attitude de la *gentry* la réaction d'un groupe économiquement en déclin par rapport à la bourgeoisie et aux lords. Ainsi, Hugh Trevor-Roper a voulu opposer une *mere gentry*, ou petite noblesse de tradition, appauvrie et en recul, à la *gentry* des nouveaux riches qui, fortune faite dans le commerce, les offices, l'exercice de professions légales, ont acheté des terres à des propriétaires endettés ou à la Couronne.

La révolution et la défaite de la monarchie

La naissance du conflit

Le 3 novembre 1640, un nouveau parlement se réunit ; son existence légale, bien que parfois interrompue, ne se termine définitivement qu'en mars 1660 et cette exceptionnelle longévité lui a valu précisément le surnom de *Long Parlement*. Charles Ier a été obligé de le convoquer malgré ses répugnances et en attend des subsides importants. Les élections, marquées par le fréquent échec des quelques candidats officiels, ont souvent confirmé les choix précédents, puisque 294 des 493 députés ont siégé au *Court Parlement* ; parmi les élus, John Pym retrouve un siège acquis pour la première fois en 1614 et Hampden, rendu célèbre par son opposition individuelle au *ship-money* en 1635-1638, figure parmi les chefs des libéraux. Beaucoup de députés sont de sympathie ou d'appartenance presbytériennes, baptistes ou indépendantes, et ont des raisons multiples d'en vouloir à la Couronne. Les premiers mois sont marqués par la mise en jugement et la condamnation à mort de Strafford, confirmée par le faible Charles Ier, par l'arrestation de nombreux conseillers royaux, dont Laud, par la suppression de la *Star Chamber*, du *ship-money*, de la *High Commission* et des conseils régionaux. L'attitude du peuple de Londres, les besoins d'argent pour l'Écosse et l'Irlande, une certaine prudence expliquent que le roi ait cette fois-ci laissé faire. Le 1er décembre 1641, les Communes présentent à Charles Ier une *Pétition* et une *Grande Remontrance* : elles y dénoncent les entreprises d'un « parti papiste », réclament une épuration du clergé et du Conseil, revendiquent pour le Parlement un véritable droit de récusation des conseillers et agents de l'exécutif et un contrôle de l'armée, toutes exigences qui réduiraient la monarchie à un rôle plus ou moins honorifique et que Charles repousse énergiquement dans sa réponse. Le 5 janvier 1642, le roi veut répliquer plus durement encore par l'arrestation de cinq députés, dont Pym : son échec et la nécessité où il se trouve d'abandonner sa capitale à Pym, véritable « roi de Londres », appuyé par la Cité et les milices urbaines, marquent le début de la révolution.

L'issue du conflit

Commencée ainsi en 1642, la révolution aboutit le 30 janvier 1649 (9 février pour le calendrier grégorien alors employé) à l'exécution de Charles Ier et au vote d'un *Act* interdisant de proclamer son successeur, une semaine plus tard à l'abolition de la Chambre haute et de la royauté, le 19 mai au baptême d'un nouveau régime : *A Commonwealth and Free State.* S'il a fallu sept ans pour en arriver là, alors que la Révolution française ne mettra que la moitié de ce temps pour parvenir à la république, c'est que les jeux étaient loin d'être faits au début du mouvement. Les parlementaires ne souhaitaient pas l'abolition de la monarchie, ni même l'abdication du roi : ils reflétaient par là même les dispositions d'esprit de la majorité de l'opinion publique. D'autre part, le roi pouvait compter sur des appuis solides dans les régions du Centre et du Nord, dans les zones rurales et dans de larges fractions des diverses classes sociales. La guerre a longtemps traîné, entrecoupée de négociations menées avec plus ou moins de conviction de part et d'autre. La défaite militaire du roi n'est consommée qu'en 1645-1646, après la formation d'une armée puritaine inspirée de l'exemple suédois, le *New Model*, et grâce au génie militaire de Fairfax et Cromwell, aux victoires de Marston Moor (2 juillet 1644) et surtout de Naseby (14 juin 1645), à la trahison des Écossais que Charles Ier, privé de ressources financières, n'a pas pu payer et qui le livrent au Parlement en avril 1646 pour deux cent mille livres, acompte sur le remboursement des frais de guerre. Pendant deux ans encore, Charles Ier, prisonnier, peut manœuvrer les uns et les autres, chercher à opposer un Parlement soucieux de rétablir la légalité bien que des élections partielles aient, en 1646, singulièrement accru le nombre des extrémistes, et une armée désireuse de ne pas être purement et simplement congédiée ou expédiée en Irlande. Ce n'est qu'en 1648 que le Conseil des Officiers réclame au Parlement la condamnation du roi et qu'il réussit à l'imposer à une assemblée des plus réduites.

Fruit en partie de la duplicité de Charles Ier, le renversement de la monarchie s'explique également par la force d'idées nouvelles qui se sont répandues pendant les années révolutionnaires. Elles apparaissent au grand jour lorsque, en 1647, l'armée se constitue en un corps politique par la création d'un *Conseil général de l'armée* formé des commissaires (*agitators*), élus par les divers régiments, et des généraux. Ce conseil se justifie par l'existence d'un droit naturel et proclame une volonté égalitaire. Le 6 août 1647, il publie, après avoir occupé Londres « pour protéger la liberté du Parlement », des *Heads of the Proposals* : on y lit l'exigence d'une constitution écrite, de l'affaiblissement durable du pouvoir royal, privé de tout pouvoir pour les dix ans à venir, puis doté de droits très théoriques, la demande d'une redistribution des sièges des Communes, de la suppression de la Chambre haute ; sur le plan religieux, la liberté des sectes est le vœu essentiel. En octobre 1647, les délégués de plusieurs régiments votent une adresse plus révolutionnaire qui demande le suffrage universel et l'égalité civique. Les partisans de la démocratie ne réussissent pas à convaincre les généraux lors de l'assemblée du Conseil de l'armée à Putney. Plus modéré, le Conseil des officiers, qui succède au Conseil général, ne s'en rallie pas moins en novembre 1648 à des vues antiroyalistes. On voit répandre des écrits parfois fort anciens, tels les *Vindiciae contra Tyrannos* du Français Duplessis-Mornay, œuvre publiée en 1579 et traduite en 1648 ou le traité, fort savant, et imprégné d'esprit libéral de George Buchanan, le *De Jure Regni apud Scotos*, publié en 1579. John Lilburne, chef des « Niveleurs », publie force pamphlets égalitaires en 1645-49. Les idées nouvelles rallient nombre d'esprits éminents, en particulier Milton, admirateur de la Grèce antique, et Harrington, qui trouve ses modèles à Venise et Athènes. Celles des Niveleurs conquièrent surtout les classes populaires de Londres. Ni la majorité du Parlement, ni sans doute celle de l'opinion publique, ne sont acquises à des vues républicaines, ni même au tyrannicide. Mais la force appartient à l'armée qui « épure » le Parlement le 6 décembre 1648, donnant naissance au *Rump Parliament* (Parlement-Croupion), et impose ses points de vue.

En 1649, ce n'est pas seulement le roi qui est mort. L'institution parlementaire elle-même semble irrémédiablement atteinte. Depuis 1642, la composition du Parlement a été sans cesse modifiée. Les évêques ont été exclus de la Chambre haute dès le mois de février ; une soixantaine de pairs laïques sur cent ont rejoint le camp royal et refusé de siéger ; à la fin de 1648, seuls cinq à six lords consentent encore à siéger ou sont admis à le faire et le 6 février 1649, les Communes demandent l'abolition définitive de la Chambre haute. La Chambre des communes a elle-même perdu bon nombre des premiers députés et les élections de 1646 ont porté sur deux cent trente sièges ; les coups de force de l'armée ont fait fondre les effectifs et, à la fin de 1648, le Parlement-Croupion ne compte plus qu'une soixantaine de membres. L'armée le contrôle de près.

En 1649, le renversement de la monarchie semblait s'accompagner d'une rupture générale avec la tradition. L'opposition du roi et du Parlement avait abouti à la perte de l'un et de l'autre.

La vaine recherche d'un système nouveau

La mort de Charles Ier fait du roi un martyr et un ouvrage anonyme, l'*Eikon Basilike, The Pourtaicture of His Sacred Majestie in His Solitudes and Sufferings*, répandu dès 1649 avec un énorme succès, donne du monarque défunt une image édifiante ; vainement Milton essaie de répliquer par l'*Eikonoklastes* et de revendiquer pour un peuple le droit de déposer un mauvais souverain et de le mettre à mort. L'accueil de l'opinion publique à l'un et l'autre ouvrages démontre un véritable retournement et le regain du sentiment monarchique. La proclamation du nouveau régime ne contient d'ailleurs pas le mot de *république*.

Pendant quelques années, un difficile équilibre est maintenu entre ce qui reste de Parlement et l'armée. Un gouvernement civil issu de la Chambre sous la forme de comités spécialisés assure l'expédition des affaires courantes sous la surveillance constante des officiers. Le conflit, inévitable, éclate le 20 avril 1653 : les soldats de Cromwell expulsent les députés, malgré une solennelle protestation de John Bradshaw, alors président du Conseil d'État, le plus important des organes de gouvernement : il déniait toute valeur légale à un geste qu'« aucune puissance sur cette terre ne peut se permettre ». L'armée installe un Parlement dont elle choisit elle-même les membres (*Nominated Parliament* ou *Barebone's Parliament*, du nom de l'un des « députés ») : plus bavard qu'efficace, le Parlement doit voter sa propre dissolution le 12 décembre 1653 et Cromwell accepte alors de souscrire à une véritable Constitution écrite, l'*Instrument de gouvernement*, qui partage le pouvoir entre un *Lord Protecteur du Commonwealth d'Angleterre, d'Écosse et d'Irlande*, un Conseil de vingt et un membres, dont quinze nommés dans l'*Instrument* et six désignés par le Protecteur, et un Parlement de quatre cent soixante députés élus à un suffrage censitaire rigoureux par les seuls propriétaires d'un bien foncier ou mobilier d'une valeur au moins égale à deux mille livres. Le Conseil, qui a le droit de nommer le successeur du Protecteur, de faire des ordonnances dans les intersessions parlementaires, d'invalider les élus, garantit la permanence de la révolution.

Cromwell prend en fait la direction effective des

affaires. Il est alors âgé de cinquante-quatre ans. Représentant typique de la *gentry* puritaine, il a derrière lui une longue carrière politique, puisqu'il fut député aux Communes de 1628. Rude et ardent, il s'est imposé par ses qualités exceptionnelles de chef de guerre pendant la guerre civile et sa popularité parmi ses soldats lui a permis de rester en fait à leur tête malgré le vote par le Parlement, en 1645, du Bill de « *Renonciation à soi-même* » qui interdisait le cumul d'une fonction publique et d'un mandat représentatif. Il a joué un rôle majeur dans le destin final de Charles Ier avant de se consacrer, de 1649 à 1653, à des tâches surtout militaires : sa féroce répression d'une révolte irlandaise vaut à l'Angleterre le contrôle enfin définitif de l'île et sa victoire sur les partisans écossais de Charles II lui assure le maintien de la domination sur l'Écosse. Idole de l'armée, il assume, à partir d'avril 1653, la direction de fait du mouvement révolutionnaire. Il accepte la charge de Protecteur pour obéir à la Providence et parce que ce serait « couardise et péché de refuser le pouvoir que Dieu a mis si clairement entre (ses) mains ». Arbitre entre les factions de l'armée, entre modérés et niveleurs, il choisit l'ordre social contre la tentation extrémiste. Esprit mystique, mais sincèrement tolérant à l'égard de toutes les sectes, apôtre d'une moralité rigoureuse, champion du commerce britannique, partisan d'une vigoureuse politique extérieure qui lui vaut la Jamaïque et, avec l'alliance française, Dunkerque (1658), défenseur du protestantisme en Europe, il réussit à incarner les aspirations de la majorité du peuple anglais.

Si l'autorité du Protecteur reste indiscutée jusqu'à sa disparition, le 3 septembre 1658, le régime politique est au contraire très changeant. Le Parlement élu en 1654 se révèle fort imbu de ses prérogatives et, malgré des concessions de Cromwell (dont la restitution du droit de vote aux francs-tenanciers) et une première épuration, doit être dissous quatre mois après sa première réunion.

Un nouveau Parlement, élu en 1656, ne se montre pas plus docile et le Conseil invalide la moitié de ses membres. Ceux qui restent essayent de composer pour survivre : au début de 1657, ils offrent le titre royal au Protecteur en échange d'un accroissement considérable de l'autonomie de la Chambre : l'opposition des officiers conduit Cromwell à refuser. Ce n'est que partie remise : en mai et juin de la même année, le Parlement vote une *Petition*, puis une *Additional Petition* : le Protecteur se voit accorder le droit de désigner son successeur ainsi que les membres d'une Chambre haute, le Parlement la triennalité de ses sessions et le droit exclusif à l'invalidation des élus. Ainsi, contre les officiers, les parlementaires semblent chercher dans un rétablissement monarchique, avec ou sans le titre royal, la garantie du respect de la tradition parlementaire.

À la mort du Protecteur, son fils Richard lui succède sans difficulté : mais il est incapable de maintenir l'équilibre entre une armée politisée et un Parlement dont les membres veulent le respect de la légalité. Un nouveau Parlement, réuni en janvier 1659, doit être dissous en avril, et Richard, découragé, démissionne. En proie à l'anarchie, l'Angleterre connaît alors en quelques mois les destins les plus contradictoires : le rappel par les officiers des soixante-seize survivants du Parlement-Croupion n'arrange rien et d'octobre 1659 à février 1660 les généraux, Lambert au sud, Monck au nord, se disputent un héritage pourtant fort difficile. La victoire d'un Monck qui a compris la nécessité d'une restauration monarchique, la dissolution du Parlement-Croupion, la réunion d'un nouveau Parlement, qui retrouve sa structure et sa composition traditionnelles (moins les Lords spirituels) sont alors le prélude à l'acte décisif : le 1er mai 1660, les deux Chambres proclament le retour à la monarchie et reconnaissent les droits à la couronne de Charles II ; le 29 mai suivant, accompagné de Monck, le roi fait son entrée dans une capitale qui, dix-huit ans plus tôt, avait obligé son père à une retraite précipitée.

La révolution était terminée : l'Angleterre retrouvait en même temps son roi et un Parlement. Ce dernier a affirmé sa dignité par rapport à la Couronne, le premier ne dispose plus des moyens arbitraires de gouvernement (Chambre Étoilée, Haute Commission). L'opinion attend de leur collaboration la prospérité d'un État qui est déjà défini par la solidité des liens entre l'Angleterre, l'Irlande et l'Écosse.

3. UNE DIFFICILE COLLABORATION ET LA FIXATION DES GRANDS PRINCIPES

Charles II et son frère Jacques II n'ont rien appris. Ils sont l'un et l'autre tout aussi imbus de principes absolutistes que leur père. Si Charles II n'éprouve que peu de sympathies pour les idées de Hobbes, c'est essentiellement parce que l'auteur du *Leviathan* nie le droit divin des rois et fonde leurs prétentions à l'absolutisme sur des principes purement civils. L'exemple de la France de Louis XIV fascine les deux frères ; Charles II est d'ailleurs en relations suivies avec son cousin de France, qui lui verse des subsides secrets, lui rachète Dunkerque en 1672 et lui a promis une aide militaire lorsqu'il estimerait venu le moment de rétablir en Angleterre un catholicisme auquel il adhère *in pectore* et que son frère n'hésite pas à professer ouvertement. Charles II a pour lui la chance d'être le roi restauré, l'homme du rétablissement de l'ordre et de régner à un moment où les souvenirs révolutionnaires présentent encore un aspect déplaisant ; Jacques II ne bénéficiera pas de cette conjoncture favorable.

De la « lune de miel » aux premières tensions

Au départ on assiste à une collaboration relativement confiante du roi et du Parlement. Charles II gouverne avec un Conseil d'une trentaine de membres, qui se répartissent de plus en plus en des comités spécialisés, et le chancelier et deux secrétaires d'État sont appelés à jouer dans le gouvernement un rôle essentiel. Un parlement est convoqué en 1661 : ne comprenant qu'une soixantaine de presbytériens et une centaine d'anciens députés du *Long Parlement*, les Communes reflètent surtout le désir général de paix et de rétablissement de l'ordre ; le *Parlement-Cavalier* est décidé à appuyer le roi et il va rester en place jusqu'en 1679. Il appuie les diverses initiatives royales en vue de restaurer une Église épiscopalienne et l'aide à oublier la *déclaration de Breda* qui semblait promettre une tolérance réelle. S'il vote en 1664 le *Triennal Act*, qui confirme des dispositions de 1641 et de 1657 sur la périodicité du retour du Parlement, il ne reprend pas les dispositions relatives à l'organisation automatique des élections par les autorités locales sans ordre du pouvoir central. Une politique religieuse trop favorable aux « papistes », deux guerres sans résultats très glorieux contre la Hollande en 1665-67 et 1672-74, un attentisme jugé fâcheux à l'égard de la France tendent peu à peu des relations que l'absence de bons intermédiaires entre le roi et les Chambres ne permet pas toujours d'améliorer. Le mécontentement croissant de l'opinion se marqué dans les résultats d'élections partielles qui portent aux Communes des députés hostiles à la prérogative royale : en 1679, il ne subsiste plus dans le Parlement-Cavalier que deux cents députés de 1661 et le souverain ne peut compter à coup sûr que sur moins de cent cinquante d'entre eux. On s'explique par là une tension croissante, qui se traduit à de multiples reprises, par la vive opposition à Clarendon, principal conseiller de Charles II, obligé de s'exiler en France dès 1667 ; par le *Test Act* de 1673, etc.

Whigs et tories

Cette tension croissante pousse Charles II sur la voie d'un nouveau divorce avec le Parlement. Il convoque successivement trois parlements en 1679, 1680 et 1681, mettant chaque fois fin rapidement à leur existence, mais n'évitant pas, en 1679, le vote de l'*Act d'Habeas Corpus*, préparé par le Parlement-Cavalier, et qui, tout en confirmant une tradition antérieure, rend impossible toute tentative de la trahir et garantit le respect de la liberté individuelle. Poussé à bout, le roi ne convoque plus le Parlement jusqu'à sa mort et semble ainsi vouloir renouer avec le comportement de son père. C'est alors que l'on voit apparaître une nette division de l'opinion et des milieux politiques en deux tendances : les *whigs* et les *tories*. Ces dénominations, appelées à une singulière fortune, dérivent de termes injurieux que les deux partis s'adressaient réciproquement : les *whigs* étaient en réalité des rebelles presbytériens d'Écosse et les *tories* des hors-la-loi catholiques d'Irlande. Les premiers, regroupés autour du comte de Shaftesbury, demandent l'exclusion du duc d'York de la succession royale, et Shaftesbury lui-même est prêt à appuyer la candidature du duc de Monmouth, fils naturel de Charles II ; la Cité de Londres et les marchands leur sont favorables. Les seconds insistent sur la prérogative royale. Une tentative de conciliation, due à Lord Halifax, aboutit à mêler dans un Conseil du roi élargi des hommes des deux bords, mais la méfiance de Charles II enlève toute signification à cette réforme vite abandonnée (1679). Les *tories* bénéficient des outrances de Shaftesbury et Monmouth et leur influence est encore la plus forte. Les « partis » ne sont de toute manière pas véritablement organisés et il vaudrait mieux parler de « tendances ». C'est pourtant au cours de cette période que s'élaborent des idées politiques majeures. En 1681, John Locke rédige l'*Essai sur le gouvernement civil*, qu'il ne publiera pas sous sa forme définitive avant 1690, mais qui circule auparavant sous le manteau : fondée sur le principe que les hommes sont entrés en société pour protéger des droits naturels et que le souverain est tenu de respecter le contrat passé avec eux, la théorie de Locke aboutit à l'idée du droit à l'insurrection « si une longue suite d'abus, de prévarications et d'artifices, tendant au même but, rend l'intention des gouvernements évidente pour le peuple ».

La seconde révolution

En 1685, lorsqu'il monte sur le trône, Jacques II a conscience des dangers qui le menacent et sait que sa foi lui vaudra des inimitiés aussi nombreuses que ses vues politiques. Il paraît décidé à gouverner avec prudence, convoque un Parlement dès la première année et le trouve d'autant mieux disposé qu'il a, renouant avec les pratiques des Tudors, créé de nouveaux sièges de *bourgs*, acquis à ses partisans, et qu'il a soutenu des candidats dans les comtés. Des soulèvements locaux, en particulier une rébellion de Monmouth, resserrent encore les liens du souverain et du Parlement. La lune de miel est brève. Jacques II est décidé à ne pas respecter le *Test Act*, tenté de révoquer l'*Habeas Corpus*, convaincu qu'il peut rapprocher catholiques et anglicans, prêt à accorder une pleine égalité aux sectes protestantes pour les rallier à sa politique. Dès 1686, l'opposition parlementaire le conduit à ajourner la session et, en juillet 1687, il renvoie définitivement le Parlement. La Constitution, en 1686, d'une cour spéciale pour juger les causes ecclésiastiques rappelle fâcheusement la *High Commission*. En mai 1688, Jacques II commet la faute, en promulguant une *déclaration d'Indulgence*, d'ordonner sa lecture deux dimanches de suite dans toutes les églises du royaume : l'ordre lui vaut une pétition de l'archevêche de Canterbury, Sancroft, et de six autres évêques qui lui demandent de retirer son exigence. Conduits à la Tour et poursuivis pour publication de libelles séditieux, les prélats sont acquittés par le jury. L'opinion publique est ainsi de plus en plus alertée. L'émotion atteint son comble le 20 juin 1688 lorsque naît un prince héritier catholique, Jacques-Édouard. Cet événement enlève tout espoir de voir bientôt succéder à un roi, qui a alors 55 ans, un souverain protestant. Dix jours après la naissance, Arthur Herbert, ancien vice-amiral d'Angleterre, apporte à Guillaume d'Orange un appel à l'aide signé de plusieurs grands seigneurs connus et influents : Danby, Russel, Lumley, Shrewsbury, Devonshire, l'évêque de Londres. Le gendre de Jacques II, l'époux de Marie, depuis plusieurs mois en pourparlers avec les adversaires du souverain anglais, est ainsi invité à conduire la seconde révolution anglaise. Il s'y résout d'autant mieux que l'approche d'un conflit avec la France l'encourage à chercher en Angleterre des alliés nouveaux.

La révolution de 1688 frappe par sa brièveté. Le 7 novembre 1688, Guillaume débarque à Torbay, dans le Devon, et inscrit sur ses drapeaux les raisons de son acte : *pro religione protestante, pro libero parlamento*. Le 25 décembre, Jacques II, dont on a favorisé la fuite, débarque sur le sol français. Le 23 février 1689, la question du trône est réglée. Cette rapidité s'explique par le prompt ralliement de nombreux hommes et de régions entières à Guillaume : le 22 novembre, par exemple, des représentants de tous les comtés du Nord, réunis à Nottingham, s'étaient déclarés prêts à défendre « les lois, la religion, et les propriétés ». L'armée, mécontente de l'introduction récente dans ses rangs de quelques milliers de catholiques, était peu décidée à se battre pour le roi légitime. *Tories* et *whigs* peuvent s'accorder sur un programme de défense de la religion protestante et du Parlement. Jacques II est maladroit et ne sait pas faire rapidement les indispensables concessions, alors que la question du trône n'était théoriquement pas posée par un Guillaume dont la popularité personnelle restait incertaine. Le souvenir de l'exécution de son père a pesé sur l'attitude du roi et l'a trop tôt déterminé à abandonner la partie. Surtout, et en quelques années, Jacques II avait perdu l'essentiel de son prestige auprès du peuple. On peut reprendre ici la formule de Lord Halifax :

> « *A people may let a King fall, yet still remain a people ; but if a King let his people slip from him, he is no longer King*[1]. »

Le 29 janvier 1689, une *Convention* est réunie après l'élection de députés. Le 13 février, elle adopte une « Loi pour la déclaration des droits et libertés du sujet et pour le règlement de la succession à la Couronne », plus connue sous le nom de *Bill of Rights* : retenant une liste de douze griefs contre Jacques II et prenant acte de son « abdication », la loi énumère les droits réservés au Parlement selon la tradition, s'oppose à toute suspension d'une loi par le pouvoir royal, reconnaît à tous les Anglais le droit de pétition au roi, attribue conjointement à Guillaume et Marie la couronne « d'Angleterre, de France et d'Irlande et des territoires qui en dépendent », règle leur succession et exclut tout futur prince catholique. Le 23 février, les deux nouveaux souverains sont proclamés dès lors qu'ils ont adhéré au *Bill of Rights*.

Si Jacques II ne se résigne pas, si des *Jacobites* se manifestent jusqu'en plein XVIIIe siècle, le problème politique anglais n'en est pas moins réglé. La monarchie modérée triomphe. Des mesures ultérieures complètent peu de temps après les nouvelles dispositions politiques : en 1694, le *Triennal Act* limite à trois ans la durée d'un

1. Cité par CLARK G. N., *The Later Stuarts, op. cit.*

Parlement et prévoit la réélection de nouvelles Communes au bout de cet intervalle ; en 1695, toute censure des écrits est (théoriquement) abolie ; en 1701, l'*acte d'Établissement* désigne la dynastie des Hanovre pour succéder aux Stuarts, stipule que « quiconque viendra ci-après à la possession de la Couronne de ce royaume devra adhérer à la communion de l'Église d'Angleterre » et ajoute l'exclusion des Communes de tout fonctionnaire ou pensionné de l'État ; en 1707, l'*acte d'Union* constitue le Royaume-Uni d'Angleterre et d'Écosse et vient garantir que le changement de dynastie éventuel ne remettra pas en question l'union de la Grande-Bretagne : les Écossais obtiennent l'entière égalité économique avec les Anglais, le droit à quarante-cinq députés et seize pairs, une fiscalité relativement légère, le maintien de leurs lois particulières, souvent inspirées du droit romain dans le domaine civil, la garantie de la liberté de leur Église presbytérienne ; ils consentent à souscrire à l'*acte d'Établissement* et acceptent l'unification monétaire.

Ces divers prolongements d'une révolution réussie consolident l'œuvre de 1689 et l'union avec l'Écosse donne enfin à l'Angleterre la pleine sécurité de ses frontières terrestres.

À la fin du XVIIe siècle, il n'y a en Angleterre ni démocratie véritable, ni régime parlementaire : une minorité seule est admise à voter, la responsabilité ministérielle n'existe pas. Mais les pouvoirs de l'exécutif et du législatif sont clairement définis, l'indépendance du judiciaire assurée et le système politique anglais va devenir le modèle proposé à l'admiration des philosophes du siècle suivant.

TROISIÈME PARTIE

LA CONQUÊTE DE L'HÉGÉMONIE 1689-1815

Les années-tournant 1680-1715

Jusque vers la fin du XVIIᵉ siècle, l'Angleterre a occupé une place relativement modeste dans le concert des grandes puissances. Elle n'est guère apparue au premier rang. Ni sur le plan de la population, alors que les thèses en honneur liaient puissance de l'État et population élevée. Ni sur le plan de l'économie, marquée, après l'essor portugais et espagnol, par les progrès français et surtout par l'extraordinaire croissance des Provinces-Unies. Ni sur le plan intellectuel malgré Shakespeare : les grands savants et philosophes sont français, italiens, allemands, voire danois et les noms de Galilée, Kepler, Descartes, Pascal sont, malgré Harvey et Bacon, sans rivaux majeurs en Angleterre ; les grands foyers artistiques ont été successivement ou simultanément l'Italie, l'Espagne, les Provinces-Unies, la France et il a fallu attendre le règne de Charles II pour que la musique anglaise, avec Purcell, produise des œuvres de valeur. Les grandes philosophies politiques sont toutes nées sur le Continent avant Hobbes et surtout Locke. Sur le plan international, les Anglais sont de grands commerçants, mais des colonisateurs médiocres, comparés aux Hollandais, aux Portugais et aux Espagnols ; dans les conflits européens, la puissance anglaise joue un rôle mineur ; la flotte a perdu la belle apparence qu'elle avait du temps d'Élisabeth ; la diplomatie hésitante des Stuarts a permis le tranquille essor de la France, agrandie aux dépens de l'Empire, de l'Espagne et surtout des Pays-Bas espagnols et qui annexe la Flandre et l'Artois. Repliée sur elle-même, l'Angleterre a paru longtemps impuissante à agir sur les événements.

Un grand tournant est pris dans la période 1680-1715. Avec ses *Essais sur l'entendement humain* et *Sur le pouvoir civil*, avec ses *Lettres sur la tolérance*, Locke s'impose comme le guide d'une nouvelle élite philosophique ; la science anglaise, encouragée par la fondation de la *Royal Society* (1662), d'observatoires (Greenwich, 1676), et par un état d'esprit nouveau de recherche et d'expérimentation mis en honneur par les disciples de Francis Bacon, brille soudain d'un éclat unique : Isaac Newton, mathématicien et astronome, écrit entre 1684 et 1686 ses *Principes mathématiques de la philosophie naturelle* et sa théorie de la gravitation universelle « réduit le système du monde à une admirable unité » ; en même temps que Leibniz, il met au point l'analyse infinitésimale ; moins grands que lui, d'autres savants travaillent avec passion et succès ; en particulier les astronomes : Flamsteed, et Edmond Halley qui identifie en 1682 une comète apparue auparavant en 1607 et 1531 et annonce son retour pour 1757 ou 1758. La vérité philosophique et scientifique semble venir désormais de l'Angleterre. Sur le plan économique, des innovations majeures donnent un élan considérable aux entreprises anglaises ou ouvrent des perspectives nouvelles : réadmis à partir du gouvernement de Cromwell, les juifs, venus de Hollande, d'Allemagne, d'Italie, du Portugal, d'Espagne, ont révélé des techniques bancaires modernes ; en 1694, une charte royale fonde une Banque d'Angleterre selon les plans de l'Écossais Patterson ; le *traité Melhuen* de 1703, s'il ouvre le marché anglais au vin portugais, garantit aux marchandises anglaises le débouché du Portugal et de ses colonies ; le traité d'Utrecht de 1713, en donnant à l'Angleterre l'*asiento*, ou monopole de la traite négrière, et le *vaisseau de permission*, qui revient à une quasi-liberté de la contrebande, lui a en principe ouvert les colonies espagnoles d'Amérique ; cependant que la spéculation va bon train et que la nouvelle *South Sea Company* (1711) fait des affaires d'or avant de sombrer par excès d'imprudence, Londres tend à supplanter Amsterdam comme grande place financière et commerciale de l'Europe. Le règne de Guillaume III a par ailleurs amorcé la reprise d'une politique extérieure active, fondée sur le souci de préserver l'intégrité territoriale, mais aussi sur celui d'un certain équilibre européen et sur le soutien des puissances protestantes ; deux guerres successives (*Ligue d'Augsbourg*, 1689-97 et *Succession d'Espagne*, 1702-13) sont des victoires anglaises, où s'affirme, plus d'un siècle après l'Armada, la grandeur navale du royaume. Victorieuse d'un régime absolutiste, la libérale Angleterre semble affirmer que liberté et puissance peuvent aller de pair et la prépondérance des armes assure davantage encore le prestige des idées.

Hissée aux tout premiers rangs entre 1680 et 1715, l'Angleterre devient le foyer des principes auxquels toute l'Europe des Lumières va se référer, le lieu des progrès économiques les plus remarquables, la puissance à l'alliance la plus recherchée. On est tenté de parler d'hégémonie intellectuelle et politique. Mais au XVIIIe siècle cette hégémonie est encore disputée par la France. Tout un siècle est nécessaire pour que triomphent la sagesse des règles de gouvernement, la hardiesse des tentatives économiques, l'ambition coloniale et internationale, qui sont la marque du Royaume-Uni au XVIIIe siècle.

Cette partie sera consacrée aux seuls aspects intérieurs. Les conséquences de la « deuxième guerre de Cent Ans » qui, de 1689 à 1815, de Louis XIV à Napoléon Ier, oppose la France et l'Angleterre seront mesurées au départ de la partie suivante, à la date de 1815.

Chapitre 7

L'ÉVOLUTION D'UN RÉGIME MODÈLE

Le régime politique anglais est, au XVIIIe siècle, l'objet d'une admiration quasi universelle. Les philosophes français le décrivent comme un chef-d'œuvre de l'esprit humain : Voltaire admire, en 1738, la liberté de penser et de s'exprimer dont jouissent les citoyens d'outre-Manche ; avec la minutieuse précision du juriste, Montesquieu révèle aux Anglais eux-mêmes les principes qui fondent leur « admirable système ». Hommes de gouvernement et souverains cherchent ici l'inspiration de leurs réformes, et Catherine II a été séduite par la structure du gouvernement local britannique. Les constituants français furent manifestement influencés par le régime de leurs voisins. Un véritable mythe s'est ainsi propagé et une Constitution modelée par la tradition est devenue l'archétype de tous les systèmes rêvés par les réformateurs. Les rares critiques — et Rousseau a âprement discuté les vertus du système représentatif — ont longtemps porté sur des principes dont, avant les années 1780, on ne doutait pas qu'ils fussent traduits dans la réalité anglaise. Pour avancé qu'il ait été, le régime britannique n'en a pourtant pas moins présenté des défauts majeurs et il apparaît davantage comme un système en évolution que comme un modèle figé.

1. LES LIBERTÉS ANGLAISES

« L'intention de chacun (en entrant en société) est uniquement de protéger le mieux possible sa propre personne, sa liberté et sa propriété. » En posant ces principes, Locke pouvait estimer que de solides garanties avaient été données au citoyen de son pays et l'historien peut trouver dans les institutions du XVIIIe siècle nombre d'arguments solides qui étayent cette idée.

Le droit de propriété est considéré par toutes les capacités du royaume comme un droit sacré. Une série d'*Acts* passés avant 1760 cherche à le protéger. Des sanctions effrayantes sont prévues à l'encontre des voleurs : la peine de mort est déclarée applicable aux larcins commis dans les logis et les magasins, et Blackstone lui-même, dans ses célèbres *Commentaires des lois d'Angleterre*, juge excessive la disproportion entre le délit et sa punition. Sans doute n'a-t-il pas été seul à partager cet avis et la peine capitale a-t-elle été souvent commuée, en cas de vol, en emprisonnement ou en déportation. Mais tout est fait pour effrayer les éventuels coupables et les prisons elles-mêmes sont des taudis infâmes que dénoncent en vain, dans la seconde moitié du siècle, de généreux philanthropes : tels John Howard, auteur, à partir de 1777, de plusieurs éditions successives et chaque fois plus complètes de *The State of the Prisons*, ou, à la fin du siècle, Samuel Romilly et Élisabeth Fry. Toute menace contre les propriétés réunit dans une même réaction des adversaires politiques de toujours : les *Gordon Riots* de Londres, en 1780, provoquent, lorsqu'elles tournent au pillage et à l'émeute sociale, une union sacrée des plus radicaux aux plus conservateurs. La « liberté de posséder, de jouir, d'abuser » est une liberté fondamentale et toutes les entraves à l'action du propriétaire sont progressivement levées, nous le verrons en parlant des *enclosures*.

La sûreté des personnes semble également assurée par la loi d'*Habeas Corpus* qui oblige, dans les vingt-quatre heures, les autorités responsables à justifier devant un juge la nécessité d'une arrestation. Il faut attendre la période révolutionnaire française pour voir remettre en question une disposition que la révolution de 1688 avait consacrée : à partir du 23 mai 1794, pour une durée d'une année chaque fois, des *Acts* successifs suspendent l'*Habeas Corpus*. Mesure que seule la guerre a paru excuser aux yeux de ses plus chauds partisans.

La liberté d'expression peut paraître grande. L'imprimerie est libre et la censure préalable abominée. Une presse vivante peut se développer : le premier quotidien du monde est fondé à Londres en 1702 et le *Daily Courant* va prolonger sa vie jusqu'en 1735 ; Steele et Addison sont à l'origine de la naissance d'une presse de grande qualité avec le *Tatler* (1709) et le *Spectator* (1711) dont les tirages moyens sont d'environ trois mille exemplaires, mais dont certaines éditions atteignent, dès 1712, vingt mille ou trente mille exemplaires ; associée à l'information, la publicité permet à certains organes de prospérer : le *Daily Advertiser* paraît en 1730, le *Morning Chronicle and London Advertiser* est lancé par William Woodfall en 1769, le *Times* par John Walter en 1788 ; et nous nous bornons ici aux journaux de la capitale. Dès les années 1740, certaines feuilles rapportent, sous une forme plus ou moins déguisée, les débats du Parlement et Woodfall donne à ces comptes rendus une place de plus en plus grande ; il est imité par Whebble du *Middlessex Journal*, Miller de l'*Evening Post*. L'essor de la presse semble irrésistible et les fondations se succèdent, parmi lesquelles on peut citer, en 1802, l'*Edinburgh Review*, immédiatement tirée à dix mille exemplaires. Mais on se tromperait en voulant trouver dès ce moment, dans le Royaume-Uni, le foyer même de la liberté de la presse. Un droit de timbre augmente le prix du journal et en fait une denrée de luxe. Les journalistes peuvent être traduits en justice pour tout article jugé séditieux et la jurisprudence joue longtemps contre eux, qui limite le rôle du jury à apprécier la réalité de la publication et l'identité de l'auteur, laissant au juge le soin de trancher sur le fond ; il a fallu attendre le *Libel Act* de 1792, voté à l'initiative de Fox, pour établir la pleine responsabilité du jury. Même des hommes connus, voire des membres du Parlement, ne sont pas à l'abri de poursuites : en 1763, Wilkes, député aux Communes et rédacteur du *North Briton*, est arrêté au cours d'une intersession parlementaire et n'est finalement libéré qu'en raison d'une immunité que la cour lui reconnaît. La Chambre des lords en 1747, les Communes en 1769 usent de leurs privilèges pour tenter d'intimider les journalistes responsables de comptes rendus jugés offensants. Le gouvernement se sert tour à tour de la menace et de la corruption. Mal assurée, la liberté de presse subit des assauts vigoureux entre 1795 et 1801, 1808 et 1811. La première de ces deux périodes est marquée par une législation sévère à l'encontre de tous les écrits séditieux et par l'obligation faite aux imprimeurs et éditeurs de déclarer leurs publications et leurs auteurs ; au cours de la seconde, l'emprisonnement préventif d'un journaliste poursuivi est autorisé et on réagit rigoureusement contre les comptes rendus des séances du Parlement. Les procès de presse sont alors particulièrement nombreux. Certes, la presse gagne du terrain : sept millions quatre cent mille exemplaires payent le droit de timbre en 1753, plus de quinze millions en 1792, seize millions en 1801. Mais contrôlée, menacée, corrompue parfois, elle est divisée en secteurs d'inégales audace et qualité. La liberté de presse, c'est essentiellement l'absence de tout contrôle et de toute censure préalables. C'est beaucoup. Ce n'est pas l'idéal auxquels aspirent les plus libéraux des Anglais.

Nous ne reviendrons pas ici sur les incapacités qui pèsent sur les catholiques : atténuées par une silencieuse évolution, parfois par des mesures partielles, elles ne sont pas, pour l'essentiel, supprimées.

Les articles V et VIII de la *Déclaration des Droits* plaçaient les libertés de pétition et des élections parmi les droits fondamentaux des sujets du royaume. La publicité des opérations de vote, la corruption électorale n'assurent pas précisément cette dernière et les gravures de Hogarth ont transmis à la postérité le témoignage de singulières mœurs électorales. Les lords écossais, théoriquement élus par leurs pairs pour les représenter à la Chambre de Londres, sont en fait imposés par les menaces ou les promesses gouvernementales. Au Parlement irlandais, après 1750 surtout, les députés sont régulièrement les candidats de l'administration jusque vers 1782 ; les catholiques n'obtiennent le droit de vote qu'en 1793 ; *l'acte d'Union* de 1800, qui réunit l'Angleterre, l'Écosse et l'Irlande, supprime les dernières libertés locales et enlève aux catholiques tout espoir de figurer dans un parlement. Le droit de pétition, lui, intéresse en principe tous les sujets du royaume et apparaît comme un recours à tous ceux qui n'ont pas le droit de vote : il est fréquemment utilisé au XVIIIe siècle, en particulier par les communautés alarmées par la perspective d'*enclosures* nouvelles. Mais son exercice suppose la garantie d'une totale liberté de réunion. Le *Riot Act* de 1714 ne l'apporte pas, qui autorise tout juge de paix à disperser l'assemblée de douze personnes et plus qu'il jugerait animées d'intentions dangereuses pour l'ordre public. Les *Gordon Riots* de 1780, nées à propos de la présentation au Parlement d'une pétition contre l'amélioration du sort des catholiques, rendent suspecte une arme que certains mouvements politiques auraient eu volontiers tendance à utiliser contre le pouvoir. En 1795, une loi sur les réunions et assemblées séditieuses est votée pour trois ans, puis prorogée : elle soumet les réunions à une autorisation préalable lorsque plus de cinquante personnes souhaitent se rassembler, elle permet de dissoudre une assemblée légalement réunie dès lors que seraient prêchés « la haine et le mépris du roi, du gouvernement et de la constitution ». Le *Combination Act* de 1799, modifié en 1800, interdit les associations ouvrières. Toutes ces mesures législatives n'empêchent certes pas l'exercice du droit de pétition, encore utilisé avec succès au début du XIXe siècle contre la traite des Noirs, mais elles sont des restrictions sévères à la liberté des citoyens.

Une comparaison de la situation du Royaume-Uni et de celle du Continent explique les jugements admiratifs portés sur le premier par les plus grands esprits libéraux du XVIIIe siècle. On était pourtant encore très loin de la perfection...

2. L'ÉQUILIBRE DES POUVOIRS

Théorie et pratique

On connaît l'admirable page de Montesquieu — « De la Constitution de l'Angleterre » — où l'auteur de *L'Esprit des lois* croyait pouvoir retrouver dans les institutions anglaises la condition nécessaire et suffisante de la liberté politique : l'équilibre de pouvoirs séparés dont la réunion ne pourrait que conduire au despotisme. On pouvait certes objecter qu'au niveau local par exemple, les juges de paix, commissionnés par le pouvoir exécutif, remplissaient des fonctions à la fois administratives et judiciaires et que la séparation n'était pas aussi absolue qu'on l'affirmait. Dans l'ensemble pourtant, l'inamovibilité des juges semblait garantir une indépendance certaine du Judiciaire, et l'Exécutif et le Législatif, ne s'opposant plus dans des crises comparables à celles du XVIIe siècle, paraissaient s'accepter l'un l'autre. En fait, la confusion des pouvoirs s'établit de façon plus subtile : la jurisprudence fait le plus souvent loi, et par là les juges participent du pouvoir législatif ; la Chambre des lords a des attributions judiciaires importantes, en première instance pour les pairs, en appel pour les sentences rendues par les cours supérieures d'Angleterre, d'Écosse et d'Irlande ; des juges en fonction, ceux du pays de Galles, sont admis à venir siéger aux Communes, lorsqu'ils sont élus ; des serviteurs du pouvoir exécutif, le lord-chancelier par exemple, ont des attributions judiciaires ; le roi peut dissoudre les Communes et faire du peuple l'arbitre d'un conflit, empêchant ainsi le vote de telle ou telle loi pour une durée indéfinie ; le Blocus continental a entraîné une véritable délégation de certains pouvoirs législatifs à l'Exécutif, autorisé à promulguer des Ordres en Conseil. Ces quelques exemples prouvent que le beau schéma de Montesquieu a le défaut de masquer quelque peu les réalités concrètes même au niveau du pouvoir central.

Le pouvoir exécutif

Le développement du Cabinet

Les révolutionnaires de 1688 avaient, dans leur majorité, voulu respecter les droits du roi et n'avaient pas mis en question son pouvoir de contrôle de l'Exécutif. Guillaume III ne l'aurait d'ailleurs pas admis. On n'avait prévu ni la responsabilité ni la solidarité ministérielles. Le souverain devait rester parfaitement libre du choix de ses ministres. De fait, il en va ainsi jusqu'en 1815 et le ministre du XVIIIe siècle est essentiellement « l'homme du roi », choisi aussi bien parmi les whigs que les tories, sur les conseils de favorites sous la reine Anne, sous la pression de coteries à la fin de la période. Le souverain exerce théoriquement lui-même les principales responsabilités et le titre même de Premier ministre n'est que rarement attribué, la fonction étant parfois jouée par le titulaire de l'un des postes les plus importants : lord-chancelier, lord de la Trésorerie, chancelier de l'Échiquier. Le roi peut gouverner en son conseil, entouré de tous ses ministres ou de certains d'entre eux. Telle est la théorie. La pratique a entraîné parfois de graves distorsions. Sous les deux premiers George, plus préoccupés souvent du Hanovre que de leur royaume insulaire, les ministres en place ont souvent été amenés à délibérer entre eux et à présenter à l'approbation royale des décisions dont le souverain n'était plus à même de discerner le bien ou le mal-fondé ; ignorant l'anglais, entouré de ministres dont peu savaient l'allemand ou le français, George Ier s'était vite lassé de prêter l'oreille à des propos pour lui incompréhensibles ; George II, bien que parlant la langue de ses sujets, s'était écarté des délibérations ministérielles. Ainsi on voit naître dans la première moitié du XVIIIe siècle le Cabinet, conseil ministériel plus ou moins étroit, véritable Conseil de Régence lors des absences du souverain, qui assume la plupart des responsabilités. On y voit dominer les grands chefs whigs, considérés plus fidèles à la dynastie que les tories, dont certains ont été attirés par les deux tentatives de soulèvement jacobites en 1715 et en 1745. Après une période dominée par le très intègre Stanhope, Robert Walpole, en devenant en 1721 premier lord de la Trésorerie et chancelier de l'Échiquier, commence un long « règne » de vingt et une années : homme de bon sens, issu de la *gentry* du Norfolk, d'une activité débordante, amoureux de la vie et de ses plaisirs, cynique et corrompu, mais d'une prudence et d'une sagesse certaines, député dès 1700 et whig ardent, il est un personnage plein de contradictions, mais un habile. Henry Pelham, son successeur, n'a pas ses qualités, mais s'attaque à des réformes financières urgentes ; à sa mort son frère, le duc de Newcastle, le remplace. En 1756, William Pitt s'impose malgré le peu de sympathies de George II à son égard. Sans que rien eût été changé en droit, la politique anglaise s'incarnait ainsi de plus en plus dans des chefs différents de la personne royale.

La réaction autoritaire

Contre cette évolution, on voit se dresser, à partir de 1760, le premier Hanovre véritablement « anglais », George III. Admirateur de Frédéric II il croit en la mission des rois. Bon connaisseur de la tradition anglaise, il veut le respect des principes fondamentaux et entend jouer le rôle que la Constitution lui réserve de droit. Vertueux, protestant sincère, amoureux de la vie rustique, il jouit d'une réelle popularité auprès de la *gentry* et des classes moyennes. Autoritaire, il n'entend pas être le « roi fainéant » des chefs whigs. Sa politique n'est pas celle des Stuarts et il ne cherche pas à remettre en cause les pouvoirs du Parlement. Mais pendant plus de vingt ans, il s'efforce de prendre en main les affaires du royaume. Il est aidé et conseillé au départ par Lord Bute, son ami le plus cher en même temps que le véritable chef de la fraction écossaise du Parlement : secrétaire d'État dès 1760 dans un ministère où figurent encore Pitt et Newcastle, Bute devient, en 1762, après les démissions successives de ses deux collègues, le véritable « premier » avec le titre de premier lord de la Trésorerie ; il ne reste au pouvoir que moins d'un an, vite lassé par un jeu politique qui l'irrite. Après sa démission, l'instabilité est la règle, causée par les rivalités des grandes familles influentes et par des désaccords entre le roi et ses ministres : Grenville, Rockingham, Pitt, Grafton jouent successivement un rôle majeur avant qu'enfin, en 1770, George III découvre le ministre idéal, Lord North. Homme de bon sens et de caractère, poussé très jeune dans la carrière politique, réaliste et adversaire de tout plan d'ensemble, empirique, il devient à trente-sept ans premier lord de la Trésorerie et reste à la tête des affaires jusqu'en 1782. Le règne des whigs, méprisés par le roi, s'achève avec son arrivée au pouvoir. George III, qui s'était déjà mêlé de près aux grandes décisions avant 1770, joue un rôle accru ensuite, en particulier dans la politique américaine. Usant avec habileté de toutes les méthodes de la corruption, North assure de faciles majorités aux Communes. Les whigs, qui oublient avec quelle facilité eux-mêmes en avaient ainsi usé, crient au despotisme. La vigueur de leurs clameurs dément quelque peu leurs affirmations, mais il est certain qu'un autoritarisme plus grand s'insinue peu à peu dans la conduite du gouvernement britannique. La véritable persécution dont est victime Wilkes, talentueux adversaire de la politique extérieure trop pacifiste à son gré et de la politique américaine de George III, démontre jusqu'où l'on risque d'aller : trois fois invalidé par la Chambre des communes après avoir été élu dans le Middlesex, il ne peut prendre possession d'un siège qu'en 1774, lorsque North juge un peu dédaigneusement que sa présence ne constitue plus aucun danger pour le prestige de la Couronne. En 1780, Dunning, un des grands chefs de l'opposition, défend aux Communes une motion qui constate « que l'influence de la Couronne a augmenté, augmentait et devrait être diminuée » : il déclare ne pas viser « l'influence qui se rattache aux vertus ou aux justes droits de la prérogative », mais vouloir condamner « celle qui naissait de la corruption et autres pratiques indues ». Cette motion, approuvée par une majorité, ne modifie pas alors le cours des choses.

La marche au gouvernement parlementaire

Il faut attendre les échecs américains et la lassitude d'une opinion devenue plus pacifiste que le souverain pour que North soit obligé de démissionner et qu'un ministère libéral soit formé avec Rockingham et Charles Fox (mars 1782). George III peut pourtant encore profiter des conflits des clans opposés et imposer, après une étrange association North-Fox, un ministère dont l'homme de base est William Pitt le Jeune (décembre 1783). Faisant passer les intérêts de sa patrie avant ceux d'un clan, intègre et ambitieux, capable de manier les Communes, Pitt devient l'homme indispensable et établit par degrés insensibles une véritable « dictature ». La maladie mentale de George III, qui lui interdit, à partir de 1788, toute participation suivie aux affaires, sert le ministre et entraîne un retour définitif à la distinction entre le Cabinet et le Conseil royal. Pendant quatorze ans, Pitt se maintient au pouvoir en s'assurant, en partie grâce à sa politique antifrançaise et contre-révolutionnaire, des appuis inattendus — celui de Burke par exemple — et en disposant de majorités qui donnent à la période l'aspect d'un régime parlementaire. Interrompu de 1801 à 1804, son « règne » reprend de 1804 à sa mort, en 1806. Ses successeurs, Grenville, puis Portland, Perceval et Liverpool, ne jouissent pas de son prestige. Mais ni George III, ni, après que le roi eut définitivement perdu la raison, son fils, le régent, n'ont les moyens de les guider véritablement. L'impopularité du régent, corrompu et dépensier, et qui tranche sur le respect général qui entoure George III après 1810, ne facilite pas un éventuel renversement de la tendance. En 1815, sans que les dispositions constitutionnelles aient été modifiées, le Cabinet a une réalité solide et cette importance d'un groupe ministériel réalise la condition d'une évolution vers un véritable régime parlementaire. On n'en est pas encore là : il n'existe ni responsabilité ni solidarité ministérielles.

Le pouvoir législatif

La structure et les bases du pouvoir législatif ne subissent aucune modification sérieuse entre 1688 et 1815. Le 7 mai 1716 pourtant, le *Septennial Act* permet de maintenir un Parlement en place pendant sept ans au lieu de trois : mesure liée à la volonté d'éviter en 1718 des élections générales que l'agitation jacobite aurait pu rendre dangereuses pour le régime. En revanche, les propositions de loi pour limiter le droit de la Couronne à nommer de nouveaux lords en nombre illimité et pour créer des lords écossais héréditaires ne rencontrent aucun succès (1719).

La Chambre haute

La Chambre des lords compte en moyenne deux cent vingt membres de droit au cours du siècle. Elle apparaît très diminuée dans son autorité par rapport aux Communes, mais a gardé intact son droit de s'opposer aux *bills* et de voter des projets de lois : elle peut être un organe modérateur et un facteur d'équilibre. Vingt-six sièges épiscopaux et seize sièges écossais donnent dès le début du siècle une base solide aux pressions gouvernementales. Le titre a pourtant encore beaucoup de prestige et les rois choisissent leurs ministres, en particulier les « premiers », de préférence dans la Chambre haute. Celle-ci s'enrichit de nouveaux membres élevés à la prairie, tels Robert Walpole, fait comte d'Orford après sa chute, ou William Pitt l'aîné, qui accepte le titre de comte de Chatham en 1766. Il est difficile de mesurer l'importance politique des lords à la seule action de leur Chambre. En fait, certains d'entre eux possèdent une véritable « clientèle » dans la Chambre des communes : on estime que 51 lords disposent de 91 sièges de bourgs et peuvent envoyer à la Chambre basse les cadets de leurs familles ou leurs amis. De véritables clans ont pu ainsi se former, encore accrus par les possibilités offertes par la corruption. On est donc loin d'une véritable division entre la « Chambre des seigneurs » et la « Chambre basse » et la pratique, modifie sensiblement la théorie du système. Sous George III, qui double presque le nombre de pairs, la Chambre se peuple de nouveaux riches et, soumise au gouvernement, voit son prestige décliner.

Les Communes : le droit électoral

Conformément aux vues mêmes de Locke, qui excluait du « peuple » des citoyens « actifs » les non-possédants et autres personnes « indignes », les Communes ne représentent qu'une minorité : vers le milieu du siècle, on estime à 85 000 les électeurs des bourgs, 160 000 ceux des comtés en Angleterre. En Irlande, après l'Union de

1800, les électeurs sont proportionnellement plus nombreux, dans la mesure où les lords créent des francs-tenanciers fictifs, qu'ils tiennent bien en main, mais qui ont le droit de voter. En Écosse, la franchise est élevée dans les comtés, où l'on a 2 655 électeurs, et les bourgs votent par l'intermédiaire de leurs conseils. À partir de 1707, les Communes ont compté 558 sièges et, à partir de 1801, 658. L'Angleterre se taille la part du lion avec 489 de ces sièges, alors que l'Écosse dispose de 45 députés, le pays de Galles de 24 et, à partir de l'Union, l'Irlande de 100. Répartition qui ne tient pas compte des réalités démographiques : par rapport aux sièges anglais, l'Écosse devrait avoir au moins le double de ceux qui lui sont affectés. Plus paradoxale encore apparaît la répartition des sièges entre bourgs et comtés anglais : on ne compte que 81 *county members* contre 408 députés des bourgs, alors que ces derniers ont près de deux fois moins d'électeurs que les comtés. Entre les bourgs eux-mêmes il existe une diversité considérable : certains ont un électorat nombreux, mais ils sont la minorité (52 sur 204) et ne sont pas en général les villes les plus peuplées et les plus croissantes ; d'autres sont des *burgage boroughs* (il y en a 37) et le droit de vote y est lié à la possession du sol : dans le cas d'une concentration de la propriété entre les mains d'un seul ou de la désertion d'un lieu autrefois prospère et peuplé, ils constituent de véritables « bourgs de poche » ; c'est le cas célèbre d'Old Sarum, dont le propriétaire peut nommer deux députés à chaque élection ; dans les bourgs à constitution corporative, le droit de vote appartient soit à un groupe de magistrats municipaux, soit aux *freemen*, membres des guildes, et la corruption ou les pressions y sont plus ou moins aisées. On a l'impression d'un corps électoral composé quelque peu par les hasards de l'histoire et c'est pourtant là la base de l'autorité des Communes, fierté du libéralisme britannique au XVIIIe siècle.

Les députés doivent leur élection autant à l'argent qu'au mérite. L'argent intervient sous la forme directe de la corruption des électeurs. Il sert également à obtenir que les grands propriétaires qui contrôlent certaines circonscriptions acceptent de soutenir une candidature. Une élection peut coûter fort cher et les prix montent au cours du XVIIIe siècle de 2 000 à plus de 30 000 livres parfois. En 1807, trois candidats se disputent les deux sièges du Yorkshire et dépensent près de 500 000 livres. Pour éviter des surenchères ruineuses, on voit quelquefois réaliser des ententes qui réservent tel bourg aux whigs et tel autre aux tories ou qui partagent les sièges d'un comté entre les deux tendances. La volonté du peuple se traduit mal dans le choix de ses représentants. Nombre d'élections ne sont pas « contestées », le candidat unique à un siège étant proclamé élu sans vote.

Les députés

Que représente alors la Chambre des communes ? Une analyse précise de sa composition a été faite pour la période 1734-1832 par M.G.P. Judd. On peut la retenir ici, d'autant plus que le système électoral est resté inchangé entre 1815 et 1832. Plus de 5 000 députés ont pu être classés selon leur âge, leur origine sociale, leur profession.

— Leur âge à la première élection est relativement bas : 34 à 35 ans. Le quart des députés considérés a été élu avant 25 ans. Ce qui semble bien traduire l'influence des liens familiaux et l'appropriation de fait d'un certain nombre de sièges par de véritables dynasties parlementaires.

— Ils se maintiennent relativement aisément à leur place. En général, les quatre cinquièmes des sortants sont réélus, ce qui est beaucoup si l'on tient compte des retraits volontaires, parfois au profit de successeurs de la même famille. La cohésion des Communes n'a pu qu'en être renforcée en tant qu'entité ; mais cette stabilité ne témoigne-t-elle pas aussi de singuliers retournements politiques des députés, et de la difficulté pour de nouveaux candidats de rivaliser avec des « anciens », protégés et bien pourvus d'argent ? C'est l'annonce que la « maison de Harewood » allait dépenser trente mille livres pour assurer le succès de son candidat qui a fait reculer toute opposition dans le Yorkshire en 1812.

— Sur 5 034 députés élus entre 1734 et 1832, le quart appartient à des familles aristocratiques, plus de la moitié a eu un parent par la lignée mâle dans la Chambre avant la première désignation. 922 familles ont fourni les trois cinquièmes des députés. La Chambre s'est donc recrutée dans un milieu social bien déterminé et cela n'a pu que renforcer sa cohésion.

— La répartition professionnelle des députés est également instructive : plus du tiers se recrutent dans les professions libérales (hommes de loi, médecins) et parmi les anciens militaires de l'armée ou de la flotte ; un sixième est constitué par des commerçants, des fabricants, des banquiers, des actionnaires de grandes compagnies de commerce ; le reste, environ la moitié, est formé de propriétaires fonciers. On devrait nuancer cette répartition en tenant compte de la variété des éléments de la fortune dans les diverses catégories sociales, qui ne s'opposent pas aussi nettement qu'on pourrait le croire. On relèvera pourtant l'évolution qui a conduit, depuis les débuts de l'âge moderne, à une progressive réduction de la proportion de propriétaires fonciers dans la Chambre basse. On notera aussi que la forte place des intérêts fonciers donne aux propriétaires de solides moyens d'imposer leurs points de vue.

Une véritable « classe politique » correspond ainsi à une « classe électorale » aux contours inchangés.

Les partis

À l'intérieur de la Chambre des communes, les traditions et les attaches familiales semblent jouer un rôle au moins aussi grand que les idées dans le reclassement politique des députés. On a davantage des coteries que de véritables groupes politiques. Les whigs, appuyés de l'extérieur par un certain nombre de lords, se recrutent surtout parmi les anciens militaires, les représentants des bourgs, les membres des professions libérales, les dissidents. Les tories, défenseurs de la prérogative royale, ont des partisans nombreux parmi les propriétaires fonciers, ennemis de nouveaux désordres, parmi les plus fervents tenants de l'Église Établie. Le tiers des députés au moins oscille entre les deux tendances. De toute manière, les fidélités affirmées ne sont jamais définitives. Dans sa motion, Dunning soulignait des mœurs que Walpole déjà avait contribué à mettre en honneur : « Parmi les moyens ordinaires de corruption utilisés dans cette Chambre, il signala la distribution partiale de promotions militaires, de billets de loterie et de bons du Trésor. » Et il notait que « rien, si ce n'était une influence de la nature la plus corrompue et la plus alarmante, n'avait pu induire des membres de cette Chambre à exprimer des votes qu'ils désapprouvaient hors du Parlement ». Les progrès de la liberté de presse, les comptes rendus des débats auraient pu clarifier les situations et empêcher des conversions trop scandaleuses : on s'explique par là, en partie, la méfiance des deux Chambres à l'égard des journaux. Méfiance qui, dans la théorie, se justifiait par le souci de défendre l'indépendance des délibérations et d'éviter les pressions populaires.

Quelques mesures heureuses ont pourtant été prises au cours du siècle pour renforcer la moralité politique : le *Grenville Act* de 1770 prévoit que la validité d'une élection sera discutée par un Comité de la Chambre dont les membres seront tirés au sort et non plus décidée à la majorité ; une loi de 1782 exclut de l'éligibilité les fournisseurs des administrations ; le chiffre des pensions que le roi était autorisé à distribuer a été limité et ainsi certaines possibilités de corruption éliminées. Mais beaucoup reste à faire pour aboutir à une véritable indépendance parlementaire.

Le pouvoir judiciaire

Le système judiciaire a été fondé par la tradition et, bien que complexe, il semble donner de réelles garanties au justiciable. À côté de la Chambre des lords, cour suprême et tribunal d'appel de toutes les autres juridictions, plusieurs cours importantes siègent dans la capitale et disent le droit : l'Hôtel du Roi (*King's Bench*), le plus important tribunal criminel, présidé par le *Lord Chief-Justice*, la cour de l'Échiquier, pour les causes fiscales, mais de plus en plus aussi civiles, la cour de Chancellerie, qui juge en équité les cas non prévus par la loi commune et la cour des Plaids communs pour les affaires civiles. On peut leur adjoindre des tribunaux plus spéciaux, cours ecclésiastiques, cour de l'Amirauté, etc. Des appels sont prévus de ces cours à de hautes commissions spécialement constituées. Aux cours traditionnelles, s'ajoutent à Londres des tribunaux criminels pour les cas ordinaires.

Les juges de la capitale, les seuls rémunérés par l'État, font des tournées en province, suivis par les avocats londoniens, et y tiennent des assises où, assistés de jurés, ils rendent la justice criminelle et civile.

Les cas les plus simples sont réglés, dans les comtés, par les juges de paix, nommés par le roi sur la recommandation du lord-lieutenant, en principe révocables, mais auxquels l'évolution du siècle assure de plus en plus l'inamovibilité. De moins en moins souvent assistés de juristes professionnels, ils tiennent, deux par deux, des sessions de diverses sortes : spéciales, petites et trimestrielles, ces dernières réunissant en principe tous les juges de paix d'un comté. Toute une foule de petits délits tombent sous leur compétence et les cours trimestrielles ont le droit de rendre des arrêts en dernier appel pour les cas de moindre importance. Dans les bourgs à charte, existent des tribunaux du même type, dont les juges sont nommés par les Corporations municipales. Dans la vie courante, l'ordre judiciaire est ainsi assuré par des juges recrutés essentiellement dans une aristocratie locale, parmi les propriétaires fonciers, mais aussi parmi des fabricants, et, de plus en plus à la fin de la période, parmi des *clergymen*.

La procédure est souvent fort longue dans les instances supérieures et les abus sont relativement nombreux : existence d'épices, en paiement des moindres actes judiciaires, exercice par un subalterne de fonctions dont le titulaire se contente de toucher l'essentiel du revenu.

L'indépendance des juges semble réelle et George III, en montant sur le trône, a solennellement renoncé à un droit encore reconnu à la Couronne sous ses deux prédécesseurs : déplacer les juges au début d'un nouveau règne. L'inamovibilité est donc totale.

Mais la justice est sévère et revêt par bien des côtés les apparences d'une justice de classe. Ce qui s'explique peut-être par la peur permanente de possédants mal protégés par une police fort insuffisante, aux ordres, dans les comtés, des *constables*, eux-mêmes de plus en plus souvent nommés par les juges de paix.

On concluera que le régime britannique, à coup sûr le plus libéral de l'Europe du temps, présente des faiblesses que ses admirateurs ont négligées. La description qu'en a donnée Montesquieu est trop schématique. Du moins, le despotisme n'y a-t-il que peu de chances de s'imposer : le Parlement a une existence indiscutée ; les juges sont assurés de leur inamovibilité ; et le pouvoir central n'a jamais pu imposer une centralisation administrative à la française : ses 15 000 fonctionnaires de 1797 sont surtout des agents du fisc, des postes et des douanes et une foule de questions sont confiées à des administrateurs locaux plus ou moins indépendants, dont les plus importants restent les juges de paix.

3. LE REFUS DES THÈSES RÉVOLUTIONNAIRES

La force du régime britannique ne lui vient pas de ses seuls mérites. Elle repose sur un consensus populaire très large et sur la rareté et la faiblesse des opposants.

Les adversaires du pouvoir jusqu'en 1770

Qu'il y ait eu des adversaires de tel gouvernement, de tel ou tel acte de l'administration est plus que certain et fort naturel. Il est pourtant significatif que la relève des whigs par les tories à partir des années 1770 ne se soit pas traduite par une quelconque remise en question du régime et qu'à partir de 1783 surtout, William Pitt le Jeune n'ait pas gouverné autrement que son père à l'époque whig. Le programme de cliques oppositionnelles a souvent été très flou. C'est le cas, sous le ministère Walpole, du « parti des patriotes » qui réunit des jacobites mal repentis, des tories, des whigs jaloux du Premier ministre : des grands seigneurs comme Bolingbroke, Argyll, des parlementaires comme Carteret, des écrivains comme Swift, Pope, Fielding attaquent avec mordant le ministère, se servent de la presse et publient le *Craftsman*, le *Fog's Weekly Journal* et le *Common Sense* ; mais jamais le programme de ces opposants souvent désunis ne revêt des aspects extrêmes et Bolingbroke se contente d'appeler de ses vœux un « roi patriote », capable d'en imposer aux politiciens. De même sous George III, les premières années du règne voient davantage de critiques précises sur tel ou tel point de la politique royale que d'attaques contre la dynastie et le régime : Wilkes mène un combat difficile contre les mœurs de la cour, la politique pacifiste de 1763, l'autoritarisme croissant, et il rencontre un écho favorable dans la Cité de Londres ; Junius, pseudonyme dont on n'a jamais pu percer le mystère malgré de plausibles hypothèses, envoie, entre 1769 et 1772, une foule de lettres à divers journaux où il attaque, avec une sévérité et une hargne inouïes, les gouvernants, aussi bien dans leur vie publique que privée. Pour écoutées qu'elles aient pu être, de telles attaques ne minent pas un régime.

Le développement du radicalisme

Il faut attendre les années 1770 pour voir apparaître des doctrines véritablement nouvelles. En février 1769, les partisans de Wilkes avaient fondé la Société pour la Défense du Bill of Rights : son objet essentiel était d'assurer une réélection de Wilkes ; en 1770, elle élabore un programme en six points qui doit faire l'objet d'une campagne de pétitions : un jugement plus équitable des journalistes et une enquête sur la justice dans le Middlesex sont demandés en même temps que sont rappelées les injustices faites à Wilkes. Ce programme trop « wilkiste » finit par sembler un peu maigre et une fraction de la Société fait sécession et fonde, avec John Horne, la Société pour l'Information Constitutionnelle : elle adopte une attitude plus critique envers de nombreux aspects de la politique du régime et soutient la cause américaine. Ces deux premières sociétés ont davantage créé une méthode d'opposition que répandu des idées véritablement neuves ; le recours au peuple par une campagne de réunions et de pétitions entre avec elles dans les mœurs politiques.

On le voit à partir de 1779. À cette date, un médecin érudit, John Jebb, et un ecclésiastique, Christopher Wyvill, lancent dans le Yorkshire une campagne d'agitation et protestent aussi bien contre la surcharge fiscale que contre la sous-représentation des comtés aux Communes ; cette campagne débouche sur la formation de comités locaux dans plusieurs comtés et d'un comité central à Londres, chargés de réunir des signatures pour une pétition ; peu à peu est élaboré le programme radical du *Yorkshire Movement :* abaissement des impôts, création de cent sièges supplémentaires pour les comtés, annualité des élections. Les radicaux sont rejoints par des adhérents nombreux, d'origine variée : les uns sont des « rationalistes dissidents », c'est-à-dire des dissidents qui veulent fonder une société guidée par la Raison et, parmi eux, Robert Price et Joseph Priestley ; d'autres sont des parlementaires de l'opposition, tels Wilkes, Fox, Pitt le Jeune et nombre de membres du clan des Rockingham ; nombreux sont ceux qui se recrutent dans la *gentry*. Parmi les ralliés, on trouve Jérémie Bentham, qui commença, deux ans plus tôt, à publier ses idées sur la relativité des lois à leur époque et sur la nécessité de soumettre au critère de l'utilité publique toutes les nouvelles mesures législatives ; on rencontre aussi Edmund Burke, qui apparaît alors comme le héraut du libéralisme et se fait, en 1780, à la Chambre, le porte-parole du *Yorkshire Movement* en déposant cinq propositions de loi dirigées essentiellement contre les abus administratifs et la liste civile. Un pouvoir parallèle à celui du Parlement menaçait de s'organiser. Entretenue par les nouvelles des désastres américains, l'agitation populaire pouvait prendre une tournure révolutionnaire. On s'en aperçoit à Londres en juin 1780 : Lord George Gordon, organisateur d'une pétition contre de prétendues influences papistes dans le gouvernement est rapidement débordé par ses propres troupes et, pendant plusieurs jours, la capitale est en proie à l'émeute, combattue d'abord sans conviction par les magistrats de la Cité, avant que les incendies et les pillages ne prennent de telles porportions que le gouvernement, soutenu par le Parlement, décide d'appeler l'armée et les milices bourgeoises à la répression. Ces émeutes mêmes, et aussi la vigueur croissante du Parlement, entraînent le déclin d'un mouvement radical qui effraye désormais les possédants.

En Irlande, le mouvement de protestation contre l'autoritarisme est plus puissant. Les Irlandais obtiennent dès 1782 l'égalité de leur Parlement et du Parlement britannique et les catholiques revendiquent une pleine égalité avec les protestants.

L'influence de la Révolution française

La Révolution française relance l'agitation politique. Elle est d'abord accueillie avec enthousiasme dans divers milieux. Charles Fox voit dans le 14 juillet le plus grand et le plus important événement de l'histoire de l'humanité ; de jeunes poètes s'enflamment, tels Wordsworth, Robert Burns ; Thomas Paine fait l'éloge sans réserve de la grande œuvre de rénovation qui s'accomplit en France et, avec un superbe mépris de la tradition, affirme que « le gouvernement est fait pour les vivants et non pour les morts » ; nombre de whigs croient d'abord reconnaître en France la réédition des révolutions anglaises du XVIIe siècle. Des sociétés anciennes ou nouvelles se développent et veulent inspirer leur action de l'exemple français : la Société des Amis de la Révolution (de 1688), fondée dès 1788 par Robert Price vote une adresse enthousiaste à la Constituante et entre en correspondance suivie avec des clubs révolutionnaires ; John Horne, devenu Horne Tooke par adoption, fait renaître sa société quelque peu moribonde depuis 1784 et, associé au Major Cartwright, à Priestley, lance une grande campagne à travers le royaume pour une réforme électorale et administrative ; plus timide, la Société des Amis du Peuple, née directement de la Révolution, regroupe autour du jeune Lord Grey une aristocratie whig vite effrayée par l'évolution des événements ; en janvier 1792 est lancée une Société de Correspondance, qui a son siège à Londres, mais des sections dans toutes les grandes villes et qui recrute ses adhérents surtout dans les classes populaires par un programme de réformes sociales. Cette floraison de sociétés devient inquiétante en 1793 : une Convention des clubs populaires se tient à Édimbourg à la fin de l'année pour organiser une résistance à d'éventuelles réactions gouvernementales ; la Société de Correspondance multiplie les adeptes et précise un programme de suffrage universel, d'annualité des parlements, de réforme judiciaire et d'arrêt des *enclosures* injustifiées. Les autorités multiplient alors les poursuites pour discours et écrits séditieux : les juges écossais se montrent particulièrement sévères et prononcent de multiplies sentences d'emprisonnement et de déportation, alors que les juges londoniens acquittent le cordonnier Hardy, de la Société de Correspondance, et Horne Tooke, de la Société Constitutionnelle. Les mesures législatives relaient rapidement les simples actes judiciaires et nous avons évoqué les diverses mesures qui avaient porté si notablement atteinte aux « libertés anglaises ». Elles atteignent largement leurs buts et provoquent une disparition plus ou moins rapide de l'opposition la plus radicale.

En Irlande, on noie dans le sang une insurrection menée en 1798 sous la direction de Wolf Tone.

Si l'opinion dans son ensemble n'a pas suivi les « révolutionnaires », si le Parlement a voté, contre le vœu d'un Fox abandonné de ses amis, les lois jugées indispensables par le gouvernement, les raisons en sont relativement claires. Les excès commis en France ont effrayé les possédants et dégoûté les esprits religieux, fort nombreux, hostiles à toute violence. La guerre et la menace de révoltes irlandaises soutenues par la France ont fait jouer le patriotisme contre le radicalisme. Mais surtout, l'Angleterre ne s'est pas reconnue dans les plus décidés des dirigeants de sociétés et a vu dans la tradition plus de sagesse que dans la Révolution. Réactions qu'expriment et que provoquent tout à la fois les *Réflexions sur la Révolution française* d'Edmund Burke.

Burke et l'exaltation de la tradition

Né à Dublin en 1729, député dès 1766, Burke s'était signalé par son libéralisme et s'était fait aux Communes le champion des colonies américaines, défendues aux Lords par Chatham jusqu'en 1777. Nous l'avons vu adhérer à des mouvements radicaux en 1779. Cet ardent défenseur des libertés anglaises, dont l'extension aux sujets américains de la Couronne lui semblait plus que légitime, devient en 1790 le pourfendeur de la Révolution française en même temps que le chantre du traditionalisme britannique. En novembre, après une année de travail, il publie ses *Réflexions*. Toute une première partie vise à faire ressortir l'originalité profonde de la révolution anglaise de 1688, faite pour maintenir la tradition et les « préjugés vénérés », par rapport à la Révolution française, destructrice de l'ordre établi et de toutes les traditions nationales. Une seconde partie est la critique sévère des innovations de l'Assemblée nationale constituante, où l'auteur fait d'ailleurs preuve d'une « évidente ignorance » des réalités. Proclamant son horreur de l'abstraction, il nie toute vérité dans la proclamation de droits universels de l'homme et affirme qu'une constitution doit être fondée non pas sur l'invention d'esprits ingénieux, mais sur une science réelle de la nature humaine et de ses besoins, variables selon les États. Est naturel, pour Burke, « le résultat d'un long développement historique, d'une longue habitude ». L'héritage est ce qui compte : « La simple idée de la formation d'un nouveau gouvernement suffit à nous inspirer le dégoût et l'horreur. » Faire table rase avant de construire résulte d'une erreur de l'esprit humain : « Grâce à notre résistance obstinée à l'innovation... nous sommes encore marqués du sceau de nos ancêtres. » Les préjugés sont « les vêtements d'une raison cachée », qui est la vraie raison.

L'ouvrage de Burke connaît un immense succès, onze éditions la première année, trente mille exemplaires vendus avant 1797. Les tories enthousiasmés ouvrent leurs portes au transfuge des whigs. Les *Réflexions* deviennent la bible de la réaction en Europe. Condamnant la Révolution française, le livre est en même temps une défense et illustration des institutions anglaises, en particulier du suffrage restreint, car « pour des hommes qui peuvent raisonner avec calme », il est absurde de prétendre que « vingt-quatre millions d'hommes doivent l'emporter sur deux cent mille »[1]. Or Burke rallie à ses idées la grande majorité de ses compatriotes.

Le « modèle des régimes politiques » avait semblé devoir s'imposer en Europe et susciter nombre d'imitations plus ou moins ressemblantes. Avec les écrits de Burke, les institutions anglaises deviennent un objet exclu des exportations britanniques et les droits et libertés des Anglais le fruit d'une évolution unique et exclusive. Au seuil d'un XIXe siècle où les régimes libéraux vont s'inspirer d'elle, la Constitution britannique était proclamée, en Angleterre même, inimitable. Il y a là un étonnant paradoxe. Mais n'était-il pas aussi paradoxal de proclamer la valeur inégalable d'un régime marqué encore de tant d'imperfections ?

---

1. Le chiffre de 24 millions s'applique à la France de 1789-90 (réellement peuplée de 26 à 27 millions d'habitants en 1790). Mais le raisonnement vaut pour l'Angleterre également.

Chapitre 8

LA MARCHE À LA PRÉPONDÉRANCE ÉCONOMIQUE

Le Royaume-Uni connaît au XVIIIe siècle des transformations économiques considérables ; elles s'opèrent surtout après 1760 et à un rythme que seule la France a égalé jusqu'en 1789. Les progrès s'accélèrent encore pendant la période des guerres révolutionnaires et placent dès 1815 la Grande-Bretagne au tout premier rang de l'économie mondiale, situation qu'elle conservera jusque dans les années 1880. On peut employer le terme de « révolution » pour qualifier l'ensemble des phénomènes qui marquent le passage d'un monde traditionnel à un monde nouveau : mais il faut savoir que le monde ancien n'est pas brutalement éliminé et que des secteurs entiers de la vie économique gardent leurs aspects d'autrefois ; et 1815 est loin de marquer le terme d'une révolution à laquelle les premières décennies du XIXe siècle ajouteront nombre d'éléments majeurs. Parallèlement aux changements économiques, une société nouvelle se développe et on voit apparaître des antagonismes que les Églises traditionnelles ont quelque peine à atténuer.

1. DÉMOGRAPHIE ET PROGRÈS ÉCONOMIQUE

Les progrès de la population britannique sont considérables au cours du XVIIIe siècle. Il est difficile de les connaître avec certitude, puisque le point de départ est constitué par les estimations de Gregory King et Charles Davenant. Mais les recherches entreprises sur la natalité et la mortalité, sur la nuptialité aussi, dans les registres paroissiaux, ont apporté nombre de données précieuses et, à partir de 1801, les recensements décennaux donnent enfin des renseignements sûrs.

Pour l'Angleterre et le pays de Galles, la population est passée de cinq millions et demi d'habitants vers le début de la période à neuf millions lors du premier recensement, à plus de dix millions en 1811, et on peut penser qu'elle a doublé entre 1689 et 1815. L'Écosse, dont la population était sans doute inférieure à un million d'habitants vers 1714 en a plus d'un million huit cent mille en 1811. Quant à l'Irlande, elle a vu sa population passer d'environ deux millions d'habitants à plus de quatre millions. L'Angleterre a progressé en un siècle à un rythme exceptionnel : elle n'avait pas mis moins de deux siècles pour doubler sa population auparavant. Avec ses seize millions et demi d'habitants en 1815, le Royaume-Uni n'a certes pas encore rattrapé la France qui en a plus de vingt-huit millions. Mais déjà l'écart s'est réduit par rapport à la fin du XVIIe siècle où la population française représentait largement plus du double de celle du royaume voisin.

L'accroissement ainsi décrit est surtout le fait de la seconde moitié de cette période. C'est à partir des années 1740 que commence à naître un « nouveau régime démographique », comme sur le Continent d'ailleurs vers la même date. Dans ce régime, les taux de natalité restent très élevés : estimés à 357 pour 10 000 en 1710, ils sont souvent supérieurs par la suite, culminant à 402 en 1750 pour être encore de 384 en 1800.

L'abaissement de la mortalité explique surtout l'essor : ses taux sont souvent voisins des taux de natalité dans la première moitié du XVIIIe siècle et, en 1730 par exemple, ils leur sont supérieurs (respectivement 379 et 376) ; à partir de 1740, les décès sont toujours moins nombreux que les naissances et, malgré quelques ressauts, la courbe de la mortalité ne cesse de décroître : en 1800, on en est à 271 et l'excédent des naissances est, cette année-là, supérieur à un pour cent. Entre 1811 et 1821, le taux de mortalité tombe à 211. Comment expliquer ce phénomène capital, cette victoire de la vie sur la mort ?

Il n'y a pas de facteur unique. Une meilleure alimentation a renforcé la résistance des corps aux maladies : la production alimentaire s'est, dans la première moitié du siècle, accrue plus rapidement que le nombre des hommes, les crises de subsistances ont perdu beaucoup de leur gravité ; des aliments riches, la viande, la bière, sont devenus des objets de consommation normaux dans le petit peuple ; progrès précaire cependant, qui s'estompe de plus en plus au cours de la période et tend à disparaître avec le tournant du siècle. La fin ou l'atténuation de certains maux a joué un grand rôle : l'alcoolisme s'était considérablement développé dans les années 1720-1740, en particulier par la consommation du *gin ;* à Londres, grâce à son bas prix, le *gin* se vendait en quantité croissante et sa consommation avait sextuplé en quarante ans ; en 1751 enfin, le Parlement interdit aux distillateurs la vente de l'alcool et élève considérablement les droits à la consommation, toutes mesures dont l'efficacité est apparue certaine. L'hygiène individuelle s'améliore : l'usage du savon devient plus courant et, à la fin du siècle, le linge de corps en coton devient d'un coût plus raisonnable. Les maisons nouvellement construites le sont de plus en plus en briques et ont une couverture de tuiles et la diminution de l'emploi du bois et du chaume s'avère un facteur heureux en cas d'épidémie. Le développement des villes s'accompagne de mesures d'urbanisme encore trop timides, mais aux conséquences favorables ; les rues sont mieux drainées, les ordures évacuées, les cimetières plus rationnellement gérés. Tous ces progrès sont certes inégaux : l'Irlande est moins avantagée que l'Angleterre ; dans des agglomérations rurales, les changements sont parfois peu perceptibles : à Wigston Magna, dans le Leicestershire, les décès l'emportent encore seize fois de 1766 à 1801 et les épidémies sont très meurtrières entre 1780 et 1789. L'espérance de vie ne cesse de croître ; la mortalité infantile reste pourtant encore effrayante et les enfants meurent souvent jeunes : vers le milieu du siècle, la neuvième année était la dernière pour nombre d'enfants ; dans les années 1770, à Londres, dans les familles de deux enfants, un seulement survivait après cinq ans, dans les familles de six enfants, trois étaient dans ce cas et, dans les familles de plus de onze enfants, un quart seulement dépassait l'âge de cinq ans. Seuls de gros progrès des sciences et de la médecine auraient pu améliorer sensiblement la situation. On ignore encore l'existence de microbes et de bactéries. Et il faut attendre Jenner et 1796 pour que la vaccination contre la variole protège enfin d'une maladie des plus redoutables !

La survivance de nombre de maux traditionnels n'en rend que plus remarquable l'essor démographique que nous avons pu constater. Essor qui apparaît à d'aucuns fort inquiétant : c'est en 1798 que le pasteur Malthus publie son célèbre *Essai sur la population* et prophétise un monde de souffrances et de faim qui naîtrait de l'opposition entre un accroissement géométrique de la population et un accroissement arithmétique seulement de la production alimentaire.

L'augmentation de la population a-t-elle été un facteur décisif du progrès économique ? Il ne le semble pas et —

la remarque est de T.S. Ashton — les foules d'Asie prouvent aujourd'hui éloquemment que progrès démographique et progrès technique ne sont malheureusement pas liés. On a d'autre part fait remarquer que l'excédent de population caractérise surtout la vieille Angleterre du Sud et des Midlands et que l'industrie, qui s'est développée dans le Nord-Ouest, n'en a que médiocrement profité. L'élargissement du marché intérieur n'a pas non plus paru indispensable aux producteurs : pour la dernière fois de son histoire, l'Angleterre a été une grande exportatrice de grains dans les premières décennies du siècle et le marché européen a été ici un stimulant suffisant ; c'est également pour l'exportation que travaillent nombre d'industries nouvelles, et tout spécialement les fabriques de cotonnades. On ne peut pourtant pas nier l'encouragement donné aux producteurs par l'existence d'un réservoir de main-d'œuvre et par le marché potentiel représenté par une population sans cesse plus abondante.

2. LES TRANSFORMATIONS DE LA VIE AGRICOLE

Le XVIIIe siècle a été celui de la généralisation de techniques et de cultures apparues souvent dès le XVIIe siècle, mais restées alors limitées dans leur extension.

L'essor des « enclosures »

Le prélude indispensable aux changements a été souvent le remembrement des parcelles, le partage et le défrichement des communaux et la clôture des terres. Nous avons vu le mouvement commencer dès la fin du XIVe siècle et provoquer très vite des inquiétudes. Nous avons également relevé l'importance du tournant du milieu du XVIIe siècle qui marque la fin de l'opposition parlementaire aux *enclosures*. Jusqu'à la fin du XVIIe siècle, les opérations dépendaient le plus souvent de l'initiative du lord et du seul agrément des francs-tenanciers d'une paroisse, et la cour de Chancellerie avait à donner une approbation, généralement accordée. Le processus change au XVIIIe siècle : le Parlement lui-même, à la demande des principaux propriétaires d'un village, prononce après enquête et par un *Act* spécial l'enclôture d'un communal et des autres terres. La composition professionnelle du Parlement joue évidemment au profit des propriétaires, les plus désireux d'obtenir de tels *Acts*. Le nombre de décisions parlementaires ne cesse de croître : 25 de 1661 à 1727, 226 de 1727 à 1760, plus de 3 000 de 1760 à 1820. Le mouvement culmine après 1790 et jusqu'en 1819 : les superficies encloses représentaient 478 000 acres entre 1761 et 1792 ; elles représentent un million d'acres entre 1793 et 1816 ; les trente années suivantes ne verront plus la clôture que de 200 000 acres ! Dès 1815, « l'Angleterre des haies a succédé à celle des campagnes ouvertes ». Le succès de l'opération et son ampleur s'expliquent par la quasi-unanimité des agronomes, qui font dépendre de sa réalisation tout progrès réel des productions : dans le dernier tiers du siècle, le grand avocat des *enclosures* a été Arthur Young, dont la réputation déborde les frontières de l'Angleterre et dont l'étude critique de l'agriculture française en 1787-89 est justement célèbre. Les zones les plus affectées par le mouvement ont été les régions céréalières de l'Est, du Nord-Est et des Midlands de l'Est, qui avaient précisément opposé le plus de résistances au changement à l'époque des Stuarts.

« Enclosures » et société rurale

Les *enclosures* ne sont pas allées sans rencontrer d'oppositions. Les petits tenanciers, les *cottagers* et les journaliers ont multiplié les pétitions au Parlement pour les empêcher. Des agronomes ont cherché à démontrer leur nocivité et ont agité la menace d'une faim de main-d'œuvre dans des campagnes désertées par les plus pauvres. Dès 1732, John Cowper publie un *Essai* qui veut démontrer que la clôture des communaux est « contraire aux intérêts de la nation ». Après 1790, des sociétés révolutionnaires font de l'arrêt des *enclosures* un point de leur programme : c'est le cas de la Société de Correspondance. Les résistances s'expliquent aisément : le remembrement entraîne une révision des titres d'occupation du sol et provoque l'expulsion de nombreux *squatters* illégalement installés sur des parcelles publiques ou privées ; les *cottagers*, même s'ils reçoivent parfois en compensation une petite part du communal, perdent beaucoup avec la fin de la vaine pâture et du droit de parcours. Surtout, le coût de l'opération pèse lourdement sur les petits propriétaires : la communauté doit rétribuer les commissaires chargés de l'enquête parlementaire, payer les frais des éventuels détournements de routes existantes, et ces divers frais s'élèvent en moyenne à vingt-cinq shillings par acre. L'érection de haies vives, de nouveaux bâtiments d'exploitation, les frais de nouvelles semences représentent d'autres lourdes charges et exigent un capital rarement disponible. Les plus faibles peuvent être amenés à vendre purement et simplement leurs exploitations et sont réduits à l'état de manouvriers. Le cas risquait d'autant plus de se présenter dans la première moitié du siècle que la baisse ou la stagnation des prix agricoles, commencées dès le milieu du XVIIe siècle, avait appauvri les petits propriétaires et les avait souvent conduits à s'endetter. Le risque est devenu beaucoup moins grand dans la seconde partie du XVIIIe siècle et précisément au moment où le mouvement d'enclôture s'amplifiait : l'accroissement de la population et le développement des exportations ont joué en faveur d'une hausse des prix et des profits agricoles et cela a sauvé les restes de la paysannerie anglaise pour plus d'un siècle. Par ailleurs, l'acte général d'« *enclosure* » de 1801, en codifiant et en simplifiant la procédure, a contribué à diminuer les frais de l'opération. Mais l'extension des grandes propriétés et des grandes fermes, qui couvrent les quatre cinquièmes des superficies à la fin du siècle, n'en est pas moins patente.

Les techniques agricoles

Les défrichements, les remembrements, les clôtures devaient permettre un certain nombre d'innovations. Beaucoup ont été mises au point, dans les premières décennies du XVIIIe siècle, par des propriétaires du Norfolk. Ils appliquent en particulier les conseils d'un agriculteur du Berkshire, Jethro Tull, qui a résumé ses expériences dans un ouvrage, publié en 1733, *Horse-Hoeing Husbandry* : il recommande le recours à certaines plantes nouvelles, tel le sainfoin, préconise des labours légers et répétés, le sarclage fréquent, des semis réguliers, l'emploi de machines à semer, et démontre que l'on peut se passer de la jachère. Lord Lovell et le vicomte Townshend multiplient les expériences dans ce sens : incorporant des marnes et des argiles à des sols sablonneux, ils obtiennent de notables améliorations des rendements ; la culture des raves, du trèfle, du sainfoin permet d'éviter la jachère et de cultiver le sol de manière continue par un système d'assolement quadriennal ; l'accroissement de la production de fourrages pousse au développement de l'élevage, en particulier des bovins. Du Norfolk, les méthodes nouvelles passent dans les régions avoisinantes, mais, avant 1760, le mouvement est encore limité.

La seconde moitié du siècle est marquée par la généralisation du « système du Norfolk ». La prospérité agricole procure les ressources indispensables et on continue d'avoir dans les campagnes un passage de bourgeois enrichis, aussi avides de terres que leurs pareils en France, et dont la mentalité d'hommes d'affaires pousse au progrès. On fait bon accueil à des techniques nouvelles : Bakewell popularise ses méthodes de sélection et de croisement des races ; Meikle répand une batteuse qui tend à chasser le fléau ; entre 1788 et 1816, de nombreux brevets sont pris pour des semoirs, des faucheuses, des faneuses. Le grand innovateur de la seconde moitié du siècle est Thomas Coke of Norfolk : substituant l'exploitation directe de son domaine à la location à plusieurs fermiers, il met au point l'emploi d'engrais, en particulier les os pulvérisés, pratique en grand la stabulation du bétail, proclame la nécessité d'associer l'élevage, source de fumures, et la culture, adopte des plantes nouvelles, comme le rutabaga, la betterave fourragère, utilise des semoirs mécaniques et économise des semences d'habitude gaspillées par le semis à la volée.

Malgré le goût du secret de propriétaires jaloux de battre leurs concurrents, les nouveautés se répandent par de multiples canaux. Les sociétés et académies d'agriculture se multiplient dans les comtés. Des journaux spécialisés se développent, tels le *Magazine du Fermier* (1776) et le *Journal du Fermier* (1806). En 1793, Pitt donne son accord à la création du *Board of Agriculture*, comité semi-public, dont le premier président est Sir John Sinclair et dont le secrétariat est confié à Arthur Young : il est chargé d'enquêter régulièrement sur la situation agricole des divers comtés anglais et de répandre les conseils utiles. Cette création traduit l'enthousiasme des sphères dirigeantes pour la rénovation agricole et le roi George III lui-même donne l'exemple, qui consacre volontiers une part de son temps à la mise en valeur de ses propres terres.

La production

Les résultats des diverses innovations sont fort remarquables sur le plan économique. Entre 1700 et 1790, l'accroissement de la production réelle de l'agriculture britannique est estimé à 35 % et celui de la productivité a été de 20 % entre 1730 et 1780. La diminution sensible des importations de produits alimentaires entre 1790 et 1815, le défrichement et la mise en valeur de terres jusqu'alors incultes ont précipité le mouvement : en Angleterre et dans le pays de Galles, la seule production de céréales augmente au rythme de 15 % tous les dix ans entre 1800 et 1820, au lieu de 7 % pour les dix années comprises entre 1770 et 1780. Il en résulte une grande prospérité des propriétaires, aussi bien des grands, qui cherchent à évincer les tenanciers et à constituer de grandes fermes capitalistes, que des petits, qui reprennent courage et dont les plus entreprenants peuvent élargir leurs domaines en rachetant des lopins.

Le bilan

Fait majeur : la transformation des techniques n'a pas entraîné de véritable chômage parmi les manouvriers ; l'aménagement des clôtures, des chemins, les labours répétés, le sarclage, les soins à donner au bétail exigent beaucoup de bras. Si les campagnes donnent parfois l'impression d'être congestionnées, cela est dû à l'essor démographique plus qu'à l'explusion de petits tenanciers et de *cottagers* privés de tout travail. Les plus pauvres reçoivent d'ailleurs des secours en vertu de la loi des pauvres ; à partir de 1795, les juges de paix du Berkshire, réunis à Speenhamland, mettent en vigueur un système de secours aux pauvres à domicile et assurent un revenu minimum stable aux familles sans terre : le *Speenhamland System* se répand rapidement en Angleterre.

Dans un monde agricole en transformation, les souffrances sont certes inégales selon les régions. Il n'est pas douteux que le paysan de la vieille Angleterre est plus heureux que le tenancier irlandais, toujours exploité par son seigneur et dont la tenure reste précaire. Dans l'Ouest et le Nord, l'industrialisation vient offrir des débouchés aux travailleurs en surnombre.

3. LA RÉVOLUTION INDUSTRIELLE

L'industrie traditionnelle

Au début du XVIIIe siècle et jusque vers 1760, l'industrie britannique se caractérise par une structure et des productions très traditionnelles. Le travail à domicile est encore fort répandu dans les campagnes et les principales industries ont gardé leur caractère artisanal. Les textiles sont essentiels et, malgré une première apparition du coton, la laine reste le textile-roi. L'East-Anglia, le Sud-Ouest, le Yorkshire sont les lieux principaux de la production pour une économie de marché ; mais Londres est encore le centre industriel par excellence. Malgré la découverte du coke par Abraham Darby vers 1709-1713, la fonte au charbon de terre reste d'autant plus limitée que le secret de la nouvelle technique est fort jalousement gardé et que le bois n'est pas aussi rare qu'on a parfois voulu le faire croire. L'extraction de la houille fait des progrès, les puits descendent parfois jusqu'à soixante mètres, des galeries sont creusées, on met au point des méthodes de lutte contre l'eau et Newcomen invente sa pompe à feu (1707) ; la production passe à cinq millions de tonnes en 1750 en provenance surtout du Northumberland et du Durham ; mais les utilisations restent réduites et les progrès sont freinés par les difficultés inhérentes au travail au fond (grisou) et par l'insuffisance des moyens de transport. La métallurgie fait des progrès certains à Newcastle-on-Tyne, dans le Staffordshire, le Worcestershire ; Birmingham et Sheffield commencent à prendre de l'importance ; mais les entreprises sont souvent médiocres et l'essor anglais avant 1760 ne peut pas se comparer à celui de la Russie qui développe alors ses industries de l'Oural.

Un premier capitalisme a pénétré la production industrielle et des « marchands-fabricants » dominent souvent les petits ateliers domestiques, auxquels ils procurent la matière première et dont ils vendent les produits finis. La prospérité de ces capitalistes est menacée dans la première moitié du siècle par une insuffisance de main-d'œuvre qui provoque l'augmentation des salaires, alourdit les prix de revient et menace les profits. L'existence d'un marché national, d'un commerce en développement joue en faveur du progrès ; mais les inventions techniques sont encore rares et doivent être mises au point. Il est difficile de se procurer des capitaux, souvent détournés vers la terre ou les bons d'État ; le système bancaire est médiocre : la Banque d'Angleterre est surtout la Banque de Londres ; elle accorde de nombreuses avances au gouvernement et bénéficie depuis 1708 d'un quasi-monopole puisqu'une loi promulguée à cette date interdit la fondation de banques rivales de plus de six actionnaires. Dans les comtés anglais, on ne compte encore qu'une douzaine de petites banques vers 1750. Quant à la Banque d'Écosse, établie dès 1695, et qui a deux rivales en 1750, son rayonnement est resté limité.

Les éléments nouveaux

L'essor industriel qui se produit à partir des années 1760 s'explique par des facteurs nouveaux et favorables :

— l'amélioration du système du crédit : le développement de techniques nouvelles a exigé un apport de capitaux, peu considérable pour les premières machines à filer, mais qui devient de plus en plus important. L'origine de ces capitaux fait l'objet de disputes d'historiens : les uns croient au rôle majeur des capitaux d'origine commerciale et les exemples ne manquent pas à l'appui de leur thèse, tel celui des industries métallurgiques des Galles du Sud, développées par les investissements de négociants en thé ; d'autres mettent l'accent sur l'intérêt de grands propriétaires fonciers, prospères en cette période, pour la nouvelle industrie et insistent sur l'origine foncière des capitaux industriels ; de plus en plus, on est attentif à un investissement « interne » des entrepreneurs d'industrie, dont l'esprit d'épargne poussé aurait servi la modernisation et l'élargissement de leurs affaires. Il y a sans doute une part de vérité dans chacune de ces théories. On doit souligner cependant la facilité avec laquelle les grands négociants londoniens ont avancé de fortes sommes aux industriels ; relever le grand nombre de banques nouvelles auprès desquelles des hommes comme Arkwright, à Nottingham, et Boulton, à Londres, ont trouvé une aide précieuse : en 1793, on compte déjà 400 banques provinciales, on en dénombre 900 vers 1815 ; à Londres, en 1800, 70 banques se chargent d'opérations de dépôt, de prêt et de change ; il est probable que ce réseau bancaire, alors unique au monde, a puissamment servi tous les producteurs : émettant des billets remboursables en métal et en fait garantis par la Banque d'Angleterre, les banques locales ont pu consentir des avances précieuses ; elles ont aussi permis de transférer des fonds des comtés du Sud, aux riches propriétaires agricoles, aux comtés du Nord, où se développait l'industrie nouvelle. On doit aussi remarquer que les Hollandais ont parfois investi en Angleterre et que, par leur préférence pour les bons d'État, ils ont libéré des capitaux anglais qui ont pu s'investir dans l'industrie. Le taux normal de l'intérêt oscille entre 3 et 5 % après 1714 et l'argent est ainsi relativement bon marché.

— le goût de la nouveauté et l'esprit d'entreprise : en Angleterre comme dans nombre d'autres États, on note un développement considérable de l'esprit scientifique et un engouement de l'opinion pour les sciences nouvelles. La croyance au progrès par l'observation et l'expérimentation pénètre même les couches populaires et les fréquents contacts entre savants et industriels stimulent une recherche qui se fait dans l'atelier. L'enthousiasme technique habite des hommes venus des horizons sociaux les plus divers : de grands seigneurs comme le duc de

Bridgewater, des pasteurs comme Cartwright, des artisans, comme Arkwright. Parmi les novateurs figurent nombre de membres de sectes dissidentes, des quakers (les Darby), des baptistes (Newcomen), des presbytériens (Watt) : plus qu'à une hypothétique attitude d'irrespect envers tout ce qui est tradition, le fait est dû à la qualité de l'enseignement dispensé par les écoles et académies dissidentes, dont les élèves représentent la fraction la plus instruite de la classe moyenne ; on doit aussi faire la part des interdits qui pèsent sur les non-anglicans et qui ne leur laissent que l'enrichissement comme voie d'ascension sociale. L'exaltation de l'initiative individuelle, de la libre concurrence et de la recherche du profit comme sources du progrès trouve sa meilleure expression sous la plume du plus grand penseur économique du siècle : par ses *Recherches sur la nature et les causes de la richesse des Nations*, publiées en 1776, Adam Smith devient le prophète du nouveau monde industriel.

— l'existence de « pénuries relatives » : la difficulté même du développement industriel dans les cadres traditionnels stimule l'esprit d'invention et pousse au progrès. Si la famine du bois est limitée, il est certain que seule l'utilisation de la houille peut permettre une véritable extension de la métallurgie. Si l'essor démographique est grand après 1740, ce n'est pas avant les années 1760-70 que l'effet en est sérieusement ressenti sur le marché du travail ; d'autant plus que les régions en développement sont souvent les moins peuplées au départ, que l'agriculture sollicite également beaucoup de bras ; à partir de l'application du *Speenhamland System*, l'exode rural est fortement ralenti ; tous ces éléments déterminent les industriels à expérimenter des mécanismes nouveaux, seuls susceptibles de pallier le manque de main-d'œuvre et d'abaisser les prix de revient. Toutes les inventions de base de l'industrie moderne ont été faites en Angleterre.

— le développement constant des colonies et des activités commerciales, dont nous aurons à reparler, a évidemment joué un rôle majeur en assurant à l'industrie des matières premières indispensables et en lui garantissant des marchés plus ou moins réservés.

La révolution industrielle

La mode est de nier la réalité d'une telle Révolution ou, à tout le moins, de faire la distinction entre les secteurs traditionnels, dont la croissance est continue depuis le début du XVIIIe siècle, et les branches liées au charbon, au coton, à la vapeur. Et il est vrai que c'est là qu'on mesure un changement structurel.

Les machines

L'utilisation de machines dans l'industrie est « le fait primordial, commandant tous les autres phénomènes de la révolution industrielle » : de secondaire qu'il était auparavant, le rôle des machines devient essentiel. L'industrie textile bénéficie surtout du génie des inventeurs et la fabrication des cotonnades détermine le plus de recherches. Des inventions de la première moitié du siècle trouvent enfin à s'appliquer : telle la navette volante de John Kay, qui permet de produire des pièces d'étoffe plus larges avec moins de main-d'œuvre ; telle la machine à filer la laine et le coton de John Wyatt et Lewis Paul. Après 1760, les inventions se multiplient : Hargreaves invente une machine à filer, la *jenny*, qui permet de travailler sur huit broches à la fois (1765) ; Arkwright en invente une autre, plus perfectionnée, et dont le succès est étonnant, le *waterframe* (1768) ; en 1779, Samuel Crompton produit la *mule-jenny* qui permet la torsion du fil et son enroulement et ainsi la production d'un fil à la fois fort et fin ; en 1785, Cartwright invente le métier à tisser. Les perfectionnements se font plus nombreux et il faut souligner que chaque invention en fait naître une autre : la navette volante accélère la production et accroît la demande de fil ; les machines à filer autorisent une plus forte production de tissus à condition que l'on trouve une machine à tisser. La métallurgie bénéficie aussi de perfectionnements mécaniques : des soufflets « gigantesques » sont actionnés par la force hydraulique, de lourds marteaux mécaniques sont mis au point. Mais ici, les principales inventions sont d'un autre ordre : vers 1750, on voit se généraliser l'emploi du coke qui l'emporte sur le charbon de bois dans les trente années suivantes ; en 1784, Henry Cort prend un brevet pour sa technique du *puddlage*, qui consiste à placer dans un four à réverbère une fonte pâteuse et des scories riches en oxydes de fer et à éliminer le carbone et les impuretés : ainsi l'on peut produire un fer de bonne qualité qu'on lamine entre des cylindres. Couronnement de toutes les découvertes mécaniques, la machine à vapeur vient résoudre le problème de l'énergie : fruit d'une longue recherche de beaucoup, parmi lesquels Denis Papin et Newcomen, elle est mise au jour par James Watt, alors fabricant d'instruments de précision à Glasgow : son premier brevet date de 1769 et Watt se contente alors de perfectionner la « pompe à feu » de Newcomen en y ajoutant la condensation de la vapeur dans un récipient spécial ; associé à Boulton à partir de 1778 et installé à Birmingham, Watt améliore son invention et, en 1782, construit une machine à double effet ; en 1783, pour la première fois, la machine à vapeur est associée au travail industriel et actionne un marteau ; entre 1786 et 1789, des machines textiles peuvent être actionnées par la nouvelle forme d'énergie. Bien entendu, toutes les inventions mécaniques ne triomphent pas du jour au lendemain : la *jenny* se répand le plus rapidement, de même que la plupart des autres machines à filer ; en revanche, le métier à tisser progresse très lentement et, en 1815, le nombre de métiers mécaniques n'est guère supérieur à 1 % de celui des métiers à bras ! La machine à vapeur eut plus de succès au point que le Suédois Svedenstjerna pouvait dire, vers 1800, qu'« elles sont en Angleterre aussi communes et même beaucoup plus, que chez nous les moulins à eau et les moulins à vent » : ce qui était très exagéré !

La concentration

Toutes ces inventions techniques entraînent de profondes modifications du travail industriel. Certes, une machine comme la *jenny* de Hargreaves, assez petite pour être logée dans un « cottage », bon marché et facile à manier, n'a pas bouleversé la vieille industrie domestique et a même renforcé le système traditionnel. Mais il s'agit là d'une exception et le *waterframe* déjà exigeait une force motrice et était trop encombrant pour un atelier familial ! À partir des années 1785, sans que l'industrie domestique succombe rapidement, l'usine s'impose peu à peu aux dépens des ateliers ; les filatures de coton sont les plus rapidement concentrées et, au début du XIXe siècle, les quatre cinquièmes des filés de coton utilisés dans le Lancashire en proviennent ; l'évolution est plus lente dans les industries de la laine, du lin et de la soie, où le travail artisanal domine encore largement dans les années 1830. C'est d'ailleurs dans le secteur cotonnier que le *luddisme*, mouvement de révolte des ouvriers contre la machine, apparaît en 1779, puis dans les années 1811-1812. Les inventions de Cort mènent d'autre part à la concentration dans la métallurgie. Les entreprises, libérées définitivement des domaines boisés et des cours d'eau, s'installent sur les bassins houillers et les nouveaux maîtres de forges leur donnent une extension considérable : les Darby possèdent ainsi, en 1784, à Coalbrookdale, dans les Midlands, huit hauts-fourneaux, neuf forges et produisent treize à quatorze mille tonnes de fonte ; en Écosse, les forges de Carron, fondées en 1760 par John Roebuck, consistent en quatre hauts-fourneaux de quarante-cinq pieds de haut et le fer produit est consacré à la fabrication de canons, les caronades. Il ne faut pas s'exagérer le gigantisme des entreprises : les usines des dimensions les plus diverses jouxtent encore nombre de petits ateliers. À la concentration technique correspond une concentration géographique nouvelle : les industries métallurgiques émigrent vers le Staffordshire, le Yorkshire du Sud, l'estuaire de la Clyde, les Galles du Sud ; le Lancashire, et la région Liverpool-Manchester en particulier, est la grande zone du coton ; plus traditionnelle, l'industrie de la laine reste plus dispersée du Norfolk à l'Écosse, avec de fortes positions dans le Yorkshire et le Lancashire. Dans l'ensemble, l'Angleterre verte cède la première place industrielle à l'Angleterre noire du Nord et de l'Ouest.

La production

Les progrès techniques ont considérablement accru le rendement. Entre 1700 et 1790, l'ensemble de la production industrielle aurait triplé. Pour l'industrie de la laine, la production aurait augmenté de 150 % au cours du XVIIIe siècle. Le coton a connu une croissance « phénoménale » : les importations de la matière première passent de un million de livres-poids en 1700 à 30 millions en 1789, à près de 60 millions en 1805, 123 millions en 1810. De 20 000 tonnes de fer par an dans les débuts du siècle, on passe à plus de 60 000 en 1788, à 250 000 en 1806. Quant au charbon, devenu de plus en plus indispensable, on en extrait en moyenne plus de 10 millions de tonnes vers 1789 et on atteint plus de 20 millions de tonnes après 1815. Dans de nombreux domaines, c'est après 1790 que l'Angleterre surpasse tous ses voisins, en tout premier lieu la France, et devient une nation industrielle « géante » ; le Blocus continental a tout juste réussi à ralentir quelque peu l'expansion et à provoquer, en 1806-1808 et surtout en 1810-1812, une crise grave, surmontée pourtant en 1813. Dès 1806, l'industrie anglaise assurait le tiers du revenu national et faisait vivre le quart de la population britannique.

4. L'ESSOR COMMERCIAL

Le commerce intérieur et extérieur bénéficie des progrès des productions agricoles et industrielles qu'il contribue d'ailleurs à stimuler.

Les échanges intérieurs

À l'intérieur, le commerce profite d'une véritable « révolution des transports » : avant le chemin de fer, il s'agit de la construction de routes et de canaux. Les initiatives ont été surtout individuelles. Le duc de Bridgewater, par exemple, s'est illustré en investissant plus de 250 000 livres dans le développement des houillères et des canaux : il fait construire un canal entre ses mines de Worsley et Manchester, puis le prolonge jusqu'à l'embouchure de la Mersey, assurant une communication aisée entre le Lancashire du Sud-Est et Liverpool et abaissant de plus de 50 % les prix de transport. Une association privée, groupant entre autres le même duc de Bridgewater, le marquis de Stafford et Josiah Wedgwood fait construire, de 1767 à 1777, le « Grand Trunk », canal reliant la Mersey, la Trent et la Humber et qui peut être relié au canal Severn-Midlands : une voie d'eau continue existe ainsi entre Bristol, Liverpool et Hull. En 1790-94, en pleine « fièvre des canaux », on creuse des cours d'eau parallèles à la Tamise, que l'on relie avec les voies navigables du Nord. Le coût de transport des produits lourds, charbon, fer, bois, pierre, sel, est considérablement abaissé et les liaisons intérieures permettent des échanges de plus en plus importants. En même temps, le réseau routier bénéficie de notables améliorations ; des routes à péages, peu populaires, sont construites, qui permettent des charrois plus réguliers et plus lourds ; trois grands ingénieurs, John Metcalf, Thomas Telford et John London Mac Adam améliorent les revêtements et assurent un meilleur drainage des routes, donnant ainsi une vie nouvelle aux transports terrestres et aux voyages. L'absence de douanes intérieures simplifie le commerce. Et la demande est croissante sur le marché britannique, par le fait même du développement démographique, mais aussi grâce à une indéniable hausse des niveaux de vie. Sans que l'on puisse estimer l'ampleur des trafics, on peut être assuré de leurs progrès.

Les échanges internationaux

L'essor du commerce extérieur peut davantage être évalué. D'abord à l'augmentation de la flotte marchande, qui passe de 556 000 tonnes en 1763 à plus de 2 millions de tonnes après 1800. À l'accroissement ensuite de la valeur du commerce extérieur qui, pour l'Angleterre et le pays de Galles, est estimé en moyenne à 13 millions de livres sterling par an entre 1716 et 1720 et qui passe à 31 millions entre 1784 et 1788. Les seules exportations progressent de 14 millions de livres sterling en 1784 à 19 millions en 1790, à 40 millions à la fin du siècle. La grande expansion a commencé après 1740, interrompue quelque peu pendant la guerre d'Amérique. De même le Blocus continental ralentit l'essor, mais en 1820, le Royaume-Uni exporte à nouveau pour 49 millions de livres sterling de marchandises. L'expansion commerciale s'est faite surtout avec des pays extra-européens : les systèmes protecteurs et la concurrence française ont fortement gêné les Britanniques sur le Continent et il faut attendre les années 1785-90 pour que l'Angleterre grignote les positions françaises en Méditerranée et dans le Levant, supplante la France en Espagne et pénètre l'Europe Centrale par Hambourg. En fait, le commerce extérieur s'« américanise » de plus en plus au cours du siècle, avec les colonies espagnoles et portugaises et avec les treize colonies d'Amérique du Nord : le système de l'exclusif aide puissamment les négociants anglais dans ce dernier trafic jusqu'à la guerre de 1776 ; l'essor du commerce américain reprend après 1783 et les opérations avec les États-Unis atteignent 7 millions de livres sterling en 1798 ; entre 1803 et 1805, les États-Unis reçoivent 19 % des exportations britanniques. Au cours du siècle, la part de l'Europe dans les exportations britanniques baisse des quatre cinquièmes à la moitié et elle n'est plus que de 42 % en 1806. Dans la première partie du siècle, la Grande-Bretagne exporte surtout des produits lainiers, des denrées alimentaires, dont la vente à l'étranger est même encouragée par un système de primes d'État, des produits miniers et, pour une bonne part, des denrées coloniales réexportées. On importe alors surtout ces mêmes denrées, du bois et du fer de l'Europe du Nord, des toiles de Hollande et d'Allemagne, etc. Les grandes compagnies d'autrefois sont toujours actives et, aux ports anglais, viennent s'ajouter après 1707 des ports écossais, dont Glasgow. Après 1740, la part des denrées alimentaires ne cesse de baisser dans les exportations et la part des cotonnades augmente considérablement : inférieures à 10 000 livres sterling par an jusqu'en 1739, les exportations annuelles de cotonnades passent à plus de 200 000 livres en 1769 et atteignent plus de 9 millions et demi de livres en 1805 ; elles ont alors dépassé les exportations de produits lainiers, qui plafonnent à environ 8 millions de livres sterling ; culminant à 19 millions de livres en 1809, elles atteignent encore 16 millions en 1812 ; on voit croître également la réexportation de denrées exotiques, qui représente 26 % du trafic extérieur en 1790, 44 % en 1800 et encore 36 % en 1814. Aux importations traditionnelles s'ajoutent à présent des denrées alimentaires, et le développement de l'Ukraine, la fondation d'Odessa, en 1793, préludent à un trafic anglo-russe par la mer Noire et à la vente de céréales des terres noires à la Grande-Bretagne. Les divers chiffres cités ne rendent compte que d'une partie des profits que l'Angleterre tire de son commerce extérieur : le commerce triangulaire Angleterre-Amérique-Angleterre s'accompagne d'un trafic de « bois d'ébène » particulièrement rentable et qui enrichit les armateurs de Liverpool, Glasgow et Bristol : cela jusqu'à l'interdiction de la traite en 1807. Et les Anglais sont souvent devenus les rouliers des mers pour le compte d'autres nations.

L'essor commercial même convainc l'État de changer quelque peu sa politique : dès 1766, on commence à créer dans certaines colonies (aux Antilles par exemple), des ports francs qui reçoivent le droit de commercer librement avec l'étranger. Entre 1784 et 1787, les tarifs douaniers sont simplifiés et abaissés. Un traité de commerce est signé en 1786 avec la France qui doit permettre l'importation plus libre de produits agricoles français en Angleterre, de produits industriels anglais en France. On semblait ainsi s'acheminer vers une politique libérale, celle-là même préconisée par Adam Smith, dont Pitt le Jeune est un disciple.

La période 1790-1815 est celle où le commerce extérieur britannique devient de façon décisive le plus important du monde. Talonné par le commerce français à la veille de 1789, il se détache irrésistiblement les années suivantes.

5. SOCIÉTÉ NOUVELLE ET PROBLÈMES SOCIAUX

La répartition de la population

Les transformations économiques ont amené des mouvements intérieurs de population. De 1700 à 1800, la répartition géographique des Anglais subit de profondes modifications : une carte des densités au début du siècle fait ressortir une concentration remarquable dans la moitié sud de l'Angleterre proprement dite et, en dehors de quelques noyaux (Yorkshire, Lancashire), la faiblesse de l'occupation du sol dans le Nord et l'Ouest ; en 1800, une zone de forte densité (plus de 176 habitants au kilomètre carré) se dessine dans l'Ouest, de Bristol à la frontière écossaise, en dehors d'une grande portion du pays de Galles, et les zones du Sud et de l'Est ne présentent que quelques noyaux de densité aussi élevée. Sans qu'il y ait eu dépeuplement des régions traditionnellement peuplées et où les densités ont même en général augmenté, il y a eu décadence relative de ces mêmes régions. La population urbaine reste encore nettement inférieure à la population rurale, mais les villes se sont développées : en 1801, Manchester, Liverpool, Birmingham, Bristol et Leeds dépassent les 50 000 habitants et Manchester est passée de 30 000 habitants en 1770 à 95 000 en 1801 ; autour de cette dernière ville, l'essor des industries cotonnières pousse au développement urbain : Oldham passe de 400 habitants en 1760 à 20 000 en 1801, Stockport de 2 à 3 000 habitants vers 1700 à 17 000 un siècle plus tard. Londres est évidemment la cité géante : le recensement de 1801 lui attribue 745 000 habitants ; mais l'agglomération devait en compter au moins 900 000.

L'élite sociale

L'élite sociale se définit par la naissance, l'éducation, le mode de vie, l'habitat, le costume, la religion, mais surtout par la richesse.

Dans un pays où les campagnes groupent encore l'essentiel des hommes, l'aristocratie foncière est sans conteste le groupe le plus prestigieux. Les enrichis du commerce et de l'industrie en sont conscients, qui par l'achat de terres essayent de parvenir à la dignité de *squire*, voire de *lord*. La société britannique n'en est pas moins dominée par l'aristocratie foncière et celle de la banque et du négoce. Les cadets des grandes familles sont d'ailleurs heureux de trouver à s'employer dans une compagnie comme l'*East India Company*, les alliances

L'évolution de la population anglaise au XVIIIe siècle

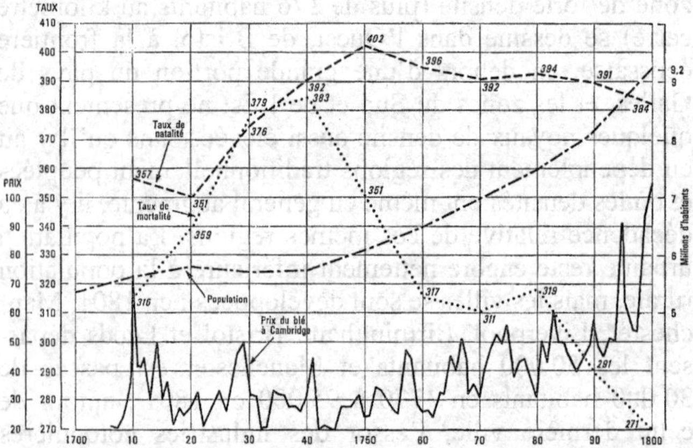

D'après M. Reinhard et A. Armengaud, *Histoire générale de la population mondiale*, Paris, Montchrestien, 1961, p. 157.

d'affaires et les liens matrimoniaux rapprochent les groupes fortunés. Déjà aussi, des écoles réputées accueillent les fils des anciens et des nouveaux riches, le préceptorat décline et Harrow et Eton sont les creusets des élites de demain. La vieille aristocratie peut regarder avec dédain les *nababs*, enrichis par le commerce et l'exploitation de l'Inde ; le temps fera oublier l'origine de certaines fortunes et la mauvaise éducation du fondateur d'une dynastie d'hommes d'affaires ! Les hauts rangs de la société groupent des hommes d'origine et de vie fort diverses. Dans la première moitié du siècle, les débauchés n'y sont pas rares et la vie joyeuse, le goût du luxe et du confort, les amusements plus ou moins licites ont caractérisé une partie de l'élite « georgienne » comme ils caractérisaient la France de la Régence et de Louis XV. Mais les hommes d'affaires, souvent profondément religieux, et l'aristocratie foncière, plus tournée vers le développement économique, donnent une autre image d'eux-mêmes par la suite. Le gentilhomme campagnard reste un patron, un guide, un exemple pour tous ses voisins et il s'enrichit considérablement pendant les guerres de la fin du siècle. Et surtout, l'aristocratie s'intéresse aux arts et patronne de plus en plus les artistes : des demeures somptueuses se perdent dans des parcs qui gardent leur aspect naturel ; le goût de la nature, des promenades et de la chasse inspire leurs meilleurs œuvres à de très grands peintres qui représentent les aristocrates et ce qu'ils aiment : tels Reynolds, Constable, Gainsborough. Dans leurs vastes maisons, entourés d'une domesticité d'autant plus nombreuse qu'elle est meilleur marché, ouverts aux lettres et aux arts, donnant parfois l'exemple du goût le plus exquis, les aristocrates britanniques règnent sans conteste sur une société qui admet la nécessité d'une hiérarchie bien marquée. Aux classes moyennes, la vie et le prestige de l'aristocratie apparaissent comme la récompense du mérite et poussent aux efforts pour y atteindre un jour.

Les maux sociaux

Mais la révolution économique a comporté des maux sociaux qui donnent de plus sombres couleurs à la vie des hommes en ce XVIIIe siècle. L'historien français Paul Mantoux offre une vision particulièrement pessimiste des choses : pour lui, les transformations de l'économie se sont accompagnées d'un cortège de misères et de révoltes vaines ; les *enclosures* ont provoqué soit l'exode de petits paysans privés de toute ressource, soit l'aggravation de leurs conditions de vie ; les inventions mécaniques ont été génératrices de chômage technologique (d'où le *luddisme*) ou tout au moins de déclassement professionnel ; le travail en usine s'est accompagné de l'emploi systématique de femmes et d'enfants, et notamment de pupilles de l'Assistance, recrutés dès l'âge de quatre ou cinq ans ; les conditions de travail dans les premières fabriques ont été démentielles et ont entraîné maladies et mortalité précoce ; les salaires ont toujours été d'autant plus bas que l'offre de main-d'œuvre restait forte ; le laissez-faire a amené, entre 1803 et 1814, l'abolition de toutes les réglementations anciennes sur l'apprentissage et la rémunération du travail et, privés du droit d'association par le *Combination Act*, les ouvriers ont été offerts en holocauste au nouveau dieu industriel ; le surpeuplement des villes et des logements inqualifiables ont fait de la révolution économique un enfer sur lequel d'aucuns ont construit leurs immenses fortunes. À ce point de vue particulièrement pessimiste, T.S. Ashton a opposé une vision fort différente ; l'historien anglais fait ressortir que la misère n'est pas liée au progrès technologique, mais à l'accroissement même de la population et qu'elle aurait été pire sans la révolution économique : « (le) niveau de vie asiatique, ces horreurs non mécanisées, voilà le lot des pays dont la population s'accroît sans subir de révolution industrielle » ; nombre de condamnations lui paraissent devoir être révisées : le logement dans les villes est à comparer aux logis des paysans, enfumés, humides, encombrés de machines textiles, et les ruraux passés dans les centres urbains n'ont pas vu nécessairement s'aggraver leur condition ; le travail des femmes et des enfants n'est pas lié seulement à la volonté du patron de payer des salaires plus bas, mais bien davantage à la pénurie de main-d'œuvre dans les zones en développement et où l'industrie est parfois une nouveauté ; la pénurie a été d'autant plus réelle à la fin du siècle que l'amélioration de la Loi des Pauvres a encouragé les petits paysans à rester dans leurs villages ; la condition des enfants dans les fabriques doit être considérée avec la mentalité de l'époque : la mortalité en bas âge est la règle, le sentiment de pitié envers les enfants moins développé et, en tout cas, le sort des enfants pauvres n'a jamais été enviable ; des impératifs techniques sont à prendre en considération, en particulier la quasi-impossibilité de faire d'adultes, anciens paysans ou artisans, de bons ouvriers d'usines ; si les salaires sont peu enviables, les familles ont été heureuses de bénéficier de l'apport même faible de la rémunération des enfants, et les ouvriers des fabriques ont eu un sort souvent plus heureux que leurs ancêtres ; de nombreuses sociétés philanthropiques ont essayé de venir au secours des déshérités ; et le *Combination Act* n'a pas été appliqué au point d'empêcher véritablement le regroupement des ouvriers. Controverse passionnante, qui voit les deux meilleurs auteurs s'accorder sur la réalité de la misère profonde des classes laborieuses, mais diverger sur les interprétations à en donner et sur la responsabilité des progrès techniques.

La controverse n'a pas cessé de rebondir au cours des dernières décennies. La vogue de l'économétrie historique a entraîné des tentatives de reconstitution de séries statistiques plus fiables. On a fait justement observer qu'il était impossible, compte tenu de l'amélioration des qualités et de la valeur calorique de certaines productions (ainsi la pomme de terre) et de l'alourdissement du poids moyen des têtes de bétail, de se contenter de comparer des mercuriales anciennes et d'autres récentes pour en tirer des conclusions sur la quantité de produits offerts à la consommation : en fait, celle-ci aurait bénéficié d'un apport complémentaire non négligeable. D'autre part, même si l'argument de l'existence de familles a servi à proposer aux femmes et aux enfants des salaires bien plus bas que ceux des hommes, il n'est pas possible de ne pas prendre en considération un « budget familial » et de reconnaître qu'il a connu parfois de réelles améliorations de pouvoir d'achat. Surtout, une histoire plus « pointilliste » de la condition ouvrière paraît s'imposer, qui ferait place à l'énorme diversité locale des modes et des niveaux de vie.

Entre les grands seigneurs-agronomes et hommes d'affaires et les grands patrons de l'industrie, les Robert Peel, les Wilkinson, les Darby, les Marshall d'une part, les classes défavorisées de l'autre, le fossé apparaît à coup sûr profond et l'enrichissement prodigieux des uns éclabousse la hideuse misère des autres, encore accentuée par la hausse des prix agricoles et donc alimentaires. Les haines sociales existent et nous les avons vues se traduire par des émeutes, comme à Londres en 1780. Mais l'esprit de révolte reste très limité dans l'Angleterre du XVIIIe siècle. On peut l'expliquer par des facteurs fort divers : l'inéducation des misérables, l'absence d'organisation, l'inexistence de toute doctrine socialisante, la démonstration par tous les beaux esprits que le régime économique et social était comme une fatalité naturelle. Mais il faut surtout faire la part d'un esprit religieux resté très profond dans la masse et encore développé dans la seconde moitié du XVIIIe siècle.

6. LE RÉVEIL RELIGIEUX

Parmi les forces religieuses traditionnelles, seules les sectes dissidentes ont paru pendant longtemps conserver toute leur emprise sur leurs fidèles. L'Église anglicane a beaucoup moins bien rempli sa mission pendant les trois premiers quarts du siècle : elle a recruté des pasteurs d'autant plus facilement que l'amélioration même des techniques agricoles accroissait directement ses revenus par les profits de la rente foncière et par le meilleur rendement des dîmes ; le niveau intellectuel et moral du clergé anglican est nettement amélioré par comparaison aux siècles précédents ; mais de graves défauts sont apparus : un fossé s'est creusé entre *High Church* et *Low Church*, le haut clergé apparaît trop riche, trop lié à l'État, trop soumis, trop étranger aux problèmes de l'évangélisation ; la « chasse aux bénéfices » a favorisé les fils de famille et les protégés de « patrons » laïques ; l'Église Établie est souvent incapable de faire face aux problèmes nouveaux qui se posent : la diffusion du déisme et de l'athéisme dans l'élite, la crise morale, le développement de cités nouvelles ; elle a multiplié les œuvres philanthropiques, les écoles de charité et d'apprentissage, les hôpitaux, mais elle a perdu une part des fidèles, véritablement déchristianisés. Il faut attendre la fin du siècle pour assister à une véritable prise de conscience et à la naissance du mouvement évangélique, qui, au sein de l'Église, plaide pour une religion plus humaine, un rapprochement avec les dissidents et un effort missionnaire. Dans les classes moyennes surtout, ce réveil permet une certaine renaissance religieuse.

À la base du renouveau de l'Église anglicane et du sentiment religieux en général, on doit placer le développement du méthodisme et son succès auprès des classes populaires. Le méthodisme se présente avant tout comme un mouvement de charité et de philanthropie développé à partir des années 1740 pour pallier les insuffisances de l'Église officielle. Mais, à l'origine, il représente un authentique effort de réflexion religieuse et une révolte. John Wesley, son fondateur, fils d'un pasteur anglican, fait preuve, au départ, d'une orthodoxie parfaite ; ses lectures lui ouvrent des horizons nouveaux : à vingt-sept ans, en 1730, il se plonge dans la lecture de nombreux ouvrages français, traduits depuis plusieurs années : les *Pensées* de Pascal, les *Réflexions* du Père Quesnel, l'*Introduction à la vie dévote* de François de Sales. Il traverse une crise mystique encore accentuée par ses contacts avec les frères moraves, établis en Georgie et qu'il rencontre au cours d'un séjour américain en 1736-1738 : disciples de Spener, un des principaux mystiques allemands, les frères moraves sont issus d'une communauté établie par le comte de Zinzendorf sur ses domaines de Saxe. Le 11 juin 1738, le pasteur John Wesley prononce à Oxford un sermon où il proclame que la foi seule peut sauver et qu'elle vient du cœur et non de la raison. Il prétend respecter l'Église anglicane, mais adhère à un club d'Oxford, les méthodistes, admirateurs des moraves et décidés à mettre leurs idées en pratique. Il fait le pèlerinage de Saxe. En juillet 1740, Wesley se détache pourtant des moraves et fonde la société méthodiste : il n'a pas apprécié l'attente passive du salut et veut croire à l'utilité de la perfection pour obtenir la grâce. En février 1743, Wesley publie les premières règles d'action des sociétés méthodistes : il y affirme la nécessité d'assister aux services paroissiaux et de rester dans l'Église Établie. En fait, l'histoire du méthodisme, de 1743 à la mort de Wesley, en 1792, est celle de la création d'une Église indépendante. Progressivement sont organisées des cellules locales, regroupées en unions ou « circuits » régionaux, avec leurs pasteurs et leurs prédicateurs laïques ; l'objectif est de multiplier les prêches et les actions charitables ; des innovations nombreuses apparaissent : prédication en plein air ou dans les granges, tournées de prêcheurs, organisation de fêtes de fraternité, développement des chorales ; l'Église officielle s'émeut de plus en plus de voir les laïcs prendre une telle place dans la vie religieuse, prétendre même pouvoir administrer les sacrements ; la rupture est progressivement consommée et affirmée en 1787 quand Wesley s'appuie sur le *Toleration Act* pour imposer son « Église ». Celle-ci se targue de 71 000 fidèles en 1790 et en a près de 110 000 en 1800, alors qu'elle vit déjà la première des grandes scissions de son premier siècle d'existence avec le schisme « kilhamite » (1796). Elle a trouvé des auditoires populaires, dans les campagnes comme dans les villes, sensibles à une religion du cœur et de l'entraide entre les hommes. Le rôle du méthodisme apparaît dès lors considérable : il freine la déchristianisation dans les classes défavorisées, il répand un idéal de solidarité humaine et aussi la conviction que l'harmonie des classes permet le progrès sans recours à la révolution. Il a marqué l'esprit anglais avec d'autant plus de force que ses leçons ont été entendues de groupes religieux rivaux.

L'Angleterre de 1815 n'est pas un paradis social et la révolution économique s'y déroule au milieu de souffrances nombreuses. Mais le Royaume-Uni est le seul pays du monde qui ait réalisé, avant l'âge du chemin de fer, une véritable révolution de son agriculture et de son industrie. Dans les campagnes comme dans les villes, du travail s'offre avec une relative abondance à des bras sans cesse plus nombreux. Et la puissance économique du pays lui permet d'assurer son indépendance, sa grandeur et de réaliser ses desseins extérieurs.

QUATRIÈME PARTIE

L'HÉGÉMONIE ET SON DÉCLIN

1815-1914

En 1815, les avantages retirés par le Royaume-Uni d'une lutte de plus vingt ans et des négociations de Vienne, où Castlereagh joua un rôle majeur, sont considérables :

— Il a conquis une hégémonie navale incontestée : en 1814 la flotte anglaise, avec ses 900 navires et ses 147 000 marins, est formidable et sans rivale ; elle est trois fois plus importante qu'en 1793 et représente largement plus du double de la flotte de 1802. Elle s'est couverte de gloire à Brest (1794) sous l'amiral Howe, à Cadix en 1797 sous les amiraux Jervis et Nelson et surtout à Trafalgar ; elle a préservé le territoire national de toute invasion. Son prestige est immense et sa renommée reste, jusqu'en 1914, intacte, plus que ne le méritera parfois son état après 1815.

— Les acquisitions coloniales ne sont pas négligeables. Certes, des territoires occupés sont à restituer : Antilles françaises, comptoirs français des Indes, Indes néerlandaises, etc. Mais Malte, occupée dès 1800, Le Cap, Ceylan, l'île Maurice sont des points d'appui et des étapes précieux et désormais intégrés à l'Empire.

— Échec a été fait à toute hégémonie européenne et la politique d'équilibre a triomphé. L'Angleterre a imposé en France une restauration monarchique qui lui semblait la condition même de la paix.

— La carte d'Europe en 1815 est conforme aux vues anglaises. Selon le rêve de Pitt, une barrière d'États, Pays-Bas, Prusse, Sardaigne, est constituée pour prévenir tout sursaut français ; l'union de la Belgique et de la Hollande garantit la sécurité même des côtes anglaises en supprimant la menace d'une annexion d'Anvers par la France.

— La stabilité de l'Europe est garantie par la quadruple alliance des vainqueurs, Prusse, Autriche, Russie, Royaume-Uni. Dédaigneuse envers la Sainte-Alliance constituée à l'initiative des trois premières et animée d'un esprit mystique, l'Angleterre a tenu par-dessus tout à garantir, par la menace d'une intervention commune, un ordre européen fondé davantage sur le principe d'équilibre que sur celui de légitimité.

Ces avantages ont été chèrement payés en hommes, en navires et surtout en argent : de 1792 à 1814, les dépenses militaires étaient passées de 5,5 millions à 72 millions de livres.

Plus de cent années d'effort ont hissé le Royaume-Uni au premier rang mondial. Il a pu joindre la puissance de ses finances — la « cavalerie de Saint-Georges » — à celle de ses armes. Son prodigieux développement économique a servi et parfois conduit ses desseins. De plus en plus nettement est apparu le but majeur des gouvernements successifs : assurer l'équilibre européen et préserver la sécurité anglaise en limitant l'expansion vers le nord-ouest de la France. Pour garantir les résultats obtenus, l'Angleterre est conduite à s'intégrer à un système d'alliances permanent sur le Continent. Mais la vocation européenne de la Grande-Bretagne ne pouvait pas faire oublier l'appel déjà si puissant du « grand large » et l'importance exceptionnelle d'un empire colonial en voie d'accroissement alors même que les Empires portugais et espagnol sont à la veille de s'effondrer.

L'Angleterre du XIXe siècle est l'Angleterre victorienne. Née en 1819, montée sur le trône en 1837, Victoria a présidé jusqu'en 1901 aux destinées de son royaume. Elle a vécu sa prodigieuse ascension économique qui en a fait, vers 1870, la première puissance du monde ; elle a connu, sans toujours les comprendre, les transformations d'une société dont les vertueux cercles dirigeants ne réussissent pas à résoudre complètement les maux criants ; elle a vu la vie politique se démocratiser à l'échelon municipal comme au niveau de la Nation tout entière ; elle est morte avant la fin de la lointaine guerre des Boers, mais elle a surtout été la souveraine d'un pays en paix pendant près d'un siècle si l'on excepte la courte expédition de Crimée. Sous son règne, le Royaume-Uni a offert au monde, et à l'Europe en particulier, les modèles d'une économie et d'une société nouvelles, les promesses du progrès technique. Son Empire sans cesse étendu et jamais menacé, l'Angleterre connaît alors l'apogée de sa puissance. Mais dès les années 1870, les signes d'un déclin sont apparus. Dès 1890 l'Angleterre est économiquement dépassée par les États-Unis et inquiétée par l'Empire allemand. Dès le lendemain de la mort de Victoria, elle doit se préoccuper de garantir sa sécurité et ses intérêts extérieurs.

Chapitre 9

L'HÉGÉMONIE 1815-1876

En 1876, le romantique et vieillissant Disraeli surmonte les réticences de ses adversaires libéraux et offre à sa reine le titre nouveau d'Impératrice des Indes. Le geste revêt une valeur politique et peut contribuer au raffermissement de l'Empire colonial. Il apparaît aussi, avec le recul de l'histoire, comme le couronnement d'une période de croissante prépondérance et comme le symbole de l'apogée de l'hégémonie britannique. Dès 1876, la dépression économique partie du Continent atteint le Royaume-Uni, assombrit les perspectives d'avenir, fait fuir le rêve d'un âge d'or. Auparavant, malgré les douleurs de l'enfantement d'une économie et d'une société nouvelles, la tendance avait été au progrès dans tous les domaines.

1. UNE ÉVOLUTION POLITIQUE SANS RÉVOLUTION

L'originalité du Royaume-Uni

L'Europe des trois premiers quarts du siècle est celle des révolutions : la victoire des anciens régimes en 1815 est partout remise en question par les tenants des idées libérales et nationales. Les révolutions plus ou moins généralisées de 1830 et de 1848 ne sont que les plus importants parmi d'autres mouvements bien plus nombreux. C'est par la guerre ou par ses effets que les peuples conquièrent le droit à une existence nationale après 1850. Les gouvernements britanniques ont toujours su résister aux forces violentes ou faire à temps les concessions inéluctables ; la répugnance, notée dès la fin du XVIIIe siècle, des citoyens britanniques à l'égard des luttes sanguinaires a contribué à préserver la Grande-Bretagne des troubles sanglants que connaissait le Continent.

Les problèmes politiques qui se posent dans le Royaume-Uni sont, il est vrai, souvent moins difficiles qu'ailleurs. Dans l'ensemble, il s'agit surtout d'assurer le plein respect des libertés de l'individu et de l'écrivain, auxquelles la guerre avait porté de rudes coups ; il s'agit aussi de dépasser le vieux régime électoral, de mettre fin aux abus criants et de démocratiser le scrutin. La forme du régime politique n'est pas en question et, si la monarchie est souvent méprisée dans les personnes de George III et surtout de George IV, il n'y a pas de parti républicain qui compte. L'équilibre des pouvoirs reste à assurer, mais l'évolution vers un système parlementaire est bien amorcée. À tous les niveaux administratifs et législatifs, on souhaite des retouches plus que des transformations révolutionnaires. Deux aspects viennent quelque peu dramatiser la vie politique : le mécontentement social revêt jusqu'en 1848 une expression politique ; le problème irlandais est celui d'une décolonisation longtemps refusée à des sujets pourtant représentés à Westminster.

Vers une réforme électorale

De 1815 à 1832, les disciples radicaux de Jérémie Bentham, soutenus par les whigs écartés du pouvoir jusqu'en 1830, mènent campagne pour une réforme électorale et un gouvernement plus démocratique. Attisées par les difficultés économiques qui suivent les guerres napoléoniennes, par le mouvement chaotique des prix agricoles qui nuit aux petits propriétaires comme aux ouvriers, des manifestations violentes et vaines se déroulent avant 1820. Cobbett et Hunt, principaux agitateurs radicaux, utilisent les rassemblements de foules comme moyens de pression sur le gouvernement. La réaction des autorités s'avère souvent féroce et, en 1819, à Saint Peter, près de Manchester, a lieu le « massacre de Peterloo ». Entre 1818 et 1820, l'*Habeas Corpus* est suspendu, la liberté de réunion restreinte ; en 1819, le Parlement, qui représente les hommes d'ordre, vote les *Six Acts* : ils limitent aux résidents d'une seule paroisse le droit de réunion pour rédiger une pétition, autorisent la saisie de libelles séditieux ou blasphématoires et frappent du droit de timbre tous les journaux et la plupart des périodiques. L'apaisement se fait peu à peu avec le retour à des conditions économiques plus stables. L'influence de Canning et de ses amis, les *Canningites*, se fait sentir dans les milieux tories où ils représentent un courant plus ouvert au changement. Wellington, successeur de Canning, réagit intelligemment à l'agitation qui se développe en Irlande sous l'impulsion d'un orateur de génie, O'Connell, promoteur d'une Association catholique, inéligible, mais élu député en 1828 : après avoir accordé aux dissidents la pleine égalité avec les autres protestants (1828), le Parlement vote en 1829 l'émancipation des catholiques, autorisés, y compris en Irlande, à accéder à toutes les fonctions, sauf la chancellerie, la lieutenance d'Irlande, la régence et la royauté, et, à condition de réunir les conditions de cens, à exercer les droits de l'électeur. Mais rien n'est fait précisément pour diminuer ce cens et, au contraire, en Irlande, de nouvelles dispositions font perdre le droit de vote à quatre-vingt-dix pour cent des électeurs traditionnels.

La réforme de 1832

Il faut attendre 1832 pour voir réaliser une première réforme électorale. Depuis novembre 1830, à la suite d'une « révolution mondaine », les whigs étaient revenus au pouvoir avec le très aristocratique cabinet de Lord Grey et à l'appel du nouveau roi Guillaume IV. Le développement d'une crise économique et d'une vive agitation ouvrière, la peur du chaos, l'effet produit par les révolutions du Continent, l'impuissance de Wellington, un moment appelé à succéder à Lord Grey, permettent l'adoption d'une loi réformatrice : elle modifie les conditions du cens en Angleterre et dans le pays de Galles, uniformise la franchise dans les comtés et les bourgs, tout en maintenant des différences entre les deux catégories de circonscriptions, supprime 56 bourgs, redistribue 142 sièges, dont 65 aux comtés et 21 à des villes comme Leeds, Manchester, Birmingham. Pour l'Irlande et l'Écosse, deux lois spéciales sont votées : elles augmentent le nombre de sièges écossais aux Communes, porté à 53, déterminent une franchise uniforme dans les bourgs écossais et irlandais, attribuent 105 sièges à l'Irlande au lieu de 100. On est loin d'une véritable réforme démocratique ; mais le nombre d'électeurs double pour atteindre environ huit cent mille et la proportion est d'un électeur pour trente habitants contre un pour deux cents dans la France de la monarchie de Juillet. La déception des démocrates est pourtant grande ; d'autant qu'on n'a pas organisé le secret du vote, estimé contraire à la tradition et à l'intérêt même des citoyens qui doivent se sentir responsables ; d'autant aussi qu'on a fort mal réglé l'application des lois, négligé d'organiser rationnellement l'inscription des électeurs ; d'autant enfin qu'on a plus atténué que supprimé l'injuste prédominance de régions à la population en déclin : comtés du sud, bourgs anciens. Si la réforme permet l'élection de quelques radicaux, comme Grote, Roebuck, Cobbett, elle autorise aussi le maintien au Parlement d'une majorité de fils de grandes familles et des *landed interests !*

L'échec du chartisme

De 1832 à 1848, les progrès réalisés ne répondent pas aux espoirs des plus radicaux. Groupés autour de Robert Peel, les tories les plus avancés proclament en 1836 leur double volonté de réformer les abus les plus criants et de respecter l'ordre social et, membres du *Carlton Club*, reçoivent le nom de conservateurs ; lorsqu'il est au pouvoir, Peel s'efforce effectivement de faire appliquer avec honnêteté la loi de 1832 et s'attaque en particulier à la corruption électorale. Les whigs, qui deviennent, en 1847 seulement, les libéraux et se retrouvent au *Reform Club*, soutiennent avec plus ou moins de conviction la campagne de Grote en faveur du vote secret, mais sans succès. Le suffrage universel rallie contre lui les hommes des bords les plus opposés, prêts à reprendre la condamnation de Macaulay en 1842 : ce suffrage serait « fatal à tous les buts qui justifient un gouvernement et absolument incompatible avec l'existence même de la civilisation » ! Cette attitude explique la défaite politique du chartisme : mouvement de protestation sociale et politique tout à la fois, il doit beaucoup aux idées de Robert Owen sur la nécessité d'un Parlement représentatif des vrais producteurs ; animé par Francis Place, Lovett, O'Brien, il revendique à partir de 1837 l'adoption d'une Charte du Peuple et mène une campagne de pétitions pour obtenir le suffrage universel des hommes, le scrutin secret, l'indemnité parlementaire, un Parlement annuel ; bientôt divisé en une fraction dure, animée par O'Connor et ses amis du Nord, et une fraction londonienne plus modérée, il n'en réunit pas moins en 1839, à Londres, un « Parlement-fantôme », qui est censé représenter le pays réel, et qui fait remettre, le 6 mai, une première pétition au Parlement de Westminster. Son échec, suivi de l'insuccès d'une campagne de grève générale, et de la vigoureuse répression de l'agitation, ne décourage pas O'Connor qui devient le grand chef du mouvement ; il réussit à présenter encore deux pétitions, en 1842 et surtout en 1848, où, dans une conjoncture de grande peur sociale, il va apporter à Westminster un document revêtu de plus de six millions de signatures, dont beaucoup d'ailleurs sont apocryphes. L'échec politique du chartisme n'est pas sans appel et son rôle dans l'éveil d'une conscience ouvrière ne saurait être sous-estimé. Dans l'immédiat, rien n'a été changé. La vie politique reste limitée à des groupes sociaux très restreints et des chefs issus de l'aristocratie ou de la haute bourgeoisie, Russell, Melbourne, Peel, Disraeli, rivalisent avec plus ou moins de courtoisie et se heurtent surtout sur les problèmes économiques, en particulier sur le protectionnisme. Quant à la question irlandaise, malgré l'ardeur d'O'Connell, elle n'évolue guère ; mais inspirés par l'exemple de Mazzini, de jeunes nationalistes fondent le mouvement de la « Jeune Irlande » et substituent à la revendication de réformes celle de l'indépendance nationale ; la famine de 1845-47, qui prive l'Irlande de la moitié de sa population par mort ou émigration, donne un sursis aux tenants de l'Union.

La recherche d'un nouvel équilibre

De 1848 à 1868, la vie politique se place sous le signe de l'instabilité. L'unité du parti conservateur rompue par le ralliement de Peel au libre-échange, l'absence de toute discipline de parti entraînent de fréquentes crises ministérielles ; neuf gouvernements se succèdent de 1846 à 1867. Les chefs sont d'inégale valeur. Le plus intelligent des conservateurs, Disraeli, marqué par ses origines juives et surtout par un caractère parfois déplaisant, doit longtemps s'effacer devant des médiocres, comme Lord Derby. Transfuge des tories, intelligent et énergique, intègre et fidèle aux prescriptions de sa conscience, Gladstone est l'étoile montante des libéraux ; mais il doit compter, jusqu'en 1865, avec le chef du parti, Palmerston, qui mourra à son poste de Premier ministre à l'âge de quatre-vingt-un ans, n'avait guère le goût du changement et s'intéressait plus aux affaires extérieures qu'aux questions de politique intérieure. La présence de radicaux à l'aile gauche du libéralisme, celle des « *Peelites* » à leur aile droite rendent longtemps difficile toute politique suivie. Contre le vœu de nombre de leurs amis respectifs, Disraeli et Gladstone en sont arrivés dans les années 1860 à une même idée : la nécessité d'élargir le corps électoral, parce qu'il est injuste d'écarter du vote les hommes capables, selon ce dernier, et parce que, selon Disraeli, ce sera le moyen de renouer la grande alliance du trône et du peuple. La venue au pouvoir d'un ministère Derby-Disraeli permet en 1867 de réaliser un nouveau pas vers la démocratisation ; le *Reform Act* voté cette année-là, après des discussions passionnées, abaisse considérablement le cens dans les comtés, accorde le droit de vote dans les bourgs aux locataires d'un logement valant dix livres et aux *householders*, possesseurs d'un quelconque corps de bâtiment, sous réserve d'un an de résidence ; par ailleurs, 52 sièges sont redistribués entre les bourgs (22), les comtés (27) et les Universités (3) ; des mesures analogues sont prises en 1868 pour l'Écosse et l'Irlande. Un million d'électeurs nouveaux, issus surtout de l'aristocratie ouvrière, doublent le corps électoral et créent une situation nouvelle. Pour l'affronter, on voit dès 1868 les deux grands adversaires, Disraeli et Gladstone, accéder à la direction de leur parti respectif. Après un an de gouvernement conservateur, Gladstone devient Premier ministre en décembre 1868.

Gladstone et Disraeli

De 1868 à 1876, un équilibre politique plus réel peut s'instaurer. Solidement dirigés, leur homogénéité assurée par la création de l'Union nationale conservatrice (1867) et de la Fédération nationale libérale (1874), les deux grands partis alternent au pouvoir. Le droit de vote ouvrier ne modifie pas les règles du jeu : tout au plus un *Parliamentary Committee*, crée par les syndicats, est-il chargé de solliciter les candidats et de suivre les débats au Parlement !

Une période de réformes volontaires considérables caractérise l'activité des deux Premiers ministres au pouvoir. Gladstone fait adopter le principe du scrutin secret (1871), voter l'*Education Act* (1870) qui généralise l'enseignement primaire, le *Trades Union Act* (1871), reconnaissance légale des syndicats ; en 1873, une réforme judiciaire simplifie la procédure et unifie les cours supérieures ; sur le problème irlandais, une attitude réaliste est adoptée par le « *disestablishment* » de l'Église anglicane en Irlande et la redistribution de ses biens entre les Églises catholique et presbytérienne (1869) : réponse positive à l'agitation nationaliste des *Fenians*. De son côté, Disraeli, revenu au pouvoir en 1874, multiplie les lois sociales et remplace par l'*Employers and Workmen Act* l'ancien *Master and Servant Act* : il assure ainsi la pleine égalité civile de l'employé et de l'employeur et répond à une aspiration essentielle du monde ouvrier.

Le bilan

Soixante années d'évolution politique aboutissent à un bilan largement positif : le corps électoral a été considérablement élargi, le vote secret garantit de meilleures mœurs électorales, les incapacités liées au *Test Act* ont disparu ; depuis l'avènement de Victoria, on a réalisé le régime parlementaire, malgré l'autorité jalouse de la souveraine, conseillée par le prince Albert jusqu'à sa mort en 1861 ; dans les bourgs corporatifs, des municipalités élues sont instaurées depuis 1835, la fonction publique (*Civil Service*) est ouverte à tous et, à partir de 1860, des examens permettent de sélectionner des candidats compétents ; les catholiques irlandais ont reçu de sérieuses améliorations de leur sort. Tout n'est pas parfait. Des millions de citoyens sont encore privés du droit de voter, la répartition des sièges entre bourgs et comtés reste injuste, l'organisation municipale des villes qui n'étaient pas des bourgs est souvent encore à déterminer, l'Irlande n'a vu résoudre ni son problème social, qui est celui de la misère de tenanciers incertains de leur avenir, ni son problème national. Mais les progrès réalisés sont prometteurs. Et l'absence de toute révolution a permis à l'Angleterre d'exercer librement son action dans le monde.

2. UNE PRÉPONDÉRANCE ÉCONOMIQUE INCONTESTÉE

Du protectionnisme au libre-échange

L'Angleterre du début de la période est protectionniste. Comme dans la France voisine, des lois sont votées par un Parlement dominé par les intérêts ruraux : elles visent à empêcher les importations de produits agricoles étrangers en période de bonne récolte locale ; les *corn laws* de 1815, 1822 et 1828 déterminent d'abord un prix minimum au-dessous duquel il est interdit d'importer du blé, puis instaurent une échelle mobile des droits de douane, qui augmentent lorsque les prix intérieurs s'affaissent et inversement. C'est le choix du pain cher et des salaires alourdis, celui d'une industrie aux prix de revient plus élevés, celui d'un commerce extérieur limité par les inévitables mesures de rétorsion des nations agricoles. Les correctifs auxquels on recourt sont médiocres : traités de commerce avec certains pays européens, avec les États indépendants d'Amérique latine, etc. À partir de 1838, les manufacturiers partisans du libre-échange se regroupent à Manchester autour de Richard Cobden et fondent « l'Anti-Corn Law League, » dotée de nombreuses sections locales. Le mouvement libre-échangiste ne cesse de gagner du terrain, tirant quelque profit de la réforme électorale de 1832 et d'une meilleure représentation des villes et des intérêts industriels : dans les années 1840, il remporte succès sur succès. Dès 1842, Peel réduit considérablement les taxes à l'importation sur les matières premières, les produits manufacturés et semi-manufacturés et supprime les droits à l'exportation sur les produits finis. En 1845, il agit de même pour tous les droits à l'exportation et la plupart des taxes à l'importation. En juin 1846 enfin, poussé par la situation désastreuse des récoltes dans toute la Grande-Bretagne, mais surtout en Irlande, il fait voter l'abolition des lois sur le blé, ne maintient qu'un faible droit à l'importation des céréales, encore réduit en 1849. En 1853, Gladstone, chancelier de l'Échiquier de Palmerston, accentue encore le désarmement douanier. En 1860, l'année du traité de commerce Cobden-Michel Chevallier, les produits encore taxés à l'entrée dans le Royaume-Uni étaient essentiellement des produits de luxe. Cette époque est donc celle où la Grande-Bretagne a fait le choix du libre-échange. Choix dont Cobden affirmait qu'il serait heureux pour ses industriels et ses commerçants, mais aussi pour ses ouvriers. Choix dont ses adversaires attendaient les pires catastrophes dans le domaine agricole. Il s'est trouvé que jusqu'en 1873-76, les faits ont donné raison à Cobden et que l'agriculture britannique n'a pas subi de dommage irrémédiable.

La terre et ses problèmes

Depuis 1815, l'agriculture était apparue fragile. Encouragée par la pénurie et la hausse des prix, la culture avait fait de très gros progrès et les défrichements de terres médiocres, souvent laissées aux taillis auparavant, avaient contribué, parallèlement à l'amélioration des rendements des champs enclos, à accroître la production. Dans l'euphorie des hauts prix de la période de guerre, les fermiers avaient accepté des baux aux canons exorbitants, les petits propriétaires s'étaient endettés. L'affreuse récolte de 1816, la chute croissante des prix liée à une politique de déflation monétaire et à l'excès même de la production, le difficile paiement par les plus modestes d'une taxe des pauvres en accroissement régulier, l'impossibilité de payer le loyer trop élevé des fermes créent une situation de crise durable, que les radicaux dénoncent avec force : Cobbett, qui parcourt l'Angleterre et dont les impressions forment la trame de ses *Rural Rides*, annonce une ère de calamités pour les *yeomen* et les fermiers.

Si, de fait, la grande propriété et la grande exploitation ont pu faire des progrès nouveaux dans cette conjoncture difficile, la prospérité agricole ne s'en est pas moins lentement rétablie dans les années 1830 et 1840 : l'accroissement de la population et partant de la consommation intérieure ont procuré un rétablissement des prix à un niveau acceptable ; l'étranger était loin de pouvoir concurrencer efficacement la production nationale : la mauvaise qualité des transports intérieurs dans des pays comme la Russie, la faiblesse relative des excédents dans le monde, l'insuffisance de moyens de transport réguliers étaient d'aussi sûrs protecteurs que les lois sur le blé ! La suppression progressive après 1834 du *Speenhamland System* par la mise en vigueur de la nouvelle *Poor Law* diminue le fardeau qui pesait sur les propriétaires : la substitution de l'aide en atelier de travail à l'aide à domicile diminue le nombre de preneurs et hâte l'exode rural. Le développement de canaux et de chemins vicinaux, surtout dans le Sud, aide à la commercialisation des produits. Des perfectionnements techniques interviennent : des engrais sont introduits, tel le guano du Pérou, et des superphosphates produits, en faibles quantités, après 1842 ; la vapeur est appliquée, encore modestement, aux batteuses et même à la traction de charrues ; le semoir mécanique de Jethro Tull est perfectionné et enfin généralisé.

La politique libre-échangiste ne s'accompagne d'aucune catastrophe dans la mesure même où les obstacles au grand commerce international des aliments demeurent. La production de blé reste aussi importante, l'économie agricole se diversifie par le développement du secteur laitier ; les rendements s'améliorent avec l'utilisation croissante d'engrais, en particulier les nitrates et les superphosphates. Les initiatives sont stimulées par le mouvement de hausse générale et régulière des prix qui, après 1850, accroît les profits des producteurs. Seules les souffrances d'un prolétariat agricole nombreux témoignent que le sort plus heureux des propriétaires est fondé en partie sur la misère des travailleurs.

L'essor industriel

L'industrie a connu elle aussi une crise sévère au lendemain de la guerre, liée en partie à l'excès d'optimisme de manufacturiers qui avaient cru voir s'ouvrir devant eux le marché du monde. Mais un ensemble de facteurs déterminent une croissance de plus en plus rapide.

Les facteurs de développement

Parmi ces facteurs, on peut citer d'abord l'élargissement des possibilités de financement. Nous avons noté l'exceptionnelle importance des banques dans le Royaume-Uni dès la période précédente ; elle s'accroît encore avec la réduction à un rayon de 65 *miles* autour de Londres du privilège de la Banque d'Angleterre de n'avoir pas de rivale de plus de six actionnaires (1825), puis avec la suppression pure et simple de ce privilège en 1833 ; les banques d'affaires se développent alors considérablement, nouvelles comme la banque du District de Liverpool et Manchester (1829), ou anciennes et accrues, comme les banques Lloyds et Barclays. Ces banques sont parfois fragiles et imprudentes dans l'émission de billets couverts par la Banque d'Angleterre : le *Bank Charter Act* de 1844 limite le droit d'émission des banques particulières au montant émis jusqu'à cette date et fait de la Banque d'Angleterre la seule autorisée à émettre de nouveaux billets dans le respect d'une proportion donnée de son encaisse-or. Mesure de prudence, qui est judicieuse et sert le développement économique. Bénéficiant après 1830 de dépôts parfois importants de propriétaires agricoles, les banques ont pu efficacement aider l'industrie. De plus en plus aussi elles ont servi d'intermédiaire dans le placement des valeurs mobilières émises par les groupes industriels ou ferroviaires. Le taux modéré de l'escompte, 3,5 à 5 %, a eu pour l'industrie des conséquences également heureuses.

Après 1760, le coton avait été l'élément moteur de la révolution industrielle, le *leading sector*. À partir de 1830, le chemin de fer prend le relais avec son double rôle de distributeur de marchandises et de client essentiel des entreprises métallurgiques, mécaniques et autres. La mise au point de la locomotive a été la grande œuvre de Stephenson qui avait fait en 1829 l'éclatante démonstration des possibilités nouvelles sur la petite ligne Liverpool-Manchester. Les lignes se développent sur l'initiative de compagnies privées qui obtiennent du Parlement les *Acts* nécessaires et l'autorisation en particulier d'exproprier des terrains après juste indemnisation des propriétaires. Les grands initiateurs sont des ingénieurs et techniciens, comme George et Robert Stephenson, I. Brunel, d'anciens administrateurs, comme le capitaine Laws, de Leeds, des manufacturiers du textile comme G. Hudson, qui devient le « roi du rail », des quakers du Nord, comme Booth, Peases, Ellises. Ils sont attirés, et leurs disciples après eux, par la perspective de dividendes élevés, 6 à 10 % au début, alors que le loyer de l'argent est normalement inférieur de près de la moitié. Dès 1848, trois cents compagnies travaillent à la construction d'un réseau de plus en plus dense ; elles sont les premières de plus de mille constituées au cours du siècle, mais qui, par fusions successives, se réduiront à onze en 1914. Cette diversité n'est pas sans danger et l'écartement des rails diffère d'une région à une autre. Des vagues de constructions ultérieures se produisent en 1833-36 et en 1842-46 et le réseau atteint environ 5 000 kilomètres en 1848. Il en a près de 15 000 en 1860, près de 22 000 en 1871. Le chemin de fer procure du travail à plusieurs centaines de milliers d'ouvriers et d'employés et des commandes considérables à toutes les industries ; d'autant plus que jusque dans les années 1870, les rails sont en fer et doivent être périodiquement remplacés.

L'industrie bénéficie d'autre part de l'abondance des matières premières et des sources d'énergie. Seul le coton doit être importé en grandes quantités des Indes, mais de plus en plus des États-Unis : la « famine du coton » de 1862-66 a été directement liée à la guerre de Sécession américaine. L'Angleterre reste une grande productrice de laine et son troupeau d'ovins comprend encore trente millions de têtes vers 1870. Le minerai de fer, de faible teneur, est surexploité : la production de quinze millions de tonnes de minerai fait en 1870 de la Grande-Bretagne le premier producteur mondial avec la moitié de la production totale ; on importe pourtant du fer de qualité de Suède et de Russie. Surtout, la Grande-Bretagne est un « bloc de houille » : du Northumberland et du Durham, la production se déplace vers le Staffordshire, le Lancashire, l'Écosse, le pays de Galles. Les veines sont exploitées parfois à ciel ouvert ou par des entailles dans les flancs des vallées, comme dans le pays de Galles et le sud du Staffordshire ; de plus en plus, les puits descendent vers des profondeurs importantes, atteignant 300 à 400 mètres dès 1845. Les dangers que représentent l'eau, le gaz, la mauvaise aération font souvent du travail du mineur un enfer ; la remontée du charbon a longtemps dû se faire à dos d'hommes et de femmes, mais la remontée mécanique triomphe dans les années 1830 ; des catastrophes minières dans le Yorkshire et le Lancashire poussent le Parlement à intervenir en 1850 et à imposer de plus grandes précautions et la recherche de meilleurs moyens de ventilation. La production passe de 21 millions de tonnes vers 1826 à 44 millions en 1848, 81 millions en 1860, 112 millions en 1870, date à laquelle elle représente la moitié de la production mondiale.

À ces divers facteurs, il faudrait ajouter l'abondance croissante d'une main-d'œuvre chassée des campagnes, l'élargissement du marché intérieur lié à l'accroissement de la population, celui des marchés extérieurs grâce à la politique commerciale et à l'extension de l'Empire. L'entrée même d'États nouveaux dans l'ère industrielle joue en faveur de l'industrie anglaise dans une première période où ces États doivent créer une infrastructure de voies de communications, acquérir les premières machines ou les brevets anglais.

Progrès et crises

Le développement industriel ne s'effectue pas selon une ligne harmonieuse. Il se déroule dans le cadre du capitalisme concurrentiel et les crises de surproduction ou les crises financières l'affectent périodiquement : elles ont fourni à Karl Marx et Friedrich Engels les exemples qui ont guidé leurs démonstrations. Dès 1825, une grave crise secoue l'industrie, due à un suréquipement, à un recours excessif au crédit et à la faillite de banques imprudentes ; elle s'avère durable, car les prix agricoles déprimés limitent les dépôts bancaires des propriétaires fonciers. De 1830 à 1837, la situation s'améliore par le développement de banques nouvelles, les dépôts plus importants des propriétaires, les perspectives de débouchés offertes par le chemin de fer. De 1838 à 1841, l'excès même des entreprises ferroviaires dans les années précédentes et une crise agricole limitent les possibilités d'investissement et créent une courte dépression. De 1841 à 1846, la baisse des tarifs douaniers, de bonnes récoltes de 1842 à 1845, le crédit aisé et facilité par des capitaux étrangers, la reprise des constructions ferroviaires créent les conditions les plus favorables. Une nouvelle dépression affecte le Royaume-Uni de 1846 à 1851 : mauvaises récoltes, conjoncture politique européenne, détournement de capitaux vers l'importation spéculative de denrées alimentaires sont parmi les principaux responsables. Un net redressement suit, de 1851 à 1857, lié au début de la hausse lente et régulière des prix que provoquent l'arrivée d'or de Californie et d'Australie et l'accroissement de la circulation monétaire ; la guerre de Crimée entraîne d'autre part des commandes non négligeables à l'industrie ; un nouveau « boom » des chemins de fer se produit. De 1857 à 1873, les crises ont beaucoup moins d'ampleur ; elles dépendent d'événements incontrôlables, telle la famine du coton, et son compensées par l'élargissement constant des marchés extérieurs et par l'accroissement de la demande intérieure permise, entre autres, par une hausse des salaires réels. Une véritable euphorie s'instaure alors, qui va rendre d'autant plus pénible le réveil de 1873-1876.

Le travail industriel

L'industrie qui se développe au milieu de ces crises n'affecte pas toujours des formes entièrement nouvelles. L'artisanat oppose longtemps une résistance efficace au *factory system :* dans les industries du coton, en 1834, les deux tiers des métiers sont encore à main et la victoire des métiers mécaniques n'est assurée que vers 1850 où ils représentent plus du quintuple des métiers manuels ; elle n'est définitive qu'après la famine du coton qui ruine les artisans ; l'industrie lainière ne connaît un grand essor des métiers mécaniques que vers 1835, et, dans le Yorkshire, on voit les artisans constituer des coopératives de fabrication pour conserver leur indépendance ; le déclin des artisans du lin ne se produit que vers 1860 et plus tard encore pour les artisans de la soie ; dans la bonneterie, en 1862 encore, les usines ne renferment que 4 500 des 120 000 personnes employées dans cette branche ; la coutellerie, l'armurerie, la serrurerie sont encore en 1870 le domaine des artisans et la seule région de Birmingham compte encore dix à onze mille petits ateliers regroupés parfois sous l'autorité de marchands-fabricants. La grande industrie a donc lentement gagné du terrain. Encore faudrait-il se garder de confondre industrie mécanisée et entreprises concentrées et géantes : en 1851, sur mille manufactures d'étoffes de laine, 82 seulement comptent plus de cent ouvriers ; à la même date, sur les 677 plus importantes firmes métallurgiques, 34 en ont plus de 100, 14 plus de 350. En 1870-1871, la moyenne du nombre d'ouvriers par usine de cotonnades est de 190 mais de 70 seulement pour les lainages, de 71 pour la bonneterie ; si la moyenne par chantier naval est de 570 ouvriers, et par usine de métallurgie lourde de 219, elle n'est que de 85 dans les industries mécaniques, inférieure à 22 pour les coutelleries. Si de vieux centres, et tout particulièrement Londres, gardent une grande importance industrielle, une concentration croissante se fait dans l'Ouest, de l'Écosse au pays de Galles, et dans le Centre. Les productions augmentent : avec plus de six millions de tonnes de fonte, l'Angleterre fournit plus de la moitié de la production mondiale vers 1870, et, adoptant et perfectionnant le procédé Bessemer, fabrique 250 000 tonnes d'acier en 1870 ; avec 374 000 tonnes de rails en fer en 1874, elle assure ses besoins propres et ceux de nombreux pays étrangers ; dans tous les domaines, de l'industrie cotonnière aux constructions mécaniques et navales, la production britannique domine largement celle des autres nations.

Les gains du commerce

L'essor du commerce extérieur atteste que ce progrès industriel a correspondu à des besoins du marché mondial. Ce commerce bénéficie d'une politique de plus en plus libérale ; en 1826, l'*acte de Navigation* a été aboli en faveur des nations européennes et les lois de 1842, 1846 et 1854 achèvent de le détruire dans tous ses effets. La flotte de commerce anglaise assure cependant une grande part des échanges extérieurs britanniques et participe largement à ceux d'autres nations ; en 1874 encore, avec près de six millions de tonneaux, elle est la plus importante du monde, devançant largement une flotte américaine utilisée pour beaucoup dans le commerce côtier (trois millions et demi de tonneaux) et trois fois plus importante que la flotte française ; elle s'est progressivement modernisée, adoptant après 1850 le fer pour remplacer le bois, améliorant les techniques de navigation à la voile pour aboutir au merveilleux *clipper*, substituant lentement, à partir des années 60, le vapeur au voilier. Le Royaume-Uni exporte en quantités croissantes des produits métallurgiques finis ou demi-finis, du charbon (un million de tonnes vers 1837, plus de quinze vers 1875), mais la part des textiles reste largement majoritaire, voisine des trois quarts au début de la période, encore supérieure à la moitié vers la fin. Aux importations de matières premières, de produits de luxe, de denrées coloniales, s'ajoutent de plus en plus celles de produits alimentaires, céréales ou bétail sur pied, dont la proportion passe de 20 à 25 % vers 1815 à 40 à 45 % dès la fin de cette période. Le commerce extérieur britannique se place largement en tête de tous les autres : en 1870, il porte sur 547 millions de livres sterling, plus que les commerces français, allemand et italien réunis, plus du triple du commerce des États-Unis. La balance commerciale est légèrement déficitaire : à cette date, les exportations ne se montent qu'à 245 millions de livres. Mais les revenus invisibles, de la location des bateaux aux dividendes du milliard de livres placées à l'étranger, en passant par les assurances et les opérations bancaires, procurent un confortable excédent de la balance des comptes.

Dans les années 1870, le Royaume-Uni est l'« atelier du monde », le géant économique. Un juste orgueil habite ses citoyens devant ce que Gladstone appelait déjà, en 1863, « un étourdissant accroissement de richesses et de puissance ».

3. UNE SOCIÉTÉ PLUS HEUREUSE

Démographie et répartition

Le Royaume-Uni renferme une population de plus en plus nombreuse : d'environ 21 millions d'habitants vers 1815, elle passe à près de 32 millions en 1871 malgré une émigration de plusieurs millions de personnes vers l'Empire ou les États-Unis. L'accroissement est davantage dû au maintien d'un fort taux de natalité qu'à l'abaissement du taux de mortalité : la mortalité reste lourde, supérieure à 214 pour 10 000 en 1845, à 225 en 1870, avec des pointes lors des épidémies, plus lourde dans les villes et dans la classe ouvrière. La natalité demeure forte malgré les sombres prédictions de Malthus et la propagande déclenchée dès 1823 par Francis Place, dans son « tract diabolique », pour un contrôle des naissances : les taux sont toujours supérieurs à 350 pour 10 000, alors qu'en France ils sont tombés au-dessous de 300 dès 1831, au-dessous de 260 dès 1860-1870.

La répartition de cette population évolue. La part de la population rurale est encore de 52 % en 1851, elle n'est plus que de 37 % en 1881 ; si l'on ne considère que l'Angleterre et le pays de Galles, les proportions sont respectivement de 48, puis 31. De 1800 à 1850, Birmingham, Liverpool, Manchester quadruplent leur population et, en

1850, vingt-huit villes ont plus de cent mille habitants. Londres s'accroît en moyenne à raison de 250 000 habitants tous les dix ans avant 1841, de 500 000 habitants tous les dix ans ensuite et compte plus de quatre millions d'habitants vers 1880 : alors que, vers le milieu du siècle, 1 200 000 personnes s'entassent dans le Londres traditionnel, l'essor se fait surtout vers des faubourgs nouveaux et, à partir de 1855, commence un mouvement de désertion de la Cité. Par ailleurs, l'Angleterre noire l'emporte sur l'Angleterre verte, le Nord et l'Ouest sur le Sud-Est et les hommes se concentrent autour des mines et des ports maritimes.

Le monde rural

Les campagnes ne se dépeuplent pas autant que les chiffres évoqués pourraient le faire croire. Toutes les industries sont loin d'être urbaines et nous avons vu pour le XVIIIe siècle que les progrès techniques n'entraînent pas nécessairement une réduction de la main-d'œuvre employée. En fait, c'est souvent un trop-plein qui se déverse vers les villes et c'est la stagnation de la population rurale plus que sa diminution numérique qui explique l'évolution des proportions de ruraux et de citadins. La concentration de la propriété et de l'exploitation se poursuit et peut être mesurée dans ses effets par une statistique établie en 1871-1873 à la demande de la Chambre des lords et qui aboutit à la rédaction d'un « nouveau *Domesday Book* » : le quart des terres du Royaume-Uni est alors aux mains de 1 200 personnes et la moitié entre celles de 7 400 propriétaires. En Angleterre et dans le pays de Galles, 4 000 familles possèdent les quatre septièmes du sol, mais des parcelles urbaines sont comprises dans les trois septièmes restants. Critiquables et critiqués, ces chiffres n'en donnent pas moins, malgré les défauts des méthodes employées, un ordre de grandeur valable. Les vieilles familles aristocratiques sont toujours les plus importantes parmi les possesseurs de grands domaines, mais la mobilité de la propriété foncière reste grande et les nouveaux riches investissent encore volontiers des capitaux dans la terre. Petits et grands propriétaires avaient continué à enclore et remembrer leurs exploitations, mais la décennie 1865-1875 voit la fin de ce long mouvement des *enclosures*. Les propriétaires exploitant directement leurs terres, héritiers des *yeomen*, ne possèdent plus que 12 à 15 % du sol. Les *lords* et les *squires* tiennent le haut du pavé et afferment leurs terres. Une proportion déclinante est constituée par des tenanciers à vie. Les fermes ont des dimensions respectables : en 1851, la moyenne pour l'Angleterre et le pays de Galles est voisine d'une soixantaine d'hectares ; et 16 000 fermes, couvrant environ un tiers du sol cultivé, ont plus de 150 hectares ; la taille des fermes a tendance à croître entre 1851 et 1871. Soulagés par l'adoption d'une nouvelle loi des pauvres en 1834 et la conversion des dîmes en rentes rachetables (1836), propriétaires et fermiers ont bénéficié de l'amélioration des rendements et de la hausse des prix après 1830. De plus en plus nombreux, les ouvriers agricoles ont connu une longue période de misère ; leurs salaires, maintenus à un niveau fort bas par l'existence même de secours aux pauvres à domicile jusqu'en 1834, n'ont été que lentement relevés. Entre 1860 et 1873, le mouvement de hausse des salaires est remarquable, mais on part de très bas. Les ouvriers agricoles tentent d'améliorer leur sort par la lutte syndicale et des Unions sont organisées dans les comtés à partir de 1871 ; Joseph Arch, prédicateur méthodiste, se fait l'apôtre de l'Union syndicale en milieu agricole et son groupement « national » revendique cent mille membres en 1873-1874, répartis dans la plupart des comtés anglais de l'Est et du Sud-Est ; les réactions des propriétaires et fermiers, qui n'hésitent pas à renvoyer leurs ouvriers syndiqués, et les effets de la dépression naissante ramènent ce chiffre à soixante mille à la fin de 1875. À la veille de la grande crise des campagnes, la hiérarchie traditionnelle reste forte, mais la prise de conscience des pauvres, liée à l'essor de l'éducation élémentaire, menace les positions des rentiers du sol et des fermiers.

Employés et ouvriers

Les contrastes sociaux sont fort grands aussi dans les secteurs secondaire et tertiaire. Le monde du petit commerce souffre de l'essor des *bazars* dans les années 1820 et surtout, dans la période qui suit 1860, des grands magasins : *Whiteley, Peter Robinson, Selfridges, Harrods, Maple*. L'offre de main-d'œuvre, considérable au niveau des employés, conduit à la médiocrité des salaires. Le monde ouvrier surtout attire l'attention et fait l'objet d'enquêtes menées tant par des Britanniques que par des étrangers (Friedrich Engels ou Eugène Buret par exemple). Les maux sont connus : longues journées de labeur dans les conditions les plus insalubres, véritable esclavage des enfants, que des parents misérables ou des administrateurs sans scrupules laissent embrigader dans de tristes armées industrielles ; travail nécessaire des femmes, tentées souvent d'accroître leurs maigres revenus par la prostitution ; conditions atroces de logement dans les villes surpeuplées et des quartiers insalubres, dont les problèmes sont mal résolus par des administrateurs plus ou moins compétents et à l'autorité géographiquement limitée et souvent restreinte à une partie des diverses agglomérations urbaines. Les variantes sont pourtant nombreuses : l'aristocratie des *skilled workers*, celle des mécaniciens, des maçons, des charpentiers, etc., connaît un sort plus heureux que celui des manœuvres ; les ouvriers de petites villes ou d'industries rurales peuvent encore adjoindre à leurs revenus les suppléments de quelque jardin et jouissent d'un logement meilleur. Des lois, longtemps fort rares, ont apporté quelque amélioration : en 1802, le travail des enfants assistés est limité, dans les usines, à douze heures par jour ; en 1819, l'emploi d'enfants de moins de neuf ans est interdit dans les usines de cotonnades et la durée de travail limitée à douze heures pour ceux de neuf à seize ans ; en 1833, on ordonne que les enfants de neuf à treize ans ne travaillent que quarante-huit heures par semaine dans les usines textiles et puissent aller à l'école au moins deux heures par jour, et on limite à douze heures par jour la journée de travail des enfants de treize à dix-huit ans ; une loi de 1842 interdit le travail au fond des mines aux femmes et aux enfants de moins de dix ans ; d'autres lois du même type suivent, toutes inspirées par des considérations philanthropiques et morales, mais qui, théoriquement applicables aux seuls femmes et enfants, diminuent en fait la journée de travail de tous, car les hommes œuvrent sur les mêmes machines et dans les mêmes entreprises que les catégories bénéficiaires. Il est vrai que l'adoption d'une loi, même accompagnée, comme en 1833, de la création d'un corps d'inspecteurs, ne signifie pas son application rigoureuse par les employeurs. Les ouvriers profitent d'autre part des efforts faits pour améliorer l'urbanisme : des commissions municipales sont autorisées par le Parlement à prendre toutes mesures de drainage et de nettoyage dans leurs villes respectives ; à Londres, la création du *Metropolitan Board of Works* en 1855 permet une coordination salutaire du travail jusqu'alors effectué par quelque trois cents administrations en dehors de la Cité. Les périodes de prospérité permettent d'obtenir des hausses de salaires : les salaires nominaux augmentent de 30 à 50 % entre 1850 et 1870 et les salaires réels de plus de 10 % ; c'est ce que relève Gladstone en 1863 : « En même temps que les riches sont devenus plus riches, les pauvres sont devenus moins pauvres. » Le développement de mutuelles d'assurances (*Friendly Societies*), de coopératives d'achats, de caisses d'épargne à partir du milieu du siècle aide les ouvriers en même temps qu'il atteste l'amélioration de leur condition.

Dans la mémoire ouvrière pourtant, les périodes antérieures aux années 1880 demeurent marquées par le traumatisme effrayant occasionné par la loi des pauvres de 1834. Elle a été souhaitée par les bourgeois comme par les propriétaires et fermiers, tous atterrés par le poids croissant des taxes levées pour l'assistance publique. Elle a été conçue par un technocrate de génie, Edwin Chadwick, qui a formulé un plan fondé sur les principes de l'uniformité nationale du système, de l'enfermement des assistés dans des hospices de travail, les *workhouses*, et surtout, dans ces hospices, de *less eligibility*, c'est-à-dire de l'offre de conditions de vie moins « éligibles » que la plus misérable des vies d'ouvrier non assisté. La séparation des membres d'une même famille, le port d'un uniforme dégradant, un travail pénible, une alimentation souvent indigne ont fait des *workhouses* de véritables « *bastilles* », dénoncées comme telles par les philanthropes comme par les victimes du système. Si le coût des installations n'a jamais permis d'en prévoir pour davantage qu'une minorité des assistés, la menace de nouvelles fondations et la véritable panique des indigents ont certainement contribué à diminuer le nombre de demandeurs et, ainsi, les dépenses de la charité publique.

Le syndicalisme

Cette amélioration est recherchée aussi par la voie politique et syndicale. L'abolition en 1825 du *Combination Act* a permis la reprise légale de la coalition et a donné naissance à des unions plus ou moins durables. Les années 1830 voient fleurir nombre d'associations, les unes coopératives et animées par les idées de Robert Owen, d'autres plus combatives, telle l'Association pour la protection du travail qui compte cent mille membres en 1832 ; telle aussi l'Union Nationale des Métiers, fondée par Robert Owen en 1833 et qui comprend jusqu'à cinquante mille membres ; plus ou moins éphémères, des syndicats locaux prospèrent parfois, ainsi l'Union des Fileurs de Coton du Lancashire fondée en 1830 par l'Irlandais Doherty. La vigoureuse résistance patronale, les lock-out, le renvoi des syndiqués ont souvent raison des plus obstinés. Le mouvement syndical s'affaiblit après 1837, relayé par le chartisme : sur le plan économique et social, ses dirigeants insistent sur l'idée que le travail est la source de toute valeur, que le profit dérive d'une plus-value, que l'alliance de fait des manufacturiers et des propriétaires crée un véritable esclavage des pauvres, qu'une réforme politique pourra seule délivrer. L'échec du chartisme fait d'un syndicalisme apolitique l'unique instrument aux mains des travailleurs ; peu l'utilisent : 150 000 vers 1850, 200 à 300 000 dans les années 60 ; et ce sont surtout des ouvriers spécialisés, capables de payer plus régulièrement des cotisations assez élevées pour que les syndicats soient à la fois des organes de lutte et des sociétés d'assurances mutuelles. Ainsi l'*Amalgamated Society of Engineers*, réorganisée après 1851, peut compter 300 sections et 30 000 membres en 1865. Éblouissant aux yeux des visiteurs continentaux de l'Exposition universelle de 1862, le syndicalisme britannique représente, de fait, une puissance depuis que la fondation, en 1860, du *London Trades Council* permet de coordonner l'action des Unions de la capitale, mais aussi des Unions nationales qui y ont leur siège : le comité directeur, la « Junta », prend une importance croissante. Un court moment liés à l'Association Internationale des Travailleurs, fondée en 1864 sous l'égide de Karl Marx, les dirigeants syndicalistes sacrifient rapidement leurs vagues idéaux internationalistes sur « l'autel de leur reconnaissance par les classes moyennes ». En 1871, le *Trades Union Act* est la reconnaissance légale des syndicats, dont la personnalité civile est enfin admise ; le *Criminal Law Amendment*

Act, promulgué en même temps, interdit pourtant sévèrement l'obstruction à la liberté du travail et les piquets de grève ; mais cette dernière restriction est abolie par le *Conspiracy and Protection of Property Act* de 1875. Animé chaque année après 1868 par le *Trade Union Congress* (T.U.C.), qui reprend à la « Junta » son rôle dirigeant, le syndicalisme progresse nettement jusqu'en 1875 : le nombre de membres représentés au Congrès de 1874, tous encore des ouvriers qualifiés, est proche de 1 200 000. Cette force explique les mesures sociales prises par Disraeli à son retour au pouvoir. Parmi les grands objectifs des syndicats figure alors la journée de neuf heures : ce qui montre combien la journée de travail avait déjà été réduite depuis le début de la période.

Les limites des antagonismes sociaux

Les contrastes sociaux ont rarement débouché sur une lutte révolutionnaire des classes. Karl Marx, réfugié en Angleterre à partir d'août 1849, et connu là surtout comme un intellectuel éminent, a pu souvent le déplorer. Les ouvriers britanniques, dans leur immense majorité, ne se sont pas considérés en guerre avec le patronat : l'esprit religieux, profondément ancré en eux, constitue une explication, mais il faut tenir compte aussi de l'origine des principaux idéologues sociaux : Robert Owen, lui-même longtemps grand patron, prêche la solidarité et la réconciliation des classes, Ludlow, Maurice et Kingsley, dans les années 1850, sont les premiers chrétiens-sociaux qui en appellent à l'injustice du sentiment religieux. Les classes supérieures, longtemps hostiles aux interventions de l'État, comprennent dans leurs rangs nombre de méthodistes, de quakers, d'évangéliques très sensibles à la nécessité de la philanthropie et de grands patrons, comme Robert Peel, ont approuvé, malgré leurs implications, les lois de protection des femmes et des enfants ; sensibles, peut-être, à l'attitude de ceux qui, vers 1830-

1833, leur reprochaient une philanthropie active à l'égard des terres lointaines et leur hypocrite oubli de l'« esclavage blanc ». La prépondérance croissante de l'économie anglaise dans le monde a assuré une prospérité dont des miettes ont été plus facilement laissées au monde du travail. Les progrès économiques et sociaux des années 60 et des premières années 70 ont fait des dirigeants syndicaux eux-mêmes de fermes tenants de l'optimisme libéral : l'âge d'or pour tous est au terme d'une évolution sans cesse accélérée.

Religion et société

La paix sociale semble à certains menacée par le déclin croissant de la morale et de la pratique religieuse. Les diverses Églises le proclament et la Chambre des lords s'en émeut, qui ordonne en 1851 une enquête précise. Il apparaît qu'à cette date, l'irréligion caractériserait au moins 20 % des chrétiens anglais, mais plus de 50 % des citadins et des habitants des zones industrielles ; en 1869, l'Église d'Angleterre proclame que les villes « sont de véritables déserts moraux ». On rattache volontiers à cette baisse de la pratique l'essor inquiétant de la criminalité, qui pousse au développement de la police et à la centralisation, en 1856, sous la tutelle du *Home Office*, des diverses polices locales. En fait, la pratique religieuse est parfois rendue difficile par le manque d'églises dans les régions en développement et par le niveau intellectuel trop élevé de prêtres qui ne savent pas retenir l'intérêt d'une population ouvrière où l'on note encore 40 % d'analphabètes en 1875. Et le sentiment religieux reste souvent vivace là où les conditions de la vie moderne ne permettent plus une pratique régulière. Les Églises réagissent d'ailleurs. Pénétrée par la tendance évangélique et un temps stimulée de l'intérieur par le *Mouvement d'Oxford* de Newman, l'Église Établie multiplie les efforts : elle approuve l'action d'œuvres comme la *London City*

Mission, qui, fondée en 1836 par des évangéliques, et regroupant des protestants de toutes tendances, s'est donnée une mission d'apostolat auprès des plus déshérités ; elle hâte la construction d'églises, crée des paroisses nouvelles. De son côté l'Église catholique, qui reste celle de moins de 5 % des Britanniques, renaît après 1829, recueille les transfuges de l'anglicanisme, tels Newman et ses disciples, se dote d'une nouvelle hiérarchie en 1850 malgré l'antipapisme du Parlement, et s'efforce de développer une activité missionnaire. Des particuliers prennent l'initiative de fonder des sociétés de promotion de la foi, telle la *Society for Promoting the Due Observance of the Lord's Day* qui progresse après 1854. Ces réactions vives et précoces ont pu enrayer, ici plus que sur le Continent, le mouvement de déchristianisation des masses.

La « première » Angleterre victorienne est celle de multiples maux sociaux, si admirablement dénoncés par Charles Dickens ; mais c'est aussi celle d'hommes sincères et généreux qui essayent de leur porter remède ; et, sur la fin de la période, c'est celle de l'espérance des pauvres, qui s'organisent dans les campagnes et dans les villes, sont conscients de progrès certains et croient que diminuera l'écart considérable entre leur niveau de vie et celui des enrichis de la rente foncière, du commerce et de l'industrie.

4. UN EMPIRE ÉTENDU ET CONSOLIDÉ

Les acquisitions de l'Angleterre à l'occasion des guerres révolutionnaires (Malte, Le Cap, Ceylan, l'île Maurice) semblent démontrer sa volonté de raffermir l'Empire colonial et de développer la sécurité des voies de communication dans la « thalassocratie » britannique. Mais l'ère du libéralisme politique et économique a été celle de la remise en question des principes coloniaux traditionnels et l'expansion impériale est relativement paradoxale et se fait sans plan préconçu, à la suite d'initiatives locales ou individuelles ou sous le coup de nécessités inéluctables.

Humanitarisme et libéralisme

Des conceptions humanitaires modifient le sens de l'œuvre coloniale. Elles se manifestent dès les années 1780 et prennent d'abord l'apparence de l'antiesclavagisme. Le député Wilberforce, qui avait fondé la *Société pour l'abolition du Trafic des Esclaves*, avait obtenu en 1807 l'interdiction de la traite aux sujets et aux navires britanniques ; mesure progressivement étendue à d'autres nations sur les insistances du gouvernement de Sa Majesté. Prolongée dans les années 1820 et 1830 par une campagne contre l'esclavage lui-même, l'action de Wilberforce et de ses amis aboutit à l'abolition pure et simple de cet esclavage dans les colonies anglaises, et tout particulièrement dans les Antilles : cela non sans résistance de la part des colons, que la loi de 1833 prévoit d'indemniser largement et auxquels elle accorde quelques années de grâce avant l'exécution complète de la décision prise. Mais l'humanitarisme ne s'éteint pas avec le succès de l'antiesclavagisme. La conception s'élargit à celle de la nécessité d'une tutelle des populations indigènes, qu'il s'agit de former et de protéger. Au nom de cette conception, l'expansion est concevable, mais doit se faire dans le respect des colonisés. Adoptée par de nombreux missionnaires, des philanthropes, des fonctionnaires, elle contribue à donner un visage plus avenant à la colonisation anglaise, celui d'un certain paternalisme.

Très différentes sont les théories dites « libérales » ou « radicales » en honneur pendant près de trois quarts de siècle, c'est-à-dire pendant la plus grande partie de la période d'expansion économique. À la suite de Jérémie Bentham lui-même, des hommes politiques, comme

Henry Parnell, qui écrit en 1830 *On Financial Reform*, des industriels de l'école de Manchester, groupés autour de Cobden, des théoriciens de la pensée économique, disciples plus ou moins proches d'Adam Smith, ont tendance à proclamer leur scepticisme à l'égard de l'avenir de la colonisation. Les colonies coûtent cher en travaux d'infrastructure et de défense ; les dépenses de cet ordre incombent surtout à la métropole, qui les paie par un prélèvement sur l'épargne sous la forme d'impositions et qui retire ainsi du marché financier des capitaux dont l'industrialisation a un urgent besoin ; les colonies sont ingrates et, selon la formule même de Turgot, sont comme des fruits qui, devenus mûrs, se détachent de l'arbre : l'exemple des États-Unis le prouve. Ce même exemple démontre d'ailleurs que le développement de relations commerciales ne présuppose pas, comme le croyait encore un Chatham au siècle précédent, des liens de subordination politique : les exportations britanniques vers les anciennes colonies n'ont-elles pas atteint en 1815 le chiffre record de 52 millions de livres sterling ? Les libéraux ne vont pas jusqu'à réclamer une décolonisation immédiate : Henry Parnell propose tout au plus l'abandon de quelques Antilles, de Ceylan, de l'île Maurice, de certains postes et fait une allusion à peine voilée à l'inévitable indépendance du Canada. Les industriels de Manchester savent trop tout l'intérêt de l'Inde pour l'économie britannique pour songer à l'abandonner. Mais ils demandent qu'on ne fasse plus de nouvelle conquête et ils soulignent que, l'évolution des colonies vers l'indépendance étant inéluctable, il convient de ne pas s'y opposer, mais de l'aider par des mesures progressives ; ainsi seraient protégés plus tard les liens économiques, autrement plus importants. Cette théorie coloniale n'a rallié qu'une minorité de « *Little Englanders* ». Elle a pu convaincre de la possibilité de réformes modérées, comme l'extension du *self-government*. Elle a tout au plus freiné l'expansion territoriale en privilégiant la conquête de marchés.

L'expansion

Celle-ci se fait pourtant dans des directions variées entre 1815 et 1876. En Asie, la conquête de l'Inde s'achève, mais on cherche à consolider ses frontières et on annexe successivement la Birmanie, le Sind, le Punjab en même temps qu'en vertu de la doctrine du *lapse* de Lord Dalhousie, on fait « tomber » dans le domaine direct de l'administration britannique tout État dont le prince décédé n'a pas d'héritiers naturels ; l'achat de Singapour, l'acquisition de Hong-Kong procurent des bases fructueuses de commerce avec la Malaisie et la Chine. En Afrique, les fonctionnaires locaux, les missionnaires, les marchands prennent souvent l'initiative de développer ou de créer des comptoirs : la Sierra Leone, la Gold Coast, le Cameroun, le Nigeria sont issus de ce comportement ; par ailleurs, en 1843, alors que les Boers avaient entrepris le *great trek*, la grande migration sur chars à bœufs, pour fonder un État au nord du Cap, les Anglais s'emparent de leur première fondation, le Natal, occupent le territoire entre Orange et Vaal, ne consentent à reconnaître l'indépendance que du Transvaal et de l'Orange. En Océanie et dans le Pacifique, à l'Australie acquise à la fin du XVIIIe siècle et devenue en 1788 la colonie à *convicts* qu'elle reste jusqu'en 1840, on ajoute la Nouvelle-Zélande : cette annexion a été imposée à un gouvernement et un parlement réticents par les initiatives locales de Wakefield et ses amis, soutenus à Londres par la *Church Missionary Society* et par des hommes d'affaires, tel le banquier Francis Baring, mais elle s'explique aussi par les convoitises françaises ; exemple parfait du processus de développement colonial en cette période. En Amérique enfin, où les Antilles, la Guyane, le Honduras restent des secteurs inégalement développés, l'expansion se fait de l'est vers l'ouest dans le Canada britannique. En 1876, l'Empire britannique apparaît considérablement élargi par rapport à 1815, même si l'occupation effective de nombre de territoires, en premier lieu ceux d'Océanie, est fort ténue.

L'organisation de l'Empire

L'administration de cet Empire présente de nombreuses faiblesses et une grande diversité. À Londres, un *Colonial Office* se développe lentement cependant que l'Inde, jusqu'en 1856 sous l'administration de la Compagnie, est surveillée par un *Board of Control* créé en 1784 ; après 1856, la révolte des Cipayes entraîne la suppression de la Compagnie et la transformation de l'Inde en colonie de la Couronne : situation humiliante que Disraeli modifie en faisant attribuer à Victoria la Couronne impériale des Indes, soumettant ainsi l'Inde britannique non au souverain d'un pays lointain, mais à une Impératrice du pays même. Dans les territoires coloniaux, les administrateurs sont parfois des médiocres et la plupart des hauts postes s'obtiennent grâce au patronage de grandes familles qui placent au loin leurs protégés ou des fils dépourvus d'avenir en métropole même.

À l'égard des colonies de peuplement blanc ou à prépondérance blanche, la politique gouvernementale est de plus en plus libérale et on admet une évolution vers l'autonomie, prélude à l'indépendance. Au Canada, la mission Durham de 1838 aboutit à la conclusion qu'il fallait à la fois unifier les deux Canadas français et anglais, pour consolider la prépondérance britannique et accorder une plus grande autonomie : en 1840, on crée une assemblée unique et un gouvernement responsable pour les affaires locales ; régime provisoire que modifie en 1867 le *British North America Act* : au régime unitaire est substituée une organisation fédérale, associant au départ quatre provinces en un dominion gouverné par un gouverneur général, assisté d'un Parlement de deux chambres et d'un ministère ; doté d'une large autonomie interne, l'ensemble s'agrandit après l'accord avec la Compagnie de la Baie d'Hudson qui renonce à ses droits territoriaux (1869) et l'intégration de la Colombie britannique (1871) et de l'île du Prince Édouard (1873). En Australie, quatre colonies accèdent à l'autonomie interne entre 1825 et 1850. Une constitution fédérale et une autonomie interne sont de même rapidement concédées à la Nouvelle-Zélande après 1840. Entre 1849 et 1853, les deux colonies du Cap et du Natal sont séparées et dotées chacune d'un gouvernement représentatif.

L'attitude est infiniment moins libérale dans les territoires qui ne sont pas soumis à la domination d'une population d'origine européenne. L'exemple typique est celui de l'Inde. Soumise à un gouverneur général britannique, nommé par la Compagnie jusqu'en 1856, elle est administrée par des Britanniques dans les territoires non princiers : le *Civil Service* de l'Inde n'est que théoriquement ouvert aux indigènes en 1833. Après la révolte des Cipayes, le *Gouvernment of India Act* de 1858 transforme l'Inde en colonie, la soumet à un secrétaire d'État à Londres et à un vice-roi sur place. Révolte et réforme diminuent les chances de l'élite autochtone d'accéder à l'administration, et cela d'autant plus qu'elles découragent les membres du *Brahmo Samaj*, association jusque-là ouverte à l'occidentalisation.

Bilan et perspectives

L'expansion coloniale et la consolidation de l'Empire développent les liens économiques entre la métropole et les colonies. Des capitaux s'investissent dans la construction des chemins de fer, les plantations, les mines. Les efforts des particuliers et des autorités sont parfois heureux pour les pays qui en bénéficient : ainsi de 1863 à 1869, le gouverneur des Indes, Lawrence, organise un service des eaux et forêts, développe l'irrigation. Mais la colonisation s'accompagne aussi de la destruction d'industries concurentielles et c'est le cas des industries artisanales du coton en Inde. Dans le commerce britannique, l'Empire tient une place importante, mais encore mineure, à une époque où les exportations agricoles du Canada, d'Australie et de Nouvelle-Zélande n'ont pas encore commencé. On estime pourtant au tiers du total les exportations britanniques à destination de l'Empire vers la fin de cette période.

L'inauguration, en 1869, du Canal de Suez, dont Disraeli réussit six ans plus tard à acquérir un gros paquet d'actions, la découverte des mines de diamants de Kimberley en 1871, la grande dépression économique mondiale qui s'amorce en 1873 sont les principaux événements qui font passer le Royaume-Uni d'une politique libérale hésitante à un impérialisme plus systématique après 1876.

5. UNE POLITIQUE EXTÉRIEURE EFFICACE

Trafalgar et Waterloo témoignent de la supériorité des armes britanniques sur mer et sur terre. La Quadruple Alliance de 1815 garantit les résultats obtenus contre la France révolutionnaire et napoléonienne. Liée au Continent par le souci de sa sécurité, mais également jusqu'en 1837 par l'union du Royaume-Uni et du Hanovre sous la même couronne, la Grande-Bretagne n'a pas d'ambitions territoriales, mais défend des principes essentiels : l'équilibre européen et la liberté des mers. Puissance libérale, l'Angleterre n'a jamais songé à exporter ses principes de gouvernement, non plus qu'à soutenir nécessairement tout régime né d'une révolution : mais le réalisme domine ses hommes politiques, disposés à accepter toute modification qui ne mettrait pas en péril l'application des principes fondamentaux. La politique étrangère de l'Angleterre doit beaucoup aux hommes qui restent longtemps au *Foreign Office :* Castlereagh, Canning, Palmerston... Les ministres des Affaires étrangères sont assistés par une administration encore très rudimentaire, souvent recrutée par le patronage, et où les attaches et les traditions familiales déterminent bien des comportements.

La volonté de paix

De 1815 à 1876, la plupart des actions britanniques en Europe sont diplomatiques et non pas guerrières. Très rapidement Castelreagh, puis Canning s'effrayent des complications où risquent de les entraîner la politique des congrès et la thèse de l'interventionnisme : réticents lors de l'intervention en Espagne, que l'on confie aux troupes françaises, les Anglais relâchent peu à peu leurs liens avec les monarchies absolutistes d'Europe centrale et orientale et, dès les années 1827-1830, considèrent comme morte la Quadruple Alliance, devenue Quintuple en 1818 avec l'adhésion de la France. On ne peut considérer comme un acte de guerre très important la courte intervention dans la guerre d'indépendance grecque et l'effort naval, conjugué avec la France, qui aboutit à la victoire de Navarin sur la flotte égyptienne (1827). Il faut ensuite attendre 1854 pour que l'Angleterre se décide à un conflit armé contre une puissance européenne et mène contre la Russie et en accord avec la France, la courte guerre de Crimée : aussi mal préparée et menée du côté des Alliés que du côté russe, elle est surtout marquée par le siège de Sébastopol et aboutit rapidement au traité de Paris de 1856 qui neutralise la mer Noire et ferme les Détroits. Pour les Anglais, l'époque qui succède aux guerres napoléoniennes a donc été surtout une grande période de paix.

Le Royaume-Uni et les révolutions

La diplomatie britannique a pourtant affronté nombre de problèmes difficiles. Le monde atlantique continue d'être secoué par des révolutions libérales et nationales. Après avoir admis la répression de la révolution espagnole de 1820, les Anglais refusent d'adopter la même attitude à l'égard des colonies espagnoles d'Amérique et Canning encourage le président Monroe à adopter une attitude ferme en 1823 contre toute intervention européenne ; l'indépendance acquise, les nouveaux États ne rencontrent aucune sympathie dans le Royaume-Uni pour leurs aspirations à l'unification continentale, mais sont fort bien accueillis lorsqu'il s'agit de signer des traités de commerce ! Les révolutions de 1830 posent une question beaucoup plus fondamentale dans la mesure où l'indépendance belge peut préluder à un rattachement à la France : Palmerston choisit la négociation, et l'envoyé de Louis-Philippe, Talleyrand, est associé à la recherche d'une solution qui est celle de la formation d'un royaume neutralisé dont la couronne est offerte à Léopold de Saxe-Cobourg ; Français et Anglais s'emploient ensuite à imposer la solution à une Hollande plus que réticente. Avec beaucoup de réalisme, l'Angleterre a laissé porter atteinte aux « barrières » de 1815 en ménageant la solution du moindre mal. C'est la même attitude réaliste qui est adoptée en face des mouvements italiens et allemands. Lors de la guerre des Duchés, l'Angleterre refuse d'intervenir en médiatrice, malgré les tendances de l'opinion, parce que cela supposerait une alliance avec la France et le risque d'une expansion française dans les régions rhénanes. La guerre franco-prussienne surprend le gouvernement anglais, qui est d'autant moins tenté d'intervenir que Bismarck a pu opportunément faire état d'ambitions françaises sur la Belgique.

La question d'Orient

La fermeté l'emporte le plus souvent sur la prudence dans la question d'Orient. La « maladie » de l'Empire ottoman peut entraîner un bouleversement de l'équilibre des forces et une atteinte à la liberté des mers. L'Angleterre craint particulièrement la Russie qui n'a pas renoncé au « rêve grec » conçu dès le règne de Catherine II, dont la politique vise à la formation d'États slaves indépendants, mais sous son contrôle, et qui veut obtenir la liberté pour tous ses navires de passer en Méditerranée. La France, qui a perdu son ancienne prépondérance à Constantinople, cherche à développer son influence sur l'Égypte, vassale théorique du sultan. Pour l'Angleterre, il y a là une double menace sur la route des Indes. La Question d'Orient suffit à ruiner une première Entente cordiale entre les royaumes de Louis-Philippe et de Victoria et, en 1840, une nouvelle quadruple alliance semble se reformer contre la France et son allié Méhémet-Ali : la convention de Londre interdit toute expansion nouvelle de l'Égypte et place les Détroits sous la protection des grandes puissances. L'affrontement avec la Russie tourne d'autant plus facilement à la guerre qu'il n'est pas limité à la Méditerranée, mais s'étend en Perse et aux frontières de l'Inde, en Afghanistan. La grande victoire diplomatique de 1856 est pourtant quelque peu amoindrie en 1871 par la dénonciation de la neutralisation de la mer Noire par la Russie qui réussit à imposer son point de vue aux grandes puissances. Malgré la formation d'États plus ou moins indépendants dans les Balkans, le Royaume-Uni a sauvé l'essentiel de ses positions.

L'Extrême-Orient

L'expansionnisme commercial a mené l'Angleterre à intervenir parfois avec vigueur dans les régions lointaines. En Extrême-Orient, la guerre de l'Opium de 1840-

1842 est l'opération décisive pour l'« ouverture » de la Chine : le traité de Nankin du 29 août 1842 ouvre cinq ports au commerce anglais, permet l'établissement de consuls dans ces ports, restreint le droit du gouvernement chinois à fixer librement ses droits de douane, accorde l'exterritorialité en matière judiciaire aux sujets britanniques, porte concession de Hong-Kong et concède la clause de la nation la plus favorisée à la Grande-Bretagne. En 1856, pour faire respecter ses droits et obtenir leur extension, le gouvernement de Palmerston décide une action conjointe anglo-française qui aboutit au traité de Tien-Tsin (1858), puis, après une nouvelle expédition et la prise de la capitale, au traité de Pékin (1860) : accès plus large de la Chine au commerce, établissement de relations diplomatiques, exterritorialité sont parmi les principales clauses obtenues. Satisfait, le gouvernement britannique soutient ensuite le gouvernement mandchou contre la révolte des Taïpings, vaincue en 1864. L'ouverture du Japon est l'œuvre des États-Unis, mais dès 1854, l'Angleterre reçoit des droits analogues à ceux obtenus par les Américains. C'est, en revanche, une escadre anglaise qui impose en 1855 la réception au Siam des marchandises anglaises.

La valeur de la politique extérieure britannique

Tous ces résultats sont d'autant plus remarquables que le Royaume-Uni ne s'est jamais imposé un fardeau militaire insupportable et que, bien au contraire, le vieillissement de la flotte et des cadres est un sujet constant de préoccupation pour les responsables de l'Amirauté. Les succès ont été obtenus sans que l'Angleterre, après 1830, accepte jamais d'être intégrée dans un système d'alliances permanent : les accords contractés le sont pour une fin précise et pour une durée limitée à l'exécution des opérations nécessaires.

La seule erreur grave des diplomates anglais, et elle est

capitale, est de n'avoir pas perçu les dangers de l'unification allemande pour l'équilibre européen. Mais une Allemagne, même unifiée, était alors loin de faire le poids économiquement en face de l'Angleterre ; ses ambitions se limitaient au seul Continent et ne menaçaient pas la liberté des mers ; et surtout, sa force militaire était trop grande pour que le Royaume-Uni pût l'affronter sans un immense effort que son opinion publique n'était pas disposée alors à accepter.

À l'apogée même de l'hégémonie britannique, des signes inquiétants apparaissent : la machine économique, très tôt mise en branle, s'essouffle avec le vieillissement de l'outillage, le moindre esprit d'entreprise des patrons, l'insuffisance des laboratoires et des cadres techniques ; les États-Unis en voie de « reconstruction », l'Allemagne unifiée, la France à la richesse certaine menacent déjà de devenir des rivaux dangereux pour le commerce britannique ; la prépondérance politique en Europe a glissé entre les mains de l'Empereur allemand ; les ambitions russes peuvent à tout moment menacer les positions anglaises en Méditerranée et en Extrême-Orient. Ces dangers ne sont pas encore pris au sérieux dans les années 1870. Son régime politique consolidé, son économie prospère, ses classes sociales unies dans une même foi dans le progrès, sa sécurité et sa grandeur extérieure intactes, l'Angleterre victorienne semble marcher à grands pas vers l'âge heureux de la richesse et de la paix.

Chapitre 10

LE TEMPS DES ÉPREUVES 1876-1914

L'État le plus puissant du monde devient un grand État parmi d'autres. Le géant britannique voit croître à ses côtés des nations rivales, dont certaines ne tardent pas à le dépasser d'une bonne tête. Tel est le drame que vit le Royaume-Uni dans les dernières décennies du XIXe siècle, dans les premières années du XXe. Il revêt des aspects économiques et sociaux ; il s'accompagne de difficultés politiques ; il est celui d'une expansion coloniale moins aisée, alors même qu'elle est davantage désirée ; il comporte surtout des menaces redoutables pour les principes permanents de la politique étrangère du pays et aboutit à l'entrée en guerre de 1914.

1. UNE ÉCONOMIE AFFRONTÉE À LA CONCURRENCE INTERNATIONALE

Progrès et déclin relatif

Un tableau des progrès économiques du Royaume-Uni après 1870 pourrait paraître particulièrement brillant. Voici l'industrie : la production de houille passe de 112 millions de tonnes en 1870 à 268 millions de tonnes en 1910, 287 millions en 1913, dont 94 exportés ; encore très faible en 1870, la production d'acier atteint plus de 3 millions et demi de tonnes en 1890, plus de 5 millions de tonnes en 1908, environ 11 millions de tonnes en 1913 ; le nombre des broches de filature de coton est passé d'environ 40 millions en 1881 à plus de 55 à la veille de la guerre ; les chantiers navals britanniques restent les premiers du monde ; épousant son époque, l'industrie britannique a développé un secteur chimique, électrique, produit du caoutchouc, 10 000 tonnes d'aluminium en 1912. Aux progrès de l'industrie semblent bien répondre ceux de la flotte et du commerce extérieur : de 6 millions de tonneaux, la flotte britannique passe à 11 en 1910 et le fer et la vapeur ont définitivement triomphé du bois et de la voile ; de 547 millions de livres sterling en 1870, la valeur du commerce extérieur est passée à 1 400 millions en 1913. Ces développements correspondent aux besoins en travail et en biens de consommation d'une population qui est passée de 32 à près de 46 millions d'habitants entre 1870 et 1910.

Ce tableau est pourtant trompeur et d'autres chiffres attestent qu'à un progrès indéniable a correspondu un énorme déclin relatif. Le Royaume-Uni produisait plus de la moitié de la houille mondiale en 1870 : il n'en extrait plus que 27 % en 1910 ; son industrie sidérurgique était de loin la plus puissante du monde : elle est dépassée en 1913 par l'américaine et l'allemande ; ses industries du coton consommaient plus de deux fois plus de matière première que l'américaine et 50 % de plus que l'Europe continentale tout entière : en 1900, elles sont presque rattrapées par les États-Unis et la consommation du continent européen dépasse la leur de près de 50 % ; la flotte de commerce britannique reste la première du monde, mais en 1910 elle ne représente qu'un peu plus du tiers du tonnage mondial contre près de la moitié en 1874 encore ; de 1875 à 1910, on a ici doublé les exportations :

dans le même temps, l'Allemagne triplait les siennes. Les grandes industries chimiques, électriques, automobiles se trouvent aux États-Unis et en Allemagne. Longtemps sans concurrence, les produits anglais sont partout dans le monde en compétition avec ceux d'États nouvellement développés.

La « grande dépression » agricole

À partir des années 1873-79, la concurrence internationale a bouleversé l'agriculture britannique. L'essor de la navigation à vapeur a permis des rotations régulières de navires chargés de produits alimentaires ; le développement général des voies ferrées dans le monde a drainé vers les ports de la mer Noire et de l'Atlantique les blés russes, américains, canadiens ; à partir des années 1880, le frigorifique a autorisé le transport des viandes d'Argentine, d'Australie, de Nouvelle-Zélande. En deux étapes, d'abord pour les céréales, puis pour les viandes et les laitages, les agriculteurs du Royaume-Uni ont été mis en face de rivaux dont les produits abondants étaient offerts à des prix plus bas que ceux jamais atteints jusqu'alors. Difficile à supporter en période de bonne récolte, cette concurrence s'est avérée catastrophique dans les années médiocres : on n'a plus compensé par la hausse des prix la faible quantité de produits à commercialiser. La baisse des prix a rendu intenable la position des fermiers, qui, avant la crise, avaient accepté des baux toujours plus lourds et n'ont pu compter que sur les remises gracieuses des propriétaires pour éviter la ruine ; ces derniers, grands ou petits, ont vu décroître leurs revenus et leurs rentes dans des proportions inquiétantes. Sur les terres trop lourdes ou trop légères, la culture des céréales avait été l'un des chefs-d'œuvre de l'agronomie britannique : mais les prix de revient cessent d'être compétitifs et on rend aux herbes et aux friches les sols désormais trop ingrats ; de 1850 à 1913, la surface cultivée en froment en Grande-

Bretagne et en Irlande tombe de 1 650 000 ha à 725 000 ha. Pire : le vieux dicton « *Down horn, up corn* » et sa réciproque ne sont plus vrais ; la viande, le beurre, les fromages étrangers affluent autant que les grains et les farines et les conversions en pâtures opérées après 1879 s'avèrent bientôt vaines. Pour beaucoup, l'abandon de la terre s'impose : de 1881 à 1901, la population agricole active baisse de 29 %.

Le Parlement multiplie les enquêtes ; un ministère de l'Agriculture est créé en 1889 ; toute une législation cherche à secourir les victimes de la crise : la charge de la redevance pour la dîme est transférée aux propriétaires (1891), la loi sur la saisie est modifiée (1883), des mesures sont prises pour faciliter les emprunts de propriétaires désireux d'améliorer leur exploitation, pour garantir au locataire les fruits d'améliorations réalisées de sa propre initiative. Utiles parfois, ces dispositions et bien d'autres ont pu être jugées « insignifiantes » eu égard à la gravité des problèmes posés. Un nouvel équilibre doit s'établir au milieu de nombreuses souffrances ; il est fondé sur l'extension nouvelle de grands domaines constitués parfois par des hommes d'affaires habiles à saisir l'occasion de bas prix de la terre : des hommes comme S.W. Farmer, de Little Bedwyn, George Baylis, de la région de Newberry, Dennis et Worth, dans le Lincolnshire, en viennent ainsi à constituer des propriétés de 6 à 10 000 hectares ; de nouveaux modes d'exploitation s'imposent : on met l'accent sur les cultures rentables, pommes de terre, houblon, orge, plantes maraîchères, on développe la production de lait à proximité des villes, on s'efforce de diminuer la main-d'œuvre employée ; les cultures en serres de tomates, de concombres, de raisins, de fleurs prennent une importance souvent considérable.

Dans les premières années du XXe siècle, l'agriculture britannique sort peu à peu du marasme et apparaît même relativement prospère vers 1910-1912 : mais c'est une agriculture nouvelle, pratiquée sur les sols les meilleurs, qui tient compte des besoins réels du marché intérieur, n'assure plus que 40 % de l'alimentation de l'Angleterre au lieu de 80 % en 1870 ; en 1914, l'Angleterre importe 80 % de son blé, 46 % de sa viande et de son beurre. Les sombres prédictions des adversaires du libre-échange se sont ainsi réalisées après une trentaine d'années de sursis. Mais le malheur des uns faisant le bonheur des autres, les classes urbaines, 77 % de la population du Royaume en 1901, n'ont jamais admis un retour en arrière et ont balayé de leurs votes les hommes politiques assez imprudents pour préconiser un léger protectionnisme, qui se serait traduit par un risque de relèvement des prix alimentaires !

La crise industrielle et commerciale

De leur côté, l'industrie et le commerce britanniques se heurtent à de graves difficultés, encore accentuées, pour la première, par la crise agricole qui rétrécit le marché intérieur. Le développement de nouvelles nations industrielles prive le Royaume-Uni à la fois du débouché que ces nations avaient longtemps représenté et de clients que celles-ci lui disputent dans les diverses régions du monde. L'Allemagne et les États-Unis sont ici les exemples les plus parfaits et la première en particulier supplante dès 1880-90 l'Angleterre dans les fournitures ferroviaires à l'Italie et surtout à la Russie. Les produits allemands et américains concurrencent de même les britanniques dans des secteurs qui étaient jusqu'alors de véritables monopoles, telle l'Amérique latine : le « made in Germany » devient la hantise des commerçants et des industriels britanniques, qui se plaignent des méthodes de *dumping* employées couramment par leurs rivaux : méthodes dont profitent pourtant les constructions navales anglaises, alimentées après 1890 de produits métallurgiques allemands vendus ici meilleur marché qu'aux clients allemands eux-mêmes et qui permettent aux chantiers anglais d'être parfaitement compétitifs ! La concurrence internationale stimule une crise des prix en accentuant la tendance à la baisse ; celle-ci est en partie liée à la raréfaction relative des moyens de paiement dans le monde : alors que l'accroissement moyen annuel des réserves d'or mondiales est de 3 % de 1850 à 1910, il n'est que de 1,7 % entre 1862 et 1894, alors même que la production de biens de consommation augmente à une cadence jusqu'alors inconnue ; le monde entier connaît dès lors une phase de dépression. On a pu estimer à 45 % la baisse des prix de gros anglais entre 1873 et 1896 : la diminution de la marge des profits n'encourage pas l'esprit d'entreprise et rend plus délicates les adaptations nécessaires ; d'où le triomphe d'une industrie allemande plus jeune, plus scientifique et aux méthodes commerciales plus hardies. L'orientation cotonnière des industries textiles et des exportations britanniques se révèle néfaste, dans la mesure où les jeunes nations développent en priorité ce type de fabrication. Le progrès technologique frappe durement d'autres productions : l'emploi de rails en acier, plus résistants, au lieu de rails en fer à remplacer fréquemment contribue au marasme de l'industrie métallurgique. Jusqu'en 1896, la capacité de fabrication des industries britanniques excède souvent les besoins.

Un redressement indéniable caractérise la fin du siècle et le début du XXe siècle. Il est lié à une tendance des prix à la hausse, aux besoins plus solvables des grands pays neufs, à la qualité du réseau commercial britannique et aux acquisitions de l'Empire. Il est permis par une plus grande concentration industrielle et une spécialisation plus poussée. Mais les exportations de produits manufacturés n'augmentent que de 121 % en Grande-Bretagne entre 1893 et 1913, alors que l'accroissement est de 239 % en Allemagne et de 563 % aux États-Unis. La balance commerciale est régulièrement déficitaire : de

58 millions de livres en 1870, le déficit est passé à 144 millions en 1910. Le marché intérieur, grâce à la baisse des dépenses alimentaires et à la « révolution du commerce de détail » (coopératives, grands magasins à succursales, etc.) devient une panacée et stimule les investissements dans les industries de consommation.

Bilan d'une période

À la veille de la guerre, l'économie britannique est encore l'une des plus riches du monde. Plus anciennes et plus prudentes, ses industries paraissent souvent moins fragiles que celles de pays plus dynamiques comme l'Allemagne. L'Empire est là qui absorbe 37 % des exportations. La flotte de commerce, les banques, les assurances valent des profits substantiels ; les capitaux placés à l'étranger — 21 millions de livres par an en moyenne de 1900 à 1904, 109 millions de 1904 à 1909, 185 de 1910 à 1913 — rapportent des revenus considérables. La balance des comptes est largement excédentaire. Mais le déclin relatif de l'Angleterre est très marqué ; il comporte de graves conséquences pour sa sécurité : les aciéries anglaises ne font pas le poids en face des aciéries allemandes et l'infériorité des armements anglais est certaine en cas de guerre ; il a ruiné le bel optimisme de la période précédente et tué la foi religieuse dans les vertus du libéralisme ; il a fait reculer les perspectives d'un âge d'or et a développé un sentiment de révolte parmi les plus déshérités.

2. UNE SOCIÉTÉ TROUBLÉE ET CONTESTÉE

Mieux-être et permanence des maux

Le citoyen britannique de 1913 est plus heureux que celui de 1870-75.

Les campagnes se sont vidées d'hommes devenus inutiles et qui ont trouvé, dans les villes ou dans les pays neufs, à employer leur énergie. Le pouvoir d'achat des salaires a été accru par la baisse des denrées alimentaires et les salaires réels dépassent de 43 % en 1900 ceux de 1873 ; leur stagnation, voire leur recul, dans les années suivantes n'anéantissent pas cette amélioration. Les villes ont grandi. On compte, en 1900, 37 villes de plus de 100 000 habitants ; elles sont infiniment mieux administrées depuis la promulgation en 1888 du *Local Governement Act* qui a créé des conseils élus dans les comtés et dans tous les bourgs de plus de 50 000 habitants, séparés ainsi de leur comté, et a fondé le « Comté de Londres » désormais gouverné par un conseil de Comté. Partout sont alors entrepris des efforts d'hygiène, d'urbanisme, de lutte contre les îlots insalubres, d'adduction d'eau, d'éclairage, de transports publics ; le développement des tramways électriques à la fin du siècle, un peu plus tard à Londres (1905), la mise en service du métropolitain dans la capitale en 1905 libèrent les travailleurs de la nécessité d'habiter près de leur travail et poussent au développement de faubourgs et de banlieues plus accueillants : sans que soit résolu le terrible problème de l'*overcrowding*, du surpeuplement de logements plus ou moins décents, une amélioration est certaine. Mieux nourri, mieux logé, mieux vêtu, l'Anglais moyen est aussi mieux éduqué : l'*Education Act* de 1870 porte ses fruits et à Londres, le pourcentage des enfants scolarisés est passé de 50 à 80 entre 1870 et 1891 ; à cette date, le gouvernement conservateur de Lord Salisbury fait voter la gratuité complète de l'enseignement primaire ; pendant que l'analphabétisme disparaît ainsi dans les jeunes générations, des cours du soir, organisés par exemple à Londres par la Fédération locale des syndicats, permettent aux adultes de regagner le temps perdu. Les progrès de l'hygiène et de la médecine font passer le taux de mortalité de 223 pour 10 000 dans la période 1870-72 à 138 dans les années 1910-1912 ; l'espérance de vie, qui n'était encore que de 41 ans en 1840, est de 45 en 1900, de 51 en 1910. Si la hiérarchie sociale reste intacte, les injustices paraissent moins criantes.

Ces faits positifs ne doivent pas dissimuler les multiples maux de la société anglaise. Les migrations régionales, les conversions à des types de travail nouveaux ne vont pas sans de profondes misères ; selon les métiers et les lieux de travail, les conditions de vie sont fort inégales ; les améliorations du logement ne font pas disparaître les hideux quartiers de certaines grandes villes, à commencer par Londres où l'East End accueille des chômeurs venus de toute la Grande-Bretagne et des émigrants d'Europe centrale et orientale, qui s'entassent dans des conditions indescriptibles : en 1894, le taux de mortalité par tuberculose est de 17 pour 10 000 dans la capitale, il est de 22 à 32 dans les districts de Holborn, Whitechapel, Saint-George-in-the-East ; douze ans plus tôt, dans le district de St. Pancras, la mortalité générale a atteint l'énorme taux de 701 pour 10 000 ! Dans l'espoir d'un sort meilleur, les classes les moins aisées se laissent peu à peu gagner par un malthusianisme qui n'avait longtemps convaincu que les plus riches : la propagande menée dans les années 70 par Charles Bradlaugh et Annie Besant, amplifiée par la « ligue malthusienne », pousse au contrôle des naissances que les dissidents admettent après 1893 ; les taux de natalité tombent de 355 pour 10 000 en 1870-72 à 245 en 1910-1912. La fin de la période, marquée par la hausse des prix et la stagnation des salaires, est celle du *Great Unrest*, des grèves nombreuses et puissantes des mineurs, des gens de mer, des dockers, des cheminots, toutes catégories les moins favorisées. Surtout, la grande dépression économique de 1875-1896 a tué les espérances excessives et propagé dans la classe ouvrière un état d'esprit nouveau de contestation du régime social.

À partir de 1875, une véritable guerre de classes a déchiré le Royaume-Uni. Groupés dans de puissantes associations, telle la Fédération des Employeurs, les patrons s'efforcent d'imposer à leurs ouvriers des baisses de salaires pour réduire les prix de revient, rétablir les profits diminués par la baisse des prix et devenir compétitifs sur les marchés mondiaux. Une flambée de grèves a répondu aux tentatives patronales ; la plupart ont été des défaites écrasantes : sur les 277 conflits de 1878, 256 ont été des victoires patronales ; les syndicats se sont littéralement ruinés en indemnités de grèves : le syndicat des mécaniciens a versé 15 562 livres en 1873, 45 036 livres en 1876, 75 552 livres en 1878, 149 931 livres en 1879 ! Le chômage, qui affecte en 1879 et en 1886 plus de 10 % des ouvriers syndiqués achève d'enlever toute possibilité de lutte réelle à des syndicats réduits à un rôle de mutuelles d'assurances. Les *Trades Union* obtiennent bien encore le vote des lois sociales : en 1878, des mesures d'hygiène dans les usines et les ateliers ; en 1880, une loi rendant les employeurs responsables des accidents du travail sauf preuve contraire ; en 1883 le *Bankruptcy Act* qui supprime l'emprisonnement pour dettes ; en 1886 et 1888 des lois pour réglementer le travail des femmes et des enfants. Mais cela ne suffit pas à satisfaire des ouvriers menacés dans leur emploi et leur rémunération. La crise économique offre alors des chances nouvelles à des idéaux socialistes.

La contestation du régime économique et social

C'est après 1881 que le socialisme commence à se répandre dans les masses. Jusqu'alors, il était resté le fait d'une petite minorité. Robert Owen, les Chartistes avaient échoué. La Première Internationale n'avait pas longtemps retenu les chefs syndicaux. Les rares cercles d'études marxistes, créés en particulier à Londres même par Marx et Engels, n'avaient attiré que peu de prolétaires, à la notable exception de l'ouvrier mécanicien John Burns. Les socialistes chrétiens n'avaient pas ébranlé la foi dans le libéralisme. Malgré le succès de leurs œuvres, les penseurs hétérodoxes restaient peu influents : John Stuart Mill avait en vain prêché le système coopératif, la socialisation de la rente du sol, la limitation du droit d'héritage ; l'Américain Henry George avait réussi à vendre 100 000 exemplaires de son livre *Progress and Poverty* et à répandre sa théorie de la rente qui devait conduire à la nationalisation du sol. Les adhérents des écoles nouvelles étaient à la fois peu nombreux et fort inconstants ; Karl Marx avait si peu marqué les esprits que c'est son correspondant parisien qui informe le *Times*, en 1883, de la mort du philosophe, pourtant décédé à Londres !

La social-démocratie

Un bourgeois avancé, Henry Mayers Hyndman, prend l'initiative, en 1881, de grouper des idées éparses en un corps de doctrines et de fonder le premier parti socialiste anglais. Il publie un manifeste, *England for All*, largement inspiré des œuvres de Marx, auquel il fait, avec désinvolture, une vague allusion ; les idées d'Henry George trouvent également leur place dans un ouvrage dont la conclusion est un appel, trois fois répété, à l'unité des prolétaires. Le 8 juin 1881, Hyndman fonde la *Democratic Federation* qui devient deux ans plus tard la *Social Democratic Federation* ; rejoint par le grand poète et industriel William Morris, qui l'abandonne dès 1884, par Eleanor Marx, fille de l'auteur du *Capital*, le mouvement recrute aussi des ouvriers, dont Burns qui devient le principal adjoint d'Hyndman. Le parti lance une campagne de réunions publiques et connaît ses heures de gloire à Londres en 1886-87 où il réussit à prendre la tête des chômeurs, à les encadrer et à les faire manifester ; c'est l'époque de la grande peur des bourgeois, qui atteint des proportions grotesques et se nourrit d'images révolutionnaires : John Burns n'a-t-il pas brandi le drapeau rouge à Trafalgar Square le 8 février 1886 ? La reprise économique de 1887 coupe l'élan du parti qui ne s'en targue pas moins d'un énorme succès de propagande et de la diffusion généralisée dans le prolétariat de mots d'ordre longtemps ignorés des ouvriers.

« La Fabian Society »

De plus en plus, après cette date, un autre groupe de socialistes prend de l'importance : la Société fabienne. Elle recrute ses membres surtout à Londres et compte dans ses rangs d'éminents intellectuels, tels Sidney Webb et G. B. Shaw. En 1889, dans les *Fabian Essays*, la Société précise ses doctrines et ses méthodes. Adversaires de la lutte des classes, les fabiens croient inévitable une profonde transformation de la société ; ils adoptent la théorie de la rente de Henry George et l'appliquent aux capitaux industriels. Dans la pratique, ils se fixent un but d'éducation de la masse et se proposent de faire preuve d'empirisme en offrant des solutions originales aux problèmes sociaux et économiques qui viendraient à se poser. Ils sont décidés à faire montre « de la même patience que Fabius dans sa lutte contre Hannibal » ; « mais, le jour venu, il faudra lutter durement, comme Fabius, ou l'attente aura été stérile et vaine ». Ils publient à partir de 1889 de multiples brochures sur les questions les plus concrètes et en s'efforçant à l'objectivité et à la précision, car « dans la physique du socialisme la lumière est un facteur plus important que la chaleur ». Recrutés dans une élite intellectuelle, les fabiens se donnent un rôle de guides : « Donnez-nous des centaines de milliers de voix... et nous chevaucherons la tempête et dirigerons l'orage », s'écrie G.B. Shaw. « Trouvant impossible de confier ce travail de géants (de la révolution sociale) au prolétariat tout seul, ils ont l'obligeance de se mettre à sa tête », ironise F. Engels ! En attendant la révolution, la société préconise des réformes immédiates : journée de huit heures, nationalisations, grands travaux pour résorber le chômage, salaire minimum garanti. L'influence des fabiens a été d'autant plus grande que leurs objectifs et le caractère empirique de leurs méthodes correspondent admirablement à l'esprit de leurs concitoyens. Après 1890, ils font de Londres le cadre de leur action propre, appuient les candidats « progressistes » aux élections du Conseil de Comté et espèrent démontrer par des réalisations municipales (habitat, hygiène, transports) que les déshérités ont avantage à les suivre. Parfois hostiles à la démocratie, en laquelle H.G. Wells et G.B. Shaw voient la domination de la masse stupide, ils ne désespèrent pas de convaincre les libéraux de soutenir l'idéal socialiste.

Le néo-unionisme

Dans les années 1888-1894, la diffusion des idées socialistes provoque d'importantes innovations syndicales et politiques. Dès 1887-88, trois jeunes chefs syndicaux animent la tendance du néo-unionisme : le mécanicien londonien Tom Mann prêche un syndicalisme de combat, ouvert aux ouvriers non qualifiés, et fonde la *Gasworkers' and General Labourers' Union* ; John Burns et le mineur écossais Keir Hardie souhaitent une vigoureuse action politique des syndicats, le premier dans un sens résolument socialiste, le second pour la réalisation de réformes immédiatement applicables. Le retour à une certaine prospérité entre 1889 et 1894 permet un renouveau de l'action revendicative et apporte la victoire aux néo-unionistes au sein du mouvement syndical ; des grèves nombreuses éclatent, dont la plus fameuse est celle des dockers de Londres menée sous la direction de Burns et de Ben Tillett : les grévistes victorieux au bout d'un mois de lutte constituent la *Dockers'Union*, syndicat d'ouvriers non qualifiés par excellence et qui groupe 15 000 membres à la fin de 1889 ; la même année,

1 145 grèves, en 1890, 1 028 sont respectivement dans 85 et 71 % des cas des victoires ouvrières ; les Trades Union retrouvent leur vigueur et on compte un million et demi de syndiqués en 1890 ; les nouveaux syndiqués sont souvent ceux qui ont le plus souffert de la crise, ceux qui ont été le plus sensibles à la propagande socialiste ; beaucoup appartiennent à des syndicats nouveaux d'ouvriers non qualifiés, où la cotisation est plus basse, mais où l'aspect combatif prime le mutualiste. La nouvelle école syndicale peut ainsi s'imposer et une série de votes du Congrès des Trades Union entre 1891 et 1895 symbolise un changement radical d'orientation : demande de la journée de huit heures (1891), revendication de la municipalisation des transports urbains et de la nationalisation des mines et de la métallurgie (1892), exigence de la nationalisation de la terre et des chemins de fer et de la municipalisation des docks (1895). La tendance libérale du syndicalisme est définitivement vaincue, sinon convaincue, et la puissance syndicale est désormais au service d'un programme socialiste. Le vieil-unionisme semble avoir fait son temps, malgré des nostalgiques comme G. Howell.

Les échecs politiques

Sur le plan politique, les choses vont moins vite. Hyndman ne réussit pas à rallier les néo-unionistes et se brouille même avec John Burns et Tom Mann ; la Fédération revêt un aspect sectaire et une phraséologie maladroite effraye les prolétaires anglais ; si le parti compte 10 000 membres en 1892 et joue, dès 1889, son rôle dans la IIe Internationale, il ne réussit à faire élire aucun de ses treize candidats et son influence se réduit de plus en plus à ses propres militants. La *Socialist League*, fondée par William Morris en 1884, est noyautée par les anarchistes dès 1890. L'action individuelle peut porter davantage de fruits : John Burns fonde en 1892 une *Labour League* dans le quartier londonien de Battersea, réussit à obtenir aux Communes un siège qu'il conservera jusqu'en 1914 ; il est membre des Cabinets libéraux de 1905 à 1914 ; mais l'exemple reste limité. L'initiative essentielle est le fait de Keir Hardie : provincial moins soumis aux idées extrémistes que les Londoniens, venu au socialisme par souci de justice plus qu'à la suite de spéculations idéologiques, soucieux de réformes immédiates plus que de révolution, il est l'homme le mieux fait pour rassurer une classe ouvrière restée profondément religieuse et hostile à la lutte des classes ; il réunit autour de lui nombre de ses compagnons néo-unionistes, dont Tom Mann, réussit en 1892 à se faire élire à Londres et fonde l'*Independent Labour Party* ; dès 1894 celui-ci compte 300 sections réparties dans tout le Royaume et 50 000 adhérents qui diffusent son programme : assurances sociales, journée de huit heures, laïcité de l'éducation, impôt sur le revenu, désarmement général, etc. Une action politique efficace semble ainsi se développer en marge du syndicalisme.

Vers un parti travailliste

Après 1894, deux séries de faits provoquent une évolution nouvelle. Malgré sa puissance, le mouvement syndical essuie de cuisants échecs lors de grèves suscitées en 1894-96, années de rebondissement de la crise économique, et ses dirigeants se convainquent que la lutte syndicale n'apportera jamais l'émancipation des travailleurs et qu'une action politique est indispensable pour obtenir des lois nouvelles. De son côté, l'*Independent Labour Party* a été cruellement déçu par les élections de 1895 : les ouvriers ont eu peur de voter pour un parti que ses adversaires dépeignaient comme révolutionnaire ou ont voulu voter utile en donnant leurs voix aux libéraux ; Keir Hardie lui-même a perdu son siège ; les ressources financières du parti sont de toute manière insuffisantes pour lui permettre de développer son action et éventuellement de payer une indemnité à ses députés. En 1898, de multiples panacées sont proposées : Ben Tillett suggère d'accroître la puissance revendicative du syndicalisme en instaurant une caisse centrale de grèves ; l'I.L.P. et la Fédération étudient des plans de fusion, mais sont conscients qu'une addition de faiblesses ne constituerait pas une force. En 1899, la solution s'impose : les partis se tournent vers les syndicats dont ils attendent une caution politique et un soutien financier, les Trades Union cherchent l'alliance des partis socialistes à partir du Congrès de septembre 1899. Le 28 février 1900, une conférence réunit à Londres des représentants des travaillistes, des socialistes, des Fabiens, des syndicats : elle élit un *Labour Representation Committee*, dont le premier secrétaire est Ramsay MacDonald. Émanation des divers mouvements ouvriers, il ne s'identifie à aucun d'eux ; son but est de faire élire des députés qui formeront au Parlement un groupe nouveau ; ses fonds sont constitués par les cotisations des syndicats et groupes politiques qui apporteront collectivement l'adhésion de leurs membres. Il bénéficie d'autant plus de l'empressement des syndicats qu'en 1900-1901 une décision judiciaire remet en question toute l'action syndicale : dans le *Taff Vale Case*, la justice donne satisfaction à une compagnie de chemin de fer du même nom et reconnaît la responsabilité civile des syndicats pour les dommages causés par une grève ; risquant la ruine à chaque occasion, les Unions estiment indispensables une loi nouvelle et adhèrent rapidement au L.R.C. En 1906, l'élection de vingt-neuf députés, dont Keir Hardie, MacDonald et Snowden, permet la constitution du parti travailliste et le vote du *Trades Dispute Bill* qu'ils ont déposé : celui-ci supprime toute responsabilité financière des syndicats pour faits de grève et légalise les piquets de grève pacifiques.

Désormais, le régime économique et social est contesté dans la rue comme au Parlement. Dans leur ensemble les socialistes anglais restent des modérés. L'influence de leurs idées n'en traduit pas moins la profondeur des rancœurs accumulées pendant la crise et devant l'évanouissement des espoirs soulevés par les doctrinaires libéraux. La modération ne caractérise pas toute la classe ouvrière ni tous les socialistes : très tôt Hyndman et ses amis abandonnent le L.R.C. et dès 1911 un *British Socialist Party* reproche aux travaillistes leur opportunisme et leur relative inefficacité ; les grandes grèves de 1910-1914 attestent la vigueur d'un syndicalisme révolutionnaire, animé par Tom Mann dans sa revue, *The Industrial Syndicalist*. Mais l'union des syndicats et du parti travailliste est confirmée par le *Trades Union Act* de 1913 qui autorise l'emploi des fonds d'un syndicat pour l'action politique si la majorité des adhérents ne s'y déclare pas défavorable (système du *contracting out*). La plus grande partie de la classe ouvrière britannique se range sous le drapeau d'un socialisme plus empirique que révolutionnaire. Il reste au parti travailliste à élaborer un programme plus précis et capable de séduire une majorité d'électeurs.

3. UN ÉQUILIBRE POLITIQUE SOUVENT PRÉCAIRE

Le régime monarchique reste relativement incontesté ; le jubilé du couronnement de Victoria en 1887 donne lieu à de grandioses manifestations de fidélité à la Couronne ; ses successeurs, Édouard VII et George V, se sont révélés des souverains de valeur. Mais la poursuite de la démocratisation, la nouvelle conjoncture économique et sociale, la gravité croissante du problème irlandais, la question de l'avenir de l'Empire ont souvent bouleversé l'équilibre politique réalisé après 1867.

La période étudiée est celle de l'avènement de la démocratie par l'extension décisive du droit de suffrage et par la primauté conquise par la Chambre des communes sur la Chambre Haute.

Le régime électoral

Une nouvelle réforme électorale est effectuée sur l'initiative de Gladstone en 1884 ; d'abord réticent, le Premier ministre a été convaincu par l'ardeur de ses propres amis, qui ont multiplié les manifestations locales après la victoire libérale de 1880, et par la pression des Trades Union dont les membres ont, pour la plupart, le droit de vote depuis 1867 et dont le Comité parlementaire fait proposer un programme de réformes à tous les candidats lors de chaque élection. Les Conservateurs, fidèles au souvenir de Disraeli, mort en 1881, n'ont pas été hostiles à des mesures réformatrices que Lord Salisbury a soutenues à la Chambre Haute « avec l'ardeur d'un radical ».

Désormais, la loi n'exclut plus du droit de vote, en dehors des femmes, qu'un nombre restreint de citoyens : ceux qui seraient sans domicile propre, n'auraient pas une durée de résidence de six mois pour les propriétaires, un an pour les locataires, ceux qui seraient secourus par l'assistance ; les domestiques, les fils de famille vivant sous le toit de leurs parents, sont parmi les catégories d'exclus les plus nombreuses. Le corps électoral n'en est pas moins une nouvelle fois doublé. En 1885, intervient une redistribution des sièges : le scrutin uninominal est introduit partout sauf dans vingt-trois bourgs et conduit à une nouvelle carte des districts électoraux, théoriquement fixés d'après l'importance de la population ; entre bourgs et comtés, la distinction devient purement nominale ; le souci de ne pas bouleverser des circonscriptions traditionnelles maintient pourtant nombre d'injustices dans la répartition des sièges, mais la position du Nord-Ouest par rapport au Sud est considérablement rajustée et les grandes villes industrielles bénéficient de l'attribution de nombreux sièges nouveaux. En 1894 on semble s'acheminer vers une nouvelle extension du droit de vote : le *Parish Councils Act* qui crée des conseils de paroisse élus et établit des conseils de districts urbains et de districts ruraux pour toutes les questions d'hygiène sociale accorde aussi à toutes les femmes le droit de voter et d'être élues dans ces organismes locaux. C'est un encouragement aux manifestations féministes : limitées jusqu'en 1905, elles se développent sous la conduite de Mrs Pankhurst et de ses filles et deviennent violentes en 1910-13 : manifestations de rues, heurts avec la police, grèves de la faim, incendies volontaires ne réussissent pourtant pas à persuader le Parlement de céder aux vœux des suffragettes.

L'abaissement des Lords

La démocratisation croissante du suffrage n'en fait pas moins de la Chambre des communes l'expression de plus en plus authentique de la souveraineté populaire et rend moins justifiables les prérogatives des Lords. En 1909, ceux-ci commettent l'imprudence de s'opposer au projet de budget de Lloyd George qui prévoyait une progressivité de l'impôt sur le revenu et de la taxe sur les successions ; deux élections successives, en janvier 1910 et en décembre de la même année, renvoient aux Communes la même majorité favorable à une diminution de la puissance de la Chambre Haute ; avec le plein appui de George V, Asquith peut menacer les Lords de la création d'une « fournée de pairs » et les obliger à souscrire au *Parliament Act* de 1911 : celui-ci fixe à un mois le veto suspensif des Lords sur les lois de finances et à deux ans sur les autres lois, supprimant toute autre forme de veto ; la loi de 1911, qui limite par ailleurs à cinq ans la durée maximale d'une législature, assure ainsi la pleine suprématie de la Chambre élue et son préambule, qui énonce le vœu d'une seconde Chambre « issue de la volonté populaire », semble condamner à terme l'existence de la Chambre Haute traditionnelle. La même année 1911 voit instaurer l'indemnité parlementaire. Le Royaume-Uni peut se targuer d'être devenu une démocratie modèle.

L'exécutif

En face d'un législatif réorganisé, l'exécutif a pris un visage plus neuf lui aussi par la création d'organes nouveaux et l'extension de pouvoirs anciens : *Home Office, Board of Trade, Local Government Board, Board of Agriculture, Board of Education* assurent une centralisation plus grande que jamais auparavant.

Le difficile équilibre

La période qui a ainsi vu se réaliser des progrès constitutionnels considérables a été pourtant celle d'un fonctionnement médiocre de la machine gouvernementale. Elle a vu s'estomper l'alternance de deux partis au pouvoir et naître des coalitions plus ou moins solides. Sous l'impulsion de Ch. S. Parnell, un groupe irlandais solide s'est constitué dans les années 1880 et s'est rangé sous la bannière du *Home Rule* ; ses 70 à 80 députés ont été parfois indispensables à la majorité gouvernementale : c'est le cas du gouvernement Gladstone de 1892-94 et du cabinet Asquith à partir de 1910 ; la Grande-Bretagne se trouve dans la situation d'une métropole contrôlée par son ancienne colonie ! La naissance du parti travailliste, qui compte en 1906 cinquante-trois membres par agrégation de vingt-quatre députés libéraux aux élus du L.R.C., et qui, avec quarante-deux députés, conserve nombre de ces sièges en 1910, complique encore davantage l'équilibre des forces au Parlement. Le problème irlandais a provoqué une scission dans le parti libéral en 1886, et les *libéraux-unionistes*, hostiles au Home Rule, ont permis aux conservateurs de gouverner de 1886 à 1892 et de 1895 à 1905 avant de se fondre définitivement dans les rangs du conservatisme : cette union d'adversaires de la veille grâce à un seul problème n'était guère conforme à la bonne marche d'une démocratie ! L'un des transfuges, Joseph Chamberlain, est le principal responsable de la fin de l'ère conservatrice par ses plaidoyers en faveur d'un protectionnisme et d'une préférence impériale, également rejetés par la majorité des conservateurs et des libéraux et par l'opinion publique. Dès 1914, la position du parti libéral pouvait apparaître compromise : il avait réalisé l'essentiel de son programme électoral, économique, irlandais, mais n'avait pas réussi, malgré l'élection entre 1886 et 1906, d'une quinzaine de députés *Liberal-Labour* d'origine ouvrière, (les *Lib-Labs*), à apparaître comme le représentant valable de la classe ouvrière ; la montée du parti travailliste ne pouvait se faire qu'à ses dépens ! Il l'avait en partie reconnu en 1906 en ne livrant pas bataille, dans certaines circonscriptions, aux candidats travaillistes (accord Ramsay MacDonald-Herbert Gladstone).

Le rôle de l'opinion

Plus positif est l'éveil de l'opinion publique aux grands problèmes politiques, qui cessent d'être la chasse gardée d'une élite sociale. On peut l'attribuer en grande partie au développement de l'éducation : la loi de 1902 a étendu le contrôle des Conseils locaux sur les écoles publiques et privées et a surtout permis la multiplication d'écoles secondaires, les *county schools* ; la loi de 1907 impose une proportion donnée de boursiers dans les écoles secondaires ; les Universités se créent de plus en plus : dans le pays de Galles en 1893, à Birmingham en 1900, à Manchester, Liverpool, Leeds, Sheffield en 1904, et elles bénéficient de subventions d'État ; si les grandes *public schools* et Oxford et Cambridge demeurent le creuset de l'élite, la masse a de plus en plus de chances de voir nombre de jeunes accéder à un enseignement moderne et servir ensuite les mouvements les plus variés et l'intérêt public dans les administrations. Un peuple plus éduqué se voit par ailleurs offrir une information de plus en plus riche grâce à la presse nouvelle. Dès avant 1870, l'abaissement progressif du droit de timbre et la disparition de la censure avaient permis un premier essor et assuré un grand rôle à des organes de qualité, tel le *Times* ; les progrès techniques avaient conduit à des tirages de plus en plus importants de plusieurs dizaines de milliers d'exemplaires. Après 1870, la liberté presque totale — une loi de 1881 se borne à prescrire l'enregistrement des nouveaux journaux et du nom de leurs véritables propriétaires —, les possibilités techniques améliorées, une information que les progrès de l'Agence Reuter, fondée en 1851, rendent plus aisée, encouragent des hommes d'affaires à rechercher une diffusion du journal dans la masse : Alfred C. Harmsworth, futur Lord Northcliffe, lance en 1896 le *Daily Mail*, vendu moitié moins cher que les autres journaux, et qui, faisant appel à des procédés déjà « sensationnels » gagne un million de lecteurs avant 1901 ; de son côté, Pearson lance en 1900 le *Daily Express* qui offre des informations abondantes et devient rapidement prospère ; les journaux de type nouveau surclassent bientôt les anciens et Lord Northcliffe peut, en 1908, racheter le *Times*, dont il ne modifie pas le caractère et auquel il sait garder son indépendance. Les prises de position de la presse nouvelle sont souvent conservatrices, mais elles n'en contribuent pas moins à informer le public des problèmes de l'heure.

Le bilan de la démocratisation

Démocratisation et éveil de l'opinion publique sont sans doute à l'origine de l'intense activité législative dans les domaines du travail. Nous avons vu combien, dès les années 1870, libéraux et conservateurs rivalisaient de zèle pour s'attirer les suffrages de la classe ouvrière et que la crise économique elle-même n'avait pas arrêté l'élan réformateur. Cette ardeur devait permettre aux conservateurs de toujours garder une partie de la clientèle ouvrière. La période qui suit le retour des libéraux au pouvoir en

1906 a été particulièrement riche en mesures sociales : l'*Old Age Pensions Act* de 1908 crée un système de pensions de retraite pour les ouvriers de plus de 70 ans ; le *Coal Mines Act* de la même année établit la journée de huit heures dans les mines et est la première loi de restriction des heures de travail en faveur des hommes. En 1909, des bourses du travail, sortes d'offices chargés du reclassement des chômeurs, sont créées. En 1911, un premier système d'assurances-chômage et de santé est fondé et, en 1912, les mineurs se voient garantir, par la loi, un salaire minimum.

Pour la question irlandaise, c'est à la fois la démocratisation et la croissante revendication nationale qui ont fait évoluer le problème. Gladstone avait successivement réglé le problème religieux en 1869 et diminué la tension sociale en faisant voter en 1881 le *Land Act* : celui-ci répondait à la revendication, par une ligue agraire, des *trois F (Fixity of Tenure, Fair Rent, Free Sale)*, par l'octroi d'une indemnité en cas d'éviction d'un fermier et par la création d'une commission chargée de recommander des loyers décents pour les fermes. Restait le problème politique : en 1886, Gladstone brise son parti sur un premier projet de *Home Rule* repoussé par les Communes ; en 1892, revenu au pouvoir, il se heurte cette fois à l'intransigeance des Lords. Mais deux facteurs font évoluer l'opinion : le rôle croissant des députés irlandais dans la vie politique du Royaume-Uni apparaît à d'aucuns insupportable ; le développement de mouvements irlandais pour l'indépendance pure et simple pousse aux concessions : l'*Irish Socialist Republican Party*, à partir de 1896, sous la férule du socialiste, puis syndicaliste révolutionnaire James Connolly, le *Sinn Féin* (« Nous-mêmes ») de Griffith à partir de 1905, l'*Irish Republican Brotherhood* à partir surtout de 1911 jouent ainsi un rôle certain dans le ralliement d'Asquith au *Home Rule*. Celui-ci, voté en 1912, rejeté par les Lords, mais exécutoire en

1914, se heurte à l'opposition résolue des habitants de l'Ulster protestant et la guerre civile menace d'éclater en 1914. Elle serait d'autant plus grave que le gouvernement n'est pas sûr de l'attitude de l'armée en pareille occurrence. La guerre étrangère, en permettant de reporter l'échéance de l'application du statut nouveau, sauve peut-être le Royaume-Uni de troubles intérieurs sanglants.

Malgré la qualité des Premiers ministres qui, à partir de 1902 seront toujours recrutés hors de la Chambre des lords, la vie politique de l'Angleterre est ainsi apparue, entre 1876 et 1914, infiniment plus troublée et moins assurée que dans les périodes précédentes. Elle est le reflet des difficultés croissantes d'un Royaume qui achève son évolution démocratique dans une conjoncture économique, sociale, nationale, internationale particulièrement ardue.

4. UNE EXPANSION COLONIALE PLUS VOLONTAIRE ET MOINS AISÉE

Jusque vers les années 1860, l'attitude britannique dans les affaires coloniales est fondée sur « la suprématie rationnelle du commerce sur l'agression ». L'École de Manchester l'a de plus en plus emporté. Le succès de la réforme constitutionnelle canadienne de 1867 encourage encore une progressive libération des colonies. La répugnance à l'expansion ne disparaît pas par un coup de baguette magique : Gladstone, longtemps pénétré encore des idées manchestériennes, le montre bien en 1881, en rendant leur indépendance aux Boers du Transvaal, qui avaient en 1877, sous l'impulsion de leur président Burgers, accepté la souveraineté britannique, s'en repentaient et s'étaient révoltés.

L'impérialisme

Mais une idéologie nouvelle, impérialiste, l'emporte de plus en plus. Son développement coïncide avec la grande dépression économique et ce n'est pas par hasard que la fin de la suprématie économique du Royaume-Uni dans le monde est accompagnée de la floraison d'œuvres, de discours, de mouvements en faveur de l'essor colonial et de la préférence impériale. Mais le renversement de tendance précède la crise économique et ne lui est pas exclusivement lié : la passion pour les terres lointaines a été entretenue par la Société Royale de Géographie fondée en 1830 ; c'est en 1869 qu'est fondée la *Colonial Society* dont la devise est *United Empire* : c'est le 24 juin 1872, dans le célèbre discours de Crystal Palace, tout entier axé sur les missions d'un parti conservateur moderne, que Disraeli critique âprement toute « désintégration » de l'Empire et insiste pour son maintien. La nouvelle conjoncture et le développement de l'expansionnisme parmi les grandes nations blanches renforcent ce courant. Les gouverneurs coloniaux sont les plus sensibles à la « concurrence » et poussent à une politique d'annexions ; les vice-rois des Indes dénoncent avec véhémence le danger russe en Afghanistan et en Perse, la pénétration allemande en Orient, et ont souvent une position en flèche sur leurs gouvernements : à la fin du siècle, Lord Salisbury voit ainsi se dresser contre lui le vice-roi, Lord Curzon, qui lui reproche implicitement sa faiblesse. Les Sud-Africains, les Australiens sont sensibles qui à l'expansion allemande, qui à l'expansion française dans le Pacifique. Fils d'un pasteur anglais, devenu un magnat du diamant en Afrique du Sud, Cecil Rhodes parvient en 1889 à la présidence d'une Compagnie à charte et conquiert la Rhodésie ; en 1890, il est aussi Premier ministre de la colonie du Cap ; aventurier de génie, entouré d'autres aventuriers, tel Jameson, il rêve d'une Angleterre qui dominerait l'Afrique par la possession de territoires continus entre Le Caire et Le Cap et craint par-dessus tout les entreprises allemandes ; il incarne parfaitement le groupe de « nouveaux conquistadors » qui s'étoffe dans les dernières décennies du siècle. En Grande-Bretagne même, des hommes politiques influents prennent position, après Disraeli, pour une extension et une consolidation de l'Empire : Joseph Chamberlain, Randolph Churchill, Lord Rosebery. La conversion du premier est particulièrement spectaculaire et va jusqu'à l'abandon de la politique de libre-échange au profit d'une préférence impériale : député de Birmingham, il a vécu les effets de la concurrence internationale sur les industries métallurgiques de sa ville. Pendant que des poètes, comme Rudyard Kipling, chantre de l'Inde, prêchent l'action et s'enthousiasment pour les contrées lointaines, des historiens démontrent que l'impérialisme correspond à une nécessaire vocation de l'Angleterre : admirateur de la Prusse, partisan du règne du plus fort, John Seeley popularise ses idées dans son *Expansion of England* (1886) qui fait écho, 19 ans après, à *Greater Britain* de Charles Dilke ; de son côté, Froude publie *Oceana, or England and her Colonies*. Des penseurs et historiens étrangers rejoignent leurs préoccupations, tel l'amiral américain Mahan dans les années 1890. L'idéologie se traduit dans les mouvements : le 18 novembre 1884 est fondée l'*Imperial Federation League* dirigée par W.E. Forster, Lord Rosebery, Froude, J. Seeley, et qui dure jusqu'en 1893 ; en 1885, la *Primrose League*, d'abord organisation conservatrice, s'ouvre en théorie aux adeptes de tous bords de la colonisation et recrute dans la masse (un million de membres en 1891, deux millions en 1910) : son premier chef, Randolph Churchill, veut faire du parti conservateur un parti impérialiste ; en 1903, Chamberlain fonde la *Tariff Reform League* qui lui semble économiquement devoir prêcher un protectionnisme modéré et qui, sur le plan colonial, réclame un resserrement des liens entre la métropole et l'Empire.

Les doctrines impérialistes poussent à l'expansion et à l'organisation. Elles ne sont nullement contraires à une attitude libérale à l'égard des colonies de peuplement européen et le rêve d'une fédération suppose une croissante égalité entre les sujets dispersés de la Couronne. Un partisan de l'Empire peut aussi dans les années qui précèdent la guerre professer une future coopération entre des « nations-sœurs » : le mouvement de la Table Ronde, fondé par Lord Milner, souhaite un Commonwealth des nations à peuplement ou prépondérance européens.

L'expansion

Selon le tempérament des hommes au pouvoir, selon aussi les nécessités internationales, les gouvernements épousent plus ou moins volontiers le programme impérialiste : si Disraeli est enthousiaste, Gladstone est plus qu'hésitant, Lord Salisbury et Balfour prudents, Campbell-Bannerman et Asquith réservés. Les uns et les autres doivent pourtant tenir compte de l'obligation de protéger la route des Indes, de créer des bases de ravitaillement, de prendre le contrôle de nouvelles richesses minières, de préserver la solidarité de peuples auxquels on est amené à consentir une grandissante autonomie. D'où une action en général plus résolue, bien que parfois plus difficile que dans la période précédente.

Les conquêtes territoriales se font dans des directions variées. Dans le nord-ouest de l'Inde, on consolide la frontière par la mainmise sur une partie du Beloutchistan et le protectorat sur le reste (1879), au prix d'une série de campagnes on acquiert plusieurs vallées afghanes (1879-80) et on fixe la frontière entre le Turkestan russe et l'Afghanistan (1885). C'est par des opérations militaires renouvelées que la Birmanie est définitivement intégrée à l'Empire (1885 et 1897). Sur la route des Indes, on acquiert par des méthodes variées la Somalie britannique (1884), les îles Bahrein (1892) dans l'océan Indien, cependant qu'en Méditerranée Disraeli a fait occuper Chypre en 1878. En Extrême-Orient et dans le Pacifique, les États malais (1874), l'archipel des Fiji (1874), Bornéo-Nord (1881), une partie des îles Salomon et des Samoa (1898), Wei-Hai-Wei sur le continent chinois (1898) sont successivement annexés. Mais c'est surtout l'Afrique qui a été le théâtre des grands efforts : des Compagnies à charte sont constituées après 1880 pour développer le Nigeria, l'Afrique orientale et l'Afrique méridionale anglaises ; pendant que se constitue une prospère Afrique occidentale britannique, le gouvernement de Gladstone profite d'embarras financiers de l'Égypte et de réactions xénophobes pour prendre le contrôle du territoire (1882) et les premiers efforts de Gordon préparent la conquête du Soudan réalisée, quatorze ans après son sanglant échec, par l'armée de Lord Kitchener (1898). L'échange de Heligoland contre une partie du Zanzibar est réalisé en 1890 entre Bismarck et Lord Salisbury et ouvre aux Britanniques la région des Grands. Lacs et de l'Ouganda (1894). Dans le Sud, les efforts de Cecil Rhodes aboutissent à encercler le Transvaal entre les possessions britanniques du sud et celles de la Compagnie à charte en Rhodésie ; l'attrait des diamants et de l'or, les menées des mineurs britanniques brimés par le gouvernement boer du président Kruger, la crainte d'une intrusion allemande ou hollandaise poussent le gouvernement Salisbury à la conquête du Transvaal et de l'Orange : commencée en octobre 1899, la guerre des Boers s'avère difficile et ne s'achève qu'en mai 1902 au traité de Vereeniging qui consacre l'annexion des États boers à l'Empire. À la veille de la guerre mondiale, celui-ci comprend plus de 30 millions de kilomètres carrés, réunit « quelque chose comme un tiers de l'humanité ». Les succès ainsi obtenus l'ont été au prix de multiples tensions internationales : avec la Russie en 1878, 1885, 1902, avec la France en 1882, 1885 et surtout 1898 à propos de Fachoda et du Soudan anglo-égyptien ; de plus en plus avec l'Allemagne après 1890. Plus systématique, l'effort colonial est aussi plus dangereux pour la paix.

Autorité et libéralisme

Dans les colonies et les protectorats, l'Angleterre exerce une domination plus ou moins voilée, mais réelle ; assumant, selon l'expression de Kipling, le « fardeau de l'homme blanc », la métropole entend exercer son rôle et guider les peuples vers la civilisation. Mais les territoires de peuplement ou de prépondérance européens continuent de bénéficier de l'attitude libérale démontrée en 1867 au Canada. À une autonomie interne fort réelle succède bientôt une souveraineté intérieure totale avec le statut de dominion : en 1900 est fondée la Fédération des six colonies australiennes et le Commonwealth d'Australie prend rang de dominion ; en 1907, la Nouvelle-Zélande accède au même statut ; pour l'Afrique du Sud, l'évolution a été plus rapide encore : dès 1906, toutes les provinces reçoivent l'autonomie de gestion, dès 1908 une Convention nationale élabore un statut fédéral approuvé par le Parlement de Westminster en 1909 : date à laquelle l'Union Sud-Africaine devient un dominion. Théoriquement, bien des domaines échappent à la compétence des dominions : la paix et la guerre, les affaires militaires, les relations internationales. Mais dans la pratique, les gouvernements britanniques sont de plus en plus conscients de la nécessité de raffermir les liens avec les territoires devenus autonomes en mettant l'accent sur la solidarité et la coopération : à partir de 1887, des conférences coloniales, puis « impériales », réunissent les dirigeants des principaux territoires ; en 1902 Édouard VII ajoute à ses titres, lors du couronnement, celui de « Roi de tous les dominions britanniques d'outre-mer », en 1907 est créé un Comité de Défense Impériale à caractère consultatif et en 1911, Asquith et son secrétaire au Foreign Office, Edward

Grey, s'efforcent de rallier les Premiers ministres des dominions à leurs conceptions de politique internationale. Une fraction limitée de l'Empire semble ainsi s'acheminer vers la situation rêvée par Lord Milner : « un groupe de nations-sœurs unies et non divisées par l'Océan..., sujettes libres et consentantes de la monarchie la plus ancienne du monde ». Le contraste avec leur propre situation apparaît d'autant plus insupportable aux nationalistes des autres possessions britanniques : pendant que le « parti national égyptien » réunit une élite favorable à l'indépendance, en Inde les éléments radicaux du Parti du Congrès fondé en 1885, longtemps favorable à l'occidentalisation et confiant dans la générosité du grand frère européen, sont conduits par Tilak à formuler avec vigueur la revendication d'une totale et rapide souveraineté et s'opposent à une majorité encore ralliée au *self-governement* ; les difficultés de la décolonisation au XXe siècle sont en germe dans les années d'avant-guerre !

5. UNE POSITION INTERNATIONALE PLUS DÉLICATE

De 1870 à 1890, le Royaume-Uni croit encore possible d'assurer son triple objectif de sécurité, d'équilibre européen et de protection de l'Empire par sa diplomatie et par la puissance de sa flotte. Après 1890, devenue consciente de son relatif affaiblissement dans le monde, la Grande-Bretagne est tentée par divers projets d'entente avant de se rallier, contre les Puissances centrales, à une Triple Entente avec la France et la Russie.

Isolement et sécurité

Jusqu'en 1890, l'expansion coloniale et la Question d'Orient sont les deux préoccupations majeures. La première provoque nombre de conflits avec la France et la Russie et aussi des marchandages nécessaires : l'occupation unilatérale de l'Égypte est ainsi compensée par le soutien des prétentions françaises en Tunisie. La Question d'Orient surtout risque d'amener le Royaume-Uni à une guerre européenne : la guerre russo-turque de 1877-78 aboutit à la création d'une Grande Bulgarie et donne en fait aux Russes libre accès à la Méditerranée. Situation qu'ils recherchaient, et que redoutaient les Anglais. Disraeli joue un jeu dangereux en envoyant une flotte dans la mer de Marmara, en se faisant concéder Chypre par la Turquie sous le prétexte d'organiser une défense commune, mais il triomphe en amenant la Russie à céder au Congrès de Berlin où il s'est rendu personnellement. La politique de protection de l'Empire ottoman est celle de ses successeurs et en 1887, un accord est conclu avec l'Italie et l'Autriche pour la protection de l'Empire ottoman contre toutes les éventuelles visées russes. Par ailleurs, la prépondérance bismarckienne en Europe ne paraît pas avoir préoccupé considérablement les Britanniques : tout au plus ont-ils fait savoir en 1873, alors que le réarmement français paraissait inquiétant à Bismarck, qu'ils s'opposeraient à toute opération préventive de l'Allemagne contre la France. Convaincu que les puissances européennes devraient collaborer, Gladstone n'hésite pas, en 1885, à faire entrer l'Allemagne dans un conseil de six puissances chargées de superviser la bonne marche du Canal de Suez. Son successeur, Salisbury, reste assuré que le danger éventuel viendrait de la France ou de la Russie.

La recherche d'une alliance allemande

Après 1890, les perspectives se modifient progressivement. La rivalité des impérialismes risque souvent de provoquer des conflits majeurs. En Extrême-Orient, les prétentions russes et japonaises sont également gênantes ; en 1898, l'entrée d'une flotte britannique en Méditerranée place la France devant la perspective proche d'une guerre dont elle ne veut pas et c'est le recul de Fachoda ; surtout l'Allemagne, que Bismarck avait retenue sur le Continent, est à son tour tentée par l'aventure coloniale ; elle possède la puissance économique qui lui permettrait de faire échec au Royaume-Uni ; elle cherche à s'étendre sur un continent, l'Afrique, qui est devenu le lieu principal d'expansion britannique ; elle prend un rôle grandissant dans le Moyen-Orient, dont s'inquiète plus le Conseil de l'Inde que le gouvernement britannique ; elle estime très vite intolérable de dépendre de la bonne volonté anglaise pour ses lignes de communications maritimes et l'amiral von Tirpitz, nommé ministre de la Marine en 1897, fait voter en 1898 et 1900 des lois fort redoutables pour les Anglais : elles prévoient la construction jusqu'en 1916 de 36 cuirassés et 38 petits croiseurs et cette flotte, concentrée en mer du Nord et en Baltique pourrait surclasser une flotte britannique dispersée sur tous les Océans et les mers du monde ; la sympathie allemande pour les Boers, manifestée dès 1895 par un télégramme de Guillaume II au Président Kruger, est particulièrement irritante.

Jusqu'en 1902, les points de vue traditionnels de la diplomatie britannique l'emportent encore et c'est contre la France et la Russie que l'on croit devoir se prémunir. En Extrême-Orient, un rapprochement avec le Japon aboutit précisément en 1902 à une alliance défensive anglo-nippone dirigée contre les prétentions russes sur la Mandchourie et la Corée et contre le danger d'une intervention française en faveur de la Russie, alliée de la République depuis plusieurs années ; elle doit jouer en cas d'attaque de deux puissances contre l'une des parties contractantes. Et, plutôt que d'envenimer les conflits anglo-allemands, on essaye d'arriver à un rapprochement : en 1898, Chamberlain, ministre des Colonies, entame, avec l'accord du Cabinet, des conversations avec l'ambassadeur allemand Hatzfeldt, mais celles-ci avortent sur le refus anglais de prendre des engagements en

Europe et d'inclure l'Autriche dans un éventuel accord ; en 1901, Chamberlain, puis Lansdowne, secrétaire au Foreign Office, font une nouvelle tentative : les conversations avancent mieux, on envisage une alliance défensive en cas d'attaque de l'une des parties par *deux* puissances, mais les Anglais refusent toujours d'inclure l'Autriche, et même l'Italie, dans leur garantie, Salisbury hésite devant l'idée d'un engagement automatique et les Allemands jouent la politique du « tout ou rien ». Ces tentatives n'en sont pas moins significatives d'une prise de conscience par l'Angleterre que son isolement n'est plus acceptable dans la conjoncture nouvelle.

Vers la Triple-Entente

Chamberlain avait clairement laissé entendre à ses interlocuteurs allemands qu'une solution de rechange s'imposerait en cas d'échec des pourparlers germano-anglais. Sa recherche est facilitée par un changement de personnel politique : la retraite de Lord Salisbury, remplacé par Balfour, la montée sur le trône d'un Édouard VII qui, prince de Galles, avait montré un grand amour de la France, sont des éléments non négligeables. L'irritation croissante de l'opinion devant la rivalité commerciale allemande, la concession à l'Allemagne du Berlin-Bagdad, la force militaire germanique aident beaucoup les partisans d'une nouvelle ligne diplomatique. De 1902 à 1904 les grands problèmes franco-britanniques trouvent leur solution et l'Entente cordiale est scellée par l'accord du 8 avril 1904 qui voit la France renoncer à toute prétention sur l'Égypte et l'Angleterre lui reconnaître le droit d'établir son protectorat au Maroc. L'Entente est consolidée par le ferme appui anglais à la France dans la première crise marocaine : soutien qui permet à la position française de triompher à la conférence d'Algésiras (1906). Dès cette époque, des conversations d'État-Major précisent l'importance éventuelle d'un appui terrestre anglais à la

France en cas de guerre avec l'Allemagne. Les lois allemandes de mai et novembre 1906 qui accélèrent le programme de constructions navales (quatre grands cuirassés par an jusqu'en 1911) avivent les craintes et l'irritation en Grande-Bretagne et poussent à de nouvelles démarches : le 31 août 1907, le contentieux anglo-russe au Tibet, en Afghanistan, en Perse est réglé par un accord général ; la crainte de l'Allemagne a fait écarter les mises en garde de l'*India Council* contre l'établissement de zones d'influence en Perse et fait bien accueillir l'accord par l'opinion anglaise, malgré les réserves de Lord Curzon.

Peut-être parce qu'il se sent plus sûr de lui, le Royaume-Uni expérimente entre 1909 et 1912 une nouvelle politique de rapprochement avec l'Allemagne. L'Angleterre recherche avant tout une limitation des armements navals allemands ; elle refuse de la payer par la promesse d'une neutralité en cas de guerre déclarée par l'Allemagne à la suite d'une « provocation » ; elle propose en vain des avantages en Perse et en Afrique ; elle ne peut accepter en janvier 1912 l'offre faite à son ministre de la Guerre, Haldane, d'un simple étalement des armements navals allemands sur douze ans en échange d'un accord de non-agression et de dégagement de tout bloc hostile à l'Allemagne. L'échec des diverses tentatives ainsi entreprises ne décourage pas définitivement les Britanniques : ils tentent encore un rapprochement économique et signent avec l'Allemagne, en juin 1914, un traité sur le chemin de fer de Bagdad, qui ne devra pas être prolongé jusqu'au golfe Persique, traité qui autorise le lancement d'un emprunt allemand en Grande-Bretagne et prévoit un effort pétrolier commun en Haute-Mésopotamie.

Mais l'échec de 1912, l'accélération nouvelle du programme naval allemand en mars de la même année ont déterminé de nouvelles démarches. En novembre 1912, un accord prévoit des études communes des États-Majors anglais et français ; en mars 1913, un accord naval réserve à la France, en cas de guerre, la mission essentielle en Méditerranée, et à l'Angleterre la protection de la Manche. Sans s'engager formellement, le Royaume-Uni accepte le principe de conversations sur les mesures à prendre en cas de menace de conflit.

L'espoir de paix et son échec

Jusqu'en 1914 pourtant, la Grande-Bretagne a refusé toute alliance automatique, s'est gardée de tout accord, même d'État-Major, avec une Russie tsariste méprisée par l'opinion, a voulu préserver son indépendance diplomatique. Dans le conflit austro-serbe, poudrière de l'Europe de 1914, elle a tenté, en juillet 1914, d'imposer sa médiation. Le 31 juillet 1914, elle demande encore à l'Allemagne de faire une « proposition raisonnable » pour sauvegarder la paix. Le conflit approchant et devenant inévitable, le problème de l'attitude à prendre se pose : le parti conservateur, dans l'opposition, est partisan d'une intervention par crainte d'une hégémonie de l'Allemagne sur le Continent et d'une ambition coloniale dès lors redoutable pour le Royaume-Uni isolé ; libéraux et travaillistes sont plus divisés et l'indécision du gouvernement Asquith inquiète fort la France le 1er août 1914. Les Allemands, en décidant d'exécuter le plan Schlieffen et de passer par la Belgique pour écraser la France, prennent consciemment le risque d'une intervention britannique et parviennent en fait à réaliser une union sacrée en Grande-Bretagne : garante de la neutralité belge, celle-ci craint par-dessus tout le contrôle d'Anvers par une grande puissance ; l'opinion s'indigne de l'agression contre une petite nation. Les quelques opposants s'effacent — John Burns démissionne du gouvernement — et, le 4 août 1914, la guerre est déclarée à l'Allemagne.

Environ un siècle après le congrès de Vienne, le

Royaume-Uni fait à nouveau partie d'une coalition européenne et c'est à nouveau contre toute hégémonie d'une puissance sur le Continent. Mais si le poids de la puissance britannique est encore formidable, les risques assumés sont considérables.

CINQUIÈME PARTIE

ENTRE GUERRE ET PAIX. L'ÈRE DES CONTRADICTIONS

1914-1945

La Crise britannique au XXe siècle : ce titre qu'André Siegfried donnait en 1931 à une lumineuse étude des problèmes du Royaume-Uni après la Première Guerre mondiale aurait également pu servir de définition à l'ensemble de la période 1914-1945. Deux fois victorieux dans deux guerres mondiales, le Royaume-Uni n'est jamais parvenu à « digérer » véritablement ses victoires. Son déclin relatif est celui de l'ensemble de l'Europe, mais l'adaptation à un univers nouveau a été ici plus difficile qu'ailleurs. Une économie libre-échangiste a dû affronter la montée des protectionnismes et lutter contre des concurrents de plus en plus nombreux ; le déséquilibre fondamental entre activités rurales et industrielles a, dans une conjoncture économique médiocre, posé durement le problème du chômage et des injustices sociales, le remède impérial est apparu séduisant alors même que les dominions tendaient à s'industrialiser et que les mouvements pour la décolonisation se développaient avec vigueur. Les armes sous-marine et aérienne ont compliqué démesurément le problème de la sécurité et contraint à rechercher des garanties internationales nouvelles qui tinssent compte de la position mondiale du pays. Pourtant l'Angleterre a su relever tous les défis extérieurs, créer les conditions d'une vie sociale plus heureuse, et cela en restant une démocratie modèle et en maintenant son indépendance. Elle a évolué sans connaître de révolution, toujours hostile, dans tous les domaines, à l'esprit de système, toujours attentive à la leçon des faits et à la pression des besoins. Les ombres ont été nombreuses et souvent trop lentement effacées ; nombre de choix majeurs sont à faire en 1945.

Chapitre 11

DE L'ANGLETERRE EN GUERRE À L'ANGLETERRE EN CRISE 1914-1939

La victoire anglaise de 1918 semble à beaucoup une victoire à la Pyrrhus. Malgré la réalité d'une croissance économique respectable, l'entre-deux-guerres laisse le souvenir d'une évolution intérieure des plus mornes.

1. LA GUERRE ET SON RÈGLEMENT

L'effort de guerre

Pour la Grande-Bretagne, la guerre a revêtu deux aspects majeurs : il y a eu guerre économique et, d'autre part, effort proprement militaire.

La guerre économique devait théoriquement être l'essentiel. L'histoire enseigne les riches possibilités d'un blocus des côtes ennemies et l'alliance française permet de réaliser, contre l'Empire allemand, à la fois un blocus alimentaire, qui permettrait de saper le moral de la population civile, et un blocus des matières premières, susceptible de gêner considérablement l'effort germanique de production industrielle. Sans se soucier à l'excès du droit maritime international, le gouvernement Asquith organise dès octobre 1914 l'interception des marchandises destinées à l'Allemagne, étend ses mesures à l'Autriche-Hongrie en mars 1915 ; en 1916, est définie la politique du « contingentement » qui interdit aux pays neutres d'importer davantage de marchandises qu'en 1913 ; les protestations des nations non engagées, en particulier les réactions acerbes des États-Unis jusqu'en 1917, ne troublent pas les dirigeants britanniques. Convaincus, à tort semble-t-il, de l'efficacité de leurs mesures, ceux-ci s'aperçoivent bientôt que l'arme sous-marine permet aux Allemands de les attaquer sur le même terrain ; rapidement, le Royaume-Uni prend conscience de sa vulnérabilité et ne doit qu'à l'intervention américaine dans le conflit de ne pas succomber, en 1917, aux pertes en navires et à la pénurie en ravitaillement.

L'effort militaire devait être surtout naval ; l'armée de terre était une armée de métier de six divisions, dont une devait être réservée à l'Irlande. Les difficultés françaises et russes ne permettent pas de négliger les opérations terrestres. Par la voie des engagements volontaires, près de deux millions de Britanniques sont incorporés dans les treize premiers mois de la guerre, mais l'enthousiasme décline nettement dès 1915. Surmontant sa répugnance à violer la liberté individuelle, le gouvernement britannique en vient, à partir de janvier 1916, à la réalisation progressive d'un service militaire : les célibataires de 18 à 40 ans, puis les hommes mariés deviennent incorporables ; les exemptions sont nombreuses, accordées à de multiples catégories d'ouvriers, de fonctionnaires, d'employés, y compris aux garçons coiffeurs et aux garçons d'hôtel ; elles sont peu à peu limitées. Les armées britanniques peuvent ainsi être présentes sur nombre de théâtres d'opérations, de la France au Moyen-Orient. Facteur de victoire, le plus inattendu pour les Allemands !

L'organisation de l'économie

La guerre a contraint à faire face à de graves problèmes économiques. La mobilisation d'une partie de l'industrie gêne un commerce extérieur déjà handicapé par la perte des marchés d'Europe centrale, de Turquie, de Bulgarie et même de Russie après l'entrée en guerre de la Turquie en 1915, et entravé par le danger croissant des relations avec les clients lointains d'Asie et d'Amérique ; les besoins nationaux en bateaux de commerce sont satisfaits au détriment des pays étrangers et de la balance des comptes ; les dépenses engagées affaiblissent le prestige de la livre sterling, obligent à des paiements en or et poussent à l'inflation. La patrie du libéralisme doit accepter une croissante intervention de l'État. Celui-ci se fait l'acquéreur et le redistributeur de ravitaillement et de matières premières, achète aux industries textiles en péril une partie de leur production, rachète en monnaie-papier les avoirs privés anglais aux États-Unis et les revend pour régler ses importations de matières premières, fait des emprunts auprès des banques américaines, puis, à partir de 1917, auprès du gouvernement des États-Unis, organise les transports en recourant à des navires américains ; à partir de 1916, il invite les producteurs agricoles à revenir au blé et à la pomme de terre et accorde des garanties de prix : il réussit à faire produire 155 jours de ravitaillement par an au lieu de 125 mais n'évite pas le rationnement (juin 1917) ; avec la coopération des patrons, il s'efforce de rationaliser la production industrielle et fait établir les besoins prioritaires. Les succès sont certains, mais la perte de marchés extérieurs, de nombreux navires, de sources non négligeables de revenus invisibles, la mort au combat de 740 000 adultes, 10 % de la population mâle active, préparent des lendemains menaçants.

Le monde du travail

L'année 14 avait été celle de vives tensions sociales et de la grande triple alliance entre mineurs, cheminots et transporteurs pour une active lutte commune contre le patronat. Une trêve intervient dans l'atmosphère d'union sacrée : les Trades Union proclament le 24 août la « trêve industrielle », l'ajournement de toutes les revendications. Mais les ouvriers ne s'attendaient pas à un conflit prolongé. En juillet 1917, ils doivent constater que leur pouvoir d'achat a durement souffert et que la hausse des salaires, environ 40 %, ne représente que la moitié de la hausse des prix ; les ouvriers qualifiés sont sensibles au déclassement qui les menace à cause de l'engagement de nombreux manœuvres, qu'une habile subdivision des tâches permet d'employer à des postes plus nombreux ; l'embauche d'une main-d'œuvre féminine pèse sur les salaires. Des grèves éclatent, qui trahissent une lassitude que l'on peut aussi bien constater en France et en Allemagne, pour ne pas évoquer la Russie. Elles sont utiles quand elles aboutissent à la sauvegarde des droits des ouvriers qualifiés et à des hausses de salaires, mais elles sont parfois matées avec énergie : Winston Churchill, ministre des Munitions, fait preuve d'une particulière décision contre les grévistes des usines d'armement durant l'été 1918. À travers ces avatars, toute une structure sociale se modifie : la classe ouvrière devient plus homogène par le rapprochement des catégories qualifiées et non qualifiées ; le travail féminin progresse et 7 300 000 femmes sont au travail en 1918 contre 6 millions en 1914 : argument non négligeable pour les féministes ; le syndicalisme voit ses rangs s'élargir à 5 millions et demi d'adhérents en 1918 contre environ 3 millions en 1914 ; aux hauts niveaux de la société, l'aristocratie traditionnelle est durement touchée par un poids fiscal de plus en plus impressionnant, alors que les industriels, malgré une taxe de 50 % sur les « super bénéfices » de guerre (septembre 1915), s'enrichissent notablement.

Les luttes politiques

La vie politique a été fortement troublée par les événements ; cela bien que, contrairement à la France, l'Angleterre ait su préserver une entière liberté d'expression et d'organisation politiques malgré la censure des informations militaires. En 1914, l'union sacrée n'exclut qu'une minorité socialiste, qui se retrouve dans un *Independent Labour Party* reformé derrière Ramsay MacDonald et dans un *British Socialist Party* abandonné par Hyndman. Jusqu'en mai 1915, Asquith ne change rien à la structure gouvernementale et repousse les offres de Bonar Law d'une participation conservatrice au pouvoir ; sous l'influence de Lloyd George, il revient sur ses préventions et constitue un cabinet de douze libéraux, huit conservateurs et un travailliste, Henderson. Ce cabinet d'Union nationale est affaibli par l'insurrection irlandaise d'avril 1916 qui touche Asquith, auteur du *Home Rule*, ébranlé par le mécontentement des conservateurs relégués à des postes de second plan, abattu par les intrigues de Lloyd George, le « Clemenceau anglais », soucieux de plus d'ardeur et d'efficacité. En novembre 1916, Lloyd George accède au pouvoir, soutenu par une fraction des libéraux, tous les conservateurs et une fraction travailliste ; le Cabinet de Coalition est combattu par plus de 70 libéraux, groupés derrière Asquith et, à partir de la démission de Henderson, en août 1917, par la majorité des travaillistes.

Luttes proprement politiques et conjoncture de guerre provoquent des conséquences considérables : la loi du 6 février 1918 établit le suffrage universel des hommes de vingt et un ans et plus sans condition et celui des femmes à partir de trente ans (pour tenir compte des pertes en hommes pendant la guerre) et le corps électoral passe de huit millions et demi de citoyens en 1914 à vingt et un millions et demi en 1918, dont huit millions et demi de femmes ; le rapport des forces entre les partis est modifié : à la cohésion des conservateurs s'oppose la division des libéraux qui laisse aux travaillistes des chances nouvelles ; ceux-ci sont réorganisés depuis février 1918, ont créé une section locale dans chaque circonscription électorale, autorisé les adhésions individuelles au parti, élaboré sous l'impulsion de Henderson un programme publié en novembre sous le titre de « Le *Labour* et le nouvel ordre social ». Mais les élections brusquées de décembre 1918, véritable « acte d'immoralité politique » (Keynes), permettent à la majorité gouvernementale de l'emporter aisément : 478 sièges à la coalition dont 334 conservateurs, 229 à l'opposition, dont 65 travaillistes, 80 Irlandais, 29 libéraux tendance Asquith. Plébiscite en faveur de Lloyd George, ces élections reportent à plus tard les perspectives d'un nouvel équilibre politique.

La victoire

La fin du conflit apporte à la Grande-Bretagne les satisfactions escomptées en 1914 : l'armistice stipule l'internement de tous les sous-marins et dc vingt-six grands navires de bataille allemands dans la rade de Scapa Flow (où ils se saborderont) ; la menace allemande est ainsi écartée, de même que tout risque d'hégémonie germanique en Europe. Le gouvernement britannique entend retirer de la paix tous les avantages possibles, mais aussi reprendre rapidement les relations économiques avec l'Allemagne et éviter le risque d'une hégémonie française en Europe. D'où les attitudes de Lloyd George à la conférence de la Paix, qui choquent la délégation française : le Premier ministre refuse la formation d'un État rhénan indépendant, l'annexion de la Sarre du Sud à la France, celle de Dantzig par la Pologne, exige un plébiscite sur le sort de la Haute-Silésie. Cette protection des intérêts allemands s'accompagne de la défense des ambitions britanniques : 25 % des réparations allemandes sont attribuées à la Grande-Bretagne qui n'a pourtant subi que peu de dommages ; la Mésopotamie et la Palestine sont placées sous mandat anglais et la Transjordanie est constituée en État arabe sous l'égide du Royaume-Uni ; d'anciennes colonies allemandes sont octroyées sous mandat à l'Australie et à l'Union sud-africaine. Bien que les dominions ne soient théoriquement pas souverains en matière extérieure, ils sont admis à la S.D.N. et renforcent ainsi la position de la métropole. Par ailleurs, si la Grande-Bretagne accepte une « Ligue des Nations », elle se refuse à la considérer comme le gouvernement d'une grande « société » internationale et a repoussé les plans français de création d'une force armée de la S.D.N. : pour maintenir la paix, l'organisation internationale ne dispose que de sanctions économiques et morales. Pour calmer les inquiétudes françaises, Lloyd George avait accepté d'accorder à la France, conjointement avec les États-Unis, une garantie de ses frontières : le refus américain de ratifier les traités permet de revenir sur un engagement contraignant souscrit sans enthousiasme !

Défenseur vigoureux et convaincu de sa propre politique, Lloyd George réussit à rallier l'immense majorité de ses concitoyens à ses principes internationaux. Une fois de plus le Royaume-Uni a joué un rôle déterminant dans la réorganisation du monde. Mais on n'est plus en 1815 : les États-Unis et le Japon sont les grands vainqueurs économiques de la guerre et c'est une Grande-Bretagne appauvrie, devant laquelle se ferment nombre de marchés mondiaux, qui doit essayer de rétablir sa situation et de se maintenir à un rang de grande puissance mondiale.

2. LES DÉSÉQUILIBRES ÉCONOMIQUES ET SOCIAUX DE L'ENTRE-DEUX-GUERRES

La grande dépression mondiale de 1929 atteint un royaume qui n'avait pas réussi à surmonter les difficultés de l'après-guerre ; elle pousse à l'adoption de solutions longtemps ajournées au cours de la première période.

L'après-guerre 1919-1929

La conjoncture économique

Dès 1914, l'Angleterre était « une maison vénérable, solide et bien bâtie, mais dont on n'a pas, depuis des années, revisé la structure et le mobilier » (A. Siegfried). Le vieillissement de l'outillage industriel, l'affaiblissement de la monnaie, la perte de marchés extérieurs, l'appauvrissement de nombre de clients anciens n'étaient pas pour améliorer la situation ; en 1920, l'économiste Keynes stigmatise les « conséquences économiques de la paix » et se plaint du déséquilibre durable créé, selon lui, par la trop lourde charge des réparations imposées à l'Allemagne. Après une brève période d'euphorie, en 1919-1920, l'économie britannique doit affronter des problèmes redoutables dans le cadre d'un libéralisme rapidement restauré. L'indice des exportations, sur la base 100 en 1913, est à 71 en 1920, à 50 en 1921, et ne remonte qu'à 82 en 1929 ; la crise atteint les industries traditionnellement le plus tournées vers l'extérieur, en particulier les cotonnades dont la vente a baissé de plus d'un tiers ; un chômage permanent et considérable sévit : s'il culmine à deux millions et demi de personnes en juillet 1921, il ne tombe jamais ensuite au-dessous du million ; dans la construction navale, le pourcentage de chômeurs dépasse souvent 30 %, il atteint 70 % dans la métallurgie du fer en 1926, près de 30 % dans les charbonnages en 1928 et l'insécurité du travail semble affecter successivement les divers grands secteurs de l'industrie d'exportation ; la rationalisation de l'agriculture et la dépression qui suit l'abandon de la politique de soutien public aux producteurs contribuent à chasser des ruraux vers d'autres activités : d'un million et demi et de 8 % de la population active, le nombre de cultivateurs tombe à un million deux cent mille et moins de 6 % en 1931. Les solutions ne sont pas faciles à dégager : la volonté d'une monnaie forte a mené à la complète réévaluation de la livre sterling en 1925, mais a affaibli l'Angleterre libre-échangiste en face de nations qui dévaluaient leurs propres monnaies ; l'effort technique a été insuffisant et beaucoup d'industries se servent de machines dont la place « serait plutôt dans un musée rétrospectif » ; la concentration industrielle est médiocre et cela rend difficiles les efforts de rationalisation et les accords internationaux ; les cadres manquent d'esprit d'entreprise et sont trop souvent routiniers ; le relèvement des salaires, arraché par la qualité de l'organisation syndicale, pèse sur les prix de revient et l'extension de l'assurance-chômage empêche les patrons de jouer sur la peur du lock-out. Il faut aussi faire la part de facteurs extérieurs : le rôle du charbon diminue dans les sources d'énergie employées dans le monde et l'Angleterre, en exportant moins facilement, doit limiter l'extraction ; les besoins mondiaux se sont modifiés et l'industrie anglaise de qualité se reconvertit difficilement aux exigences de clients plus sensibles aux bas prix de produits courants et à l'offre de types nouveaux de marchandises, de l'automobile aux produits mécaniques les plus divers.

Tout n'est pas désespérant dans la conjoncture d'après-guerre. De 1925 à 1929, la balance des comptes est presque toujours excédentaire, sauf en 1926 où le déficit, minime, est de 14 millions de livres, alors que la balance commerciale présentait, elle, un déficit de 463 millions de livres : les frets, le revenu du portefeuille étranger, les commissions, courtages, services équilibrent ainsi largement le manque à gagner lié à la difficulté d'exporter des marchandises. Le rétrécissement du marché extérieur a été compensé par l'élargissement de la clientèle nationale : pensions de guerre, indemnités de chômage, salaires plus élevés ont assuré un pouvoir d'achat plus fort dans les milieux populaires, et les classes aisées, qui payent ces charges nouvelles, ont plus réduit leur épargne que leurs dépenses. La pression démographique s'allège : les taux de natalité sont tombés de 272 pour 10 000 en 1910 à 163 en 1930 et ceux de mortalité de 154 à 116 ; l'accroissement naturel n'est plus, à cette dernière date, que de moins d'un demi pour cent, contre plus d'un pour cent en 1910. Des secteurs d'emploi nouveaux apparaissent dans le Sud à proximité de grands centres de consommation comme Londres, et la vie industrielle y renaît dans le moment même de la crise de l'Angleterre noire : automobiles, soie artificielle, constructions électriques se développent autour de Londres, Coventry, Oxford et « une sorte de pesanteur naturelle, irrésistible, semble tasser le Nord sur le Sud ». Aux industries peu prospères ou en crise (charbon, sidérurgie, mécanique, coton), s'opposent des industries prospères (automobiles, cycles, marine marchande) et même très florissantes (pétrole, caoutchouc, tabac, brasserie). La fidélité de la clientèle impériale permet de réduire le déficit commercial. Plus prometteur est l'effort de grandes universités, comme Cambridge, et surtout les universités moins aristocratiques, pour développer un enseignement scientifique et technique de haute valeur et produire les cadres jeunes et inventifs dont l'économie a un cruel besoin ! Des concentrations se font, et les *Impérial Chemical Industries* sont fondées en 1926.

L'évolution sociale

L'adaptation aux conditions nouvelles ne s'est pas faite sans troubles sociaux graves. En 1919-1920, profitant d'une conjoncture relativement bonne, les syndicats, dont les effectifs atteignent plus de huit millions d'adhérents en 1920, mais beaucoup moins par la suite, ont imposé des hausses de salaires et de substantielles réductions de la journée de travail (sept heures dans les mines). La crise de 1921 entraîne l'échec de grèves gigantesques ; le vendredi 15 avril 1921 (*Black Friday*), le mouvement syndical subit un échec majeur, par sa propre désunion, et doit renoncer à un projet de grève générale. Une défaite analogue lui est infligée en 1926 : le T.U.C., décidé à soutenir les revendications des mineurs par une grève générale à engager « progressivement », doit renoncer au bout de neuf jours devant l'attitude ferme du gouvernement Baldwin et les dissensions intérieures. Les mineurs, après une grève de six mois, doivent de leur côté se résigner à une baisse de salaires et une augmentation de la journée de travail. La réaction sociale se dessine en 1927 au Parlement qui vote une série de lois antisyndicales : interdiction de toute grève générale et des grèves de soutien, obligation d'obtenir l'accord exprès de syndiqués pour accorder une cotisation au Labour Party (système du *contracting in*). Stagnation, chômage et misère semblent les perspectives offertes à une classe ouvrière si ambitieuse en 1919 !

On n'aboutit pas pourtant au triomphe d'un quelconque extrémisme révolutionnaire, malgré l'exemple russe et le développement d'une propagande communiste : l'Anglais reste fermé aux doctrines de lutte des classes ; surtout, les classes populaires ont bénéficié de progrès certains malgré la crise : les salaires réels ont légèrement augmenté de 1923 à 1929 grâce à un abaissement du coût de la vie ; un système d'allocations de chômage a été progressivement mis au point à partir de 1920 : étendu à toutes les catégories industrielles, il tient compte de l'importance de la famille du chômeur, et, à partir de 1924, l'allocation n'est plus limitée par le temps de cotisation avant le chômage et son taux est relevé ; en 1930, de nouvelles mesures ont facilité l'octroi des allocations ; le spectre de la misère totale écarté, l'ouvrier bénéficie d'autre part d'un meilleur logement grâce au *Housing Act* de 1924 qui a lancé un grand programme de construction d'habitations à loyer modéré.

Les inégalités sociales restent pourtant considérables et choquantes. Si la part des rentes foncières et des profits diminue dans le revenu national, 25 % des Britanniques de plus de vingt-cinq ans détiennent 95 % de la richesse nationale en 1929 et 1,5 % des citoyens absorbent 23 % du revenu national. La vieille aristocratie foncière, écrasée de charges, s'appauvrit et les ventes de grands domaines caractérisent l'après-guerre ; mais le monde de l'industrie et du commerce reste prospère et on continue de recruter dans ses rangs la plupart des pairs nouveaux : 98 entre 1917 et 1921, 79 entre 1923 et 1930. Une société riche peut profiter des techniques nouvelles : le nombre d'automobiles particulières passe de 315 000 à plus d'un million de 1922 à 1930.

Il faut se garder de peindre la vie sociale de l'Angleterre d'après-guerre avec les sombres couleurs du désespoir : leur sort matériel souvent amélioré, avides des plaisirs nouveaux du cinéma, de la radio (la B.B.C. est fondée en 1922), de la danse, les femmes libérées et sensibles à la mode, les Britanniques se passionnent davantage pour le cricket, le football (la première finale de la coupe, à Wembley, en 1923, attire 200 000 spectateurs dans un stade de 125 000 places), les courses de lévriers, la musique de jazz que pour les sombres diagnostics des économistes. En 1931, André Siegfried avouait son étonnement devant l'optimisme « imperturbable » de la « masse du peuple » et parlait de « fausse sécurité, voisine de l'inconscience ». Dès cette date pourtant, un pénible réveil avait commencé.

La crise, aspects et solutions

La dépression

Une grande dépression mondiale commence avec le krach de Wall Street le 24 octobre 1929. Les Américains retirent d'Amérique latine et d'Allemagne tous les capitaux placés à court terme et nombre d'entreprises ne peuvent plus faire face à leurs engagements. Le Royaume-Uni est durement affecté par la croissante carence de ses clients traditionnels et voit baisser considérablement ses exportations : de 839 millions de livres en 1929, elles tombent à 666 millions en 1930 et 461 millions en 1931 ; en volume, la chute est moindre, car on a essayé de réagir par une baisse des prix, qui est de 18 % en 1930 ; les importations diminuent moins vite et le déficit commercial passe de 387 à 408 millions de livres de 1930 à 1931. Très vite, les industries britanniques sont amenées à ralentir leur production : sur la base 100 en 1929, l'indice de la production tombe à 92 en 1930, 84 en 1931 et ne remonte qu'à 85 en 1932 ; les secteurs les plus affectés sont les industries cotonnières, les constructions navales, la sidérurgie. Cette situation se traduit par un accroissement du chômage : de novembre 1929 à juillet 1930, on passe de un million trois cent mille chômeurs à plus de deux millions ; en décembre 1930 on en est à deux millions et demi et, en janvier 1933, on culminera à près de trois millions ; dès janvier 1932, plus de 20 % des ouvriers assurés sont inemployés. Par comparaison à la grande dépression de 1876, les maux sociaux sont très atténués : la baisse des prix permet aux salariés comme aux chômeurs assurés de vivre convenablement et le patronat n'est pas en mesure d'imposer des baisses considérables de salaires. La diminution des prix se fait au détriment de la marge des profits et la part de ces derniers dans le revenu national passe de 23 % en 1929 à moins de 19 % en 1932. En 1931, une crise financière s'ajoute à la crise industrielle et commerciale : la faillite de banques autrichiennes et allemandes touche durement les investissements anglais en Europe centrale et provoque, par contrecoup, le rapatriement en France de capitaux placés dans le Royaume-Uni ; réserves en devises et encaisse-or diminuent, malgré les apports de l'Afrique du Sud ; les dépenses publiques sont trop lourdes et l'inflation menace.

Les remèdes

L'impuissance du gouvernement travailliste à apporter des solutions « socialistes » à la crise entraîne la formation d'un gouvernement d'Union nationale et la prédominance de fait des conservateurs. D'où la nature de certaines mesures prises en 1931-32 : abaissement des allocations de chômage et diminution sensible de leur durée, réduction des dépenses publiques, en particulier des soldes et traitements, conversions de rentes. Deux décisions sont pourtant essentielles : la renonciation à la stabilité et à la convertibilité en or de la livre et sa progressive dévaluation de 40 % contribuent à rendre les prix britanniques plus compétitifs sur les marchés mondiaux au moment même où la baisse des prix étrangers diminue le coût des importations ; ainsi se rétablit la confiance en une monnaie garantie, à partir de juillet 1932, par un fonds de stabilisation des charges ; la renonciation à la politique du libre-échange et le retour au protectionnisme sont d'heureuses mesures : en février 1932, Neville Chamberlain, chancelier de l'Échiquier, fait adopter une taxe minimum de 10 % *ad valorem* sur toute marchandise étrangère entrant dans le Royaume, à l'exception des matières premières essentielles et des grands produits de consommation ; de nombreux produits industriels et des produits de luxe payeront en fait une taxe comprise entre 10 et 33 %. Le triomphe posthume de Joseph Chamberlain est couronné par la poursuite d'une politique de préférence impériale : les accords d'Ottawa, ratifiés en octobre 1932, créent un système de tarifs préférentiels. Malgré leur foi libérale, les hommes au pouvoir se laissent gagner par la tentation de discrètes et empiriques interventions de l'État dans la production : encouragement à la concentration industrielle par la garantie à des emprunts privés, soutien de la production et des prix agricoles par une série de lois, de 1931 à 1935, favorables à l'un ou l'autre secteurs, etc. Le plus grand économiste de l'époque, J.M. Keynes, pousse à une intervention accentuée de l'État, en particulier dans le domaine du crédit, et y voit une condition de la réalisation du plein emploi : les suggestions que renferme sa *Théorie générale de l'emploi, de l'intérêt et de la monnaie* (1936) ne sont pourtant pas généralement acceptées.

Le redressement économique est progressif, mais très réel. La production industrielle dépasse dès 1934 celle de 1929 et lui est de 20 % supérieure en 1937 ; les exportations représentent à cette date plus de 86 % des chiffres de 1929, au lieu de 68 % en 1932 ; de 3 000 000 de chômeurs en janvier 1933, on revient à 1 670 000 en janvier 1937. Des éléments très encourageants sont apparus : les industries chimiques, cotonnières, navales, sidérurgiques connaissent une concentration croissante des entreprises et une rationalisation de leur production ; de 1929 à 1936, la productivité des industries britanniques a augmenté de 20 %. La politique protectionniste a accru le débouché du marché intérieur qui absorbe, en 1938, 45 % de plus de la production industrielle anglaise qu'en 1929. La politique de préférence impériale a elle aussi porté ses fruits : la part des importations en provenance de l'Empire est passée de moins de 26 % à plus de 38 % : celle des exportations à destination de l'Empire de moins de 40 % à plus de 45 % entre 1929 et 1938. La réussite de la politique monétaire a permis d'éviter les horreurs de l'inflation et les salaires réels sont au minimum restés stables. Mais la guérison est inégale et les vieilles zones du Nord et du

Nord-Ouest sont plus déprimées que les nouvelles régions industrielles du Sud-Est. Et le déclin relatif de la Grande-Bretagne s'accentue : en 1939, elle ne produit que moins de 10 % de l'acier mondial contre 22 % à l'Allemagne, 9 % de la production industrielle contre 14 % à ce même pays, ses chantiers navals ne construisent plus que 47 % des bateaux produits dans le monde au lieu de 60 % en 1914, elle assure moins de 14 % du commerce mondial, légèrement plus pourtant qu'en 1929. L'incapacité de l'économie anglaise d'absorber la main-d'œuvre disponible pose le problème de profondes réformes de structure.

Le bilan social de l'entre-deux-guerres

En 1939, près de 48 millions de Britanniques se partagent un revenu national qui a tout juste augmenté de 12 % de 1924 à 1938. Le sort des plus pauvres, 17 millions de salariés, s'est amélioré grâce à la hausse puis à la stabilité des salaires réels, grâce aussi à la construction de plus de quatre millions de logements. La crise de la vieille aristocratie, accablée par l'*income-tax* (plus de 25 % en 1936) et les impôts sur les successions (50 % pour les héritages de plus de deux millions de livres, 20 % jusqu'à cent mille livres) continue de décliner et, dans certains comtés du Sud, 40 % des grands domaines ont parfois changé de mains dans l'entre-deux-guerres. Mais la hiérarchie des fortunes reste marquée par l'importance des écarts : en 1937, près de 75 % des familles ne disposent pas de plus de 200 livres par an et près de 95 % ont un revenu inférieur à 500 livres ; des 5 % de familles au revenu plus large se détachent 26 000 familles ayant plus de 5 000 livres par an, et 99 en ont plus de 100 000. Les difficultés des années 30 ont encore contribué au pessimisme malthusien et de sombres pronostics annoncent un inévitable déclin de la population du Royaume-Uni qui devrait commencer en 1945. Celle-ci vieillit de plus en plus et la proportion des plus de quarante-cinq ans est de 32 % en 1937 contre 18 % en 1901. Pendant que l'Église anglicane accepte le contrôle des naissances (1930), un mouvement populationniste se développe à la veille de la guerre. Aux économistes qui parlent de surpopulation, il peut répondre que des professions nouvelles s'ouvrent en dehors de l'industrie congestionnée et que le secteur tertiaire a pu absorber plus de 11 % de personnes supplémentaires entre 1930 et 1935 !

Le souvenir des difficultés économiques et du chômage persistant pèsera lourd dans les choix des Britanniques au lendemain de la Seconde Guerre mondiale.

Religion et société

Dans une société de plus en plus matérialiste et où les maux sociaux restent profonds, les Églises cherchent plus ou moins hardiment à définir leur place et à s'adapter aux nouveautés.

Un courant moderniste est né dès avant la guerre dans l'Église anglicane, qui tente de réconcilier la science et la religion, accepte nombre d'acquits scientifiques, en particulier le transformisme, et met l'accent sur la parenté « spirituelle » du Christ avec Dieu en niant, en quelque sorte, la consubstantialité. Les modernistes publient un journal, le *Modern Churchman*, et certains des tenants de la doctrine accèdent à de hautes fonctions ecclésiastiques, tel E.W. Barnes, fait évêque de Birmingham en 1924. Mais les incertitudes de la science et les besoins affectifs nés de la crise minent certaines positions modernistes et poussent à un retour vers le passé.

L'irréligion progresse dans les milieux mêmes où nous l'avions vu se développer dès le milieu du XIXe siècle. C'est la grande préoccupation de toutes les Églises, qui réagissent par un effort missionnaire, la construction de nouveaux temples, et utilisent le moyen moderne de la radiodiffusion pour toucher des auditeurs à la pratique relâchée : les premières émissions religieuses de la B.B.C. ont lieu en 1924.

Contre ce courant de déchristianisation, on réagit aussi par une plus grande unité. En 1932, le méthodisme, qui s'était divisé en plusieurs Églises, opère la réunification des trois plus importantes d'entre elles. De même en Écosse, en 1929, les presbytériens retrouvent leur unité. Dans l'Église d'Angleterre, un puissant courant anglo-catholique pousse à la réconciliation de l'Église Établie et d'une Église catholique qui progresse et représente environ 8 % de la population dans l'entre-deux-guerres. Une première tentative avait échoué en 1896 devant le refus de Léon XIII de reconnaître la validité des ordinations anglicanes, les réticences du cardinal Vaughan, l'antipapisme virulent de certains milieux anglicans ; des conversations tenues à Malines en 1921 et 1926 entre Lord Halifax, promoteur du courant anglo-catholique, et le cardinal Mercier, accentuent un courant de sympathie, mais avortent sur le problème de l'infaillibilité pontificale. Et, en 1927, les Communes rejettent un projet de nouveau *Prayer Book* d'inspiration anglo-catholique.

Souvent accusée de se désintéresser de la misère sociale, l'Église Établie trouve dans ses rangs des hommes qui relèvent le défi : William Temple, évêque de Manchester de 1921 à 1929, archevêque d'York de 1929 à 1942 avant de devenir archevêque de Canterbury de 1942 à 1944, a été, de 1908 à 1924, le président d'une association pour l'éducation des travailleurs et s'efforce de développer dans son Église le sens de la responsabilité sociale.

3. LA RECHERCHE D'UN NOUVEL ÉQUILIBRE POLITIQUE

Entre 1919 et 1939, l'évolution des institutions est silencieuse, mais réelle. Celle des partis est considérable. On a vu disparaître très vite des problèmes qui avaient agité la vie politique d'avant-guerre : la loi de 1918 a presque parachevé la démocratisation politique et celle de 1928 réalise la parfaite égalité des hommes et des femmes quant à l'âge électoral ; la question irlandaise s'est compliquée avec la proclamation par le « gouvernement » de Valera et l'*Irish Republican Party* de l'indépendance (21 janvier 1919), avec le développement d'une campagne terroriste à laquelle a répondu une impitoyable répression : mais dès juin 1921, Lloyd George s'est convaincu que la solution devait être pacifique et fait voter par le Parlement un habile compromis : sur neuf comtés de l'Ulster six restent unis au Royaume, l'Irlande du Sud devient un dominion, dont les liens avec la Grande-Bretagne vont progressivement se distendre.

La Constitution britannique

Les adaptations sont parfois de grande portée. La méthode de règlement de la question irlandaise illustre bien ce que peut être l'évolution « silencieuse » des institutions. Le Cabinet, de sa propre initiative, avait engagé des négociations avec de Valera et le Parlement avait été appelé à ratifier un « fait accompli ». La liberté d'action du Cabinet ne cesse d'augmenter et on assiste dans l'entre-deux-guerres à l'amplification d'un phénomène apparu dès la fin du XIXe siècle ; surchargé de travail, le Parlement délègue de plus en plus une partie de ses pouvoirs au Cabinet par une procédure de « lois-cadres » et la majorité prend l'habitude de ratifier les démarches accomplies par ses représentants au gouvernement ; des cas majeurs, comme la formation du Commonwealth en 1932, sont réglés sans intervention préalable des Chambres à qui le Statut de Westminster a été présenté comme un tout, à prendre ou à laisser. L'Exécutif tend ainsi à progresser aux dépens du Législatif. Secondé par un secrétaire de Cabinet — le premier est, de 1919 à

1938, Sir Maurice Hankey — le Premier ministre contrôle étroitement l'exécution par ses collègues des décisions prises en Cabinet et voit son autorité encore accrue. Celle-ci est épaulée par le prestige de la Couronne mais ne peut pas être mise en question par les attitudes royales ; cette période le démontre clairement : le prestige royal progresse, augmenté par le rôle du roi au sein d'un Commonwealth de nations libres après 1932 ; mais en 1936, Baldwin, appuyé par le Cabinet et les gouvernements des dominions, ne laisse à Édouard VIII, désireux d'épouser Mrs Simpson, que le choix entre la renonciation au mariage ou l'abdication ; celle-ci s'impose pour éviter la démission du Cabinet et des élections qui, se faisant sur la question royale, auraient remis en cause tout un équilibre constitutionnel issu de la tradition ; les « amis du roi », les Winston Churchill, les Beaverbrook, doivent s'incliner devant cette évidence clairement affirmée. Ce n'est pourtant qu'en 1937 qu'un Acte reconnaît pour la première fois l'existence d'un Premier ministre et du Cabinet, en même temps que d'un leader de l'opposition rétribué par la Couronne.

Sur le plan parlementaire, la supériorité de la Chambre des communes n'est plus contestée : on aurait pu s'attendre à une réforme nouvelle de la Chambre Haute, réclamée par les travaillistes qui voient en elle, fort justement, la représentation croissante des gros intérêts financiers ; des projets de réforme ont été formulés par tous les partis : ils traduisent la baisse inquiétante du prestige d'une Chambre où viennent siéger, au maximum, 200 des 750 pairs du royaume ; mais cette diminution de prestige est le seul fait « positif » de l'évolution de l'entre-deux-guerres !

L'équilibre des partis politiques

La crise du parti libéral et la montée du parti travailliste ont bouleversé le jeu politique traditionnel : au bipartisme succède le tripartisme qui, jusqu'en 1931, complique singulièrement le problème de la stabilité gouvernementale. Et cela au moment où, la question irlandaise réglée et les députés irlandais nationalistes par là exclus de Westminster, on pouvait escompter au contraire une simplification de la vie parlementaire et gouvernementale !

Le déclin du parti libéral est considérable. Dépassé dès décembre 1922 par le *Labour*, il tombe à 40 députés en novembre 1924, à 17 en 1935 ; de parti de gouvernement, il devient un élément d'une coalition parlementaire avant de sombrer au rang de parti mineur. Il est « mort de son succès au début du siècle » : il a réalisé son programme de réforme électorale, imposé une solution libérale du problème irlandais, défendu la liberté économique tout en cherchant à soulager les pauvres ; il a été le parti de la victoire ; mais il n'a plus de solutions neuves à offrir alors que les problèmes économiques et sociaux ont pris une tournure nouvelle ; il a connu une dramatique scission entre partisans de Lloyd George et amis d'Asquith et ne s'est réunifié qu'en 1927 pour se scinder à nouveau en 1932, où les « nationaux-libéraux » seuls se rallient au protectionnisme. Le scrutin majoritaire à un seul tour a défavorisé les libéraux dès lors qu'en perte de vitesse ils sont apparus à l'électeur moyen moins susceptibles de former un gouvernement et n'ont plus bénéficié de la tendance à voter utile. Les insuccès ont nourri les insuccès : agents électoraux et candidats se sont fatigués et d'aucuns, comme W. Churchill, ont préféré abandonner un vaisseau en perdition. L'aventure du parti libéral illustre les difficultés d'un tiers parti dans le système électoral britannique.

Le grand bénéficiaire de ce déclin libéral est le parti travailliste associé à l'*Independent Labour Party*. Par son programme de novembre 1918, il a quelque chose à offrir aux centaines de milliers d'anciens combattants, irrités contre les profiteurs de guerre, aux millions d'ouvriers inquiets du lendemain, à tous les démocrates ; il prône le « minimum vital », des nationalisations d'entreprises industrielles et leur gestion par les producteurs, un système fiscal efficace. Il n'effraye pas ; il veut rester dans le cadre démocratique et rejette toute révolution marxiste : en 1920, à une immense majorité, il refuse l'adhésion du parti communiste, imité par le T.U.C. en juin 1921 et par l'*Independent Labour Party* dès mars 1921 ; son chef indiscutable après la guerre est Ramsay MacDonald, membre de l'I.L.P. jusqu'en 1930, d'origine très modeste, mais entré par son mariage dans un milieu bourgeois fortuné : pour lui, la société est un « organisme biologique » qui change, évolue, s'adapte sans fin et il convient non de chercher à la transformer brutalement, mais d'apporter des remèdes pratiques à chaque tare précise ; profondément religieux, MacDonald hait l'idée de lutte des classes. Son parti n'est d'ailleurs nullement un parti de classe : les ouvriers dominent certes parmi les 142 députés de 1922, mais on a alors une trentaine d'intellectuels, parmi lesquels Sydney Webb, Philip Snowden, Charles P. Trevelyan, et certains bourgeois avancés comme Ponsonby, Noel Buxton, etc. En 1922, le groupe parlementaire est devenu officiellement l'« opposition de Sa Majesté » et les dirigeants se sont pliés aux usages. En juin 1929, pour la première fois, le *Labour* détient une majorité aux Communes par rapport aux conservateurs (288 contre 260 sièges). Il a bénéficié du souci d'efficacité des électeurs dans les élections triangulaires. La région de la Clyde, l'Angleterre du Nord-Est, le Yorkshire, le Grand Londres sont les zones d'emprise travailliste la plus forte. Les dissensions entre une « gauche » et une « droite » ont souvent affaibli le parti et sa crise de 1931 a été profonde.

Le parti conservateur reste sans conteste un parti majeur. Il détient la majorité absolue des sièges en 1922-23, 1924-29, 1931-45. Il correspond aux aspirations permanentes de nombre de citoyens britanniques : il est le défenseur de la tradition, de l'autorité, de la hiérarchie et des institutions parlementaires, il professe la soumission à l'ordre social, il se veut empirique, il soutient l'existence d'un devoir moral de la société à l'égard des déshérités, il apparaît comme le bouclier de l'individualisme, il croit à l'Empire. Le vote féminin lui a apporté, semble-t-il, plus d'électeurs nouveaux qu'aux autres partis. Il a toujours pu faire état d'hommes de grande qualité, tels Lord Curzon, son véritable chef jusqu'en 1923, Bonar Law, Baldwin, Neville Chamberlain, dont la réputation de financier a facilité considérablement l'ascension politique, Winston Churchill, Samuel Hoare. Une excellente machine électorale, mise en place dès la fin du XIXe siècle, sert sa propagande. En dehors des facteurs internes, deux éléments peuvent expliquer les succès conservateurs dans l'entre-deux-guerres : la présence du parti libéral est plus dommageable au *Labour* qu'au conservatisme, car la clientèle libérale aurait été souvent celle du parti travailliste ; les divisions des travaillistes entre éléments plus ou moins modérés les a desservis à plusieurs reprises. Il faut ajouter qu'un argument majeur a souvent été invoqué par les conservateurs contre leurs adversaires de gauche : ils seraient les « fourriers » du communisme ou, au mieux, de médiocres défenseurs contre le péril rouge ; l'argument est excellent, si l'on en juge par les effets, en 1924, de la publication de la pseudo lettre Zinoviev qui invitait le parti communiste anglais à pousser sa propagande auprès des soldats et qui a sans doute valu aux conservateurs une part non négligeable de leurs 420 sièges. Solidement installé dans les campagnes, le Sud-Est, les Midlands, le parti conservateur n'est pas absent des villes et sa clientèle rallie non seulement l'élément bourgeois, la majorité des classes moyennes, l'aristocratie et l'Église, mais une fraction variable des non-conformistes, sensibles à ses préoccupations morales et religieuses, et des ouvriers, qui n'oublient pas le rôle des tories dans certaines grandes réformes et croient en l'efficacité de leur action.

La crise économique a semblé offrir des chances à un mouvement nouveau. En 1931, Sir Oswald Mosley, ancien ministre travailliste, quitte le parti et publie la *Politique nationale* où il critique l'attitude trop prudente de Ramsay MacDonald et exige un véritable programme « de gauche » ; il fonde le *New Party*, dont le succès est médiocre. Après un voyage a Rome, où il rencontre Mussolini, il transforme son mouvement en *British Union of Fascists* et publie *The Greater Britain* (septembre 1932) où il prêche un système corporatif et la subordination de l'individu à l'État. La B.U.F. évolue vers le racisme et l'antisémitisme. En 1934, elle compte 20 000 membres, issus des classes moyennes surtout, et commence à mener une campagne d'agitation violente. Les excès des « chemises noires » britanniques et ceux de leurs émules ou modèles sur le Continent irritent l'opinion : le *Public Order Act* de 1936 interdit le port d'uniformes et accroît les pouvoirs de la police contre les défilés de masses, et dès 1937, le déclin du mouvement est très net.

L'exercice du pouvoir

De 1918 à 1939, la grande majorité des gouvernements sont conservateurs ou doivent leur existence à l'apport des voix conservatrices.

C'est le cas du Cabinet Lloyd George, gouvernement de coalition issu de la guerre et appuyé par 344 conservateurs et seulement 133 libéraux : il règle les problèmes de la paix, aboutit à un compromis sur l'Irlande, impose le retour à un système économique purement libéral... et tombe lorsque les conservateurs sont las de n'être que des partenaires alors qu'ils pourraient être l'élément dirigeant (1922). Vainqueur des élections, Bonar Law accède au pouvoir, suivi, à sa mort, par Baldwin : ils pratiquent une politique favorable aux riches en abaissant les taux de l'*income tax*, bénéficient, grâce à l'affaire de la Ruhr, d'un redressement de l'économie nationale avec la reprise des exportations houillères ; mais Baldwin, conscient de la nécessité de mesures plus efficaces, se convertit à un protectionnisme modéré sur lequel il joue le sort de son parti en décembre 1923 : il perd son pari en éloignant de lui un demi pour cent seulement des électeurs mais en concédant par là 86 sièges à ses adversaires !

La formation du premier gouvernement travailliste de Ramsay MacDonald n'est pas triomphale : il s'appuie sur 191 députés du *Labour* et sur 159 libéraux et se sent constamment menacé de l'extérieur par ses « alliés » libéraux ; s'il fait voter le *Housing Act* et pratique une politique extérieure active, reconnaissant en particulier la Russie soviétique, il ne peut guère qu'affirmer la vocation gouvernementale du *Labour* avant de solliciter du pays un nouveau mandat que la lettre Zinoviev contribue à lui faire refuser.

Leur écrasante majorité permet alors aux conservateurs de se maintenir tranquillement au pouvoir pendant cinq ans, et de faire preuve à l'intérieur d'une absolue rigueur financière et d'un manque total d'imagination dans le domaine économique et social. Mais les travaillistes, revenus au pouvoir en 1929, doivent à nouveau compter sur le soutien de 59 libéraux : MacDonald, fort actif dans les questions internationales, soutient la politique d'orthodoxie financière de Snowden tout en faisant quelques concessions aux syndicats et aux chômeurs ; il est totalement dépassé par la crise économique ; contre le vœu de la majorité de son parti, et au prix d'un schisme dramatique, il cherche le salut dans un gouvernement d'Union nationale ; il le préside jusqu'en 1935, mais est en fait le prisonnier des conservateurs qui ont eu 471 élus aux élections de novembre 1931, alors que l'opposition des travaillistes orthodoxes a dû se contenter de 52 députés. En

1935, après sa démission, les tories reprennent, avec Baldwin, la direction des affaires et les élections, la même année, leur valent encore 431 sièges. En 1937, Neville Chamberlain, qui s'avère fort imbu de son autorité, devient le dernier Premier ministre du temps de paix. Au total, en 21 ans, les conservateurs ont contrôlé l'exécutif pendant 18 ans ! Le tripartisme a coïncidé en fait avec la prépondérance d'un grand parti.

Cette constatation conduit, dès avant la guerre, nombre de jeunes travaillistes à élaborer des principes nouveaux d'action et de gouvernement. Attachés à la démocratie politique, les Attlee, Morrison, Dalton, Stafford Cripps sont amenés à se prononcer en faveur d'un programme de nationalisation immédiate des principales banques de crédit et de la Banque d'Angleterre, et de grands secteurs de l'industrie. Sur le plan extérieur, ils prennent très tôt des attitudes violemment antifascistes et dénoncent avec vigueur les faiblesses du gouvernement conservateur devant les dictatures. Un programme plus cohérent et plus socialiste apparaît ainsi comme le moyen essentiel de contester la prépondérance conservatrice. C'est la grande leçon de la crise de 1931.

Malgré deux passages du *Labour* au pouvoir, la première « expérience socialiste » reste à faire.

4. LES DIFFICULTÉS IMPÉRIALES

En 1919, l'Empire britannique est à son apogée. Étendu par les mandats sur d'anciennes possessions allemandes ou turques, il représente 33 millions de kilomètres carrés, 550 millions d'habitants, répartis sur cinq continents, trois océans, sept mers. L'épreuve de la guerre a été positive : les dominions ont adhéré sans hésitation à l'effort de la métropole, le Parti du Congrès Indien avait affirmé sa parfaite loyauté envers l'Empire. En Grande-Bretagne même, l'hostilité à l'Empire ne regroupe que peu d'adeptes ; les travaillistes vilipendent l'exploitation colonialiste, mais recommandent une émancipation progressive qui justifie le maintien provisoire d'une nécessaire tutelle britannique. Des nuages existent pourtant : le Ve point Wilson, en proclamant le droit des colonisés à la justice, encourage partout les tenants de l'autodétermination ; l'Islam est agité d'un vif sentiment nationaliste et l'Égypte accepte mal le protectorat proclamé en 1914 ; l'exemple japonais encourage les Asiatiques à revendiquer l'égalité avec les nations blanches ; des promesses ont dû être faites pendant les hostilités : le rapport Montagu-Chelmsford de 1917 semblait promettre à l'Inde le statut de dominion. Associés aux négociations de paix, les dominions blancs ont vu reconnaître leur indépendance de fait et la recherche d'une définition plus précise de leur statut s'impose.

Les dominions

Leur dernier problème est le plus rapidement réglé. Les thèses de Lord Milner l'emportent aisément et les plus conservateurs des Britanniques sont disposés aux plus larges concessions au groupe des « nations-sœurs ». Dès 1926, la Conférence Impériale adopte la « déclaration Balfour » rédigée par un comité spécial. L'idée d'une constitution rigide est rejetée ; mais on définit la Grande-Bretagne et les dominions comme « des communautés autonomes dans le cadre de l'Empire britannique, de statut égal, et qui ne sont, en aucune manière, subordonnées l'une à l'autre pour tout ce qui touche leurs affaires intérieures ou extérieures, quoique unies par une commune allégeance à la Couronne et librement associées comme membres du Commonwealth britannique des Nations ». La constitution du *Dominions Office* en 1925 avait déjà marqué la volonté de distinguer les dominions avec lesquels on négocie des colonies que l'on gouverne. C'est par la négociation qu'est rédigé le *Statut de Westminster* voté par le Parlement britannique, promulgué le 11 décembre 1931, et qui doit être ratifié par les parlements de chaque dominion : il donne force de loi à la définition Balfour, affirme l'indépendance de chaque parlement, met fin à toute extension automatique des mesures législatives votées à Westminster aux divers dominions ; seules des modifications de leur constitution par le Canada, l'Australie et la Nouvelle-Zélande restent soumises à l'approbation du Royaume-Uni. Le « IIIe Empire » britannique, celui de la coopération volontaire d'États associés, a succédé à l'Empire mercantiliste et à l'Empire semi-libéral. La personne du souverain est le lien le plus tangible. Mais il repose aussi sur des « idéaux positifs » : institutions libres, aide réciproque, paix. Il est consolidé dès 1932 par les accords d'Ottawa, qui déterminent un système d'accords douaniers bilatéraux et une préférence impériale.

L'Empire

On fait preuve de beaucoup plus de prudence, voire d'attentisme, à l'égard des autres territoires de l'Empire. Et les solutions données au problème de la décolonisation ont été extrêmement variées et ont tenu compte de l'inégale évolution des populations. Avec un extraordinaire empirisme, on accorde aux uns un conseil législatif nommé (Ouganda), ou en partie élu (Guyanne), aux autres une assemblée élue, mais un exécutif nommé (Bermudes), à d'autres encore une théorique indépendance (l'Égypte devient l'« alliée » du Royaume-Uni en 1936) ou un gouvernement responsable pour les affaires internes (Ceylan en 1931). Partout on introduit les indigènes dans l'administration à l'exclusion des seuls postes de commande. En Afrique occidentale, on pratique l'*indirect rule* en respectant les chefferies indigènes. Le statut de l'Inde a été le plus difficilement déterminé : une première réforme, en

1919, créait une certaine autonomie provinciale et fondait deux Assemblées consultatives au niveau national ; le Parti du Congrès ne se satisfait pas de ces concessions et, sous l'influence de Gandhi, adopte l'arme de la *non-coopération* pour obtenir un véritable *self-gouvernment* ; la répugnance des conservateurs et l'hésitation des travaillistes à accorder le statut de dominion à un pays insuffisamment évolué et très divisé provoquent en 1929 une campagne de désobéissance civile et une première vague terroriste ; en novembre 1930, une conférence de la Table Ronde s'ouvre à Londres et Gandhi est appelé à y siéger l'année suivante ; le *British India Act* de 1935 n'en est pas moins un statut octroyé, qui prévoit l'organisation d'une Fédération, avec un gouvernement central responsable, mais des États et des Provinces autonomes et une Birmanie séparée de l'*All India Federation* ; l'application est très progressive, gênée par les réticences mêmes des nationalistes indiens et des princes et en 1939 l'autonomie de la Fédération n'est pas encore réalisée. Ainsi se confirme, ici et ailleurs, qu'il existe deux entités : un Commonwealth de nations-sœurs et un Empire qui est toujours conçu comme le fardeau de l'homme blanc. De ce fardeau, beaucoup ne sont nullement pressés de se débarrasser, à commencer par Winston Churchill, qui a âprement critiqué les concessions à l'Inde en 1935 !

Forces et faiblesses de l'Empire

L'Empire (au sens large) est un élément de force, mais aussi un facteur de faiblesse. Il assure la présence de l'Angleterre dans le monde entier, lui donne un poids considérable dans les affaires internationales, contribue, malgré un début d'industrialisation du Canada et de l'Australie et la concurrence américaine croissante, à améliorer une balance commerciale fort déséquilibrée. Mais il exige un effort de protection que la Grande-Bretagne est de plus en plus en peine d'assurer ; la conférence de Washington de 1922 a consacré la fin de la maîtrise navale britannique et l'importance de la flotte japonaise ne peut être compensée que par un hypothétique appui de la flotte américaine dans le Pacifique. Ce qui ne peut qu'accentuer les réserves de dominions indépendants à l'égard d'une métropole engagée dans des affaires européennes qui ne les concernent pas : « Ils considèrent le vieux pays avec les sentiments d'un fils marié pour son père » (A. Siegfried). En Europe même, le Royaume-Uni a dû, en 1938, renoncer aux avantages militaires que lui réservait, en Irlande du Sud, le compromis de 1922. Alors que la guerre menace, l'Angleterre doit la préparer en fonction de son rôle de puissance mondiale, mais sans savoir, à coup sûr, si elle pourra compter sur ses dominions. Cette incertitude illustre la faiblesse d'un Empire dont les fêtes du couronnement de George VI en 1937 avaient semblé affirmer la force.

Chapitre 12

DE LA GUERRE À LA GUERRE 1919-1945

Le Royaume-Uni paie chèrement de 1939 à 1945 les aveuglements et les faiblesses de l'entre-deux-guerres.

1. PACIFISME ET IMPUISSANCE

En 1919, la Grande-Bretagne est victorieuse et nous avons dit les avantages majeurs qu'elle avait retirés de cette situation. En 1939, elle est menacée en Europe et dans son Empire et doit se préparer à une difficile défense. Ses principes sont restés inchangés : la liberté des mers, le rejet de toute hégémonie en Europe et en Asie, le réalisme dans la recherche de la paix et de ses garanties. Mais une politique souvent maladroite, la conscience peut-être de sa nouvelle faiblesse relative ont contribué, en vingt ans, à créer une situation internationale particulièrement sombre.

L'Europe

Deux problèmes ont dominé la période : la question russe et le problème de l'Allemagne et des relations franco-allemandes.

La question russe

Dès le début, Lloyd George et son Cabinet avaient adopté une attitude très hostile à l'encontre d'une révolution bolchevique qui affaiblissait le camp des Alliés en pleine guerre et se faisait au nom de principes « inadmissibles ». Comme la France et le Japon, les Anglais avaient apporté une aide militaire aux Russes blancs. En 1920 encore, on croit à une possible entrée en guerre de la Grande-Bretagne contre la Russie et cette perspective apparaît suffisamment réelle pour que les Trades Union menacent d'organiser une grève générale contre ce que Henderson appelait « un crime contre l'humanité ». Mais avec beaucoup de réalisme et parce que c'est l'intérêt économique de son pays, Lloyd George lui-même cherche un rapprochement et, dès mars 1921, un accord commercial anglo-russe est signé. S'il échoue dans ses tentatives de faire reconnaître par les Russes les dettes de l'Empire des Tsars, il a ouvert la voie à une reconnaissance *de jure*, réalisée par le Cabinet MacDonald en 1924, et à un nouvel accord commercial en août de la même année. De 1924 à 1929, les relations sont tendues : les conservateurs au pouvoir craignent une contagion révolutionnaire dans une Grande-Bretagne où sévit le chômage, s'indignent de l'attitude du Komintern et des syndicats russes lors de la grande agitation de 1926 et, poussés par des anticommunistes virulents, tel W. Churchill, obtiennent de Baldwin la rupture des relations diplomatiques avec l'U.R.S.S. en 1927. La reprise de ces relations en 1929, les dangers japonais en Extrême-Orient et allemand en Europe, la stabilité même du régime soviétique poussent à une détente, concrétisée par l'accord anglais pour l'entrée de la Russie à la S.D.N. (1934). Fondamentalement méfiante, mais réaliste, la Grande-Bretagne essaie par la suite de conclure des accords plus étroits avec l'U.R.S.S. et en 1939 s'associe à la France pour négocier une alliance militaire avec la grande puissance de l'Est : le pacte germano-soviétique consacre son échec dans ce domaine.

La politique allemande

La politique allemande de l'Angleterre a suivi une courbe tout aussi irrégulière. Elle est globalement condamnée, en tête de ses *Mémoires de Guerre*, par Winston Churchill qui place la période 1919-39 sous l'enseigne suivante : « Comment, par leur déraison, leur négligence, et leur bon naturel, les peuples anglo-saxons permirent aux forces du mal de réarmer. » Au lendemain des hostilités, les Anglais craignent plus une hégémonie de la France, soutenue par ses « clients » polonais, tchèques, yougoslaves, qu'une quelconque revanche allemande. Ils condamnent des réparations trop élevées, sympathisent avec les souffrances d'un peuple appauvri par l'inflation, désapprouvent l'occupation de la Ruhr par les Franco-Belges et, en 1924, appuient le plan Dawes sur les réparations qui prévoit l'octroi de crédits par la Grande-Bretagne et les États-Unis. Refusant toute garantie de sécurité à la France seule, ils souscrivent au pacte de Locarno qui accorde cette garantie à la France et à l'Allemagne conjointement et leur négociateur, Austen Chamberlain, reçoit alors l'Ordre de la Jarretière et le Prix Nobel de la Paix. Soucieuse de faire rentrer l'Allemagne dans le concert des grandes puissances, l'Angleterre favorise son accession à la S.D.N. (1926), la liquidation des contrôles militaires alliés sur le sol allemand, et soutient, en 1932, à la conférence du Désarmement, la position allemande en faveur d'un traitement égalitaire (plan MacDonald). Elle prend très lentement conscience du danger hitlérien. En 1935, à la conférence de Stresa, elle se contente, avec la France et l'Italie, de protester contre le rétablissement de la conscription, mais s'oppose à toute sanction ; désireuse avant tout de protéger sa propre sécurité, elle signe en juin 1935 un accord naval avec l'Allemagne qui prévoit que la flotte allemande sera toujours inférieure au tiers de la flotte anglaise, mais qui n'en viole pas moins les clauses de Versailles. Lors de la réoccupation militaire de la Rhénanie en 1936, elle refuse de soutenir la France dans une éventuelle riposte. Paralysés par le pacifisme profond de l'opinion, même si, comme le Cabinet Baldwin, ils sont conscients du danger du réarmement allemand, les gouvernements anglais sont d'autre part sensibles à la justice apparente de certaines revendications germaniques. Neville Chamberlain, Premier ministre à partir de 1937, est persuadé de la valeur de la négociation personnelle, et, malgré les avertissements d'Anthony Eden, se refuse à tout geste offensif. Il se résigne, en 1938, au dépècement de la Tchécoslovaquie et revient de Munich avec la certitude d'avoir assuré pour longtemps la paix du monde ! Il se heurte à de violents reproches de quelques esprits plus éclairés, comme W. Churchill. Mais il faut attendre mars 1939 et l'occupation de ce qui reste de la Tchécoslovaquie par les Allemands pour lui ouvrir les yeux et le décider à une politique de préparation à la guerre et de garantie automatique à des puissances menacées, telle la Pologne. Ce long aveuglement, suivi d'un brusque réveil, se traduit par une impréparation militaire inquiétante en 1939 ; seule l'aviation a fait, depuis 1937-38, des progrès encourageants.

Au moment même où l'Europe s'achemine vers la guerre, les positions anglaises en Extrême-Orient sont menacées par l'impérialisme japonais.

L'Extrême-Orient

Jusqu'en 1922, l'Angleterre a été l'alliée du Japon. À cette date, elle a dû choisir entre le renouvellement d'une alliance vieille de vingt ans et l'amitié des États-Unis fort inquiets des progrès nippons pendant la guerre. Elle choisit, à la conférence navale de Washington, de soutenir le point de vue américain et, en limitant l'armement naval du Japon et en lui imposant l'évacuation de la Province

Maritime et du Chantoung, de porter un coup d'arrêt à l'impérialisme japonais. Cette position britannique s'explique par le souci d'apporter une protection efficace à ses possessions lointaines par l'aide des États-Unis et elle a été approuvée par les dominions ; dès cette époque, il apparaît que la Grande-Bretagne compte sur le cousin américain pour maintenir la liberté des mers et calque nombre de ses attitudes sur les américaines : « Entre une Europe déclinante et une Amérique pleine de vie, l'Angleterre estime que c'est son intérêt de se tourner vers la vie » (A. Siegfried, 1931). Les affaires du Pacifique l'entraînent déjà vers le « grand large ».

De 1922 à 1931, tout en commençant à fortifier Singapour, le Royaume-Uni se préoccupe de la montée du nationalisme chinois ; de nombreuses manifestations éclatent dans les concessions ; celle de Hankéou est abandonnée en 1927, alors que les autres, dont surtout Changhaï et Tien-Tsin, sont vigoureusement défendues, et seront sauvegardées jusqu'à leur occupation par le Japon en 1941 ; les Britanniques sont amenés à renoncer à leurs privilèges douaniers pour sauver leurs positions économiques fondamentales. Mais en 1931, l'invasion de la Mandchourie par le Japon, la formation en 1932 du Mandchoukouo, la pénétration nippone dans le Nord de la Chine sous une forme d'abord économique, la formulation d'une « doctrine de Monroe » asiatique menacent bien plus dangereusement l'implantation britannique. Les réactions sont pourtant bien faibles : tout au plus la Grande-Bretagne s'associe-t-elle aux motions lénifiantes de la S.D.N., tout en s'opposant à toute sanction. Faiblesse qui s'explique par des facteurs variés : le pacifisme profond de l'opinion publique, l'anticommunisme qui voit dans le Japon un rempart contre la révolution rouge, et surtout la conscience que seule une ferme attitude américaine aurait pu influer sur l'événement ; l'absence de riposte des États-Unis, en pleine crise économique et désireux de se garder le marché japonais, sert d'alibi.

Après 1933, le gouvernement anglais montre qu'il a perçu la gravité de la menace en aidant financièrement et économiquement la Chine pour renforcer sa capacité de résistance. Cette aide continue après 1937 et le début de la guerre sino-japonaise. Très tôt, on a vu que des victimes ultérieures de l'impérialisme japonais pourraient être l'Australie, la Nouvelle-Zélande, la Malaisie, voire l'Inde. Pourtant, aucune intervention militaire n'est envisagée. En 1939, Neville Chamberlain s'en justifie en invoquant la nécessité de préserver les forces britanniques pour la proche crise européenne.

Le pacifisme généralisé

En Extrême-Orient comme en Europe, l'Angleterre a donc fait longtemps preuve d'une grande volonté de paix et a été hostile à toute action directe. La faiblesse matérielle ou psychologique ne suffit pas à expliquer son attitude[1]. Il faut faire la part des grands espoirs soulevés dans la nation par l'existence de la S.D.N. Plus ou moins dédaignée au départ, l'organisation internationale a conquis un immense prestige dans l'opinion publique. En 1935, la « *Leaguemania* » est presque universelle et un référendum privé, le *Peace Ballot*, attire onze millions et demi de votants, quasi unanimes à soutenir la S.D.N., mais dont 20 % rejettent toute perspective de mesures militaires en cas d'agression et 18 % refusent de se prononcer sur ce point. Ce résultat impressionnant contribue à justifier la mollesse britannique dans l'affaire d'Éthiopie. Par ailleurs, l'anticommunisme dont se réclament nombre de puissances ou de mouvements totalitaires, et

1. De 1928 à 1932, les gouvernements successifs avaient appliqué la formule dite de « la règle de 10 ans » : les dépenses militaires ne devaient augmenter que si les services compétents n'étaient plus en mesure de garantir l'absence de tout risque majeur de guerre dans les dix années à venir.

qui n'avait pas été sans influence sur la politique japonaise de l'Angleterre, a également joué dans le comportement à l'égard de l'Allemagne hitlérienne et au moment de la guerre d'Espagne.

Le réveil

En 1939, la leçon des faits a été comprise. L'impuissance de la S.D.N. a convaincu de la nécessité de recourir aux systèmes d'alliances traditionnels. La menace d'hégémonie allemande en Europe, japonaise en Extrême-Orient, les armements navals allemands, italiens, nippons ont éveillé des craintes généralisées. Le plus pacifiste des hommes d'État, Neville Chamberlain, modifia totalement son attitude à partir du 15 mars 1939. L'établissement du service militaire obligatoire le 26 avril, en pleine paix, pour la première fois dans l'histoire du royaume, a été acceptée aisément par l'opinion malgré les réticences travaillistes au Parlement. Depuis Munich, les travaillistes ont pourtant pris résolument position contre le fascisme, et l'effort de réarmement est soutenu par une véritable vague de fond. Si, en août 1939, le gouvernement multiplie les efforts pour éviter la guerre, c'est sans la moindre hésitation qu'il décide de remplir ses engagements envers la Pologne. La résolution anglaise en 1939 tranche sur les hésitations de 1914.

La guerre qui commence le 1er septembre 1939, le 3 pour le Royaume-Uni, est en partie le fruit d'un long aveuglement et d'un pacifisme qui n'a pas su déboucher sur une volonté d'organisation internationale efficace de la paix... et des sanctions. Mal préparée à l'effort indispensable, la Grande-Bretagne va payer fort cher le retard de son réarmement.

En 1939, tout un grand rêve de pacifisme s'écroule et Neville Chamberlain l'avoue devant le Parlement en termes poignants : « Tout ce pour quoi j'ai travaillé, tout ce qui soutenait mes espérances, tout ce à quoi j'ai cru pendant ma vie publique, tombe en ruines. » Du moins l'entrée rapide dans la guerre de tous les dominions, sauf l'Eire, prouve-t-elle la sagesse de la politique impériale britannique depuis la fin de la Première Guerre mondiale. Du moins l'approbation quasi générale de l'opinion et du Parlement témoigne-t-elle de la vigueur du sentiment démocratique dans un pays qui a voulu rejeter tous les extrémismes. Et si l'industrie britannique n'a pas su se moderniser suffisamment, l'effort poursuivi permet dès 1939 de produire presque autant d'avions nouveaux (7 940) que l'Allemagne (8 295) et de bien augurer d'une guerre défensive. Selon l'expression des historiens R. Graves et Alan Hodge, la Grande-Bretagne sort en 1939 d'un « long week-end » : depuis 1919, malgré les crises économiques, la nation avait connu un mieux-être qui avait nourri un relâchement certain du sens des responsabilités. La guerre allait montrer si cela justifiait le mépris des puissances totalitaires envers la plus solide des démocraties.

2. LA SECONDE GUERRE MONDIALE ET L'ÉCRASEMENT DU NAZISME

De 1939 à 1945, le Royaume-Uni paraît renouer avec la tradition des guerres napoléoniennes : tantôt seul, tantôt allié à d'autres puissances, il tient tête victorieusement à un État hégémonique et son succès est en partie le fruit de la position insulaire et de la puissance navale. Mais la guerre a été mondiale et l'Angleterre a eu peine à soutenir le choc sur tous les théâtres d'opérations ; le conflit a été abordé dans une époque de crise économique et non pas d'irrésistible ascension et le triomphe final a été payé d'une perte de substance considérable ; l'âme de la coalition alliée et la source des indispensables subsides se sont bien vite situées outre-Atlantique. Après l'écrasement du nazisme et de ses émules, les problèmes de la paix prennent un aspect nouveau et le retour à la prospérité suppose une véritable expérience socialiste. L'après-guerre, grosse des questions de la guerre froide et de la décolonisation, impose une définition de la place que le Royaume-Uni entend désormais occuper en Europe et dans le monde et une remise en cause des valeurs traditionnelles.

3. LA PÉRIODE DE GUERRE

De l'alliance à l'isolement

Le 3 septembre 1939, le Royaume-Uni est l'allié de la Pologne et de la France, il ne désespère pas d'obtenir plus ou moins rapidement l'alliance turque. La puissance conjuguée des flottes anglaise et française assure d'autant mieux la liberté des mers et la sécurité du commerce que l'Italie fasciste s'affirme très vite attentiste. Si l'entente germano-russe rend problématique le succès d'un blocus économique, le camp des Alliés, qui englobe bientôt tout le Commonwealth sauf l'Eire et comprend normalement l'Empire français, paraît ne devoir faire face à aucun problème de matières premières et d'approvisionnement. La supériorité allemande en blindés et surtout en avions est connue, mais le temps ne peut que travailler en faveur d'un camp qui pourra s'équiper à l'abri de la ligne Maginot et sous la protection d'une armée française encore partout fort estimée.

La rapide défaite de la Pologne illustre l'imprudence d'un engagement automatique que ni la France ni l'Angleterre n'étaient en mesure de tenir. La « drôle de guerre » permet de dresser des plans plus ou moins réalistes avant de tenter, par une action combinée franco-anglaise, de « couper la route du fer » en occupant Narvick : prévenue par l'invasion allemande de la Norvège, l'opération illustre pourtant la supériorité navale franco-anglaise. Son demi-échec n'en entraîne pas moins, dès le 10 mai, le remplacement d'un Chamberlain discrédité par un Winston Churchill qui s'est, dès le début, imposé comme lord de l'Amirauté et avait été l'un des critiques les plus acerbes de son prédécesseur pacifiste.

L'invasion de la Hollande et de la Belgique, l'encerclement des meilleures troupes françaises et anglaises et le sauvetage à Dunkerque de plus de 200 000 Britanniques et de plus de 100 000 Français, la rapide défaite des armées françaises marquent un sombre mois qui commence le 10 mai 1940. Malgré l'engagement primitivement contracté de ne pas conclure de paix séparée, malgré les efforts de W. Churchill, qui va jusqu'à offrir à la France de Paul Reynaud une Union permanente des deux peuples, le gouvernement du maréchal Pétain conclut un armistice finalement admis par les Britanniques en échange d'assurances formelles sur le sort de la flotte française. Le 25 juin 1940, la Grande-Bretagne se trouve seule dans la guerre en face d'une Allemagne exaltée par ses faciles et successives victoires et d'une Italie fasciste entrée *in extremis* dans le conflit pour prendre part au partage des dépouilles. Le destin du Royaume-Uni paraît scellé lui aussi et Hitler, sûr de la victoire, lui fait offrir le 3 août, par l'intermédiaire de la Suède, une paix « honorable » que Churchill repousse dédaigneusement.

L'organisation de l'Angleterre en guerre

En face d'une Europe germanisée, un pays de moins de cinquante millions d'habitants doit trouver les ressources en biens et en hommes suffisantes pour tenir et pour gagner. Le pari de W. Churchill, qui n'a à offrir à son peuple que « du sang et des larmes », est que tout est possible tant que la flotte assurera une relative liberté des communications et en attendant l'inévitable intervention de nouvelles puissances démocratiques dans le conflit.

Le Cabinet Churchill est un Cabinet d'Union nationale, qui coalise tous les trois grands partis politiques. Clement Attlee est l'adjoint direct du Premier ministre. Des postes de premier plan ont été attribués à des travaillistes : l'ancien chef syndicaliste Ernest Bevin est ministre du Travail et Herbert Morrison est bientôt à la tête du *Home Office*, cependant qu'Arthur Greenwood a été, dès le 10 mai, avec un ministère sans portefeuille, le compagnon d'Attlee dans l'étroit Cabinet de Guerre de cinq membres. Le Parlement exerce pendant toute la guerre un contrôle effectif de l'action gouvernementale et, réuni en comité secret, est soigneusement tenu au courant de toutes les décisions et de leurs implications. Mais l'union de toutes les tendances a été dès le début réalisée et le remplacement du Premier ministre n'a pas créé de schisme conservateur comme il y avait eu un schisme libéral en 1916 : membre du Cabinet Churchill jusqu'en septembre 1940, Neville Chamberlain lui a assuré la loyauté de tous les députés conservateurs.

La conscription existe dès le départ et permet d'enrôler un nombre croissant d'hommes, plus de cinq millions en 1944. Le problème essentiel a été de les armer et de les encadrer : au lendemain de Dunkerque, il ne restait en Grande-Bretagne qu'environ deux cents chars et le nombre des canons était ridiculement bas. Toute une production nouvelle et une politique d'achats se sont avérées nécessaires. Deux boucliers existent en 1940 : une aviation de chasse moderne de 1 500 appareils et une flotte de guerre dont le tonnage aurait représenté le double du tonnage allemand et italien. Mais ici encore, l'effort de guerre a supposé le développement considérable des productions.

Pour assurer l'indispensable effort de production, le gouvernement met en œuvre une grande mobilisation civile qui touche les hommes jusqu'à soixante ans et les femmes jusqu'à cinquante. Une véritable armée du travail peut ainsi être constituée sous la férule d'Ernest Bevin et des règles strictes régissent l'embauche et le changement d'emploi : l'accord des Trades Union a été ici d'une importance capitale. Une « armée civile » de dix-sept millions de travailleurs, dont plus d'un tiers de femmes, est au service d'une production que l'abandon des limitations d'horaires de travail permet de rendre plus intensive. Comme dans la Première Guerre mondiale, le gouvernement intervient activement dans les achats et la répartition des matières premières : outre les ressources du Commonwealth, la loi « prêt-bail » américaine de 1941 a permis des achats aux États-Unis sans paiement immédiat, et, après novembre 1941, des comités mixtes anglo-américains ont assuré une équitable répartition des produits de base entre les Alliés, et leur transport ; les industriels sont invités à s'organiser et à sélectionner eux-mêmes les firmes les meilleures, les *nucleus-firms*, auxquelles devaient aller les attributions prioritaires et autour desquelles les autres devaient s'agréger ; plus de vingt mille usines nouvelles sont construites par les soins de l'État et d'anciennes sont agrandies par l'aide publique. Onze régions économiques ont été définies et des comités locaux instaurés dont émane une commission centrale de planification. Alliant dirigisme et persuasion, le gouvernement et le Parlement ont permis, malgré les destructions, un accroissement considérable de la production. Cela au prix pourtant d'une énorme fatigue des hommes et d'une intense usure du matériel. Sur le plan agricole, une identique politique dirigiste d'extension des surfaces et d'augmentation de la production a été suivie.

Le coût de la guerre a supposé un immense effort de financement et les dépenses publiques, en 1944, auraient avoisiné trois quarts du revenu national. L'*income tax* a été porté à 50 % du revenu et 9 millions de contribuables nouveaux y ont été assujettis ; les impôts indirects ont été augmentés ; l'emprunt est devenu une ressource importante, faisant passer la dette publique de 8 à 22 milliards de livres de 1939 à 1945, et les souscriptions ont été d'autant plus aisément obtenues des Anglais que le rationnement alimentaire, vestimentaire, celui aussi des articles de grande consommation ont freiné les achats possibles et poussé à l'épargne. Pour les paiements extérieurs, la zone sterling développée entre 1930 et 1939, consolidée pendant la guerre, a permis de payer en livres les achats dans le Commonwealth et de bénéficier des excédents en devises ou en métal des dominions et de l'Empire : quatre milliards de livres sont empruntés aux pays du Commonwealth et aux neutres.

Le rôle de l'esprit civique ne peut pas être sous-estimé. Seul il a permis l'intense effort de production, seul il explique la résistance héroïque sous les bombes, seul il a autorisé le fonctionnement harmonieux de la machine de guerre sans l'instauration d'aucune dictature.

La victoire finale n'est pourtant pas sortie seulement de cet effort britannique : l'aide du Commonwealth, celle des États-Unis ont été des atouts majeurs. La valeur des avances américaines atteint sept milliards de livres : une année de dépenses en 1944-45.

Les formes de la guerre

Le Royaume-Uni a dû mener successivement ou simultanément une guerre aérienne, une guerre navale et commerciale et une guerre terrestre.

La guerre aérienne a revêtu une importance décisive. En 1940, l'élimination de l'aviation anglaise et le contrôle du ciel au-dessus de la Manche avaient paru aux Allemands la condition indispensable d'un débarquement en Grande-Bretagne. Engagée le 15 août 1940, la « Bataille d'Angleterre » est marquée par une progressive modification de la stratégie allemande : aux attaques contre l'infrastructure des aéroports, voies de communication et industries, succèdent celles contre les villes, destinées à anéantir le moral des civils ; la valeur des appareils anglais et le radar permettent de vaincre l'assaut allemand et « jamais dans l'histoire de l'humanité, une aussi vaste multitude n'a été redevable d'une aussi grande dette envers un si petit nombre d'hommes (de la R.A.F.) » (W. Churchill). Moins ambitieuse par la suite, l'offensive aérienne allemande ne cesse jamais et, en 1944-45, les fusées commençaient à prendre la place des avions. Mais dès 1940 aussi, la riposte anglaise a commencé et le Royaume-Uni, devenu le « porte-avions des démocraties », est le point de départ de raids de plus en plus meurtriers sur l'Europe nazie.

Très tôt aussi, l'Angleterre a dû faire face à une guerre navale et commerciale. Le souvenir de leurs succès de 1917 ne pouvait qu'encourager les Allemands à une politique de blocus. Sous-marins, navires de surface, avions s'attaquent aux convois anglais et, en avril 1941, coulent 654 000 tonnes de navires, plus que la production totale des chantiers anglais et canadiens. Des fournitures de bateaux américains dès le début de 1941, l'aide considérable des États-Unis après leur entrée dans la guerre, permettent seules de résoudre un problème longtemps angoissant et vital.

La guerre terrestre a été menée sur les fronts les plus divers. Le souci de protéger la zone du canal de Suez avait très tôt entraîné le transfert de troupes britanniques, australiennes et néo-zélandaises en Égypte et la guerre d'Afrique, ses prolongements dans le Proche-Orient, ont compté parmi les efforts essentiels en 1940-42. Le front grec a été très précaire en 1941, mais dès 1943, d'importantes forces britanniques sont engagées en Europe sur le front italien et le débarquement de 1944 en Normandie fait de la guerre terrestre une action essentielle du Royaume-Uni. En Extrême-Orient, la guerre a commencé après Pearl Harbour : chassés de Hong-Kong et de Singapour, leurs deux places fortes, les Britanniques mènent une difficile défense de l'Inde en Birmanie, mais l'effort majeur est le fait des Américains.

L'ampleur de l'effort et les nombreux revers qui précèdent le redressement pouvaient être prévus dès 1940. C'est ce qui explique sans doute le véritable affolement anglais devant les perspectives du ralliement de la France et de sa marine de guerre au camp de l'Axe et l'agression contre la flotte de Mers el-Kébir, le 3 juillet 1940, qui s'est avérée une des fautes les plus graves commises par W. Churchill. Un Churchill qui, dans son action diplomatique, a pourtant souvent soutenu la cause d'un rétablissement de la puissance française après la guerre...

La diplomatie britannique pendant la guerre

De 1940 à 1945, la politique anglaise est dominée par le souci d'abattre la puissance de l'Axe et de définir une meilleure organisation du monde d'après-guerre.

La volonté d'aider tous les adversaires de l'ennemi est apparue nettement en toutes occasions. Elle est démontrée par les vains et coûteux efforts pour aider la Grèce, attaquée par l'Italie, puis par l'Allemagne. Anticommuniste de toujours, Winston Churchill proclame dès le 22 juin 1941 sa solidarité avec l'U.R.S.S. : « Le péril de la Russie est notre péril..., de même que la cause de chaque Russe combattant pour son foyer est la cause des hommes libres et des peuples libres de toutes les parties du monde » ; une aide matérielle est aussitôt offerte à Staline... qui ne cessera de réclamer de préférence un second front !

La primauté est pourtant allée à l'alliance américaine. Celle-ci a été recherchée par les Franco-Anglais dès 1939, mais Roosevelt, en avance sur son opinion, ne peut longtemps que fournir des encouragements moraux et des facilités matérielles. Le 14 août 1941, une identité de vues est pourtant affirmée par la signature de la Charte de l'Atlantique : Churchill et Roosevelt y affirment leur hostilité à tout agrandissement territorial, le droit des peuples à choisir leur forme de gouvernement, la liberté pour tous d'accéder aux matières premières, la nécessité d'une organisation internationale de la paix et de la sécurité, le caractère malfaisant du nazisme. L'agression japonaise scelle l'alliance anglo-saxonne après un voyage de Churchill à Washington en décembre 1941-janvier 1942. À partir de cette époque il existe entre les deux puissances une *Grand Alliance*, faite de consultations régulières, de prise en commun des grandes options, de collaboration dans le sein d'un État-Major « combiné », de liaisons fréquentes entre responsables politiques. Pendant toute la guerre, Anthony Eden rencontre quotidiennement l'ambassadeur des États-Unis sans que leurs conversations fassent l'objet d'aucun procès-verbal, « degré de confiance unique dans mon expérience diplomatique » (A. Eden). La force de l'alliance réside surtout dans les relations personnelles de Churchill et de Roosevelt qui, dotés l'un et l'autre de pouvoirs spéciaux, prennent conjointement un grand nombre de décisions. Cette étroite entente est le fondement historique de la thèse des « relations privilégiées » que l'Angleterre d'aujourd'hui n'a pas encore renoncé à entretenir avec les États-Unis.

Dans la définition des buts de guerre et de l'organisation future du monde, Churchill a voulu allier le réalisme, le souci d'équilibre européen et un certain sens de l'imagination. Il soutient au Moyen-Orient l'anticolonialisme américain contre... la France, qui s'est engagée à donner l'indépendance au Liban et à la Syrie. À Moscou en 1944 et à Yalta en janvier 1945, il se résigne au partage de l'Europe en zones d'influence et, conservant la Grèce dans le futur camp occidental, cède la Pologne au camp soviétique. Soucieux de ne pas laisser l'Angleterre isolée en face des puissances anticolonialistes et désireux d'un réel équilibre sur le Continent, il soutient la France libre du général de Gaulle et obtient en 1945 qu'on reconnaisse à la France le rang de grande puissance, le droit de participer à l'élaboration des traités allemand et italien, l'accès à une zone d'occupation en Allemagne. Le Royaume-Uni prend part à la conférence de San Francisco et, le 25 juin 1945, alors que la guerre contre le Japon continue, fonde avec ses alliés l'Organisation des Nations unies.

Au cours des diverses négociations, l'intérêt bien compris de la Grande-Bretagne n'a jamais été négligé : à la conférence de Québec de septembre 1944, il a été prévu que la zone d'occupation anglaise comprendrait, en Allemagne, Hambourg et des régions industrielles d'où sortaient les deux tiers de la production métallurgique et houillère du pays. En adhérant, au Moyen-Orient, à un anticolonialisme antifrançais, W. Churchill espérait substituer définitivement, après la guerre, l'influence britannique à l'influence française : oublieux en cela de la vigueur d'un nationalisme arabe affirmé en 1944 par la fondation de la Ligue arabe et peut-être inconscient d'une pénétration américaine déjà fort réelle, sur le plan économique, en Arabie Saoudite.

Le bilan

« Croisade des démocraties », lutte vitale contre les expansionnismes allemand, italien, japonais, la guerre aboutit à une victoire totale des Alliés et le pari de W. Churchill a été tenu. Dès 1944-45, celui-ci est pourtant inquiet de la vigueur de l'élan soviétique et regrette amèrement le rejet par ses alliés de son plan d'attaque prioritaire dans les Balkans, qui aurait permis de devancer les armées russes dans une bonne partie de l'Europe centrale. La victoire est grosse de menaces pour l'avenir.

Les pertes humaines ont été limitées. La guerre a entraîné la mort directe de plus de 400 000 personnes et, malgré les bombardements, les civils ne comptent « que » pour 60 000 dans ce total. Celui-ci représente moins d'un pour cent de l'ensemble de la population. La France, malgré l'armistice, a subi 600 000 décès par faits de guerre, environ un et demi pour cent de sa population.

Les pertes matérielles sont particulièrement lourdes. Deux maisons sur sept ont été détruites ou endommagées et la ville de Coventry a vu son nom devenir le symbole de la destruction générale d'une ville par les bombes. Pis : « pour atteindre au but, (la Grande-Bretagne) a consumé toutes ses disponibilités économiques et bien au-delà » (A. Latreille) : dans ses usines, l'outillage a vieilli et s'est usé ; la dette extérieure, envers les pays de la zone sterling (plus d'un milliard de livres à l'Inde), les neutres, les États-Unis, est considérable et oblige à liquider de vieilles positions, à vendre par exemple au gouvernement Perón les chemins de fer possédés par des compagnies britanniques en Argentine, à céder en tout pour plus d'un milliard de livres d'investissements à l'étranger ; malgré les efforts de constructions navales, la flotte marchande a diminué de moitié pendant la guerre et le pourcentage représenté par le tonnage britannique n'est plus que de 18 % du tonnage mondial contre plus de 28 % avant la guerre. Les perspectives de l'après-guerre sont sombres : il faut convertir les usines de guerre, trouver un emploi productif aux 42 % de la population active intégrés aux forces armées ou consacrés à la production militaire, assurer les indispensables importations sans le concours cette fois de revenus invisibles importants, développer les exportations alors que nombre de marchés extérieurs ont été perdus au profit des États-Unis ou par le développement industriel d'anciens « pays neufs » tels les dominions, sauver une monnaie dont la couverture s'est considérablement amincie.

La victoire apparaît bien difficile à « digérer » pour un pays qui voit resurgir aggravées toutes les difficultés économiques de l'avant-guerre.

D'autre part, la guerre et les premières défaites ont stimulé les nationalismes dans l'Empire et les nationalistes de l'Inde n'ont jamais accepté l'idée de participer à l'effort allié ; la Charte de l'Atlantique a repris la notion de *self-determination* et si W. Churchill précise qu'il n'est pas « devenu Premier ministre de S. M. afin de procéder à la liquidation de l'Empire britannique » (octobre 1941) il ne peut pas empêcher les peuples soumis d'espérer une libération ; la propagande directe des Japonais en Asie, et particulièrement en Malaisie et en Birmanie, celle des Allemands en Afrique et au Moyen-Orient ont laissé des traces profondes et l'esprit de révolte habite toute une élite nouvelle au sein des nations-sujettes. L'attitude américaine apparaît souvent comme un encouragement aux anticolonialistes. L'évolution amorcée dans l'entre-deux-guerres a été trop lente et trop prudente et de nouvelles et urgentes solutions s'imposent.

SIXIÈME PARTIE

DES INCERTITUDES CONTEMPORAINES

à la crise de 1973-1979

1973 constitue un grand tournant. L'option européenne de la Grande-Bretagne coïncide avec la naissance d'une nouvelle crise mondiale. Auparavant, au prix d'une « révolution silencieuse » de son économie et de ses relations sociales, le Royaume-Uni avait tenté de « digérer » les conséquences de la guerre et de définir son nouveau destin de puissance moyenne.

Chapitre 13

LES CHOIX ÉCONOMIQUES ET SOCIAUX

Entre 1945 et 1972, l'alternance au pouvoir des deux grands partis, conservateur et travailliste, a joué normalement sans que soient jamais sérieusement remis en question la nécessité d'assurer un contrôle public direct ou indirect de certains secteurs économiques essentiels, ni le devoir de la collectivité d'assister tous les citoyens en difficulté. Dans le respect des libertés fondamentales, une « révolution silencieuse » a quelque peu nivelé les inégalités, et la naissance d'une « méritocratie » a semblé promettre la réalisation du rêve saint-simonien du gouvernement des capacités. Le refus de toute « dictature » économique, les réticences même à l'égard d'une planification autoritaire ont marqué les limites d'une « socialisation » qui s'est toujours voulue compatible avec les aspirations individuelles au bonheur. Et, par la place donnée à l'essor de la consommation, par le développement d'une société d'abondance et aussi « de tolérance », la Grande-Bretagne s'est rapprochée d'un modèle plus américain que soviétique et s'est, au mieux, classée, avec la Suède si proche, parmi les nations à la recherche d'une voie originale et médiane entre les contraintes du collectivisme et les maux de l'anarchie libérale.

1. LES STRUCTURES ÉCONOMIQUES

L'indispensable réforme des structures, favorisée parfois par l'état de la conjoncture économique, a aussi été critiquée dans ses timidités, ses excès, voire ses fondements, à la lumière même de ses effets sur la marche des affaires. Les efforts entrepris ont en tout cas progressivement persuadé les responsables que la Grande-Bretagne avait cessé d'être une île et que, dans une direction ou une autre, il convenait surtout de tisser les liens d'une véritable coopération internationale.

L'agriculture

La politique agricole des travaillistes et des conservateurs fut particulièrement cohérente et continue. Elle reposa sur des options prises lors de la crise des années trente et confirmées par la nécessité du ravitaillement en temps de guerre, par le souci de l'équilibre précaire des balances extérieures dès ce moment et de plus en plus après 1945.

Il ne s'agit pas de modifier fondamentalement les structures de la propriété et de l'exploitation. Celles-ci sont indirectement affectées cependant par la lourdeur de la fiscalité sur des successions : la progression de 11 % de l'exploitation directe par comparaison à 1939 pourrait en ce sens être attribuée à la responsabilité publique. Mais la concentration croissante des exploitations ne résulte que de la mécanisation et de la reprise de l'exode rural : 350 000 exploitations subsistent aujourd'hui ; leur superficie moyenne dans l'Angleterre et le pays de Galles est d'environ 40 ha, 17 000 comptent plus de 120 ha ; de nombreuses fermes écossaises se situent entre 10 et 40 ha. Quoi qu'il en soit, 60 % du sol sont encore aux mains de grands propriétaires, tels le duc de Bedford, qui est resté à la tête de quelque 25 000 ha dans le Gloucestershire ou le duc de Rutland, qui se contente d'environ 8 000 ha dans les Midlands.

Le rôle de l'État a consisté à faire de l'agriculture un domaine protégé, placé à l'abri de toutes les fluctuations du marché mondial, à rechercher le développement des productions les plus indispensables par une assistance multiforme aux producteurs, depuis l'aide technique jusqu'à la garantie des prix et des revenus agricoles, et par une planification plus ou moins rigoureuse. Jusqu'en 1956, l'Angleterre connut de véritables plans de développement de l'agriculture : celui de 1947 était quadriennal et, mettant l'accent sur les céréales, visait à relever de 20 % les grandes productions ; celui de 1953, attendu, était moins précis, mais entendait remettre en honneur l'élevage et prévoyait en conséquence l'extension des prairies et des cultures pour l'alimentation du bétail. À partir de 1956, on renonça aux plans d'ensemble, au profit des incitations sectorielles et périodiques. Le dirigisme a impliqué la survivance d'organismes de l'avant-guerre et du temps de guerre, comme les offices de commercialisation (*marketing boards*) et les comités agricoles exécutifs de comté, chargés de veiller à la distribution de prestations variées, mais aussi de réglementer la production, de contrôler la qualité des produits, d'imposer un équipement minimal. Les travaillistes pratiquèrent un système général de fixation autoritaire des prix, que les conservateurs ne maintinrent que pour le lait, les œufs, la laine, tout en prévoyant des paiements compensateurs (*deficiency payments*) pour les autres produits si leur prix de vente s'abaissait au-dessous d'un seuil minimal de rentabilité. L'application de ces principes fut souvent très complexe et se fit selon des modalités changeantes. L'objectif fut cependant toujours de préserver un niveau convenable de revenu aux fermiers. Des subventions très diverses furent d'autre part versées en faveur de travaux de drainage, de chaulage, de marnage, d'électrification, de plantation forestière ; d'autres furent accordées, en 1959, aux exploitants de 8 à 40 ha. Il convient de tenir compte aussi des efforts en faveur de l'enseignement agricole, dispensé dans treize sections agronomiques d'université, dans une dizaine de collèges techniques agricoles supérieurs, dans les instituts agricoles de comté ; on développa sensiblement la recherche sous l'égide de l'*Agricultural Research Council* et de ses organismes locaux ; on créa un Service national d'information (1946) doté de « succursales » dans les comtés ; l'État assura les frais de la lutte contre les épizooties, des exonérations fiscales variées et des prix avantageux pour les fournitures d'électricité et de carburants. En 1969, le total des aides publiques était estimé à environ 400 millions de livres sterling et, malgré les déclarations de M. Heath, qui laissait prévoir, en novembre 1970, que les agriculteurs allaient perdre une grande partie de leurs subventions directes, le contraire se produisit : au point que, le 1er mars 1972, un supplément de subventions de 72 millions et demi de livres fut accordé, dont les deux tiers au titre de la garantie des prix et revenus et un tiers à celui des investissements.

Les résultats obtenus furent remarquables : les superficies cultivées représentent aujourd'hui 150 % de celles exploitées en 1925, l'agriculture britannique est la plus mécanisée du monde, et la qualité des machines agricoles anglaises en fait d'ailleurs un excellent produit d'exportation ; on a employé des engrais à un rythme tel que le gouvernement a dû ordonner une enquête en 1970 sur leurs effets de longue durée sur la qualité des sols ; près des quatre cinquièmes des fermes ont été électrifiées, et 85 % bénéficient de l'adduction d'eau par canalisation ; la sélection systématique des plantes et des espèces animales a accru les rendements de manière exceptionnelle (40 q à l'hectare pour le blé), la production représente plus du double de celle de 1939 et couvre 50 à 60 % des besoins de la nation contre 23 % en 1939.

Certes, ces succès ont quelque chose d'artificiel, dans la mesure même où le marché national est implicitement garanti par les bas prix consentis aux consommateurs, les finances publiques compensant les pertes qui en résulteraient pour le producteur. Et, en 1972, le ministre de l'Agriculture, James Prior, précisa que le système des subventions était condamné, puisque, à partir de janvier 1973, commencerait la période d'adaptation de 5 ans aux règles du Marché commun. Mais les productions britanniques étaient en fait devenues concurrentielles dans bien des secteurs, les prix du Marché commun étaient souvent supérieurs aux prix pratiqués outre-Manche et fourniront un appréciable moyen de se passer de subventions propres... aux dépens des consommateurs. L'agriculture britannique était devenue un organisme vigoureux.

L'industrie

Plus qu'autrefois, en raison même de la chute des revenus invisibles, de la limitation du rôle financier de Londres, l'industrie est le secteur vital de l'économie, seul capable d'assurer les exportations indispensables à un pays qui demeure gros consommateur de matières premières, de sources d'énergie et d'aliments.

À partir de 1945, l'influence de la puissance publique fut largement augmentée dans ce secteur. Le souci d'efficacité, la nécessité de gros investissements que les propriétaires n'auraient pas toujours été en mesure de faire eux-mêmes jouèrent autant que les mobiles doctrinaux. La conception d'un État-patron n'était pas étrangère à la mentalité britannique : les Postes, la B.B.C., la British Overseas Airways Company, l'Office central d'électricité, les arsenaux de l'Amirauté, l'imprimerie royale, sans parler des offices locaux des transports ou du gaz et de l'électricité, avaient, avant la guerre, déjà été mis sans discussion sous le contrôle d'autorités centrales ou locales. La nationalisation des secteurs majeurs de l'industrie et de l'énergie supposait pourtant une extension formidable de l'autorité publique. Elle posait des problèmes variés : ceux de l'indemnisation des anciens propriétaires, à fonder soit sur la valeur du capital soit sur la prise en considération des revenus antérieurs ; ceux de la définition même de l'objet à nationaliser, compte tenu des diverses formes d'intégration verticale dans certaines activités et du développement de holdings par des firmes importantes ; ceux de la gestion des entreprises nationalisées furent les plus aisément résolus, car un large consensus existait pour créer de véritables régies autonomes ne recevant du gouvernement que des directives générales ; mais la taille de secteurs comme l'industrie charbonnière ne pouvait que donner des inquiétudes sur la capacité des gestionnaires de bien maîtriser un appareil nécessairement complexe. Une fois ces problèmes de base résolus, allaient se poser la question de la planification du développement, celle du financement par l'émission d'obligations avec accord du Parlement ou par des avances de la Trésorerie, celle de la fixation de prix à la fois rémunérateurs, autorisant amortissements et autofinancement, et compatibles avec l'intérêt général, celle aussi des rémunérations et pensions, dans le contexte difficile créé par l'espérance des ouvriers et employés d'être mieux traités que par des patrons privés.

L'énumération de ces divers points permet de comprendre la relative prudence des démarches gouvernementales et la conversion croissante de nombreux dirigeants travaillistes à un révisionnisme moins attaché à la forme de la propriété. L'Office national du Charbon fut mis en place le 1er janvier 1947 et contrôla plus de 700 000 mineurs. La Commission des Transports britanniques, qui reçut autorité sur les chemins de fer, une partie des docks, la majorité des canaux, les transports londoniens et presque tous les transports routiers de marchandises, prit ses fonctions le 1er janvier 1948 et se trouva bientôt à la tête de près de 900 000 employés. À la même date, on mit en place la Commission d'achat du coton brut, à laquelle le monopole avait été octroyé par une loi de mai 1947. Quatre mois plus tard, le 1er avril 1948, l'Autorité britannique d'Électricité succéda à de nombreuses autorités municipales locales, comme devait le faire, le 1er mai 1949, le Conseil du Gaz. Lorsque vint le tour de l'industrie sidérurgique, bien des enthousiasmes avaient décliné, la justification d'une mesure de nationalisation paraissait moins évidente dans un secteur qui avait su faire un immense effort de reconstruction et de modernisation : une rageuse bataille parlementaire, marquée par le vote d'une réforme constitutionnelle diminuant encore le droit de veto suspensif des Lords, ne permit la création de la Corporation du Fer et de l'Acier qu'au 15 février 1951. Sidérurgie et transports routiers furent d'ailleurs rendus à la propriété privée en 1953, mais le 28 juillet 1967 fut promulguée une loi de renationalisation des industries du fer et de l'acier, créant la *British Steel Corporation* et prévoyant 500 millions de livres d'indemnité pour les actionnaires des 14 sociétés ainsi dépossédées. Au début de 1971, pour sauver l'industrie britannique des moteurs d'avion, Edward Heath se résigna à nationaliser le domaine aéronautique de Rolls-Royce.

Aux domaines ainsi placés directement sous le contrôle de l'autorité publique, il conviendrait d'ajouter l'héritage de positions majeures dans des compagnies variées, surtout dans les entreprises pétrolières. En 1966, en autorisant la création de l'*I.R.C.* (Société de réorganisation industrielle), le Parlement a du même coup permis au gouvernement de prendre des participations dans des industries à développer et, jusqu'à sa suppression en 1971, l'I.R.C. a usé de ce droit : ainsi, en mars 1968, 10,5 % des actions de l'*International Computers Limited*, née de la fusion de grandes firmes de l'électronique pour permettre un programme de production d'ordinateurs, ont été acquises par le gouvernement de Sa Majesté.

Celui-ci peut d'autre part utiliser des armes très variées pour contrôler et orienter l'activité des entreprises demeurées sous contrôle privé, et c'est la grande majorité. Immédiatement au lendemain de la guerre, le système de 1940-1945 a survécu, permettant une distribution planifiée des matières premières, la fixation des prix et des salaires. Une législation de paix a progressivement pris la relève. Elle permet, à partir de 1948, d'enquêter sur les concentrations abusives et nuisibles à l'intérêt général, depuis 1956 de faire passer les contrevenants devant un tribunal spécial, depuis 1965 au *Board of Trade* lui-même de déclarer illégales des concentrations et de dénoncer des barêmes de prix. Les directives aux entreprises ont été d'autant mieux écoutées que les pouvoirs publics disposaient, outre du contrôle de matières de base, d'armes financières non négligeables. Des commissions consultatives de planification, dont certaines incluent des experts extérieurs à la fonction publique, guident le gouvernement depuis 1947 ; après une certaine mise en sommeil, l'idée de planification resurgit en 1960-1961 et aboutit, en 1962, à la mise en place d'un Conseil national de développement économique (*N.E.D.C.*) et de son organe d'exécution, le Bureau national de développement économique (*N.O.D.E.*) ; ils associent représentants de l'État, du patronat et des syndicats. Des commissions spécialisées leur furent rattachées à partir de 1964. Un ministère de la Technologie fut créé par H. Wilson et apporta son soutien financier à la recherche dans les domaines des semi-conducteurs et des machines-outils à contrôle numérique ; des plans partiels furent d'abord expérimentés, avant la définition, en septembre 1965, d'un premier plan national de développement quinquennal, en fait abandonné dès la fin de 1967. On en revint ensuite à des plans intérimaires ou des mesures sectorielles et on encouragea les laboratoires de recherche publics à coopérer avec les industries privées. Depuis la guerre aussi, des aides directes ou indirectes à des industries en difficulté ou à développer sont courantes, prenant l'aspect du remboursement d'investissements ou encore d'une fraction des salaires versés dans certaines régions, de la stimulation de la recherche scientifique, du renflouement pur et simple de firmes au bord de la faillite. Une politique d'action en faveur des régions « spéciales », puis « de développement » a poussé à la construction d'usines nouvelles, près de 3 000 entre 1946 et 1956, a accordé la gratuité de terrains et d'installations, des avances de fonds, des avantages fiscaux considérables : les lois de 1960 et 1963, les mesures de H. Wilson en 1967 et 1968 ont été particulièrement importantes, bien que leur efficacité économique n'ait pas toujours paru évidente. Le tournant annoncé en 1970, et qui devait amener l'État à supprimer tout subside direct aux industries au profit de dégrèvements fiscaux récompensant la rentabilité des entreprises, et à ne plus accepter de renflouer les « canards boiteux », n'a pas été en fait sérieusement amorcé en 1972.

Les initiatives privées ont compté dans l'évolution de l'industrie britannique. Inégales selon les secteurs, elles ont poussé à la modernisation des techniques, à la fusion des entreprises et à la constitution d'ensembles de taille mondiale, à la conversion de productions. L'emprise de firmes étrangères sur des sociétés britanniques a également contribué à leur transformation : les investissements américains en Grande-Bretagne ont été particulièrement importants, et plus de la moitié de l'industrie automobile est en 1973 sous la dépendance directe de grandes sociétés d'outre-Atlantique.

Les efforts entrepris ont permis à la Grande-Bretagne de conserver un rang industriel de grande puissance et elle n'est dépassée dans les années 1960 que par les géants américain et russe et par l'Allemagne et le Japon.

Traditionnellement, cette industrie repose sur une relative abondance de sources d'énergie nationales et l'importation inévitable d'une grande partie des matières premières. Le fait nouveau, dont le caractère inquiétant s'est de plus en plus affirmé, est la limitation de l'autonomie énergétique du pays. Celle-ci est d'abord liée à un déclin de la production charbonnière que la nationalisation n'a pas freiné, car il résulte en partie de l'épuisement des filons et des coûts élevés de l'extraction, en partie de modifications techniques générales dans le monde. Tombée à environ 183 millions de tonnes en 1945, la production houillère n'est, vingt-cinq ans plus tard, que de 170 millions de tonnes (moins de 60 % du maximum atteint avant 1914) ; les mines emploient moins de la moitié de la main-d'œuvre utilisée en 1945. La part du charbon ne représente que la moitié de la consommation énergétique ; encore indispensable à la vie nationale —, on l'a bien vu lors des grandes grèves de 1972 qui paralysèrent les centrales électro-thermiques —, le charbon est au mieux condamné à la stagnation. Il a été remplacé d'abord par le pétrole, dont l'apport énergétique ne représentait qu'un dixième de celui de la houille en 1950, mais près des deux tiers dès 1966 ; fourni par de grandes sociétés, certaines, comme la British Petroleum, à participation majoritaire de l'État britannique, d'autres étrangères ou pluri-nationales, comme Esso ou la Royal Dutch-Shell, le pétrole est raffiné à proximité des ports d'importation, Fawley, Milford, Haven, Shellhaven, etc. ; la dépendance envers les gisements lointains d'Amérique et, plus souvent, du Moyen-Orient, a été un handicap grave que la prospection active en mer du Nord devait annuler : après la découverte des gisements de Forties, dans la zone britannique, et d'Ekofisk dans la zone norvégienne, celle, en 1972, du gisement de Brent, dans les îles Shetland, vaut à la Grande-Bretagne de disposer de réserves considérables et de pouvoir sous peu couvrir ses besoins pétroliers. Déjà, le gaz naturel, recherché activement en mer du Nord, a pris une importance complètement imprévisible : de 0,3 % de la consommation énergétique en 1966, sa part est passée à plus de 10 % en 1972, grâce surtout aux apports hollandais et algériens. Les découvertes pétrolières devaient en revanche retarder l'essor de l'énergie atomique : représentant en 1966 environ 8 % de la consommation énergétique, grâce à des centrales galloises et écossaises surtout, elle aurait dû en assurer 15 % vers 1975 grâce aux efforts d'une régie d'État, l'*Atomic Energy Authority*. Celle-ci commença en 1968 à commercialiser ses inventions en s'appuyant sur des entreprises extérieures.

L'appareil industriel britannique traîne le boulet du passé en même temps qu'il a vu développer des secteurs de pointe. Tout au long de la période, trois groupes d'activité, la métallurgie lourde et de transformation, l'industrie chimique, les industries du textile et de l'habillement ont été les secteurs fondamentaux, employant près de 60 % de la main-d'œuvre industrielle.

Le nombre d'entreprises est demeuré considérable : plus de 140 000 occupent chacune moins de 10 ouvriers en 1963, 55 000 autres comptent plus de 10 travailleurs. Mais 6 % des entreprises emploient les deux tiers de la main-d'œuvre totale et 2 900 (1,4 % du total) groupent plus de 46 % de cette main-d'œuvre. À une coutellerie, à des textiles largement déconcentrés, s'opposent les grandes entreprises de la sidérurgie, de la mécanique, des pneumatiques : dans ce dernier secteur, Dunlop joue un rôle prééminent et est engagé, depuis novembre 1970, dans un mariage assorti de bien des déboires avec la grande firme italienne Pirelli. Les concentrations les plus massives ont été réalisées dans l'industrie chimique, dominée par les déjà anciennes Imperial Chemical Industries et par Unilever ; dans l'industrie des textiles artificiels, c'est autour de Courtaulds, producteur de plus de quatre cinquièmes des fibres, que la concentration s'est faite. Dans bien des domaines, les diverses formes d'intégration ont bénéficié du plein appui des gouvernements successifs, et, dans les années soixante, de la bénédiction des conservateurs aussi bien que de celle de H. Wilson : l'industrie des ordinateurs a réussi, par une série de fusions, à créer en mars 1968 la puissante International Computers Ltd ; Rolls-Royce avec les malheurs que nous avons mentionnés, domine la construction aéronautique, fabrique tous les réacteurs de la R.A.F., participe à la construction du supersonique Concorde.

La modernisation des installations s'est imposée, au lendemain de la guerre, d'autant que bien des machines étaient usées et qu'on avait pris une claire conscience de la routine qui avait déterminé le déclin britannique. Elle a été inégalement réussie : les résultats furent meilleurs dans l'industrie de l'électricité et de l'électronique que dans l'industrie textile, toujours soumise à une forte concurrence sur les marchés internationaux ; meilleurs aussi dans l'industrie chimique des matières plastiques et des produits pharmaceutiques, dans le secteur automobile où la British Leyland Motor Corporation a absorbé toutes les grandcs sociétés automobiles britanniques et équilibre la production des filiales américaines Ford, Vauxhall (General Motors) et Rootes (Chrysler) ; inégaux dans les constructions navales, fortement concurrencées par le Japon, les États-Unis, la Suède, et souvent réduites à solliciter l'aide gouvernementale sous peine de faillite, comme les Chantiers de la Clyde. En décembre 1972, un plan de dix ans et de trois milliards de livres a été lancé par la *British Steel Corporation*.

La juxtaposition d'industries jeunes et dynamiques et d'autres routinières continue ainsi de marquer le visage de l'Angleterre, malgré l'action d'un État-patron (10 % de la main-d'œuvre industrielle en 1951) et l'ampleur de l'aide publique. Elle contribue aussi à créer ou perpétuer de nettes différences régionales.

Ce n'est pas que la politique d'aide aux régions en difficulté n'ait porté quelques fruits heureux, en particulier après la définition, en 1964-1966, de onze « régions de planification » : des industries nouvelles, spécialement mécaniques, se sont installées dans le Durham, autour de Glasgow, dans le Northumberland, un peu moins dans les Galles du Sud ; des régions « grises », ni trop prospères, ni trop à plaindre, ont bénéficié, comme dans le Lancashire, de la conversion aux textiles artificiels, comme les régions d'Édimbourg et de Dundee, de l'essor de l'électronique et de l'horlogerie. Mais le West Riding du Yorkshire demeure fidèle aux seules activités anciennes, du charbon à l'industrie lainière, le pays de Galles souffre d'une crise charbonnière et, centre d'une puissante sidérurgie, est constamment menacé par les crises périodiques de la commercialisation des produits métallurgiques. Et, dans toutes les zones de constructions navales, d'industrie textile traditionnelle, de charbonnages, les problèmes de l'emploi, de la formation professionnelle, de la reconversion pèsent lourdement sur la vie économique régionale. Le contraste est grand avec l'écrasant foisonnement de vie et d'activité des Midlands et, surtout, de la région métropolitaine : Claude Moindrot, fort justement, à décrit l'opposition géographique, « deux nations » sur le même sol britannique, l'une pauvre et constamment en mal de création de nouveaux emplois, et une seconde qui, quoi qu'elle fasse, attire toujours à elle plus d'industries et plus de main-d'œuvre. L'époque du gouvernement Wilson a été celle d'un accroissement spectaculaire des crédits publics en faveur des zones pauvres, qui ont bénéficié de subsides nominaux dix fois plus élevés en 1969 (301 millions de livres) qu'en 1964.

Monnaie et échanges

Depuis 1945, la Grande-Bretagne vit la situation d'un pays lourdement endetté, obligé de veiller attentivement à ne pas laisser mourir une monnaie demeurée « internationale » ; privé d'une bonne partie des anciens « revenus invisibles », il doit rechercher un équilibre, et plutôt un excédent, de la balance commerciale, pourtant jamais réalisés dans le siècle passé. Cette politique nécessaire allait à rencontre de la tendance, vieille de plusieurs décennies, de bien des industries d'accorder une croissante priorité au marché national et des habitudes des consommateurs de ne pas se voir refuser, en temps de production suffisante, les biens fabriqués sur le sol national. Elle heurta tour à tour les appétits déchaînés par les privations de la guerre et les besoins nouveaux d'une société « de consommation ». Dans la mesure où bien des productions reposaient sur l'importation préalable de matières premières et d'énergie, la solution ne pouvait pas être trouvée dans le développement des équipements et des fabrications industriels : chercher à limiter la consommation intérieure et réserver les excédents ainsi obtenus au profit des marchés du monde, telle fut souvent l'indispensable et difficile démarche de gouvernements pourtant différents. Les moyens choisis furent au départ autoritaires, hérités du rationnement du temps de guerre ; de plus en plus, et définitivement à partir de 1954, la pression fiscale qui absorbe les disponibilités des grandes catégories de consommateurs, les restrictions de crédit aux entreprises et aux particuliers qui limitent leur capacité d'achat, l'emploi plus délicat et toujours plus temporaire de taxes aux importations, les encouragements fiscaux à l'exportation furent les moyens les plus couramment utilisés. Tous, ils présentent des inconvénients sociaux... et électoraux, et surtout contribuent à freiner l'expansion ou à la hacher d'interruptions brutales. Ils sont d'autre part en contradiction avec les principes et les applications de la providence d'État, qui favorise la distribution de revenus complémentaires aux catégories les moins favorisées, et aurait tendance à élargir le marché intérieur. La nationalisation de la Banque d'Angleterre, effective dès 1946, facilita leur emploi.

La Grande-Bretagne n'est pas non plus en mesure de mener une politique strictement nationale... et elle a quelque intérêt à se plier à des règles nouvelles qui servent aussi à l'occasion ses propres objectifs. Elle a maintenu et consolidé le système des préférences impériales né en 1932, et, en 1959, un tarif préférentiel unique, réservé à tous les membres du Commonwealth, a été défini ; bénéficiant elle-même, pour ses produits industriels, de taxes inférieures à celles payées par les produits d'autres États étrangers dans les pays ainsi concernés, elle permet l'entrée aisée sur son sol d'environ 70 % des biens que ceux-ci lui expédient, accueille plus favorablement les aliments et les matières premières, mais accepte aussi les nouvelles fabrications industrielles des pays en développement de son ancien Empire ; elle n'en a pas moins dû accepter, en 1947 pour le Canada, en 1951 pour le Pakistan, en 1954 pour l'Inde, en 1957 pour l'Australie, en 1958 pour la Nouvelle-Zélande, des limitations aux préférences que ces pays avaient accordées à ses propres productions de base.

L'existence d'une zone sterling vaut également avantages et charges. Née en 1931, elle avait pris pendant la guerre sa configuration géographique définitive, se réduisant surtout aux pays du Commonwealth, à l'exception du Canada : la mise en commun de toutes les ressources en or et en devises, un contrôle uniforme des changes extérieurs, la liberté de circulation des capitaux à l'intérieur de la zone définissent quelques traits essentiels du système. L'après-guerre fut marquée par la désertion de l'Égypte et du Soudan (1947), et l'exclusion de la Rhodésie (1965), mais par la fidélité de l'Irlande, de l'Islande, de la Jordanie, de la Libye, de l'Afrique du Sud et du Koweït. Les autorités monétaires britanniques demeurent les maîtresses du jeu, retirent des avantages indéniables du système pour la défense de la valeur internationale de leur monnaie, doivent pourtant faire en sorte de ne pas s'aliéner des fidélités souvent relatives et de ne pas avoir à faire face subitement à une ruineuse sortie des capitaux placés à Londres, la livre jouant le rôle d'une monnaie de réserve.

Le monde de l'après-guerre a été en partie reconstruit sur un retour à la coopération internationale et sur l'exaltation de la libération des échanges. Le Royaume-Uni en bénéficie, mais n'échappe pas aux conséquences. Conformément aux engagements pris au cours du conflit à l'égard des États-Unis, il a contribué à la définition des accords généraux sur les tarifs douaniers et le commerce *(G.A.T.T.)* : signés en octobre 1947, ils interdisent le développement des préférences et prévoient leur élimination progressive. Ayant accepté l'aide Marshall, il a obtenu à ce titre, de la fin de 1948 au début de 1951, un total de 2 400 millions de livres sterling, mais a dû entrer dans la voie de la coopération économique européenne, participer en avril 1948 à la fondation de l'*O.E.C.E.*, conclure des accords monétaires, mais aussi accepter les mesures de désarmement douanier à l'intérieur de l'organisation pour une quantité croissante de produits... aussi soigneusement sélectionnés que possible pour ne pas créer de grosses difficultés aux industries nationales. Ayant refusé de se joindre aux six pays du « pool » charbon-acier, puis du Marché commun, l'Angleterre en vint, en 1959, à constituer, avec six partenaires européens, une Association européenne de libre-échange (*A.E.L.E.* ou *E.F.T.A.*) et à rechercher à la fois une libéralisation des échanges au sein de ce groupe, entre ce groupe et le Marché commun, entre l'Europe et les États-Unis. En janvier 1962, une proposition américaine en ce sens donna naissance à de longues négociations, le « *Kennedy Round* », qui ne s'achevèrent qu'en 1967 par une série d'accords partiels, prélude à d'autres, dont la négociation s'avéra malaisée. L'harmonisation entre le régime commercial du Commonwealth et les accords de libéralisation des échanges sur le plan mondial n'a pas été sans difficulté, et des choix ont dû être faits, souvent au détriment de la coopération avec l'ancien Empire.

Naviguant ainsi au milieu d'exigences souvent contradictoires, la Grande-Bretagne n'en a pas moins préservé un commerce extérieur vigoureux, qui représente encore en 1973 quelque 14 % du commerce mondial des produits manufacturés. Ses importations, dès 1951, avaient rattrapé le niveau de 1918 et, en 1967, lui étaient supérieures de près de 70 %. Après avoir réussi à accroître autoritairement la part des achats dans la zone sterling, qui en était venue à représenter 45 % du total en 1954, les gouvernements britanniques, prisonniers des accords internationaux, durent se résigner à une diminution inexorable qui la ramena, au cours des années soixante, à environ 35 % ; en 1967, la part des pays européens égalait celle des associés de la zone sterling, alors que celle des États-Unis était tombée à moins de 20 %. La Grande-Bretagne a réussi à plus que doubler en volume ses exportations de l'avant-guerre, après avoir rattrapé dès 1946 les chiffres de 1938 ; la composition des exportations a changé, au détriment du charbon et des textiles traditionnels, au profit des industries mécaniques, électriques et chimiques. Vers 1952, la zone sterling absorbait près de la moitié des exportations, mais, ici aussi, une chute relativement rapide a ramené cette proportion à 35 % dès 1967, et l'Europe des 6 et des 7 a alors constitué le marché le plus intéressant. L'ensemble des exportations britanniques représente en 1971 quelque 25 % du montant du produit national brut.

Malgré ces données encourageantes, la balance des paiements a été constamment menacée, du fait même de la diminution des revenus invisibles. Celle-ci est liée à un moindre rôle de Londres dans le commerce d'entrepôt et de réexportation, à une époque de contacts directs aisés entre acquéreurs et vendeurs, à l'augmentation des dépenses gouvernementales à l'étranger, à une baisse considérable du revenu des capitaux placés au-dehors. Pourtant, les revenus invisibles demeurent importants : ceux de la location de navires, de plus en plus rémunérateurs à partir de 1965, ceux des diverses activités de la Cité (assurances, courtages, opérations commerciales, activités bancaires) qui ont connu un spectaculaire redressement et comptaient en 1965 pour plus de 200 millions de livres dans les bénéfices extérieurs britanniques, ceux d'un patrimoine extérieur en voie de reconstitution, estimé en 1966 à 10 milliards de livres, et dont le revenu était alors voisin de 800 millions de livres (à comparer aux 400 millions de livres qui rémunèrent les investissements étrangers en Grande-Bretagne). Le capitalisme britannique est de plus en plus entreprenant sur le Continent européen, par exemple dans la France de 1972, en particulier par des investissements dans le secteur alimentaire.

La relative fréquence des recours à l'assistance, aux dons ou aux prêts extérieurs, n'en est pas moins devenue un trait caractéristique des finances britanniques de l'après-guerre, et elle dénonce la permanence des difficultés structurelles des échanges internationaux.

2. L'ÉVOLUTION SOCIALE

Alors qu'un élan démographique relativement vigoureux paraît attester, dans l'après-guerre, une confiance retrouvée, la société britannique est à la recherche d'un équilibre, déchirée entre les forces de nivellement et les survivances de vieilles inégalités. Elle goûte aux délices de l'abondance et de la « tolérance ». Celles-ci sont parfois contestées à la nombreuse minorité de couleur.

Élan démographique et vieillissement

Avec 50 millions d'habitants en 1951, 55 en 1967, une prévision raisonnable de 60 millions d'âmes en 1980, le Royaume-Uni a échappé à la malédiction du déclin. Le taux d'accroissement a été de l'ordre de 0,6 % par an, comparable au taux français. Le relèvement des taux de nuptialité grâce à des mariages plus précoces, celui plus remarquable des taux de fécondité qui se sont rapprochés de ceux du début du siècle, en augmentation de plus d'un tiers depuis 1930, des taux de natalité supérieurs à 20,7 % en 1947 et encore voisins de 16 % en 1971 ont été les clefs d'un rajeunissement. L'élévation du niveau de vie, la quasi-disparition, pendant plus de 20 ans, des menaces graves de chômage, les encouragements fiscaux, bien que les déductions pour charges de famille soient infiniment moins généreuses qu'en France, des allocations familiales, prévues à partir du deuxième enfant et jusqu'à l'âge de 15 ans, ont été des facteurs encourageants. Cependant, le développement du contrôle des naissances, des méthodes de contraception, la législation de l'avortement ont contribué à limiter l'élan et à susciter des doutes sur la prolongation des tendances ainsi manifestées depuis une génération. En 1975, en Angleterre et au pays de Galles, le taux de natalité avait déjà été ramené à 12,7 ‰ et l'excédent naturel à 0,07 %. Depuis la situation a empiré. L'accroissement de la population est également lié à un phénomène surprenant. De terre d'émigration, la Grande-Bretagne est devenue terre d'accueil, en particulier par le retour de certains colons, mais aussi par la venue d'immigrants en provenance du Commonwealth à la recherche d'un travail rémunérateur : le solde positif des mouvements migratoires a été de l'ordre de 50 000 par an entre 1950 et 1960, et 388 000 citoyens des Antilles, de l'Inde, du Pakistan et des deux Irlandes sont entrés dans le royaume au cours des seules années 1960-1962. Limitée par la loi à partir de 1961, réduite à 62 000 entrées en 1967, l'immigration de couleur a posé de graves problèmes raciaux et donné naissance au « powellisme » (du nom du député conservateur Enoch Powell), forme contemporaine d'un racisme anglo-saxon. Longtemps hostile à l'admission d'habitants d'origine indienne de l'Ouganda, porteurs pourtant de passeports britanniques, l'Angleterre a cédé à des nécessités humanitaires, en 1972, lorsque ceux-ci ont été expulsés par le gouvernement du général Amin Dada. Mais la clause du « grand-père » soumet depuis 1971 à une autorisation de séjour et à un permis de travail les citoyens du Commonwealth qui ne pourraient pas faire état d'un aïeul anglais, et ne laisse guère de chance aux candidats futurs à une émigration vers le Royaume-Uni.

Parmi les raisons de l'accroissement de la population, il convient aussi de faire la part de l'abaissement des taux de mortalité. Ramenés à 11 ou 12 ‰, en partie grâce à l'État-providence et au système national de santé, ces taux paraissent difficilement compressibles encore, dans la mesure même où ils sont déjà caractéristiques d'une population à la moyenne d'âge relativement élevée. Le succès majeur a été l'abaissement considérable des taux de la mortalité infantile. L'espérance de vie en 1972 est de 68,7 ans pour les hommes, 74,9 ans pour les femmes [1].

Le vieillissement de la population constitue le paradoxe d'une situation marquée par ailleurs par la montée de jeunes générations plus nombreuses. La proportion des hommes de plus de 65 ans et des femmes de plus de 60 ans est passée de 12 % en 1931 à 13,6 en 1951 et dépasse nettement 15 % aujourd'hui, cependant que les moins de vingt ans représentent plus de 31 % de la population, alors qu'ils n'étaient que 30,4 % en 1931 et 28,8 en 1951. C'est donc le groupe des adultes qui connaît une diminution sensible, en représentant moins de 54 % de la

1. En France, respectivement de 68,2 et de 75,7.

population en 1965 et menaçant de ne pas dépasser de beaucoup 50 % en 1980. Ce phénomène est inquiétant économiquement, puisqu'il entraîne la diminution de la population potentiellement active. Il a été jusqu'à présent compensé par le travail de jeunes de 15 à 19 ans, celui de 25 % du groupe d'âge « vieux », et, surtout, l'entrée dans la vie professionnelle d'une proportion croissante de femmes, 45 % en 1968 contre 33 % en 1951.

Des inégalités régionales importantes ont subsisté ou sont apparues. Le dynanisme du Sud, la difficile remontée des zones déprimées ont entraîné des mouvements migratoires importants au profit de l'Est, du Sud, du Sud-Ouest, des Midlands, aux dépens du pays de Galles, du Yorkshire, du Nord, au point de concentrer les deux tiers de la population britannique dans le Centre, le Sud-Ouest et le Sud-Est. Regrettable dans la mesure où il vient compliquer les problèmes du logement, de l'urbanisme, des transports et entraîne la négligence ou le sacrifice d'infrastructures existantes, le mouvement affecte surtout les générations les plus jeunes et accentue le vieillissement des anciennes zones industrielles du pays.

On distinguera moins aisément villes et campagnes. La proportion des citadins, 80 % de la population globale, est restée inchangée par rapport à l'avant-guerre. La moitié d'entre eux se regroupent dans les sept grandes conurbations de Londres, Manchester, Birmingham et Wolverhampton, Glasgow, Leeds et Bradford, Liverpool et Newcastle-upon-Tyne. La grande tendance de l'après-guerre a été un glissement vers les périphéries et des villes nouvelles, autorisées par le *New Towns Act* de 1946. 22 villes nouvelles ont ainsi été construites, dont huit près de Londres, et six autres sont en voie d'édification. Sauf dans le cas de quatre d'entre elles, fondées sur le lieu de nouvelles industries, à Corby, Newton Aycliffe, Peterlee et Cwmbran, les espérances de création d'emplois sur place au profit des habitants ont été plus ou moins déçues. Dans les villes nouvelles, la proportion de jeunes est relativement élevée, et le nombre d'écoles témoigne en général de ce phénomène : en 1956, dans les villes nouvelles de la région de Londres, qui regroupaient alors moins de 230 000 habitants, cent nouvelles écoles avaient déjà été édifiées.

L'État providence et ses limites

Comme l'a rappelé Arthur Marwick, l'expression « État-providence » fut forgée pour décrire l'Angleterre travailliste de 1945-1951, mais revêtit rapidement l'acception d'État voué à la réalisation du mieux-être de ses citoyens sous tous les aspects de la sécurité de l'emploi, de la santé, du logement, de l'éducation, de la culture et même des loisirs. Les travaillistes donnèrent à leur législation un caractère universel, qui avait manqué à des lois sociales conçues jusqu'à ce moment au seul profit des catégories les plus défavorisées. Le principe égalitariste remporta alors une victoire particulièrement agréable aux groupes sociaux supérieurs.

Votée en 1946, la loi sur « les assurances nationales » visait à « établir un système extensif... procurant des allocations pécuniaires aux chômeurs, aux malades, aux mères de famille, aux retraités, aux veuves, aux tuteurs et en cas de décès » : « du berceau à la tombe », 25 millions d'individus, à la notable exception des femmes mariées et des travailleurs indépendants gagnant moins de 104 livres par an, devaient être individuellement garantis contre tous les risques ordinaires de la vie, à condition d'avoir cotisé pendant un laps de temps bien déterminé. Cette dernière condition ne devait pas jouer dans le cas des pensions de vieillesse, payables aux hommes à partir de 65 ans et aux femmes à partir de 60. En 1948, la loi sur « l'assistance nationale » assuma l'héritage des vieilles dispositions des lois des pauvres en prévoyant une aide publique en faveur de ceux qui ne rempliraient pas les conditions requises pour bénéficier des dispositions de la loi de 1946 : abolissant officiellement la loi des pauvres, elle maintint en fait les *Assistance Boards* locaux créés après 1934, prévit un *Needs Test* ou examen de la situation personnelle et des besoins, et fut accueillie avec méfiance par la génération des victimes du *Means Test*.

La création d'un service national de santé parut plus révolutionnaire. Discuté en 1946, le projet de loi présenté par Aneurin Bevan fut promulgué en novembre et son application fixée au 4 juillet 1948 ; ministre de la Santé dans le gouvernement Attlee, Bevan força les décisions en rejetant tout compromis et tout attentisme, et en refusant de prendre en considération les objections financières. Pour lui, « l'essence d'un service de santé satisfaisant (était) que les riches et les pauvres fussent traités de même, que la pauvreté ne fût pas un handicap, non plus que la richesse un avantage ». Plus qu'aucun autre, le domaine de la santé devait être pénétré des principes du socialisme, et la réforme l'occasion de « transférer à l'administration publique un secteur complet de l'entreprise privée ». Cette volonté socialiste explique aussi qu'on donna la préférence au financement direct par la Trésorerie de dépenses que d'aucuns auraient voulu voir couvertes par une caisse spéciale, elle-même alimentée par des cotisations. Les hôpitaux furent confiés à l'administration publique, la gratuité des soins et des médications fut garantie, toute une infrastructure administrative fut mise en place, largement décentralisée au niveau des comtés et des bourgs-comtés, les médecins furent placés sous le contrôle des offices de santé et leur mode de rétribution ainsi que les règles de leur consultation fixés avec précision. L'opposition forcenée de l'Association des médecins fut progressivement désarmée : après avoir voté contre le projet à l'occasion de plusieurs référendums internes, la majorité des membres de la profession accepta de s'intégrer au système national en 1948-

1949. À cette dernière date, 95 % de la population étaient couverts par les assurances, 34 000 employés travaillaient dans le cadre du *National Health Service*, dont le budget, voisin de 400 millions de livres, représentait 3,5 % du produit national. Avec un orgueil un peu inquiet, Bevan pouvait évoquer les 8 millions et demi de Britanniques soumis à des soins dentaires, les 5 millions de paires de lunettes accordées, les 187 millions d'ordonnances délivrées au cours de la première année et s'inquiéter « de la cascade ininterrompue de médicaments qui se déversait à présent dans les gorges britanniques ».

Le ministère de la Santé avait reçu compétence sur le logement et l'urbanisme, et Bevan contribua également au vote de la loi sur le logement de 1946. Celle-ci reconduisit des dispositions d'avant-guerre sur les subsides étatiques à la construction et aussi à la lutte contre les taudis, en y ajoutant l'ingrédient du principe de la non-discrimination entre les divers groupes de la société. Elle permit la construction, de 1945 à 1950, de 157 000 maisons préfabriquées et de 806 000 logements, ainsi que la remise en état de 333 000 autres. En 1947, la loi sur la planification urbaine et rurale (*Town and Country Planning Act*) confia à des organes locaux, soutenus par des fonds gouvernementaux, la mise en application du développement urbain que la loi sur les villes nouvelles de 1946 avait déjà tenté de définir.

Le souci du plein emploi se traduit également par l'organisation en 1947 d'offices du travail chargés de guider les chômeurs, la définition, en 1945 et 1949, des « zones à développer » et qui devront bénéficier d'investissements publics prioritaires, la mise en place, par une loi de 1948, d'un service de formation professionnelle pour les jeunes. L'acceptation des exigences des Trades Union en matière de subdivision des tâches et de spécialisation étroite de chaque ouvrier dans son entreprise contribua à la réalisation d'un idéal difficile.

Dans le domaine éducatif, on appliqua surtout les mesures prévues par la loi de 1944, sans chercher à supprimer les écoles privées.

Cette politique d'ensemble, complétée par de multiples mesures de détail, exigea une redistribution considérable des revenus par le biais des impôts. Le coût des services sociaux en 1950 a été estimé à plus d'un milliard et demi de livres, 13,9 % du revenu national. L'impôt sur le revenu continua d'amputer lourdement les trésoreries individuelles, de plus de 25 % par exemple pour les revenus de 5 000 livres, de plus de 64 % pour ceux de 10 000 livres. Compte tenu des taxes de succession, d'aucuns, parmi les membres de la classe supérieure, insinuèrent que la Grande-Bretagne devenait le pays « des nouveaux pauvres ». Nous reviendrons sur cette boutade fort exagérée. Mais la charge paraissait difficile à augmenter, et, dès 1950, le gouvernement l'estima incompatible avec les autres dépenses, en particulier de la Défense, et tenta de la réduire : ce qui entraîna les démissions d'Aneurin Bevan et de H. Wilson. Les conservateurs, de leur côté, avaient en 1949 préconisé une réduction de 12 % des dépenses sociales.

Miné par les dissensions et victime de la lassitude du public devant la poursuite de l'austérité de la guerre, le travaillisme ne sut pas garder le pouvoir au-delà de 1951. Il léguait à ses successeurs une organisation révolutionnairement différente de ce qui existait en 1945.

De la gestion conservatrice aux ambitions du gouvernement Wilson

Le parti conservateur assura avec une curieuse constance la survie de l'héritage socialiste. De 1950 à 1959, les dépenses sociales furent plus que doublées, passant à plus de trois milliards de livres, et elles finirent par représenter 16,1 % du revenu national. Pour faire face à ces dépenses, et malgré bien des promesses électorales, les conservateurs furent contraints de préserver également l'essentiel de la fiscalité antérieure, dont ils ne réussirent à abaisser la part dans le produit national brut que d'environ 12 %. Des efforts furent accomplis dans des directions parfois négligées au cours de la période précédente, ou du moins insuffisamment explorées.

H. Macmillan établit sa réputation sur le succès de sa politique de construction de logements et atteignit en 1953 le chiffre de 300 000 logements achevés. Des encouragements furent prodigués aux candidats à l'acquisition de leur maison ou appartement. La période conservatrice fut cependant aussi celle du retour à l'initiative privée et du relâchement des efforts d'urbanisme. De même, on renonça en 1957 à contrôler les loyers des logements les plus coûteux et on amorça le relèvement progressif des tarifs de location à leur valeur supposée réelle.

Une politique d'aide aux familles fut adoptée en 1956. On introduisit en particulier un système d'allocations aux enfants, 3 shillings par semaine au deuxième, 10 shillings au troisième. Par ailleurs, en 1961, le système de pensions de vieillesse fut réformé et on prévit les taux de retraite complémentaire proportionnels aux contributions versées et donc différentiels. En même temps, on autorisa les adhérents de sociétés privées d'assurances spécialisées dans les assurances-retraite complémentaires à ne pas participer à l'organisation nouvelle. Quatre millions et demi d'assurés se dégagèrent, entre 1961 et 1964, du système officiel, au grand scandale des travaillistes, outrés des bénéfices réalisés par les grandes entreprises privées.

Le système national de santé fonctionna normalement. En 1962, un programme de construction de nouveaux hôpitaux, dont le coût fut estimé l'année suivante à 800 millions de livres, et qui devait être étalé sur 10 ans, fut mis au point par Enoch Powell, alors ministre de la Santé.

Le système éducatif, d'ailleurs largement décentralisé, ne fut guère modifié dans l'enseignement primaire et secondaire, bien que l'époque fût celle d'un taux de scolarisation fortement accru dans les divers types d'écoles du second degré. Des efforts furent déployés en faveur de l'enseignement supérieur : quatre nouvelles universités furent fondées de 1952 à 1957, à Southampton, Hull, Exeter et Leicester ; en 1961, la Commission Robbins commença les travaux qui devaient aboutir, en 1963, à des propositions audacieuses d'expansion et de réforme, qui visaient à intégrer aux universités une fraction plus considérable de la jeunesse : celle-ci était alors dans sa grande majorité rejetée, par un sévère système sélectif, vers une vie professionnelle prématurée ou une éducation technique supérieure déconsidérée. Les conclusions du rapport furent adoptées par le gouvernement de Sir Alec Douglas-Home, qui put rappeler que, depuis 1955, les conservateurs avaient encore créé les universités de Brighton, York, Norwich, Lancaster et Colchester. En 1964, on décida de porter la scolarité obligatoire jusqu'à seize ans aussi rapidement que possible.

Ainsi, malgré leurs critiques acerbes au temps de l'opposition, les travaillistes se trouvèrent, à leur retour au pouvoir en 1964, dans une position favorable pour reprendre ce qu'ils estimaient être une œuvre interrompue. Les difficultés financières rencontrées au cours de leurs six années de gouvernement contribuèrent à limiter des ambitions trop hautement affirmées.

Au départ, on considère que l'expansion économique permettra d'obtenir toutes les rentrées fiscales nécessaires au paiement de nouvelles charges sociales. En 1967, on s'aperçut que les dépenses sociales s'élevaient à présent à 7 milliards de livres, quelque 20 % du produit national brut, et Douglas Houghton, alors démissionnaire du Cabinet, exprima dans sa brochure, *Le Prix des services sociaux*, des doutes graves sur la capacité d'une nation de faire face à une telle charge. On pouvait en effet souligner que, de 1963 à 1968, quand le produit national brut augmenta de 25 %, les dépenses de logement furent relevées de 42 %, celles de l'éducation de 26 %, celles de la Sécurité sociale de 29 %. La diminution de certaines dépenses improductives, en particulier de la Défense, procura certes des ressources. Mais en 1969, Richard Crossman, membre du Cabinet, n'hésita pas à souligner que seul un accroissement de la fiscalité permettrait de faire face aux objectifs sociaux recherchés... et exprima la conviction qu'un tel accroissement était parfaitement compatible avec le développement de la prospérité économique. Le gouvernement Wilson demeura en tout cas jusqu'au bout fidèle à certaines conceptions : santé et éducation devaient rester dans le domaine public, cependant que l'on pouvait concevoir de confier au secteur privé une responsabilité plus grande dans la mise au point de systèmes de retraites complémentaires et dans la construction de logements. L'empirisme travailliste rejoignait ainsi le réalisme conservateur ! À une époque qui vit revivre un chômage volontiers qualifié de « technologique », l'amélioration des indemnités aux sans-emploi et la création d'instituts de recyclage professionnel s'ajoutèrent, à partir de 1965, aux objectifs prioritaires.

Le gouvernement se préoccupa de développer l'aide aux familles dans le besoin, en accordant en 1968 une allocation aux mères de plus d'un enfant et en doublant les allocations familiales (tout en les supprimant aux contribuables les plus aisés). Un ministère de la Sécurité sociale coiffa les diverses formes d'aide sociale, et l'on vit, en 1966, disparaître l'« assistance nationale », remplacée par les « allocations complémentaires », perçues certes après une étude des moyens de vivre du demandeur, mais sans l'humiliation d'avoir à frapper à une porte spéciale.

Les dépenses de santé furent notablement accrues, de près d'un cinquième entre 1964 et 1969. Des mesures furent prises en 1965 pour encourager financièrement le corps médical à améliorer ses installations.

Un ambitieux programme de construction de 500 000 logements par an s'avéra présomptueux et dut être nettement réduit (d'un cinquième) au lendemain de la crise financière de 1967. De même, en 1968, on dut repousser la date de mise en application de la scolarité obligatoire jusqu'à seize ans. Cependant, des mesures furent prises pour développer l'éducation ; on définit des zones à scolariser en priorité et on leur affecta des crédits spéciaux ; les conclusions du rapport Robbins furent écoutées, on poursuivit l'œuvre de création de nouvelles universités en fondant celle de Warwick en 1966, et, surtout, on mit l'accent sur l'enseignement technique supérieur, en accordant le statut universitaire aux « Collèges de technologie avancée » (*C.A.T.s.*) et en développant des établissements de recherches spécialisés à Londres, Manchester, Glasgow et Édimbourg. En 1968, le nombre d'étudiants atteignait 376 000, contre 217 000 cinq ans plus tôt : on n'en est pas encore à une véritable « démocratisation » de l'enseignement supérieur et la concurrence est toujours âpre à l'entrée des universités, surtout des plus connues, mais aussi de tous les collèges littéraires. D'autre part, une trentaine de collèges polytechniques furent ouverts pour procurer, à un niveau inférieur, les cadres moyens indispensables à l'économie.

Toutes les mesures prises ne correspondent pas nécessairement à un esprit social avancé et se comprennent aussi comme les indispensables démarches pour une modernisation de l'appareil anglais de production : c'est le cas de celles que nous venons d'évoquer dans le domaine éducatif.

Il n'en demeure pas moins que la réalisation d'un État-providence est demeurée un des maîtres soucis de la deuxième équipe travailliste.

Edward Heath ne bouleversa pas ce qui avait été créé au cours de vingt-cinq années d'une politique sociale dominée par le consensus le plus large des partis politiques majeurs. Il prétendit réduire les subventions devenues à ses yeux inutiles dans une société d'abondance et retirer aux catégories les plus aisées des avantages à ses yeux exorbitants. Il voulut favoriser l'essor des écoles, la modernisation des hôpitaux, et développer les allocations aux plus pauvres. Cette amorce de politique sélective a surtout une importance symbolique en marquant le premier grand effort de révision des options d'après 1945.

3. LES CLASSES SOCIALES

On retrouve entre 1945 et 1973 les distinctions dénotées déjà à la fin du XIXe siècle, mais le rapport des forces s'est considérablement modifié et, à l'intérieur des divers groupes, d'importants changements qualitatifs sont en cours ; une mobilité des conditions est toujours perceptible, moins sensible pourtant que ne l'auraient voulu les adeptes de la « méritocratie ».

Les classes laborieuses représentent constamment près des deux tiers de la population active, bien que leur rôle soit en diminution ; de 66 % des actifs en 1953, les ouvriers et petits employés sont tombés à 64 % en 1963. Ceux qui travaillent dans l'industrie l'emportent de façon écrasante sur les ouvriers agricoles, qui ne représentent que moins de 2 % de la population active. Les petits employés du secteur des services sont en voie d'accroissement et c'est parmi eux que la proportion de femmes est particulièrement forte ; l'ascension vers les métiers non manuels est d'ailleurs une forme essentielle de la mobilité sociale en milieu ouvrier, et un quart des fils d'ouvriers manuels accèdent à des emplois supérieurs.

La Seconde Guerre mondiale a contribué au rapprochement des revenus des ouvriers non qualifiés et qualifiés. Les différences salariales sont cependant demeurées importantes et, malgré de bonnes intentions fréquemment exprimées, y compris dans la loi, les rétributions des femmes sont restées inférieures à celles des hommes, à travail égal : vers 1966, on estimait ces différences voisines encore de 50 % et la loi Castle de 1970 (*The Equal Pay Act*) prévoyait pour 1975 seulement l'instauration de l'égalité. Il est d'autre part douteux que la part de la classe ouvrière dans le revenu national ait augmenté aussi substantiellement qu'on l'a parfois prétendu et, pour les années 1949-1963, l'augmentation fut moins sensible que celle des « cadres ».

Le problème de la pauvreté demeure lui aussi une réalité. Selon plusieurs enquêtes sociologiques, dont une nouvelle étude de York par S. Rowntree en 1950, un nombre élevé d'enfants, les bas salaires de certaines catégories, la vieillesse figurent parmi les menaces essentielles qui conduisent à la pauvreté dans les classes laborieuses. En 1960, on a pu estimer encore que 17,9 % des ménages et 14,2 % des habitants vivaient au-dessous du minimum vital et pouvaient prétendre aux secours de l'assistance publique, deux millions de personnes bénéficient d'un revenu totalement insuffisant et ne pouvaient vivre sans cette assistance. Dans le premier groupe, fort de quelque 7 millions et demi de personnes, les vieillards étaient 3 millions et les enfants plus de 2 millions. Six années plus tard, au moment où le gouvernement Wilson créait les « allocations complémentaires », 7 % des ménages, vivant au-dessous du seuil de la pauvreté, purent les obtenir. Une fois de plus, on recensa essentiellement des invalides, des malades, des familles de veuves ou de mères célibataires, des familles nombreuses.

En 1970, A.B. Atkinson, dans une étude sur *La Pauvreté en Grande-Bretagne et la réforme de la Sécurité sociale*, estima entre 4 et 9 % la proportion des habitants dont les revenus étaient inférieurs aux critères des allocations complémentaires et suggéra que 5 millions de Britanniques vivaient au-dessous de la limite de pauvreté. La loi de 1970 sur « les services sociaux des autorités locales » entendit porter remède à la situation en ordonnant la création d'un seul office d'aide sociale dans chaque comté ou bourg-comté. On suivait là les recommandations du rapport Seebohm, élaboré par une commission spéciale, et qui avait souligné la nécessité d'épargner toute complication bureaucratique supplémentaire à tous ceux qui requéraient une aide, qu'ils soient des vieillards, des enfants, des invalides ou des retardés mentaux.

Cette action en faveur des pauvres illustre l'effet de choc produit par la révélation de la gravité d'un phénomène qu'on aurait eu tendance à croire en voie d'extinction. Pourtant, bien des éléments apparents de progrès n'avaient pas apporté les avantages escomptés.

Dans le domaine de l'éducation, moins « motivés » et moins encouragés par leurs familles, les enfants d'ouvriers, dont le cadre de travail est par ailleurs moins favorable, réussissent moins bien dans leurs études et n'ont pas pleinement bénéficié des efforts que nous avons décrits. En 1967, à la suite du rapport Plowden sur les écoles primaires, 570 écoles reçurent des crédits spéciaux, et leurs instituteurs un complément de traitement, pour améliorer le niveau d'éducation des plus défavorisés ; dans les zones à scolariser en priorité, on s'efforça de procurer aux jeunes des centres de culture et de loisirs. Ces mesures traduisaient d'excellentes intentions, mais dénotaient également l'acuité du problème.

Le logement était redevenu, après les destructions de la Seconde Guerre mondiale, une des difficultés majeures auxquelles se heurtaient les classes laborieuses. C'est surtout à partir des années 1950, et très particulièrement après 1955-1956 et la décision de réserver l'essentiel de l'aide publique aux habitations bon marché, qu'une amélioration se dessina. La libération progressive des loyers et leur lourdeur dans les constructions privées prolongèrent pourtant le mal, et, même dans les logements sociaux, le refus de livrer des appartements de plus de trois pièces conduisit à des situations pénibles de « surpeuplement ». La destruction des taudis et des quartiers insalubres progressa, mais, en 1965, pour l'Angleterre et le pays de Galles, on dénombrait encore 771 000 logements insalubres.

La durée de travail a constamment diminué de 1951 à 1966, et la semaine normale est passée de 44 à 40 heures. La qualité des loisirs n'a pas toujours été améliorée en fonction de la disponibilité nouvelle des classes défavorisées, même si, en 1966, on pouvait relever l'existence de près de 4 000 clubs de travailleurs, réunissant plus de 3 millions de membres. Les pubs, les spectacles sportifs, la lecture de journaux populaires à sensation apportent les dérivatifs nécessaires, mais paraissent à d'aucuns bien décevants.

Les tentations de la société d'abondance ont contribué à perturber parfois l'équilibre des moins fortunés ou des plus jeunes. Sans que les classes laborieuses fournissent la totalité de la clientèle des prisons, on note souvent qu'elles contribuent majoritairement à alimenter celles-ci. Le nombre d'emprisonnés a triplé par rapport aux années 1920 et la délinquance revêt souvent l'aspect du vol, de l'escroquerie ou de la déviation sexuelle. La morale ordinaire semble également moins prisée, la majorité des naissances illégitimes concerne les milieux d'ouvriers (mais la légalisation de l'avortement rapprochera peut-être les classes sociales), de même, selon des enquêtes locales, comme celle sur Newcastle-upon-Tyne, que le concubinage... et même la fréquence du divorce, liée alors à des questions de logement insuffisant, de trop bas revenus, de santé...

Le sociologue Gordon Rose a souligné, dans un petit ouvrage de 1970, que les classes « inférieures » continuaient cependant de faire preuve d'une résignation très marquée à l'égard des hiérarchies sociales et il avance

« six éléments d'explication » : la crainte devant un ordre défendu par la puissance publique, par la police comme par la religion : un sentiment d'impuissance ; la difficulté des comparaisons possibles avec le sort des classes supérieures du fait d'une éducation limitée et de contacts trop restreints ; la mise en valeur « sélective » de certains aspects de la condition ouvrière, considérés comme positifs ; un complexe d'infériorité, nourri du sentiment d'une moindre capacité, et qui conduirait à la soumission « aux meilleurs » ; un processus « d'acculturation » qui serait l'assimilation d'un enseignement présentant l'ordre social comme un système acceptable et inévitable. Ajouterons-nous tout le poids de l'histoire contemporaine et des traditions solidement ancrées dans l'esprit ouvrier ?

Il reste que des signes d'impatience ont pu être discernés et que l'indiscipline syndicale a marqué, au cours des années 1960, les limites d'une résignation ; les « grèves sauvages » (*wild-cat strikes*) se sont multipliées au point d'être l'argument essentiel des tenants d'une loi anti-grèves. Mais c'est la revendication d'une part de la prospérité et non pas la volonté de perturber l'ordre établi qui caractérise les mouvements les plus radicaux en milieu syndical.

On désigne volontiers par « classes moyennes » les membres de groupes sociaux très variés, allant de l'aristocratie ouvrière à la haute bourgeoisie, et on corrige les excès de ce regroupement en distinguant « classe moyenne inférieure », « classe moyenne médiane » et « classe moyenne supérieure ». Nous réserverons en fait l'étude de cette dernière à une rubrique suivante.

La définition de la véritable classe moyenne dépend de la prise en considération de critères variés de fortune, de revenu, d'éducation, mais aussi de la psychologie même des citoyens, qui ont volontiers tendance à se ranger dans un groupe supérieur à celui dans lequel on serait tenté, de l'extérieur, à les réunir. La mobilité sociale créée par l'ascension même de citoyens dans leur propre profession ajoute à l'incertitude.

En 1963, en réponse à une enquête de D. Butler et D. Stokes, 32 % des personnes interrogées se situèrent dans les classes moyennes, dont 2 % dans la fraction « supérieure ». Plus de 61 % des personnes interrogées insistèrent sur le critère professionnel, 21 % sur le niveau de revenu, d'autres sur le comportement, la moralité, le niveau culturel et d'intelligence, une très petite minorité sur la parenté ou la nature des options politiques. Les recensements, comme les organismes privés d'étude de marchés, mettent l'accent sur les différences professionnelles lorsqu'ils classent la population par catégories ; les politicologues ont souvent fait de même et ont nié l'intérêt, voire la validité de l'identification dans une classe unique de millions d'hommes actifs, séparés en fait par leurs intérêts matériels comme par leurs modes de vie, leurs ambitions, leur culture.

Il ne nous appartient pas ici de prolonger leurs critiques, mais bien de souligner quelques traits qui, depuis la guerre, ont contribué à l'évolution de groupes qui ne se confondent pas avec la classe ouvrière et pas, ou pas encore, avec la classe supérieure.

Sur le plan professionnel, la plupart des observateurs s'accordent pour les répartir entre trois ou quatre grandes catégories : cadres supérieurs et professions libérales (4 % des actifs), cadres moyens privés et publics (8 %), cadres inférieurs et employés qualifiés (20 %), et, peut-être, une petite frange de l'aristocratie ouvrière. Dans le deuxième groupe, on classe normalement les fermiers possédant plus de 40 hectares, les commerçants employant de 4 à 9 employés, dans le troisième les petits fermiers, les secrétaires, les représentants de commerce, les petits commerçants. Ces catégories professionnelles ont connu un accroissement notable depuis la guerre, de l'ordre d'un tiers entre 1931 et 1959. La Grande-Bretagne a suivi l'évolution générale des grands pays industrialisés et l'élargissement de la part des services, le recrutement de plus de techniciens, d'ingénieurs, d'enseignants.

Les efforts de diffusion de l'éducation ont surtout bénéficié à l'ensemble des classes moyennes. Un rapport de 1959 a établi que les enfants de professions considérées avaient alors 25 fois plus de chances de poursuivre leurs études au-delà de la scolarité obligatoire que les fils d'ouvriers, et le rapport Robbins de 1963 estime que près de 17 % des fils de membres de classes moyennes entraient à l'université.

Victimes comme les autres groupes des lourdes taxations fiscales, les classes moyennes ont cependant été les principales bénéficiaires des mesures d'allégement votées par les conservateurs et, ont été proportionnellement moins frappées que les ouvriers par l'aggravation des taxes indirectes. Les cadres supérieurs ont connu, de 1913 à 1960, la plus forte hausse de leur niveau de vie de tous les groupes actifs, doublant pratiquement leur pouvoir d'achat ; des progrès encore substantiels ont été réalisés par les autres catégories professionnelles, les moins avantagées dans les classes moyennes étant les professions libérales et certains employés publics, tels les enseignants. Ce qui contribua à la « fuite des cerveaux » vers les États-Unis (3 220 ingénieurs, techniciens et savants en 1961, 6 215 en 1966). Cependant, les très hauts revenus sont rares, on ne compte que 42 000 salariés gagnant plus de 5 000 livres par an et 6 000 gagnant plus de 20 000 livres. Mais, aux niveaux élevés, et plus particulièrement dans l'industrie privée, il faudrait tenir compte de la fortune personnelle, des avantages de toute sorte, des frais de représentation, de certains allégements fiscaux. Les besoins diffèrent aussi selon les lieux et les goûts ou les possibilités.

Des enquêtes sociologiques ont essayé de préciser les traits majeurs de la mentalité des classes moyennes. On a fait apparaître qu'à l'échelon le plus bas, le souci de respectabilité et celui de se différencier des prolétaires étaient les plus forts, qu'au niveau intermédiaire l'ambition et un certain arrivisme dominaient, alors que la partie supérieure du groupe s'enorgueillissait surtout de jouir d'une certaine indépendance. Pour les uns et les autres, le respect de l'ordre établi et le vœu de s'y insérer dans les meilleures conditions paraissent essentiels.

Nous aurons à revenir sur les implications politiques d'une telle psychologie. Elle peut sembler avantager, de prime abord, le parti conservateur, mais l'importance même du « vote flottant » des classes moyennes a suffisamment convaincu le parti travailliste de tenir compte de leurs aspirations pour qu'un suffrage favorable aux « socialistes » ait été loin d'être rare.

On voit de plus en plus se confondre dans les « classes supérieures » les héritiers de vieilles fortunes aristocratiques, tentés de les faire fructifier dans les affaires les plus diverses, et les financiers, industriels, banquiers, grands commerçants qui, depuis des générations, ont avec persévérance cherché à se pénétrer du système de valeurs cher aux grandes familles traditionnelles.

La définition du groupe supérieur peut être tentée à partir de critères de fortune et de revenus : il ne recèle qu'une fraction des 10 % de la population, qui, dans les années 1960, jouissaient encore de 80 % de la richesse nationale ; il déborde probablement les frontières de la petite minorité de 1 % des Britanniques qui, en 1961, était reconnue propriétaire de 43 % de cette même richesse et qui comprenait 20 000 chefs de famille dont la fortune moyenne était de quelque 250 000 livres sterling ; il renferme la grande majorité des employeurs des 250 000 domestiques encore recensés en 1963. Il ne doit probablement pas excéder de beaucoup la faible proportion, sans doute de peu supérieure à 1 % des Britanniques qui étaient censés gagner, avant imposition et en 1961-

1962, plus de 3 000 livres par an, et des 3,3 % qui, en 1966-1967, après imposition, conservaient plus de 2 000 livres : à ce niveau, on serait au contact des classes moyennes, et d'autres critères seuls (possession d'un capital, origine sociale, éducation, espérances) justifieraient l'intégration au groupe supérieur.

D'anciennes familles aristocratiques figurent en bonne place dans cette « ploutocratie ». À la fin de 1964, on comptait encore 931 pairs héréditaires en Grande-Bretagne et 928 en 1970. Ils se répartissaient selon une hiérarchie stricte entre des degrés de noblesse différents, allant des ducs royaux aux barons, en passant par les ducs, les marquis, les comtes et les vicomtes. Malgré des plaintes amères, la richesse de certaines familles est demeurée considérable, attestée par l'énormité même des taxes de succession dont elles souffrent tant : 4 millions et demi de livres pour le duc de Bedford en 1953, 20 millions de livres la même année pour le duc de Westminster. Les taxes sont plus légères sur la terre que sur les autres biens et sont diminuées en fonction des dépenses d'équipement et d'investissements au cours des 10 années précédant la mort. Malgré les ventes de grands domaines, de vastes espaces ruraux et des terrains urbains entrent encore dans la fortune de beaucoup. Le duc de Westminster possède 60 000 hectares, dont 50 000 en Écosse, moins que la reine qui est personnellement propriétaire d'environ 92 000 hectares. Le duc de Bedford possède 20 000 hectares dans le Gloucestershire, le duc de Rutland 7 000 hectares dans les Midlands, le duc de Norfolk 6 000 hectares. La fortune foncière n'est plus qu'une fraction du capital de l'aristocratie, dont on trouve des représentants aussi bien à la tête de firmes de publicité (marquis de Hertford) que dans les conseils d'administration de banques, d'industries et d'affaires les plus variées. Au prestige du titre, s'ajoutent toujours, pour les pairs du royaume, un certain nombre d'honneurs et le droit de siéger à la Chambre des lords ; ils n'usent que rarement de cette dernière prérogative, à présent partagée de plus en plus par des pairs à vie, et considérée par d'aucuns comme gênante. C'est ainsi que Sir Alec Douglas-Home sut user opportunément des nouvelles dispositions constitutionnelles pour renoncer en 1963 à son titre de comte, imitant en cela Lord Hailsham, qui avait annoncé son intention de renoncer à la pairie pour prétendre à la succession de Harold Macmillan.

La grande bourgeoisie d'affaires compte dans son sein les représentants de véritables dynasties fort anciennes et un certain nombre de nouveaux venus, dont les entrepreneurs immobiliers constituent la dernière génération des années soixante. Dix-sept grandes banques d'affaires sont encore pour l'essentiel dirigées par des descendants de leurs fondateurs et ont pour actionnaires principaux des membres de la parentèle : c'est le cas des Brandt, dont la firme fut fondée en 1805, et bien évidemment de la branche anglaise des Rothschild, dont la maison remonte à 1804. Une centaine de financiers importants de la Cité, les actionnaires et dirigeants des grandes sociétés d'assurances, en particulier de la puissante Lloyd's, les agents de change et courtiers de la Bourse de Londres, les héritiers de vieilles affaires industrielles, tels les Wedgwood (poterie), les Pilkington (verrerie), les présidents-directeurs généraux de grandes entreprises concentrées, parfois issus d'ailleurs des familles qui furent à l'origine de l'affaire et encore dotés de paquets d'actions importants, les gros actionnaires de ces mêmes entreprises, participent au même groupe de « ploutocrates ». Quelques familles de grands magnats de la presse, auxquels s'est ajouté, à partir des années 1950, un Canadien d'origine, Roy Thomson, devenu en 1964 Lord Thomson of Fleet, s'ajoutent à ce groupe, ainsi que les propriétaires de grandes firmes juridiques. Les ramifications familiales sont extrêmement complexes dans ce milieu d'endogamie fréquente ; les mêmes hommes peuvent siéger à des conseils d'administration très variés et la fortune et l'influence des uns ou des autres sont parfois difficiles à déterminer avec exactitude.

Aristocrates et grands bourgeois ont continué de se côtoyer dans les mêmes clubs, et dans les conseils d'administration, comme dans les cercles dirigeants de la vie politique. Leurs enfants constituent toujours une partie importante de la clientèle des grandes écoles privées et des universités de renom. Les relations familiales, jointes à l'influence personnelle et à la valeur de l'éducation reçue, permettent à bien des membres de la famille d'accéder aux plus hautes fonctions de la diplomatie, de l'armée, de l'administration intérieure. Et cette pénétration généralisée aux postes de commande a donné naissance dans les années 1950 au mythe de l'« Establishment », groupe social qui dominerait réellement les destinées britanniques et se confondrait en grande partie avec des membres des classes supérieures, auxquelles on adjoint alors le haut clergé anglican, des hommes d'État, de hauts fonctionnaires... et le palais royal. Ce qui n'est pas le moindre paradoxe d'une nation qui a connu douze années d'expériences socialistes en vingt-sept années de l'après-guerre.

De la société d'abondance à la société de tolérance

L'appétit de biens matériels n'a été qu'une des expressions de la mentalité britannique à partir des années cinquante. À une majorité de citoyens avides de jouissances de toutes sortes, les règles morales et les lois de l'époque victorienne, les interdits traditionnels ont semblé de moins en moins supportables.

La baisse très sensible de la pratique religieuse contribue à expliquer que les Églises n'aient pas pu s'opposer efficacement à l'évolution ; dans les années soixante, 1 anglican sur 13 suivait encore les services religieux dominicaux, 2 catholiques sur 5 assistaient régulièrement à la messe, 1 sur 4 seulement des membres d'une « Église libre » protestante se rendait encore au temple le jour du Seigneur ; cette dernière proportion doit être abaissée à environ 1 sur 10 si l'on tient compte non plus de ceux qui sont inscrits réglementairement dans une communauté, mais de tous ceux qui appartiennent normalement à une « dénomination » précise. Le succès des émissions religieuses de la B.B.C., suivies par 24 % des adultes, celui des programmes religieux de la Télévision indépendante (*I.T.V.*), qui bénéficie d'une écoute de 18 % des adultes, ne paraissent, guère probants, puisque les sondages font apparaître que les mêmes auditeurs et téléspectateurs suivent les émissions de toutes les Églises et sont peut-être davantage sensibles au fond sonore ou à l'image ainsi prodigués qu'au contenu du message diffusé. Il n'est dès lors pas surprenant que le message et les leçons évangéliques aient connu un sensible déclin, même si les habitudes mentales et familiales ont maintenu vivaces une religiosité profonde, l'estime pour les prêtres, la volonté d'un enseignement religieux pour les enfants, le goût des cérémonies religieuses aux grandes occasions de la vie et de la mort. Selon un sondage d'opinion reproduit par David Martin en 1967, la grande majorité des Britanniques en sont venus à des conceptions morales fort avancées. Ils ne seraient plus guère choqués par des relations sexuelles prémaritales ou adultérines, ne désireraient que dans la proportion de un sur quatre la répression de l'homosexualité, seraient très favorables au contrôle des naissances, qu'un catholique sur trois approuve d'ailleurs. Le respect du jour du Seigneur agace la moitié des personnes interrogées qui se prononcent pour la liberté de pratiquer des sports, d'organiser des représentations théâtrales, cependant que 25 % seulement d'entre elles verraient un inconvénient à l'ouverture des magasins le dimanche.

Remarquons d'autre part que, dès les premières décennies du siècle, les Églises protestantes, et particulièrement les non-conformistes, avaient professé dans bien des domaines, dont celui de la contraception et du contrôle des naissances, des positions bien plus audacieuses que l'Église catholique romaine et que leurs ouailles étaient ainsi préparées à admettre bien plus de libertés nouvelles.

Les transformations mêmes du milieu de vie, la croissance de villes nouvelles, la rupture d'anciennes relations d'amitié et de famille, la séparation d'avec les maîtres à penser de sa jeunesse, la promiscuité des grands ensembles, la recherche parfois désespérée de contacts et de distractions, le développement des activités de loisirs, les vacances et séjours à l'étranger contribuèrent puissamment à réorienter les esprits. La mobilité professionnelle et sociale joua aussi contre le respect de règles immuables. La connaissance étroite des styles de vie d'outre-Atlantique, par le livre, le disque, le journal, les moyens audiovisuels, poussait à des imitations et à des changements.

C'est au cours des années soixante, et au temps du gouvernement Wilson, que prit naissance ce qu'on appela la *permissive society* ou société de tolérance. Certains, tel le travailliste Roy Jenkins, préférèrent la nommer « société civilisée ». Les travaillistes s'y montrèrent peut-être moins hostiles que ne l'auraient été les conservateurs, mais il est douteux que ceux-ci eussent pu s'opposer à des évolutions réclamées par une opinion de plus en plus majoritaire.

Au nom de la liberté individuelle et de l'égalité des individus et des sexes, toute une législation ancienne fut alors abolie et remplacée par des textes souvent audacieux. En 1967, la loi sur l'avortement disposa que toute femme enceinte, pour peu que deux médecins attestent la nécessité psychologique ou physiologique d'une interruption de la grossesse, serait autorisée à subir, selon les règles ordinaires du service national de santé, l'opération indispensable ; la même année, par une loi sur le « planning familial » les autorités locales reçurent tous pouvoirs pour organiser des services d'aide aux femmes : ces services, qui pouvaient prévoir un système de visite à domicile de conseillères, devaient assurer la diffusion des méthodes de la contraception et aider à la régulation des naissances. En 1969, une nouvelle loi sur le divorce accorda celui-ci aux époux séparés de corps depuis deux ans au moins et qui seraient d'accord, et permit à tout conjoint, après cinq années de séparation, de le faire prononcer même si les deux parties n'y étaient pas également favorables[1]. En 1970, une loi sur les acquêts dans le mariage (*Matrimonial Property Act*) exigea que l'ont tînt compte du travail, même uniquement ménager, de la femme lorsqu'on étudierait les conséquences matérielles d'un divorce.

Outre ces décisions, d'autres furent prises dans des domaines variés et chaque fois en vue d'abolir des usages ou lois hérités d'un âge « barbare ». En 1965, on suspendit pour cinq ans la peine de mort et, dès 1969, cette suspension fut transformée en suppression définitive : il avait été démontré, par une courte expérience nationale, et aussi par l'observation de l'évolution à l'étranger, qu'une telle suppression n'engendrerait pas un surcroît de criminalité, et que les arguments en faveur d'une soi-disant exemplarité de la peine n'étaient pas réellement fondés. En 1966 et 1968, deux mesures complémentaires mirent fin à la rigueur des autorités locales contre le campement de gitans à proximité des agglomérations et les obligea à prévoir des sites permanents d'accueil. En juillet 1967, une loi « sur les délits sexuels » édicta que les relations homosexuelles entre deux adultes consentants ne constituaient plus un délit criminel : le pays d'Oscar Wilde mettait ainsi fin à une situation qui était apparue

1. La loi est entrée en vigueur en janvier 1971.

plus que favorable aux maîtres chanteurs et amateurs de scandales.

Toutes ces mesures ne furent pas accueillies avec une égale satisfaction. De sombres prédictions furent formulées par certaines autorités ecclésiastiques et les milieux les plus conservateurs, et on accusa les travaillistes de pousser la nation à l'immoralité. Des autorités locales se montrèrent fort hostiles à l'accueil des gitans, au développement de clubs d'homosexuels. Les partisans du rétablissement de la peine de mort se manifestèrent parfois bruyamment. On saisit l'argument de la diffusion de la consommation de hachisch dans quelques milieux estudiantins, pour démontrer que toute libération partielle des instincts poussait nécessairement une dissolution générale de toutes les valeurs sociales ; une commission officielle, en 1968, refusa d'envisager une légalisation de la possession de hachisch. En 1970, une partie de la campagne électorale d'Edward Heath fut centrée sur les thèmes de « la loi et (de) l'ordre ». Mais le processus engagé paraît difficilement réversible.

Les nouveaux « parias » de la société

Nous avons dit la part croissante des immigrants dans la population britannique. Ces immigrants sont de plus en plus des immigrants de couleur, alors que les gouvernements travaillistes d'après la guerre avaient cherché, en particulier en 1947, à recruter la main-d'œuvre indispensable en Europe, dans les camps de personnes déplacées, plutôt que dans les colonies. À partir de 1948, les Antillais ont commencé à entrer en masse dans le pays, suivis en 1956-1957 par les Indiens et les Pakistanais. D'abord accueillis avec satisfaction, ils furent jugés indésirables par une fraction de la population au point de pousser tous les partis à adopter, non sans quelque sentiment de honte, une législation de plus en plus restrictive à partir de 1961 ; en même temps, la nécessité, en 1965, de promulguer une loi sur « les rapports raciaux », et de la compléter en 1968, démontrait l'acuité des tensions raciales : il fallut, dans un pays traditionnel de liberté et de tolérance, tracer clairement les droits des uns et des autres et éviter les discriminations dans les lieux publics et entre les quémandeurs de logements.

La population de couleur représente vers 1970 environ un million et demi à deux millions de personnes, sans que les recensements opérés soient très sûrs. On n'a là que moins de 3 % de la population totale, mais leur très inégale répartition pose les problèmes les plus délicats : le Grand Londres renfermait en 1961 47 % des immigrants de couleur, 42 % encore en 1966 ; les Midlands de l'Ouest en comptaient à ces mêmes dates respectivement 14 et 13 %, le Lancashire du Sud-Est 3,3 et 4 %, le Yorkshire occidental 4,7 et 5,4 %, alors que des zones comme celles de la Tyne, de la Mersey, de la Clyde en dénombraient moins de 1 %. On a donc des noyaux régionaux denses, et ce phénomène de concentration régionale s'accompagne, dans les localités concernées, par un habitat de ghetto qui accentue ici et là l'impression d'« envahissement ». Des violences raciales à Nottingham, Notting-Hill, Londres, dont furent victimes des Antillais, survinrent dès 1958. En 1964, fidèle à ses positions antiracistes, Patrick Gordon-Walker, battu une première fois aux élections à Smethwick, puis, dans une élection partielle à Leyton, dut abandonner le Foreign Office et cet événement politique démontra la croissance du danger.

Des sondages d'opinion, effectués en 1958 et 1968, permettent de prendre conscience de la gravité du racisme britannique ; mais ils attestent également l'efficacité des mesures prises pour le contrecarrer, puisque près de la moitié des personnes interrogées en 1958 étaient enclines au racisme ou racistes (12,6 % dans ce dernier cas) et qu'en 1968, les proportions étaient ramenées à 27 % (dont 10 % de véritables racistes).

Des hommes politiques, parfois poussés par leurs électeurs, — ce fut le cas des députés de Birmingham —, n'en prirent pas moins vigoureusement parti en faveur de mesures de plus en plus restrictives ; c'est en mai 1965 que le chef conservateur Enoch Powell lança l'idée d'un plan de rapatriement des immigrés déjà installés dans le pays. Powell devint bientôt le chef de file d'une aile intransigeante du conservatisme et il fit preuve d'une démagogie de plus en plus débordante en dénonçant le danger d'une « négrification de la Grande-Bretagne ». Le « powellisme » apparut suffisamment puissant au sein du mouvement tory pour contraindre ses dirigeants les plus libéraux à quelques précautions. Edward Heath proclama, en 1969 et 1970, sa confiance dans l'avenir des relations raciales en Grande-Bretagne, mais se déclara aussi prêt à favoriser le rapatriement des immigrants qui en feraient la demande. Cependant, Enoch Powell demeura exclu du Cabinet conservateur après le retour au pouvoir du printemps 1970.

Parmi les adversaires de l'immigration de couleur, figurent aussi bien des « bourgeois » imbus de traditions anglaises, ou propriétaires dans les quartiers qu'une « invasion » noire dévaloriserait, que des ouvriers inquiets de l'extension du chômage.

Cependant, les nouveaux arrivants ont accepté les emplois dont précisément les Britanniques ne voulaient plus parce qu'ils étaient les plus pénibles ou les moins bien rétribués. On a vu par exemple des Pakistanais affluer dans la région de Bradford et accepter dans les industries textiles de la ville des postes que les patrons avaient en vain cherché à proposer à leurs concitoyens. Les services des transports, de la voierie, sont également peuplés d'hommes de couleur.

Psychologiquement rebutés par l'hostilité de leurs voisins et parqués dans des maisons que leur arrivée contribue à faire déserter par les derniers occupants blancs, les immigrants de couleur sont cependant bénéficiaires de la législation sociale anglaise ordinaire et protégés par la loi ; leur sort légal ne peut pas être comparé à celui de minorités ethniques dans d'autres États. La situation de ghetto est parfois accentuée par des difficultés évidentes d'assimilation, et les processus d'acculturation, si tant est qu'ils soient souhaitables, sont très lents. En particulier les Pakistanais, musulmans, attachés à leurs prescriptions alimentaires, liés entre eux par des liens extrêmement solides, fidèles aux règles d'une moralité stricte, hostiles à la liberté des femmes et plus encore des jeunes filles, choqués par les aspects de la nouvelle société de « tolérance », se sont volontairement isolés dans leurs quartiers ; ils ont même tenté de limiter les relations de leurs enfants avec des camarades de classe d'origine britannique, supposés corrupteurs.

Placés, à l'exception de quelques milliers de « cadres », au bas de l'échelle des salaires, moralement ou matériellement tenus d'aider par leurs mandats leurs familles ou leurs amis demeurés dans le pays d'origine, les immigrants de couleur constituent ainsi un sous-prolétariat. Que la criminalité progresse parmi les plus jeunes et les plus instables est aisément compréhensible, mais contribue davantage à nourrir les préventions.

L'attitude positive des Églises, le libéralisme de la majeure partie des hommes politiques, la levée des méfiances syndicales... et le ralentissement sensible du mouvement des entrées contribuent à réduire les craintes pour l'avenir.

Chapitre 14

LES DIFFICULTÉS DE LA DÉMOCRATIE

La Grande-Bretagne a maintenu depuis 1945, en l'adaptant parfois, une Constitution démocratique ; et le respect des principales libertés individuelles a toujours été au premier plan des préoccupations des responsables de la vie publique. Le fonctionnement des institutions paraît pourtant loin de satisfaire l'unanimité des Britanniques, pour ne pas parler des sujets de la Couronne en Irlande du Nord. Une crise du parlementarisme, commune d'ailleurs à la plupart des grands États occidentaux, a souligné l'importance de l'action de groupes de pression ; mais la manière dont l'opinion est informée par l'ensemble des mass media jette un doute sur la validité des revendications qui s'expriment à travers un grand nombre d'organisations. De là un certain désenchantement, plus perceptible dans les jeunes générations, et qu'exprime en partie une littérature de la « révolte ».

1. LE SORT DES INSTITUTIONS

Depuis 1945, un certain nombre de réformes législatives ont contribué à modifier les règles du jeu politique. Mais, plus que jamais, c'est par une « évolution silencieuse » que la compétence de telle autorité publique a été développée et le rôle de telle autre condamné à décliner.

Les réformes

Les réformes principales ont été opérées ou tentées à l'époque des deux gouvernements travaillistes, mais, selon la tradition, elles ont été élaborées en tenant largement compte des points de vue des partis extra-gouvernementaux ; les conservateurs, d'autre part, ont complété ou modifié à leur tour des règles très anciennes. De part et d'autre, le souci majeur a été d'accroître la démocratisation du régime, par une amélioration des lois électorales et l'affirmation plus nette du pouvoir des Communes par rapport à la Chambre des lords.

La loi de 1948 sur la Représentation du peuple a repris la plupart des conclusions d'une commission mixte interpartis. Véritable code en 81 parties, elle supprime l'obligation de résidence pour l'inscription sur une liste électorale, autorise le vote par correspondance à de nombreuses catégories de citoyens : invalides, absents pour raisons professionnelles, électeurs ayant déménagé récemment ; elle met fin à une anomalie en retirant à la Cité de Londres ses deux sièges, pourvus jusqu'alors par un véritable double vote des hommes d'affaires de la Cité, alors qu'on n'y comptait que 4 000 résidents permanents, surtout des gardiens d'immeubles ; de même les douze sièges des universités sont supprimés, malgré le désaccord des conservateurs, qui promirent, sans plus y penser le moment venu, de les rétablir dès qu'ils seraient revenus au pouvoir. Le nombre de sièges ainsi réduit à 625, on procéda à une redistribution des circonscriptions pour 545 d'entre elles, fixant à 40 000 au moins, 80 000 au plus le nombre d'électeurs par circonscription. Le respect de frontières locales contribua à faire repousser toute égalité absolue, et les villes, comme Bradford, Liverpool, Birmingham, Plymouth, furent singulièrement désavantagées, avec un nombre moyen d'électeurs par circonscription de l'ordre de 63 000 à 71 000. Il ne fut pas sérieusement question d'établir un système proportionnel, proposé à nouveau par les seuls libéraux et repoussé toujours au nom de l'efficacité. D'autre part, on maintint les avantages de l'Écosse et du pays de Galles, par rapport à l'Angleterre, puisque, par circonscription, le nombre moyen d'électeurs fut respectivement de 47 000, 50 000 et 56 000. Les conservateurs ne modifièrent pas non plus ce trait en 1958, lorsqu'ils votèrent une loi prévoyant une redistribution des seuls sièges anglais tous les 10 à 15 ans en fonction des transformations démographiques qui seraient intervenues. Plus importante fut la décision adoptée en 1969, sur l'initiative de H. Wilson, d'abaisser à 18 ans la majorité électorale. L'ensemble de ces mesures démontre un esprit démocratique certain, servi par un empirisme intelligent ; mais, avec bien des politicologues anglais, on peut se demander si les débats et les innovations n'ont pas eu quelque chose d'artificiel, quand deux tiers des sièges de chaque parti sont considérés comme « sûrs », que la désignation des candidats par les comités locaux ou l'instance nationale y vaut l'élection, que bien des parlementaires sont ainsi davantage « sélectionnés qu'élus » (*selected, not elected*).

Des efforts méritoires ont été déployés par ailleurs pour limiter le rôle de l'argent dans les élections. Compte tenu de l'évolution de la valeur de la monnaie et de l'augmentation du nombre d'électeurs, on a pu estimer que les dépenses des candidats avaient été diminuées des trois quarts entre 1931 et 1970. Le personnel électoral rétribué par le parti ou par le candidat a été fortement réduit, le nombre de réunions limitées et ce d'autant que la force de propagande de la télévision apparaissait de plus en plus décisive. Chacun profite de la gratuité de l'expédition postale des professions de foi, de l'accès à la radio et à la télévision des représentants des partis. Les contributions aux fonds électoraux sont importantes : les travaillistes bénéficient de l'aide syndicale, près de 400 000 livres en 1964, les conservateurs reçoivent des dons considérables d'hommes d'affaires et de firmes, qui, depuis 1967, sont obligatoirement publiés ; chaque candidat peut faire appel à des aides dans sa circonscription, mais jouit aussi des souscriptions extraordinaires organisées à l'échelle nationale, fort souvent dans le cas des libéraux, mais également par les autres formations. Depuis 1949, le plafond légal des dépenses électorales est fixé à 450 livres plus 2 pence (1 1/2 dans les circonscriptions rurales) par électeur inscrit dans la circonscription ; une caution doit être déposée avec la déclaration de candidature, et les 150 livres sont perdues si le candidat ne recueille pas au moins 12,5 % des suffrages exprimés. Ce souci de justice et d'égalité n'empêche pas des formes multiples de dépenses et de publicité au-dessus des limites autorisées et l'évolution des mœurs ne semble pas favoriser les bonnes intentions du législateur. Le candidat isolé, le représentant d'un petit parti courent le risque d'avoir à dépenser des sommes importantes et de perdre leur caution ; libéraux et communistes sont particulièrement sensibles à cette menace. On est donc loin de la démocratie parfaite, puisque l'argent peut jouer un rôle dissuasif avant même le dépôt de candidatures. Ici encore, l'excuse de l'efficacité est le plus souvent avancée.

En même temps qu'on s'efforçait de faire des députés des représentants plus authentiques de l'opinion publique, on s'attaquait au pouvoir et au mode de recrutement de la Chambre Haute. En 1949, devant l'opposition probable des Lords à la nationalisation de la sidérurgie, le gouvernement Attlee fit adopter un nouveau *Parliament Act* : il ramena à un an le droit de veto suspensif des Lords. Dans la pratique, l'opposition possible est encore plus réduite, puisque le délai d'un an est compté à partir du dépôt du projet de loi aux Communes (*first reading*) et non pas de son adoption en « troisième » lecture par la Chambre. Le recrutement même de la Chambre Haute posait un problème. On prit conscience de l'absurdité de la création de pairies héréditaires, alors qu'en 1967-1968 par exemple, on estimait que 400 pairs peut-être n'avaient jamais exercé leur droit de siéger, que moins de 300 pouvaient être considérés comme véritablement actifs. En 1958, le Parlement, alors dominé par les conservateurs, vota le *Life Peerage Act* qui permit de nommer à vie à la Chambre des hommes de mérite, sans hypothéquer l'avenir en ouvrant le droit de siéger à leurs héritiers ; on sait déjà que la loi sur la pairie de 1963 autorisait l'héritier d'un titre à y renoncer pour devenir un citoyen comme les autres, autorisé en particulier à participer à des élections générales et à siéger aux Communes. En 1969, le nombre de pairs héréditaires n'était plus que de 928, celui des pairs à vie était de 201, auxquels on devait ajouter les 26 prélats anglicans et 23 *Law Lords*, hauts magistrats en activité ou à la retraite, envoyés à la Chambre pour constituer sa commission juridique. Les réformes intervenues parurent insuffisantes à beaucoup ; les libéraux soutenaient, dans les années soixante, qu'il serait opportun de remplacer la Chambre Haute par une sorte de Sénat représentatif des intérêts régionaux ; nombre de travaillistes de gauche ne se résignaient pas à l'existence même d'une Chambre Haute, la plupart étaient défavorables au moins à son recrutement d'alors. En 1968, les Lords avaient repoussé à une courte majorité, 193 voix contre 184, le 18 juin, l'approbation d'un décret-loi étendant aux ressortissants britanniques l'obligation de respecter les sanctions contre la Rhodésie tout juste décidées par l'O.N.U. Harold Wilson voulut saisir l'occasion. Il avait proclamé dès 1966 son intention d'agir dans ce domaine, et jugea sans doute le terrain favorable pour rétablir sa réputation, quelque peu ternie, d'homme de gauche. Un projet fut élaboré, les autres partis étant consultés, et il prit pour bases l'option bicaMériste, le refus du critère d'hérédité dans la formation de la Chambre, la volonté de faire prévaloir la volonté des Communes ; on ne retint pas l'idée de l'élection des nouveaux Lords, précisément pour ne pas porter atteinte au prestige de la Chambre Basse, et on n'admit pas non plus, dans un pays qui n'était pas une fédération, la représentation des régions. On imagina de distinguer des « pairs votants », constituant la « Chambre réelle », et qui seraient les pairs à vie existants et d'autres nommés par le Premier ministre, 230 au total. Tous les pairs en place, admis à titre consultatif seulement, étaient proclamés incapables de transmettre leur prérogative à leurs héritiers. Mal accueilli par les conservateurs, assurés d'y perdre au moins provisoirement leur majorité dans la Chambre Haute, et par les libéraux, jugé insuffisant par une forte minorité de travaillistes, qu'on ne put pas convaincre de respecter la discipline de parti, le projet fut en fin de compte retiré par le gouvernement le 17 avril 1969. Est-ce la fin sans gloire d'une tentative et doit-on, avec Monica Charlot, parler de « l'impossible réforme de la Chambre des lords » et constater avec elle que la question ne suscite plus de passions ? Rien n'a plus été tenté en tout cas dans ce domaine depuis l'échec de Harold Wilson.

L'évolution silencieuse

En apparence, les transformations que nous avons évoquées ne sont pas fondamentales et la monarchie parlementaire anglaise ne présente pas, juridiquement au moins, un visage très différent de l'avant-guerre. Un large consensus national paraît approuver cette stabilité, par ailleurs consolidée par une loyauté envers la Couronne que ne remettent pas en question quelques rares protestations individuelles lors des débats sur la liste civile de la reine et de la famille royale[1]. Dans la pratique, une évolution très sensible est intervenue et se poursuit.

Le rôle du Premier ministre, déjà nettement bénéficiaire d'une personnalisation du pouvoir pendant la Grande Guerre et dans l'entre-deux-guerres, et dont le rayonnement, avec W. Churchill, avait été considérable pendant la Seconde Guerre mondiale, a été fortement accru. Chef de son parti, il prend une part très active aux campagnes électorales, qui se jouent en partie sur son nom et sa réputation. Les tournées géantes à travers le pays et la présidence d'un nombre élevé de réunions électorales sont le lot du *leader*, et, lors de la dernière campagne de 1970, le poids de la propagande reposa surtout sur Edward Heath et Harold Wilson ; selon un sondage d'opinion de 1966, pour 40 % des électeurs, le choix fondamental était entre des hommes et non entre des politiques. Longtemps plus réticents que les conservateurs à axer leur campagne sur la personnalité de leur chef, les travaillistes semblent s'être convertis à une inéluctable nécessité avec Harold Wilson et à partir de 1966. Dans ce sens, il paraît de moins en moins injustifié de parler du Premier ministre comme d'un « monarque élu ». Avant d'être proposé au choix des électeurs, il a dû pourtant être sélectionné au sein du parti qu'il dirige, et, de ce fait, ne représente pas toujours l'unanimité de ses compagnons de lutte : la concurrence fut âpre, dans le parti conservateur, entre Richard Butler et Harold Macmillan en 1956, entre le même Butler et Lord Home en 1963, et il fallut attendre 1964 pour voir le parti tory opter pour un mode de désignation démocratique de son leader, jusqu'alors choisi par un clan de hautes personnalités selon des critères mystérieux pour le commun des mortels. Edward Heath, longtemps « mal aimé », obtient dif-

1. La Couronne demeure le symbole majeur du lien entre les pays du Commonwealth.

ficilement une meilleure adhésion et se heurte en particulier à l'opposition décidée d'Enoch Powell, qu'il a exclu du Cabinet fantôme dès 1968 ; dans le parti travailliste, des luttes mémorables opposèrent de même, dans un débat toujours démocratique, Hugh Gaitskell et Aneurin Bevan, puis le premier à Harold Wilson, lequel, vaincu en 1970, doit à une position devenue « centriste » de conserver la direction de son parti.

Les pouvoirs et l'influence du Premier ministre dépendent en fait de la personnalité de chacun d'eux : aux autoritaires, tels W. Churchill, Anthony Eden, Harold Wilson, on peut opposer les conciliateurs, à la recherche constante d'une position d'arbitre et de recours suprême, comme Clement Attlee ou Sir Alec Douglas-Home (bien que C. Attlee eût conservé bien des attributions du temps de guerre). Le Premier ministre ne dispose pas de services administratifs suffisamment étendus pour pouvoir se dispenser de recourir à l'aide des ministères spécialisés, et il serait erroné de rechercher en Grande-Bretagne l'existence de deux pouvoirs « parallèles ». Il n'en reste pas moins que les services du Cabinet, théoriquement dépendant de tous les ministères, se sont considérablement étoffés, que le chef du gouvernement a constamment voulu développer son contrôle de l'action gouvernementale, que les moyens d'information moderne en ont fait le coordinateur possible et nécessaire ; disposant de sources de renseignements spécifiques et, seul parmi ses collègues, d'informations variées dans tous les domaines, il est le guide naturel. Harold Wilson usa avec une particulière autorité de ses pouvoirs, mais ses prédécesseurs avaient montré la voie. En particulier, dans le domaine des relations internationales, dont le champ s'est élargi avec le resserrement des liens d'interdépendance économique et financière entre les grandes puissances, l'action du Premier ministre, grâce aux contacts personnels entre chefs d'État et de gouvernement, est devenue capitale.

Tant qu'il n'est pas amené à s'effacer pour des raisons d'âge, comme W. Churchill en 1955, de maladresse majeure, comme A. Eden après la malheureuse expédition de Suez en 1956, ou de souci d'efficacité électorale, comme H. Macmillan, après quelques scandales politiques en 1963 (dont l'affaire Profumo, ministre compromis par une liaison amoureuse aux relents d'espionnage), le Premier ministre « règne » d'autant plus aisément qu'il dispose à la Chambre des communes d'une majorité que les grandes occasions rendent en général docile. De ce fait, l'après-guerre a renforcé encore une crise de la fonction parlementaire déjà évidente dans l'entre-deux-guerres.

L'extension considérable des responsabilités de l'État, en particulier dans les domaines de l'économie et de l'action sociale, a rendu très complexe la tâche de contrôle et de législation normalement dévolue au Parlement. Il est toujours loisible à l'une et l'autre Chambres de constituer des commissions d'enquête et de se prononcer sur de grandes réformes, par exemple en matière scolaire, après avoir pris connaissance de volumineux rapports ; l'action quotidienne a exigé, faute d'information suffisante ou aisément accessible, de s'en remettre largement, si l'on appartient au parti majoritaire, à la sagesse du gouvernement en place. De plus, les gouvernements ont de plus en plus été amenés à user de la procédure de la législation déléguée et, par des « ordres en conseil », véritables décrets-lois, à anticiper une approbation parlementaire qui serait à rechercher alors dans les 28 jours. Le Parlement s'est parfois mal résigné à un rôle de « Chambre d'enregistrement », et, dans l'un et l'autre partis dominants, la révolte de députés du rang (les *backbenchers*) a parfois été nette. Les bevanistes n'ont pas suivi le gouvernement Attlee dans sa politique de diminution des dépenses sociales, non plus que dans son programme de politique étrangère atlantiste. Une forte minorité travailliste a refusé en 1969 le mode de réforme de la Chambre des lords ; les powellistes n'ont pas approuvé l'orientation européenne de la politique d'Edward Heath, elle-même admise par une fraction des travaillistes, rebelles aux consignes de leur parti. Dans l'ensemble, les cas d'indiscipline demeurent rares. À l'heure présente, et depuis une dizaine d'années, l'accent est mis sur l'organisation d'une information plus complète des parlementaires et sur l'amélioration de la condition matérielle des membres des deux Chambres pour leur permettre de mieux s'appliquer à leur seule tâche législative. À la différence de son homologue français, le parlementaire britannique a d'ailleurs moins de préoccupations annexes, ne cumule pas un mandat local et un mandat national, et dispose donc de plus de temps. Depuis septembre 1966, il s'est vu doter d'une possibilité réelle de servir ses électeurs en saisissant un commissaire parlementaire, semblable à l'*ombudsman* suédois ou au médiateur que l'on vient de mettre en place en France, des litiges qui opposent un particulier à une administration. Cela ne suffit cependant pas pour remettre en question un abaissement certain du Parlement comparativement au pouvoir exécutif.

Le gouvernement bénéficie par ailleurs d'un degré de centralisation rarement atteint en Grande-Bretagne auparavant, sauf dans les périodes de guerre. La planification économique, le système national de santé, la distribution de crédits aux régions, celle de subsides aux agriculteurs et aux industriels ont conduit à la création d'organismes locaux spécialisés, que nous avons évoqués dans le chapitre précédent ; ces institutions nouvelles sont en général mixtes, mais la présence de fonctionnaires gouvernementaux y est la règle, les directives générales et les lois appropriées sont à appliquer partout de la même manière. Les autorités locales conservent des attributions importantes, sont en mesure de mener des expériences originales, disposent des ressources des impôts locaux. Mais dès 1960, ces ressources propres ne couvraient plus que les deux cinquièmes des dépenses engagées, auxquels on pouvait ajouter un autre cinquième provenant des entreprises sous contrôle municipal, piscines ou restaurants par exemple. Contraintes de se tourner vers l'État, de se soumettre à ses lois « obligatoires » qui tendent à remplacer les lois « d'autorisation » à l'exécution facultative, des autorités locales perdent de leur rayonnement : cela se traduit par des taux records d'abstention lors des élections qui les renouvellent. Une décentralisation multi-séculaire s'estompe ainsi peu à peu, et le processus paraît difficilement réversible, puisqu'il exprime les transformations structurelles d'une économie et d'une société. En 1965, le ministre responsable, Richard Crossman, souligna l'urgence de définir des régions administratives plus grandes.

Les résistances à cette évolution sont surtout sensibles dans les zones les plus particularistes : le pays de Galles, où une renaissance marquée de la culture gaélique symbolise la montée d'un nationalisme plus ou moins virulent ; l'Écosse, traditionnellement plus fermée à l'assimilation et qui se satisfait difficilement de l'affectation à résidence du secrétaire d'État pour l'Écosse à Édimbourg ; les problèmes économiques de l'une et l'autre régions alimentent un courant d'opinion en faveur d'une décentralisation que l'on croit, peut-être à tort, pouvoir être bénéfique aux intérêts matériels locaux.

L'exemple de l'Ulster n'est pourtant guère encourageant ; les six comtés de l'Irlande du Nord, autonomes au sein du Royaume-Uni depuis 1921, ont dû être, au moins provisoirement, ramenés sous le contrôle direct du gouvernement de Londres en 1971. La mesure s'explique par les troubles sanglants qui opposaient les deux communautés catholique et protestante et par le refus obstiné de la majorité protestante à consentir aux réformes constitutionnelles locales qui auraient donné plus justement une voix légale à la minorité. Aux partisans de l'unité de toute l'Irlande, s'opposent les tenants majoritaires de l'union avec la Grande-Bretagne dans le respect d'une autonomie réelle.

Le citoyen britannique, obligé de passer, depuis la guerre, par les services d'une bureaucratie en constant développement (plus de 1 300 000 fonctionnaires et employés de l'État, dont 470 000 dans les services administratifs), bénéficiaire plus ou moins obligé des multiples interventions de l'État et soumis à des contrôles variés, ne peut qu'avoir l'impression d'une forte évolution de son système politique, aux dépens des libertés de l'individu et au profit d'un État toujours plus omniprésent. Il est ainsi amené à se réfugier davantage au sein d'organismes collectifs qui assureront au mieux la défense de ses intérêts, et cela va contribuer à rendre compte de l'efficacité et du rayonnement des groupes de pression au sein de la société politique britannique.

À partir de 1955, une autre obsession obscurcit encore le tableau. On voit naître le terme d'« *Establishment* », immédiatement promis à l'emploi le plus large ; il désigne ce que d'aucuns n'hésitent pas à qualifier de véritable « réseau de notables », individus influents dans les coulisses du pouvoir, agissant sans mandat et préparant les décisions qui devraient émaner d'institutions démocratiquement désignées : on y range pêle-mêle les barons de la presse, les « caciques » du parti conservateur, les plus hauts fonctionnaires, des gens d'Église, des milieux de la Cour, de puissants hommes d'affaires, et on souligne leurs liens familiaux, leur commune éducation dans les *public schools*, en particulier Eton, et dans les universités prestigieuses d'Oxford et de Cambridge, leur appartenance aux mêmes clubs fermés, aux mêmes cercles de la vie mondaine, la facilité de leurs rapports avec députés, ministres, secrétaires généraux de ministères. Le commun des citoyens s'indigne à la pensée que, dans le secret, d'aucuns, comme dans la *Ferme des Animaux* de George Orwell, sont « plus égaux que d'autres ».

2. L'ÉPREUVE DU POUVOIR

De 1945 à 1972, le système politique paraît avoir mieux fonctionné que dans l'entre-deux-guerres ; on n'a pas connu de gouvernement de minorité, comme en 1924 ou 1929-1931, non plus que la prépondérance, pour d'aucuns désespérante, d'un seul parti. Douze années de travaillisme (1945-1951 et 1964-1970) contrastent avec moins de dix-sept années de gouvernement conservateur (1951-1964, 1970-74) et l'alternance paraît ainsi avoir efficacement joué son rôle, permettant le remplacement d'équipes usées par le pouvoir, et au programme relativement épuisé, par d'autres, alors plus novatrices. Le consensus sur l'essentiel que nous avons vu être la caractéristique des luttes contemporaines a permis un cheminement sans heurt excessif, sans rupture brutale. Même si cela a parfois miné les enthousiasmes, la stabilité très apparente qui en résulte a paru aux Britanniques très préférable aux démarches politiques de nations voisines du Continent.

Cette stabilité a été d'autant mieux admise qu'elle s'est accompagnée d'un renouvellement fréquent du personnel politique au sein même du parti au pouvoir. Les vies parlementaires ou ministérielles ne sont pas longues, ni assurées ; un député entame sa carrière vers 40 ans et y met fin vers 60 (un peu plus tard pour le travailliste moyen, moins favorisé pour trouver une situation à sa sortie de la vie politique que le conservateur malgré une « démocratisation » relative du recrutement des politiciens tories). Les Premiers ministres ont été relativement nombreux : deux travaillistes, mais cinq conservateurs, et, dans ce dernier cas, on remarquera que la durée moyenne de « commandement » du chef d'un parti n'excède guère celle d'un Premier ministre français actuellement ; il convient évidemment de mettre à part le cas de W. Churchill, qui exerça sa charge quatre années au cours de l'après-guerre, mais après un premier gouvernement de cinq ans au temps du conflit. Le renouvellement plus fréquent chez les tories tient peut-être à l'accent longtemps mis par eux sur la valeur de leurs chefs, opposée à la « grisaille » des socialistes, et sur un intelligent empirisme lors des baisses de popularité de l'un ou de l'autre. La personnalisation du pouvoir pousse les travaillistes sur la même voie.

La lutte pour le pouvoir a paru aux électeurs plus décisive pour l'avenir du pays dans les années cinquante que dans les années soixante. Un sondage Gallup indique qu'une proportion déclinante des citoyens croit en des différences importantes entre les partis (71 % en 1951, 74 % en 1955, 66 % en 1959, 59 % en 1964, 55 % en 1966). Ce scepticisme ne doit pas dissimuler une « distance » encore très réelle entre les programmes de départ, et, en 1945 et 1950, c'est une véritable « socialisation » du pays qui est en jeu, le programme travailliste de 1950 prévoyant encore de nombreuses nationalisations possibles de tout ou partie d'industries (sucre, minéraux, chimie) alors que les conservateurs, « adversaires des contrôles et de la propriété étatiques » promettent en 1950 de mettre un terme aux nationalisations. Dans les élections générales de 1955 et 1959, le thème de l'égalisation des revenus réussit à mobiliser les travaillistes, alors que les conservateurs se contentent de proclamer leur foi dans l'égalité des chances et le droit pour chacun « de gagner davantage et de posséder plus » ; ce qui ne les empêche pas, tout au long de la période, de clamer leur volonté de défendre les *public schools* élitistes, que les travaillistes condamnent avec une vigueur souvent déchaînée. Sur le plan extérieur, les différences sont plus profondes dans les programmes des partis que dans l'action gouvernementale ; les conservateurs ont souvent été plus prudents à l'idée de décoloniser rapidement, plus réservés devant l'abandon de positions mondiales, en particulier, dans les années soixante, à l'est de Suez, plus convaincus de la nécessité de développer l'armement atomique de dissuasion.

À l'épreuve du pouvoir, les différences de comportement sont beaucoup moins sensibles, et les mesures conjoncturelles de H. Wilson, affronté à la crise de 1967, n'ont guère été originales en comparaison de celles adoptées par des gouvernements conservateurs, soucieux, dans les années cinquante, de défendre la monnaie et de juguler l'inflation. D'où l'existence, dans chaque parti, de minorités qui s'accrochent à un idéal quelque peu oublié et s'efforcent de le rappeler à leurs représentants au gouvernement.

Lors de la première expérience travailliste, les bevanistes jouent ce rôle ; ils exigent une reprise des nationalisations et soulignent l'insuffisance du nivellement social, sans vouloir se soucier des difficultés du financement de la Sécurité sociale, cependant que, sur le plan extérieur, sans l'aveu de Bevan encore ministre, les « fondamentalistes » s'inquiètent souvent de l'orientation jugée trop belliciste de l'action du Cabinet Attlee. Sous le gouvernement Wilson, une gauche active se rebelle contre divers aspects de la politique du Premier ministre : elle est réservée sur la demande d'adhésion au Marché commun, qui suscite les méfiances syndicales, hostile, en 1967, à la politique de l'armement, met en échec en 1969 le projet de réforme de la Chambre des lords, et manifeste en général, derrière Ian Mikardo et Michael Foot, une grande méfiance personnelle à l'égard du leader du parti.

Au sein du parti conservateur, les discordances proviennent généralement de l'aile droite et, au cours des années soixante, en sont venues à insister sur les « excès » de la politique de décolonisation avant de se définir, sous le Cabinet Heath, par un nationalisme antieuropéen et raciste sous les couleurs du powellisme.

Les divergences peuvent aboutir à de véritables cas

d'indiscipline lors de votes importants : 72 travaillistes refusent en 1946 d'approuver le maintien de la conscription en temps de paix, 57 invitent, en novembre de la même année, le Cabinet Attlee à réviser sa politique internationale. En 1967, 48 députés de la majorité s'abstiennent de soutenir le gouvernement, et, lors du débat sur la demande d'adhésion au Marché commun, 40 s'abstiennent et 35 votent contre lui. Du côté conservateur, des cas analogues pourraient être cités, et, en particulier, le gouvernement Heath dut à l'abstention (19 députés en 1971) ou au vote favorable (69 députés) d'une droite travailliste de faire passer les textes essentiels d'adhésion au Marché commun contre la volonté rebelle d'une quarantaine de membres de son propre groupe parlementaire (1971-1972).

Le lieu d'origine même des rébellions respectives dans l'un et l'autre partis permet de conclure, selon une expression devenue courante dans la France de 1972, que la Grande-Bretagne semble, elle aussi, vouloir être gouvernée « au centre ». On doit voir dans la modération des hommes au pouvoir la volonté de tenir compte de ce sentiment, particulièrement ressenti dans les classes moyennes. Celles-ci sont la clef des *swings* ou glissements de l'électorat lors des grandes consultations.

La pratique électorale britannique permet de solliciter ces « électeurs flottants » en choisissant soigneusement le moment de la dissolution, qui est une prérogative de fait du Premier ministre. L'erreur est possible : Clement Attlee la commit en 1951, en cherchant à élargir une majorité trop étroite, issue des élections l'année précédente, et H. Wilson, trop sûr d'une adhésion populaire que lui aurait valu le spectaculaire redressement de la situation financière, qu'aurait entretenue sa stature personnelle en face d'un Edward Heath à la recherche d'une popularité, et que lui confirment les sondages d'opinion, perdit les élections du 18 juin 1970. Mais, en 1955,

Anthony Eden usa opportunément de l'auréole de renouvellement assurée par sa succession récente à un Churchill fatigué, par le succès de ses interventions de 1954 dans la politique de défense européenne, et aussi d'une heureuse conjoncture économique un an après la fin du rationnement ; de même Harold Macmillan sut faire habilement campagne en 1959 sur le thème « Nous n'avons jamais été aussi bien ». En 1966, H. Wilson fut récompensé d'une dissolution après moins de deux années de pouvoir par le gain d'une très large majorité, que lui assurèrent ses premières mesures de redressement économique et d'action sociale et la mise en évidence de la médiocrité de la gestion conservatrice antérieure.

À la fin de la décennie des années 1960, celle des « illusions » parfois déçues, un drame est né, qui ne perturbe pas encore le jeu politique, mais est lourd de menaces : en Ulster, après près d'un demi-siècle de gouvernement protestant « orangiste », la minorité catholique revendique l'égalité civique, ses adversaires ripostent souvent sans discernement, et, dès 1968, davantage encore en 1969, le sang coule dans les grandes villes, à Belfast, à Londonderry. Harold Wilson doit prendre alors la décision d'envoyer des troupes britanniques d'intercession en Irlande du Nord : le mécanisme est en marche qui va rapidement conduire à la radicalisation de la revendication catholique, sous l'égide de la gauche de l'I.R.A. (Armée Républicaine Irlandaise) et de son mouvement politique, le Sinn Féin, et à un blocage irréductible du côté des protestants organisés.

Chapitre 15

LES GRANDES OPTIONS INTERNATIONALES

La Grande-Bretagne est sortie victorieuse d'une guerre totale et est théoriquement en mesure d'assumer, en 1945, son rang de troisième grande puissance mondiale. Dès ce moment, une révision déchirante de ses principes d'action, à l'extérieur comme dans son Empire, s'impose, et le « chef-d'œuvre » d'Ernest Bevin sera de définir des principes nouveaux qui ne seront guère remis en question par ses successeurs conservateurs. En 1961, avec Harold Macmillan, le pays prend conscience que « les vents ont tourné » et une réorganisation progressive, mais rapide, de la politique mondiale du Royaume-Uni mène à la révolution de 1971-1972 et au choix européen.

L'option européenne sera seule étudiée parmi les questions internationales après 1961.

1. LA SAUVEGARDE D'UNE POSITION MONDIALE, 1945-1961

Les principes élaborés par Ernest Bevin, s'ils n'ont pas été sans susciter bien des oppositions, ont permis le succès de la décolonisation et le développement d'un nouveau Commonwealth, ont préservé les moyens d'une action multiple dans le monde entier, au prix d'échecs cuisants parfois, mais n'ont pas permis alors à la Grande-Bretagne de prendre sa part à l'œuvre d'intégration européenne.

Les principes de la politique britannique

Ancien syndicaliste, « dictateur du travail » pendant la guerre, Ernest Bevin fut promu aux Affaires étrangères dans le Cabinet Attlee. Il demeura à son poste jusqu'en 1951, année de sa mort. Initialement pressenti comme chancelier de l'Échiquier, il « échangea » ce poste avec Hugh Dalton, peut-être sur la suggestion de George VI à son nouveau Premier ministre. Il lui appartint de faire les choix cruciaux et, sans en avoir expressément la responsabilité, de donner des avis de poids sur l'évolution de l'Empire.

Dans une mesure certaine, le gouvernement travailliste assuma un héritage : celui des principes traditionnels, souvent évoqués à leur place dans cet ouvrage, celui aussi des principales décisions des « grands » au cours des conférences du temps de la guerre. Le problème fut de le faire coïncider, autant que possible, avec certains principes « socialistes », et de l'adapter à un monde qui, à partir de 1947, entra dans l'ère de la « guerre froide ».

Le principe très rapidement mis en relief fut la nécessité d'alliances en temps de paix : il contredisait formellement l'un des fondements de la politique étrangère britannique entre 1890 et 1939. En même temps, si les pactes formels furent conclus en référence aux dispositions de la charte des Nations unies (article 51) sur les traités défensifs régionaux, ils traduisaient un scepticisme certain à l'encontre de l'efficacité d'instances internationales paralysées par la division des grandes puissances. Ces alliances furent recherchées sur le Continent européen : en 1947, le traité de Dunkerque liait pour cinquante ans la Grande-Bretagne et la France contre un éventuel revanchisme allemand. Mais une priorité croissante fut accordée au développement de liens spéciaux avec les États-Unis.

S'appuyer sur les États-Unis et les engager de manière décisive dans la reconstruction et la défense de l'Europe était réaliste, compte tenu du poids économique de ce pays et de sa possession de l'arme atomique, mais correspondait aussi au sentiment d'une profonde identité entre les deux grands peuples anglo-saxons. Le souvenir de la « Grande Alliance » du temps de la guerre était fort proche et il pouvait sembler aisé de la faire revivre. Du côté américain, Bevin se heurta à bien des réticences, les premières liées à une confiance naïve dans l'ordre international voulu par le défunt Franklin D. Roosevelt, à une grande défiance à l'égard des ambitions proprement anglaises, à une certaine répugnance à coopérer avec des socialistes. Elles furent vaincues grâce à l'évolution même des problèmes internationaux. Mais un déphasage persista entre les illusions britanniques d'un retour possible à l'étroite entente de l'époque Churchill-Roosevelt, et la réalité d'une politique américaine prête à s'appuyer sur la Grande-Bretagne, mais revendiquant une claire hégémonie au sein des alliances à contracter.

Le désir de maintenir une certaine indépendance contraignit en fait Bevin à fixer rapidement les limites d'une coopération avec ses voisins européens et à prendre position sur le désir américain de voir se constituer une Europe libre aussi intégrée que possible. Il en vint à admettre la nécessité de liens de coopération et de solidarité économiques, mais aussi à écarter toute évolution vers une quelconque fédération politique. Tout au plus, et son discours du 22 janvier 1948 à la Chambre des communes l'exposa nettement, Bevin ne rejetait pas l'idée d'une « association de l'Europe occidentale », susceptible, grâce à ses prolongements coloniaux et à la domination d'un tiers du globe, de faire équilibre à la puissance soviétique ou américaine. Il était exclu que l'Angleterre, dans un tel schéma, renonçât à la pleine indépendance de son action, en liaison avec les États du Commonwealth.

La Seconde Guerre mondiale avait, à cet égard, confirmé la totale souveraineté internationale des dominions, et elle allait hâter le processus de la décolonisation. Une doctrine nouvelle dut être définie à l'égard des colonies libérées et qui ne seraient plus des rameaux de l'arbre anglo-saxon : hâtée par la nécessité de fixer le destin des parties de l'ancien Empire des Indes, elle fut mise au point entre 1947 et 1949. Un Commonwealth des nations, multiracial, remplaça le Commonwealth « britannique » ; dans le sein de la nouvelle organisation, le resserrement des liens économiques, culturels et militaires demeurait possible pour peu que la Grande-Bretagne acceptât de préserver ses responsabilités mondiales et une certaine indépendance d'action vis-à-vis de l'Europe. Tel fut effectivement le choix alors opéré.

Empiriquement mise au point entre 1945 et 1950, la doctrine béviniste apparaît nettement dessinée à la fin de ces années : elle place au premier rang la nécessité de défendre, partout dans le monde, les libertés démocratiques à l'occidentale et de s'opposer à l'expansion du système bolchevique ; elle présuppose l'appui d'un des deux géants et le ralliement à la bannière américaine, avec l'illusion d'influencer notablement les démarches des « cousins » d'outre-Atlantique ; elle nécessite un effort militaire conjointement mené avec les Européens libres et les dominions, mais dans le respect de l'indépendance nationale.

Une telle doctrine était aisément acceptable par les conservateurs, et Eden, à nouveau ministre des Affaires étrangères en 1951, et qui, devenu Premier ministre en 1955, garda en fait la haute main sur les affaires internationales jusqu'à sa démission, s'en accommoda fort bien. De même, ses successeurs ne virent que sagesse dans la définition donnée par le plus fidèle collaborateur de W. Churchill de la position « unique » de la Grande-Bretagne, placée au cœur de trois « cercles » : le monde européen, le monde atlantique et le Commonwealth. Harold Macmillan, dont les relations personnelles avec les présidents Eisenhower et Kennedy furent excellentes, sut rétablir la confiance entre les États-Unis et l'Angleterre, qu'avait ternie l'expédition de Suez ; il s'en tint très nettement au principe des « liens spéciaux ». L'ambition mondialiste correspondait par ailleurs parfaitement à la volonté de grandeur très répandue parmi les conservateurs, et elle fut confirmée par le développement d'une politique d'armement atomique perfectionné.

La « doctrine Bevin » survécut ainsi au moins jusqu'en 1961, malgré les attaques violentes dont elle fut l'objet.

La décolonisation et le développement du nouveau Commonwealth

Aux réticences et aux atermoiements d'un Churchill devant la perspective d'un effritement de l'Empire, les travaillistes ne substituent pas l'état d'esprit de libérateurs enthousiastes des peuples asservis. Ils demeurent très sensibles aux arguments anciens sur la mission civilisatrice des métropoles évoluées, et se refusent à céder à un « lâche » découragement et à tout abandonner d'un seul coup. Ils croient pourtant dans l'inéluctabilité de l'indépendance de tous les peuples. Ils ont eu à prendre conscience de l'extraordinaire élan donné aux nationalismes par la guerre, les défaites britanniques, en particulier dans le Pacifique, la propagande japonaise ici, allemande là, les proclamations démocratiques des chartes de l'Atlantique et de l'O.N.U., la propagation des idées et des mouvements indigènes. Ils héritent d'une situation difficile à un moment où l'économie britannique ne serait pas à même de supporter le poids de multiples guerres coloniales. Ils sentent le besoin, bientôt, de s'appuyer sur le gouvernement consentant d'un peuple libéré plus que sur la force pour unir les énergies contre la menace globale du système soviétique. Il leur appartint d'accomplir avec réalisme les premiers gestes, de mettre en place des structures, et de passer ensuite aux conservateurs un flambeau que ceux-ci reprirent après avoir, dans l'opposition, mené une vaine politique retardatrice.

En fait, avant que Harold Macmillan ne s'aperçût, en 1960, qu'un « vent nouveau » soufflait sur le continent africain, l'essentiel de l'œuvre de décolonisation se situa en Asie. En Afrique, on jongla avec l'idée de la « coopération », censée remplacer la « tutelle », mais on se refusa longtemps à croire possible une autonomie de peuples encore confinés dans la « barbarie ».

Le fait majeur fut assurément l'émancipation de l'Inde. Refusée avant 1940, contestée pendant la guerre, que la plupart des dirigeants du Congrès passèrent en prison, remise à plus tard en 1945 encore devant les insurmontables divisions techniques et religieuses, elle fut précipitée en 1947-1948 par le choix dramatique de Clement Attlee. Celui-ci refusa d'envisager un immense effort militaire pour maintenir la souveraineté de la Couronne, prit acte de l'impossibilité de faire parvenir à un accord toutes les fractions de l'opinion indienne, décida que l'Angleterre ne devait pas avoir à souffrir de cette situation ; il fit proclamer par le vice-roi, Lord Mountbatten, que de toute manière son pays abandonnerait le gouvernement de l'Inde « au plus tard en juin 1948 ». Devant cette perspective, les courants nationalistes précipitèrent des négociations par l'intermédiaire du vice-roi et on aboutit à la décision de partage du sous-continent entre une Union indienne et un Pakistan musulman. Le Parlement de Westminster prit acte des accords, vota le 15 juillet 1947 la loi sur l'indépendance de l'Inde, en fixant sa mise en application au 15 août suivant. En abandonnant ainsi la « perle de l'Empire », le gouvernement démontra la sincérité de ses principes d'émancipation.

La même année 1948, on proclama l'indépendance de Ceylan et on reconnut la pleine indépendance de la république de Birmanie.

La réussite fut moindre en Malaisie, où l'existence d'une forte minorité chinoise, contre laquelle on admit des discriminations, favorisa une révolte populaire contre la Fédération malaise mise en place en 1948. Le gouvernement travailliste engagea là une des rares guerres coloniales menées par l'Angleterre, et les conservateurs n'y mirent fin qu'en 1954 pour reconnaître finalement, en 1957, la totale indépendance d'une Fédération malaise réorganisée.

Sur le continent africain, l'œuvre fut bien plus longue à se dessiner et on est frappé à la fois par l'extrême lenteur des premières initiatives et par l'extraordinaire rapidité d'une évolution commencée en fait en 1957, devenue doctrine officielle en 1960 et pratiquement accomplie, pour l'essentiel, dès 1962.

En Afrique occidentale, les premières grandes évolutions se produisirent dans la Côte-de-l'Or (Ghana) et au Nigeria. Dans le premier de ces pays, l'action majeure fut celle de N'Krumah, fondateur en 1949 du parti de la Convention populaire et qui sut en faire l'instrument de succès électoraux aux élections municipales de 1950 et lors des élections de la première Assemblée nationale de 1951. Malgré les réticences des chefs traditionnels, pour lesquels bien des administrateurs coloniaux se dépensèrent en vain, Londres s'inclina devant une volonté clairement exprimée et se résigna en 1957 à accorder l'indépendance. Pour le Nigeria, les choses allèrent moins aisément, les divergences ethniques jouèrent un rôle retardateur, mais une autonomie fut concédée en 1956 et l'indépendance promise pour le 1er octobre 1960.

Ailleurs, les objections des colons européens reculèrent les échéances jusqu'au début des années soixante, au prix de révoltes et de massacres sanglants, comme au Kenya, déchiré de 1952 à 1955 par la révolte des Mau-Maus. Cependant, le Tanganyika en décembre 1961, l'Ouganda en 1962, le Kenya en décembre 1963 bénéficièrent à leur tour de l'indépendance. L'échec de la Fédération de l'Afrique centrale créée en 1953 entre le Nyassaland, la Rhodésie du Nord et la Rhodésie du Sud, et qui éclata en 1962 après les départs successifs des deux premières, conduisit en 1964 seulement à la reconnaissance de l'indépendance de la Zambie (Rhodésie du Nord) et du Malawi (Nyassaland). La question posée par la prépondérance et le racisme des colons européens en Rhodésie du Sud demeurait.

La plupart des nouveaux États indépendants, à l'exception de la Birmanie, puis de la Malaisie, acceptèrent de suivre l'exemple des pays du sous-continent indien et d'adhérer au Commonwealth.

Cette adhésion leur fut permise par les initiatives du Cabinet Attlee en 1949 et par la souplesse même des institutions proposées sous son égide, avec l'accord des vieux dominions et celui de dirigeants comme Nehru. En avril 1949, une déclaration commune proclama la possibilité pour une République d'adhérer au Commonwealth en regardant le souverain britannique seulement comme le « chef » (*Head*) de l'ensemble et non pas comme un roi ; c'était ouvrir la porte à une communauté multiraciale d'un type nouveau et ce qui fut fait pour garder l'Inde dans le Commonwealth s'avéra décisif par la suite, lorsque vint à se poser la question de l'adhésion d'États africains. La nouvelle construction fut dès lors très différente de l'ancienne association de « nations-sœurs » rêvée au début du siècle, et même le système de la monarchie parlementaire ne fut pas systématiquement exporté : chaque État membre fut libre de choisir son régime, selon le principe nouveau d'« autochtonie » (K.C. Wheare).

Consolidée par les nécessités d'une défense commune, par des liens économiques multiples, dont l'adhésion de la plupart des membres à la zone sterling, par la liberté de circulation des capitaux et des « citoyens du Commonwealth » (1958) par l'aide directe ou indirecte de la Grande-Bretagne aux membres en voie de développement (rarement supérieure à 0,5 % du produit national brut pour l'aide publique), par l'ampleur des relations culturelles, la nouvelle association ne fut guère affaiblie par des refus d'adhésion ou des départs : l'Eire en 1948, l'Union sud-africaine en 1961 (sous la pression des Asiatiques et des Africains et de l'option antiraciste de H. Macmillan).

Vers cette dernière date, les dirigeants britanniques s'enorgueillissaient volontiers d'avoir su créer cette immense « zone de paix interne » et se réjouissaient de la vigueur des échanges de toutes sortes entre ses membres. Cette satisfaction ne dissimulait pas la précarité d'une œuvre qu'aucune institution rigide n'était venue coiffer ; des dissensions internes, par exemple entre Inde et Pakistan, la minaient ouvertement ; l'attraction des États-Unis, sensible sur l'Australie et la Nouvelle-Zélande, unis à eux depuis 1951 par le pacte de l'Anzus, pouvait l'affaiblir de l'extérieur.

L'exercice de responsabilités mondiales

Pendant toute la période considérée ici, la Grande-Bretagne s'est comportée en grande puissance, non sans ressentir la nécessité de consultations incessantes avec ses alliés, et surtout les États-Unis. Elle s'est voulue capable d'actions indépendantes, comme en 1950 en reconnaissant le gouvernement de la Chine communiste, ou en 1956 en revenant, en compagnie de la France, et contre l'Égypte, à la « politique de la canonnière ».

Bevin, qui avait accepté de donner en 1947 à la France une garantie contre l'Allemagne, refusée au lendemain de la Première Guerre mondiale, considéra en 1948 que la meilleure méthode pour attirer les Américains en Europe était de démontrer la volonté des nations libres de s'unir pour leur défense. Soutenu par les États-Unis, consultés en janvier 1948, il obtint l'accord de la France et des trois pays du Benelux pour signer, le 17 mars 1948, le traité de Bruxelles, alliance défensive à cinq contre un adversaire encore indéterminé, mais qui était déjà l'Union soviétique. L'Angleterre disposa ainsi d'un argument de poids, ajouté au soutien canadien, pour convaincre l'administration Truman de s'engager elle-même dans une organisation régionale de défense : du point de vue britannique, il s'agissait à la fois d'obtenir une garantie militaire américaine précise, ce qui était aussi le but de ses alliés européens, mais, de plus, de conclure un pacte qui pourrait assurer à l'étroite association Royaume-Uni-États-Unis la direction de la coalition nouvelle. Après des conversations préliminaires de juillet à septembre 1948, en pleine époque du blocus de Berlin, le traité de l'Atlantique-Nord fut signé le 4 avril 1949 et définitivement ratifié par les douze nations alliées le 24 août suivant. Le Conseil de l'Alliance créa dès le 17 septembre l'organisation militaire prévue à l'article 9 du traité, mais attendit ensuite quelques mois avant d'envisager un véritable effort intégré. C'est alors, en pleine guerre de Corée, pour convaincre les États-Unis de la nécessité d'un plus grand effort en Europe, que Bevin et Attlee se rallièrent à l'idée d'un réarmement de l'Allemagne.

Pour vaincre les réticences françaises, les Anglais acceptèrent en 1950 de soutenir la création d'une Communauté européenne de défense, tout en refusant d'y prendre part. Définie en 1951, repoussée par le Parlement français en 1954, cette communauté mort-née dut être remplacée ; craignant un découragement américain et sensible à des menaces précises du secrétaire d'État américain Foster Dulles, Anthony Eden favorisa, à la conférence de Londres (28 septembre-3 octobre 1954), l'élaboration d'un compromis ; il convainquit Churchill de la nécessité d'un engagement militaire permanent du Royaume-Uni sur le Continent européen et signa, avec les représentants de la France et du Benelux, les 22 et 23 octobre 1954, les accords de Paris : une Union de l'Europe occidentale (*U.E.O.*) était créée, élargissant le pacte de Bruxelles à l'Allemagne et à l'Italie ; elle fournirait le cadre dans lequel serait créée une armée allemande de douze divisions, cependant que quatre divisions britanniques et une force aérienne tactique seraient stationnées sur le Continent aussi longtemps que le Conseil de l'Alliance Atlantique l'estimerait nécessaire.

Un système d'alliance militaire n'avait de sens que si toute menace de subversion interne pouvait être écartée, dans le respect des libertés démocratiques. La diplomatie britannique se fit ainsi l'apôtre de mesures économiques de relèvement de l'Europe et contribua à convaincre les États-Unis d'apporter leur aide financière et matérielle à la consolidation des systèmes de l'Europe de l'Ouest. Dès décembre 1946, elle paya le premier prix nécessaire, la fusion des deux zones anglaise et américaine en Allemagne. Le 5 juin 1947, le discours de Harvard du secrétaire d'État américain Marshall lança l'idée d'un plan global d'assistance à l'Europe. Bevin se mit d'accord avec le ministre français Georges Bidault pour organiser une réponse commune de l'Europe de l'Ouest à l'offre américaine et provoqua ainsi le retrait, le 3 juillet, du ministre russe Molotov de la conférence des ministres des Affaires étrangères français, russe et anglais de Paris (les Russes étant partisans, au mieux, d'une aide particulière par pays). Les deux ministres restants purent ainsi convoquer une conférence générale, à laquelle ne participèrent pas les Russes, ni leurs satellites, et qui aboutit à la création d'une Organisation européenne de coopération économique (16 avril 1948). Celle-ci devint l'organisme responsable de l'exécution du plan de quatre ans, lancé en avril 1948 par les Américains pour assurer la reconstruction économique de l'Europe. L'aide Marshall contribua considérablement à une reprise de la vie économique normale sur le Vieux Continent.

Relativement heureux dans leur politique d'alliances en Europe occidentale, les Britanniques le furent moins en Asie et au Moyen-Orient. Écartés en 1951 du pacte de l'Anzus, ils ne trouvèrent que maigre consolation dans une O.T.A.S.E. qui n'atteignit jamais l'efficacité militaire de l'Alliance de l'Atlantique-Nord. Surtout, tous les efforts tentés pour unir les États du Moyen-Orient sous une direction anglaise, ou à tout le moins anglo-saxonne, s'avérèrent vains. La région, riche en pétrole, et qui commanda, jusqu'en 1967, l'accès à Suez et la principale route entre l'Europe et l'Asie extrême-orientale, était depuis le début du siècle un terrain âprement disputé. Les controverses entre le général de Gaulle et le gouvernement Churchill, pendant la guerre, sur la Syrie et le Liban, sont célèbres, et ces deux États durent en partie leur indépendance en 1945 à la volonté britannique de les arracher à la sphère d'influence française ; ce qui, outre des sentiments de profonde sympathie pour leur cause, ne fut peut-être pas sans influer sur une attitude française hostile à la politique britannique à l'encontre des sionistes. Effrayée à l'idée de perdre ses amitiés arabes, la Grande-Bretagne se laissa forcer la main en 1947 et laissa à l'O.N.U. la responsabilité d'un plan de partage de la Palestine. Une rivalité anglo-américaine se développa d'autre part, liée à l'importance des intérêts pétroliers dans la région, en particulier en Arabie saoudite, provoquée d'autre part par l'attitude systématiquement « anticolonialiste » des États-Unis et leurs encouragements plus ou moins souterrains aux mouvements nationalistes. Longtemps tenue à l'écart, du moins jusqu'en 1956, l'U.R.S.S. n'était pas indifférente au destin d'une zone présentant un tel intérêt stratégique.

La multitude des conflits d'intérêt, la persistance de

préventions anciennes, des manœuvres des uns et des autres, des maladresses aussi expliquent les échecs successifs du Royaume-Uni. Il en va ainsi de la dénonciation par l'Égypte, en 1951, du traité d'alliance de 1936 et de l'accord de condominium sur le Soudan de 1899 ; il fallut attendre 1953 et la réussite de la révolution antimonarchiste de Neguib pour qu'un accord se fasse sur le droit du Soudan à l'indépendance, et 1954 pour que les Anglais acceptent d'évacuer leurs bases militaires sur le canal de Suez en échange du droit de maintenir les installations et un personnel civil d'entretien pendant sept ans. Un pacte tripartite entre l'Iran, la Grande-Bretagne et la Turquie sombra dans une querelle pétrolière avec la Perse qui ne fut réglée qu'en 1954, grâce à de pressantes interventions américaines à Téhéran. Le pacte de Bagdad, signé en février 1955 avec la Turquie, l'Irak, le Pakistan, l'Iran, rejeté par l'Égypte, devait en fait succomber aux troubles révolutionnaires en Irak et au renversement de la royauté favorable à la Grande-Bretagne (14-15 juillet 1958).

En 1956, celle-ci fut, avec la France, la principale victime d'une décision américaine de ne pas financer les grandioses projets égyptiens de développement économique : en juillet, la nationalisation du canal de Suez par le gouvernement Nasser déclencha une crise grave, que les Franco-Anglais voulurent régler seuls par une expédition militaire déclenchée en accord avec l'État d'Israël (30/10-6/11). Anthony Eden, persuadé de l'inaction américaine à une époque d'élections présidentielles, et russe, après les graves événements de Hongrie, dut reconnaître son erreur, accepter de se soumettre à la condamnation de l'O.N.U., sous la menace sans doute théorique des fusées soviétiques et la pression intolérable des Américains sur la livre sterling.

Cette défaite coûta en janvier 1957 son poste à un Premier ministre qui avait agi avec le soutien plus ou moins enthousiaste de son parti, mais sans l'aveu de l'opposition. Elle valut à l'Angleterre un recul considérable de son rôle dans les pays arabes. Elle lui fit prendre conscience de la précarité de son rang de grande puissance moyenne.

Tout ne fut pourtant pas négatif dans l'action britannique en Asie et, avant de devenir un malheureux Premier ministre, Anthony Eden avait joué un rôle de premier plan dans la négociation qui, à Genève, en juin-juillet 1954, avait abouti à la fin de la guerre française d'Indochine.

Après sa réconciliation avec les Américains aux Bermudes en mars 1957, Harold Macmillan, assisté de Selwyn Lloyd, puis du comte de Home, ne crut pas impossible de faire jouer à son pays un rôle majeur dans la définition d'une véritable coexistence pacifique. Ses espérances furent déçues, comme celles, contemporaines, du général de Gaulle, par l'échec, avant même sa première séance officielle, de la Conférence des Quatre Grands à Paris (mai 1960).

Le 5 décembre 1962, l'ex-secrétaire d'État américain Dean Acheson porta un jugement sévère sur la politique extérieure passée de la Grande-Bretagne : « Elle a perdu un Empire et n'a pas encore trouvé un rôle. » Cette appréciation a paru injustifiée à bien des historiens, conscients au contraire de la continuité remarquable d'une politique qui sut se donner les moyens d'essayer de préserver un rôle mondial efficace.

Peut-être se trouve-t-elle davantage fondée, si l'on considère le refus obstiné, tout au long de ces années, d'envisager quelque entreprise d'intégration européenne que ce soit.

Le refus de l'engagement européen

Dans les alliances militaires et dans les traités de coopération économique européenne, les Anglais ne dépassèrent jamais le stade de la « coopération ». Sur le plan politique, ils contribuèrent à fausser complètement un projet de Georges Bidault qui avait proposé un Conseil pan-européen consultatif dont les membres auraient été choisis par les parlementaires nationaux, mais qui aurait été une voix indépendante de l'Europe et une première étape vers une Europe supranationale ; malgré le soutien du Benelux à cette vision des choses, le Conseil de l'Europe, né du traité du 5 mai 1949, est subordonné au Comité des ministres (représentant leurs gouvernements), peut n'adresser de recommandations qu'à lui ; le Comité, qui contrôle les sujets discutés, doit se prononcer à l'unanimité et ses décisions ne sont elles-mêmes que des recommandations pour les gouvernements respectifs : on retrouve là le goût traditionnel des Britanniques pour des organisations internationales faibles et sans pouvoirs.

Dans les années 1950, la question d'une unification économique de l'Europe occidentale devient un thème dominant, après la constitution, en 1949, d'une Allemagne fédérale destinée à redevenir souveraine. Le 9 mai 1950, Robert Schuman, ministre français des Affaires étrangères, lance sa proposition de « pool charbon-acier » entre la France et l'Allemagne sous la direction d'une Haute Autorité, et qui serait une organisation ouverte à d'autres pays européens s'ils acceptaient l'idée d'un pouvoir supranational ; le plan fut proposé avec l'approbation préalable de l'Allemagne, mais aussi des États-Unis. La condition de supranationalité parut immédiatement inacceptable aux Britanniques, qui se plaignirent amèrement d'être placés devant un fait accompli et non pas devant une proposition de négociation où ils auraient pu faire prévaloir leur préférence pour le respect de la souveraineté interne de chaque partie. Bevin, furieux qu'Acheson, l'Américain, eût été informé avant lui, réagit avec une particulière mauvaise humeur. La diplomatie anglaise s'efforça de faire accepter des solutions de rechange ; son échec amena le gouvernement britannique à annoncer son refus formel de négocier sur les bases proposées, et la

Grande-Bretagne fut absente des négociations de Paris d'avril 1951 ; elle se contenta, en décembre 1954, de signer avec la Haute Autorité, mise en place le 25 juillet 1952, un accord d'association.

Dans cette crise, le parti travailliste avait soutenu totalement le gouvernement Attlee, et publié même, le 13 juin 1950, une brochure, *L'Unité européenne*, qui dénonçait le concept de supranationalité et toute idée de participation britannique à une œuvre économique ou politique d'unité européenne. Les conservateurs n'adoptèrent pas une attitude différente, et le refus de Churchill de corriger, à son retour au pouvoir en 1951, les options de ses prédécesseurs fut l'une des grandes déceptions européenne et américaine de cette époque.

Le succès de la Communauté du charbon et de l'acier poussa les gouvernements des Six à imaginer de nouvelles formes de coopération, qui, dans l'esprit de leurs plus fervents soutiens, devaient toutes contribuer progressivement à une marche irrésistible vers l'unité politique. En ce sens, l'échec de la Communauté européenne de défense fut amèrement ressenti. Mais dès 1955, de nouvelles idées se firent jour, en particulier pour une coopération en matière atomique dans l'« Euratom » et pour la réalisation d'une libre circulation des produits, des travailleurs, des services et des capitaux à l'intérieur d'un « marché commun ». Des négociations s'ouvrirent à Bruxelles : la Grande-Bretagne, pour les mêmes raisons qu'en 1950-1951, estima très vite ne plus pouvoir y participer et s'en retira en novembre. Ses dirigeants virent dans les projets en discussion la menace de la constitution, à leur porte, d'une Europe continentale fortement soudée et cela n'alla pas sans réveiller de vieilles suspicions : le ministre anglais du Commerce, Sir David Eccles, alla jusqu'à dire que « le Royaume-Uni (avait) mené contre l'union du continent trop de guerres pour la tolérer en pleine paix ».

La diplomatie britannique essaya de ruiner le projet en proposant la création d'une zone de libre-échange entre les onze membres de l'O.E.C.E. non membres du Pool charbon-acier et qui s'associerait avec l'éventuelle union douanière des Six. En février 1957, l'O.E.C.E. créa un comité intergouvernemental pour réaliser une telle zone de libre-échange et le président de ce comité fut le ministre britannique Maudling. Mais, le mois suivant, les traités de Rome signés entre les Six établirent l'Euratom et le Marché Commun. Et les négociations menées entre les Six unis et le comité de l'O.E.C.E. échouent, le constat de l'échec étant dressé le 16 novembre 1958. La Grande-Bretagne doit alors se résigner à chercher à créer une association rivale, dans l'espoir de gêner le Marché commun et peut-être d'en provoquer à terme la dissociation ; l'Association européenne de libre-échange (A.E.L.E. ou, selon les sigles anglais, E.F.T.A.) regroupe finalement, par le traité de Stockholm du 4 janvier 1960, sept pays : la Suède, la Norvège, le Danemark, l'Autriche, la Suisse, la Grande-Bretagne et le Portugal ; la Finlande s'y associa en 1961.

En opposant une simple union douanière à une organisation supranationale, l'Angleterre se montrait fidèle à sa ligne de conduite constante depuis la guerre. Cette ligne était celle d'une nation unanime. Harold Wilson, porte-parole de l'opposition travailliste aux Communes, l'avait confirmé dans un débat de novembre 1956, et il avait d'autre part, en janvier 1957, écrit dans le *Sunday Dispatch* que « rien ne (suggérait) que l'Angleterre (dût) se joindre au Marché commun ». Reginald Maudling, au nom du gouvernement, souligna devant les Communes, en février 1959, l'impossibilité d'accepter un système où des décisions capitales seraient prises à la majorité.

À la racine de toutes les oppositions, on retrouve la foi encore très vive dans la destinée spécifique de la Grande-Bretagne, mais aussi le souci de conserver des liens étroits avec le Commonwealth, alors plus intéressant économiquement que le Continent européen, et facteur de puissance non négligeable. D'autre part, les sympathies de l'opinion allaient plutôt à une grande union des peuples anglo-saxons : un Gallup de juillet 1961 démontra que 55 % des Britanniques préféreraient, en cas de nécessité, une union avec les États-Unis, alors que 22 % seulement se sentiraient attirés vers les États européens. L'idée n'était pas folle ; en août 1949, elle avait déjà été sérieusement évoquée par le *Wall Street Journal* et soutenue par George Kennan, l'un des conseillers les plus écoutés du Département d'État américain, alors convaincu de la possibilité d'une bienfaisante union économique États-Unis-Canada-Grande-Bretagne...

2. LE TOURNANT DES ANNÉES SOIXANTE ET L'OPTION EUROPÉENNE

Sans que fussent abandonnées d'un coup ou totalement d'anciennes positions ou préventions, un changement progressif et continu s'amorça dès 1961. Tout en se repliant davantage sur l'aire atlantique et en renonçant à des ambitions cosmiques, la Grande-Bretagne en vint à rechercher des formes nouvelles d'union avec les États européens du Continent. Commencée par H. Macmillan, parachevée par E. Heath, cette évolution fut également favorisée par H. Wilson au temps de la deuxième expérience travailliste. Des facteurs économiques, mais aussi la fin de la guerre froide, le réalisme de la nouvelle génération des « Européens » du Continent, le nécessaire retrait militaire de bien des parties du monde contribuèrent au retournement.

Ramenée vers le Continent, l'Angleterre s'est décidée à tenter le pari de l'unité européenne. Elle a voulu rejoindre le Marché commun et a éprouvé le désagrément de voir deux tentatives successives échouer avant la réussite de la troisième démarche.

La première tentative de négociation [1] fut amorcée le 9 août 1961 par le dépôt de la candidature britannique par le gouvernement Macmillan. Edward Heath, alors Lord du Sceau privé, fut nommé à la tête de la délégation chargée de négocier, à Bruxelles, les conditions de l'adhésion. En même temps, on chercha à obtenir l'agrément des pays du Commonwealth, consultés avant le dépôt de la candidature, et qui, lors de la conférence des Premiers ministres de septembre 1962, se résignèrent à l'octroyer. Les négociations durèrent seize mois ; après une phase exploratoire et une phase de discussion sur les questions du Commonwealth, les problèmes agricoles et les relations avec l'A.E.L.E. furent enfin abordés. Le général de Gaulle avait laissé s'engager la discussion, dans l'espoir d'une conversion anglaise totale et d'un relâchement des liens spéciaux entre Grande-Bretagne et États-Unis, dans la perspective aussi d'un accord franco-anglais sur les questions militaires qui rendrait à l'Europe une voix indépendante. Cruellement déçu par les accords de Nassau, il opposa, le 14 janvier 1963, son « veto » à l'entrée de la Grande-Bretagne dans le Marché commun ; au cours d'une conférence de presse, il dénonça la menace de dilution que l'entrée britannique, suivie de celle des autres membres de l'A.E.L.E., comportait pour la C.E.E., souligna qu'un tel ensemble serait « sous dépendance et direction américaines », et estima préférable d'attendre une transformation plus complète de la nation voisine avant de poursuivre les négociations. Le 29 janvier 1963, devant cette position très ferme, le Conseil des ministres

1. Juridiquement, il ne s'est pas agi d'une candidature, mais seulement de conversations exploratoires ; la première véritable candidature date de 1967. Mais, dans le langage courant, on a parlé de « deux » candidatures et, à condition de connaître le contenu juridique de chaque tentative, il n'y a pas d'inconvénient à succomber à cette facilité.

de la C.E.E. renvoya *sine die* la demande d'admission britannique.

Entre 1962 et 1966, les gouvernements anglais engagèrent une série de négociations et d'intrigues avec les cinq partenaires de la France, dans l'espoir de fléchir la position intransigeante de celle-ci. Les travaillistes, à leur retour au pouvoir, et malgré leurs réserves antérieures, se déclarèrent prêts à participer à une organisation européenne qui ne mettrait pas en péril l'indépendance économique interne, le droit à une politique étrangère autonome, et prendrait en considération les droits du Commonwealth, de l'A.E.L.E. et des agriculteurs.

Une décision formelle de poser une deuxième fois la candidature britannique fut prise au début de 1967. H. Wilson avait, dès novembre 1966, lancé l'idée d'une communauté technologique européenne qui permettrait à l'Europe de combler son retard sur les États-Unis, et cette affirmation paraissait de bon augure ; il avait d'autre part rencontré ensuite les chefs des puissances concernées. Il recueillit l'approbation du Parlement, où 35 travaillistes et 26 conservateurs firent seuls opposition, lors du débat aux Communes. Le dépôt de la candidature intervint le 11 mai 1967, et le Royaume-Uni fut imité par l'Irlande, le Danemark et, en juillet, par la Norvège, 43 % des Britanniques interrogés sont alors favorables à la politique gouvernementale alors que les opposants sont 40 %. L'opposition française parut au départ tout aussi nette qu'en 1963.

C'est à la fin de 1969 que la tournure des événements changea. À la persévérance anglaise correspondit un net changement d'attitude de la diplomatie française, après que G. Pompidou eut succédé au général de Gaulle à la présidence de la République. À la fin de 1969, les Six ont admis de fixer ensemble les bases d'une négociation avant le 1er juillet 1970. En mai 1971, une rencontre Pompidou-Heath ouvrit la voie à un accord ; le Premier ministre britannique, convaincu de la nécessité absolue, pour son pays, d'une entrée dans un Marché commun dont il attendait une impulsion décisive pour son économie, était par ailleurs sceptique sur la durée de l'engagement européen des États-Unis et résolu à construire un ensemble solide. Il répondit positivement aux demandes françaises sur l'acceptation du Marché commun agricole, sur le sort de la livre sterling en tant que monnaie internationale (condamnée à terme), sur le respect de la règle de l'unanimité au sein des organisations communes pour les questions importantes, sur le dessein d'une Europe maîtresse de son destin. Les négociations avancèrent ensuite relativement vite, aboutissant aux derniers accords de Luxembourg, le 23 juin 1971.

Le compromis réalisé portait d'abord sur la libre circulation des marchandises après une période transitoire de cinq années, qui, à partir de 1973, verrait chaque année une diminution de 20 % des droits de douane existants et une élévation des tarifs anglais vis-à-vis du monde extérieur. Une identique période de cinq années était prévue pour l'agriculture britannique, qui se verrait progressivement privée de ses subventions, mais bénéficierait d'une hausse des prix. La contribution britannique aux dépenses communes, et en particulier au fonds agricole, a été fixée à 8,6 % pour 1973, mais devrait augmenter jusqu'à 19 % à la fin de la période transitoire de 5 années ; ensuite, sauf réexamen de la situation, la quote-part britannique serait calculée de la même manière que pour les autres États membres, et pourrait s'élever jusqu'à 25 %. Sur la livre sterling, on se contenta d'une déclaration unilatérale britannique de renonciation ultérieure au rôle de monnaie de réserve internationale — les modalités demeurant à préciser. Des accords spéciaux furent réalisés au profit de certaines dépendances ou de certains dominions : les échanges sucriers avec la Jamaïque, les îles Maurice et les îles Fidji furent maintenus pour dix ans ; la Nouvelle-

Zélande bénéficierait, au moins jusqu'en 1976, de la possibilité de continuer ses exportations de beurre et de fromage vers la Grande-Bretagne. L'entrée en vigueur des accords fut fixée au 1er janvier 1973.

Œuvre en particulier du négociateur anglais G. Rippon, l'accord ne pouvait pas susciter que des enthousiasmes. Du côté travailliste, on condamna sévèrement les concessions de la délégation britannique, et on se montra sensible aux craintes d'une fraction grandissante de l'opinion publique, devant la perspective d'une augmentation des prix alimentaires. La conférence du parti de 1971, à Blackpool, se prononça en faveur du rejet du traité. Parmi les points litigieux les plus sensibles aux syndiqués, figure la libre circulation de la main-d'œuvre au sein de la Communauté, alors que les citoyens du Commonwealth ne seraient plus admis sans permis de travail. Aux inquiétudes parfois légitimes, se mêlèrent de troubles considérations électorales, voire les relents d'un chauvinisme national exacerbé par les prétentions universalistes des tenants de la langue française et par la perspective de décisions prises par un organisme supranational et obligatoires en Angleterre. De novembre 1970 à mai 1971, les sondages avaient révélé une baisse de 29 à 20 % de la proportion des citoyens britanniques favorables au Marché commun.

Edward Heath et ses collaborateurs tentèrent de lancer une immense campagne d'information du grand public et de réfuter les objections majeures ; ils bénéficièrent de l'aide de groupements industriels britanniques... sans que les sondages d'opinion révèlent une grande efficacité de leurs arguments.

Le 28 octobre 1971, le débat décisif aux Communes démontra que le Premier ministre avait eu raison de se fier aux convictions européennes d'une fraction des travaillistes, menés par Roy Jenkins. La Chambre approuva l'adhésion du Royaume-Uni à la C.E.E. par 356 voix contre 244 et 22 abstentions : dans la majorité figurèrent 69 travaillistes et 5 libéraux sur 6, dans l'opposition 199 travaillistes et 39 conservateurs. Ce vote n'était que le premier d'une série d'autres, qui intervinrent ensuite et jusqu'à l'automne 1972 pour approuver les mesures impliquées par l'acceptation des accords. Edward Heath fit chaque fois triompher son point de vue, non sans s'entendre promettre par H. Wilson qu'en cas de retour au pouvoir les travaillistes ne reconnaîtraient pas l'œuvre accomplie et renégocieraient des aménagements substantiels avec leurs partenaires.

La conversion opérée paraît alors capitale. Elle a déjà commencé à couper de vieux liens avec un Commonwealth dont l'avenir devient ainsi plus problématique. Ni l'Australie ni le Canada ne se sont vu reconnaître un régime spécial à l'égard de la C.E.E. et les vieilles préférences sont appelées à disparaître. Les membres asiatiques se trouvent placés dans la même situation : c'est le cas de l'Inde, de Ceylan, de la Malaisie, de Singapour, auxquels s'ajoutera Hong-Kong, dont les produits auront à faire face à des tarifs augmentés de quelque 25 % et qui ne peuvent espérer qu'en des arrangements encore imprécisés et en l'abaissement général des tarifs douaniers mondiaux. La situation était plus supportable pour une vingtaine d'États et autant de territoires d'outre-mer, surtout africains pour les premiers, bénéficiaires soit d'une association comparable à celle des territoires de l'ancienne Afrique française avec la Communauté, soit d'une forme plus limitée de coopération, soit d'accords limités à certaines marchandises. Une dislocation économique de fait du Commonwealth est donc certaine, et ce n'est pas le moindre des reproches adressés au gouvernement Heath.

Celui-ci se trouva conforté par l'adhésion simultanée à la Communauté du Danemark et de l'Irlande, la Norvège seule ayant refusé de ratifier les accords négociés avec les Six.

SEPTIÈME PARTIE

D'UNE TOURMENTE ÉCONOMIQUE À L'AUTRE :

1973-1992

Chapitre 16

L'ANGLETERRE À L'ÉPREUVE DE LA CRISE

L'année 1973 aurait dû marquer la fin du « temps des incertitudes ». Les espérances alors formulées faisaient trop aisément litière de l'immensité des problèmes structurels à surmonter par un pays en proie à d'âpres débats intérieurs. La crise économique mondiale, en partie liée au désordre monétaire international, a été précipitée par les incidences des événements du Proche-Orient, la guerre de Kippour, l'embargo pétrolier mis en œuvre par les pays arabes, le quadruplement du coût du pétrole en quelques mois. La fragilité britannique a été très rapidement mise en évidence, le système politique durement secoué, et des options tout juste prises ont été remises en question. L'Angleterre de 1979 s'interroge plus que jamais sur son avenir.

1. LA CRISE ÉCONOMIQUE ET SOCIALE ET L'ÉCHEC DES CONSERVATEURS 1973-1974

La montée des périls économiques

Au pouvoir depuis trois ans, le gouvernement Heath croit possible, en 1973, de stimuler une forte croissance des productions sans perdre le contrôle de la situation monétaire. Suspect aux yeux des tenants d'une rigide orthodoxie financière, difficile à tenir dans des conditions normales, ce pari sur l'avenir sera décisivement compromis par les imprévisibles retombées de la crise d'octobre.

Le bilan de cette année cruciale est loin d'être entièrement négatif. D'énormes dépenses publiques, de l'État, des collectivités locales, des entreprises nationales ont pu être financées par des emprunts d'une ampleur inégalée : de deux milliards et demi de livres entre avril 1972 et mars 1973, ces emprunts sont passés à près de quatre milliards et demi au cours de l'exercice suivant. Les entreprises privées ont été stimulées par la forte demande intérieure et extérieure et les plus importantes ont ajouté aux profits réalisés en Grande-Bretagne ceux de leurs croissants investissements dans le monde : une étude comparée des grandes entreprises européennes plaçait les britanniques en tête pour leur rentabilité et relevait les performances remarquables des secteurs alimentaires, textiles et chimiques. La production industrielle a connu un taux de croissance de 7,1 %, à peine moins qu'en France et en Allemagne (7,5 %). L'inflation, certes considérable, a pu être limitée à 10,6 % et on pouvait considérer que ce n'était pas payer trop cher une diminution sensible et constante du chômage, abaissé d'un tiers en onze mois. Des gains de productivité pouvaient compenser les effets d'une hausse rapide des salaires, plus de 15 % en un an.

Laxisme ou impuissance, les pouvoirs publics ne paraissent pas avoir réagi en temps utile contre les aspects les plus menaçants de l'évolution en cours. La hausse des prix, plus forte que partout ailleurs sauf au Japon, exigeait un effort de productivité que de nombreuses firmes industrielles étaient incapables de réaliser et qui, de toute manière, aurait été compliqué par la résistance des syndicats à toute rationalisation accompagnée d'un chômage technologique : sans cet effort, la compétitivité des marchandises britanniques était condamnée à décroître ; le flottement de la livre, depuis juin 1972, et la dévaluation monétaire de fait qu'elle avait comportée, accordait un répit, mais poussait aussi au relèvement des coûts à l'importation. Le phénomène était d'autant plus inquiétant que le pouvoir d'achat continuait de croître et que les Britanniques, avides de consommer, achetaient une part trop forte de la production nationale et suscitaient un mouvement important d'achats à l'étranger. La balance commerciale témoigne de la gravité de cette situation : excédentaire en 1971, elle révèle un déficit de 685 millions de livres en 1972, un autre, trois fois plus grand, en 1973. Pour la première fois depuis 1969, les revenus invisibles ne permirent pas de colmater une brèche aussi considérable et la balance des comptes connut un déficit de plus d'un milliard et demi. L'endettement extérieur s'accrut et les « balances sterling », dont les partenaires européens de la Grande-Bretagne attendaient la progressive résorption, passèrent à 5,7 milliards en 1973 contre 4,2 milliards en 1970. Combien de temps la monnaie britannique allait-elle résister au déclin inéluctable de la confiance des créanciers internationaux ?

L'état de l'opinion ne permettait guère le choix de solutions brutales. Les conservateurs ne voulurent pas renoncer à ménager leur clientèle et se refusèrent à augmenter le poids de la fiscalité sur les gros bénéfices, les héritages, les profits de la spéculation immobilière ou boursière. Les salariés se satisfaisaient d'une évolution favorable à leur pouvoir d'achat et trouvaient auprès des employeurs privés ou publics une oreille relativement attentive à leurs revendications. La campagne des travaillistes contre le Marché commun offrait à beaucoup une explication commode des maux de la hausse des prix, trop facilement rattachée aux effets de l'adhésion britannique. On semblait retrouver, quarante-quatre ans après, l'inconscience et l'insouciance qui avaient caractérisé le peuple anglais à la veille de la crise de 1929 et qui avaient tant frappé André Siegfried.

C'est dans ce climat qu'il convient de replacer la crise d'octobre. Plus que d'un embargo pétrolier peu durable et d'une efficacité douteuse, la Grande-Bretagne devait souffrir de l'augmentation inouïe — évaluée à 2 milliards de livres par an — du coût d'une source d'énergie et d'une matière première devenues également indispensables à son développement. La grande peur des nations nanties, leur concurrence exacerbée sur les marchés du monde, leur entrée progressive dans le marasme ont réduit les chances de l'industrie britannique de garantir longtemps un précaire équilibre commercial. Londres pouvait espérer tirer profit du prestige financier de la Cité et jouer un rôle majeur dans le placement et la redistribution de capitaux arabes que l'on estimait alors devoir croître dans des proportions prodigieuses : encore convenait-il de préserver un minimum de confiance dans la solidité de la monnaie britannique. Il demeurait douteux que cet apport nouveau et incertain compense les énormes difficultés d'industries longtemps prospères, en particulier l'automobile, et l'aggravation du sort d'autres secteurs déjà ébranlés, la construction navale par exemple.

Pour le gouvernement Heath, la tâche allait rapidement s'avérer impossible : limiter la croissance des salaires, réduire au maximum les subsides de l'État, arriver à une « vérité des prix » en majorant les loyers, l'essence, faire admettre une stagnation voire une réduction du niveau de vie auraient supposé une adhésion nationale. Aux répugnances des salariés, à la hargne des syndicats et de l'opposition travailliste s'ajoutaient les rancœurs des anti-européens, les plaintes des nationalistes écossais et gallois, l'impopularité personnelle d'un Premier ministre jugé trop « distant » et insuffisamment attentif aux problèmes sociaux. Tout civisme n'avait pas disparu et un tiers des *Unions* accepta de limiter des prétentions salariales. D'autres, traditionnellement plus combatives, ne s'y résignèrent pas, en particulier les métallurgistes, les cheminots et les mineurs.

L'agitation syndicale coûta le pouvoir aux conservateurs. Le rôle principal fut joué par les mineurs : l'occasion était trop belle pour ce corps en plein déclin auparavant de profiter des nouvelles préoccupations énergétiques, d'une réhabilitation du charbon, et du souci de sauver et développer l'industrie houillère. Le gouvernement jugea intolérables les fortes revendications salariales des mineurs et préféra affronter la grève qu'ils déclenchèrent en décembre et qui durait encore en février 1974. La vie du pays tout entier fut touchée ; on s'aperçut que la moitié de la production électrique dépendait encore du charbon ; particuliers et entreprises durent restreindre leur consommation ; on en vint à des coupures systématiques de courant et à la « semaine de trois jours » dans de nombreux secteurs d'activité. Grâce à d'étonnants efforts de productivité, à la diminution des « temps morts », à un rythme de travail poussé, la production ne fléchit que modérément à partir de la mi-décembre et demeura voisine de 75 à 80 % de la normale ; les exportations diminuèrent pourtant davantage.

L'obstination d'Edouard Heath, décidé à faire de l'issue de la lutte le critère du succès d'une nouvelle politique de rigueur, conduisit le Premier ministre à faire appel à l'arbitrage des citoyens et à provoquer de nouvelles élections générales plus d'un an avant le terme normal de la législature.

L'obstination d'Edouard Heath, décidé à faire de l'issue de la lutte le critère du succès d'une nouvelle politique de rigueur, conduisit le Premier ministre à faire appel à l'arbitrage des citoyens et à provoquer de nouvelles élections générales plus d'un an avant le terme normal de la législature.

Son bilan est pourtant incertain en plus d'un domaine. En particulier, l'affaire irlandaise s'est envenimée, on a dû, en 1972, en venir à l'administration directe de l'Ulster par Londres ; après l'accord de Sunningdale de décembre 1973 entre les modérés de chaque bord et sous le double parrainage de l'Angleterre et de la république d'Irlande, la mise sur pied d'un gouvernement expérimental, conduit par Brian Faulkner et composé de ministres des deux communautés, apporte des espoirs et la situation n'apparaît pas encore sans issue ; mais avant même l'effondrement de la tentative en mai, on s'enfonce dans le dangereux processus d'une guerre de guérilla, menée, du côté britannique, par des forces supérieures rapidement à 15 000 hommes contre les fanatiques de tous bords, et bien vite prioritairement contre l'I.R.A.

Les défaites électorales des conservateurs en 1974

L'année 1974 voit se dérouler deux consultations électorales en moins de dix mois : le 28 février et le 10 octobre. C'est dire l'incertitude des électeurs, mais aussi souligner la gravité des secousses politiques liées à la crise économique.

Les enjeux des deux élections sont comparables. L'autorité de l'État est au cœur de bien des débats. Aux conservateurs, elle paraît devoir s'imposer à tous les égoïsmes corporatifs. Aux travaillistes, elle semble devoir s'exercer au profit du grand nombre, dans la recherche permanente d'un consensus et à l'encontre des intérêts privés. Aux régionalistes, elle n'est acceptable qu'au prix d'une consultation d'autorités locales vigoureuses à définir et à mettre en place. Les choix sociaux pèsent lourd et on note l'opposition des tenants d'une plus grande rigueur financière et d'une gauche convaincue qu'il faut faire payer les riches et renforcer l'État-providence. Parmi les affaires internationales, seule la politique européenne joue un rôle : les partis se divisent, mais une majorité conservatrice veut s'en tenir aux accords conclus, une majorité travailliste demande à tout le moins leur révision, épaulée ici par les nationalistes gallois et écossais. La confusion est accrue par d'autres questions : le sort de l'Ulster paraît en jeu sans que la position respective des deux grands partis soit réellement contradictoire ; le powellisme suscite aux conservateurs des difficultés sérieuses, d'autant qu'aux positions raciales traditionnelles s'ajoute un ombrageux nationalisme antieuropéen. Les critiques et les analyses sont plus nombreuses que les listes de remèdes, rarement les programmes ont semblé aussi peu novateurs, les libéraux eux-mêmes mettant davantage l'accent sur la nécessité d'une relève que sur les aspects novateurs d'un programme renouvelé. On retrouve aussi en lice les deux adversaires de 1970 et le « monarque à élire » est soit Edouard Heath, soit Harold Wilson.

L'enthousiasme électoral a été médiocre : si près de 79 % des citoyens se déplacèrent en février, moins de 73 % prirent part au vote en octobre, au point qu'on put évoquer une véritable crise de l'esprit démocratique. À tout le moins les abstentionnistes ont sans doute affirmé leur méfiance à l'égard des deux grands partis, l'un et l'autre jugés peu aptes à affronter le présent : les conservateurs faisaient figure d'accusés, voire de coupables, pour avoir laissé se développer le désordre et la confusion ; les travaillistes affichaient une division extrême entre pro et antieuropéens, et aussi entre une gauche radicale, appuyée par une majorité des syndicats et donc du Parti, et une aile révisionniste sur la défensive, mais encore très vigoureuse dans le groupe parlementaire : de telles divisions auraient en d'autres circonstances entraîné une défaite quasi certaine du mouvement. Les libéraux, dès février, davantage encore en octobre, firent trop ostensiblement le pari de devenir le parti charnière indispensable à la constitution d'une majorité et offrirent surtout la perspective d'une instabilité gouvernementale particulièrement malvenue en temps de crise. Seuls les nationalistes semblaient moins hésitants sur leurs desseins et, en Écosse, ils surent habilement faire miroiter le mythe de l'or noir de la mer du Nord et promettre des lendemains de prospérité.

La défaite des conservateurs fut nette : avec 38,2 % des voix en février et 35,8 % en octobre, ils n'obtinrent respectivement que 296 et 276 sièges, leur score le plus bas depuis 1950. Leurs adversaires travaillistes ne firent pourtant guère mieux : ils obtinrent moins de voix en février (37,2 %), un peu plus en octobre (39,3 %) et, n'ayant conquis que 301 sièges en hiver, durent se satisfaire d'une courte majorité absolue avec leurs 319 sièges de l'automne. Les énormes efforts financiers des libéraux ne furent pas récompensés et ils se contentèrent de 14, puis 13 sièges. La grande surprise vint des partis nationalistes. Les Gallois séduisirent chaque fois près de 11 % de leur corps électoral et remportèrent deux, puis trois sièges. Surtout, les Écossais firent un véritable bond en avant, obtinrent près de 22 % des voix en février, plus de 30 % en octobre, dénombrèrent sept, puis onze élus, surtout dans les zones rurales et dans les anciens bastions conservateurs.

Considérés comme un sévère avertissement pour les grands partis, accueillis dans un esprit d'exaltation par les nationalistes, ces résultats n'en valurent pas moins à Harold Wilson de revenir à un pouvoir qu'Edouard Heath lui abandonna non sans répugnance en mars et qu'il sut conserver à l'automne.

2. LA POLITIQUE DE H. WILSON ET LES DIFFICULTÉS D'UN REDRESSEMENT (1974-MARS 1976)

Le 5 mars 1974, le nouveau gouvernement travailliste est constitué. Minoritaire au Parlement jusqu'aux élections du 10 octobre, il ne disposera ensuite que d'une voix de majorité. Mais son chef a gagné son pari d'une efficacité politique : face à ses adversaires conservateurs divisés et qui ont remplacé en 1975 E. Heath par Mrs Thatcher, il a souvent pu compter sur les votes des nationalistes et sur la neutralité positive des libéraux. Paradoxalement, Harold Wilson a été contraint aux batailles les plus difficiles au sein de son propre parti : le net glissement à gauche du mouvement syndical et la poussée radicale dans les rangs du parti parlementaire, la gravité du schisme entre « européens », représentés par Roy Jenkins, et antieuropéens, regroupés derrière Michaël Foot et Wedgwood Benn, la nécessité de concilier les exigences de la gestion économique et le programme néosocialiste de nombreux travaillistes ont souvent placé le Premier ministre dans une position délicate.

La poursuite de la crise

La Grande-Bretagne est apparue sous les traits peu enviables de l'« homme malade » : parmi les symptômes majeurs de la maladie, un taux d'inflation extraordinaire, un net ralentissement de la production, une poussée constante du chômage.

L'évolution des prix et des salaires atteste la poursuite des errements antérieurs. En mars 1975, le relèvement des salaires horaires était estimé à plus de 30 % en un an ; à la fin du mois d'avril, le coût de la vie avait monté d'environ 26 %, et surtout la hausse était en voie d'accélération : les indices des prix de détail en mai marquaient une augmentation de 4,2 % en un mois. La course des prix et des salaires s'engageait dans une spirale sans fin et les revendications ouvrières tendaient à préserver, voire augmenter le pouvoir d'achat : le 20 juin, sous la menace d'une grève nationale, les cheminots obtinrent une hausse de 29,8 % de leurs rémunérations. L'inflation est nourrie par d'énormes dépenses publiques, que le gouvernement

Wilson finance par l'emprunt tout comme son prédécesseur : le déficit des finances publiques est passé de 4,5 milliards en 1973-74 à plus de 7,5 milliards en 1974-75 et les prévisions pour 1975-76 devaient le porter à plus de 9 milliards. La monnaie britannique résiste difficilement à une telle situation, encore aggravée par le déséquilibre des comptes extérieurs : la balance commerciale en 1974 a présenté un solde négatif de plus de 5 milliards de livres et la balance des paiements courants de 3 828 millions ; on a estimé à plus de 7 milliards la progression en un an de l'endettement extérieur. Le flottement de la livre évite seul de proclamer ouvertement une dévaluation qui s'inscrit dans les faits : la livre a fléchi, entre juin 1972 et mai 1975, de près de 12 % par rapport au dollar, de 30 % par rapport au franc français, de plus de 35 % par rapport au mark allemand.

L'appareil industriel n'a guère profité de l'amélioration relative du pouvoir d'achat intérieur. En février 1975, l'indice de la production industrielle était inférieur à celui atteint deux ans plus tôt : la crise a anéanti les effets du grand élan qui l'avait immédiatement précédée. Le creux de la production semblait pourtant avoir été atteint en janvier et un redressement sensible a marqué le printemps sans que soient encore égalés les taux de 1973. Le fléchissement monétaire contribue à améliorer les positions de la Grande-Bretagne sur les marchés mondiaux et la baisse du coût des matières premières amortit les effets contraires.

En fait, les courbes du chômage sont particulièrement inquiétantes. Les sources officielles, discutées, fixaient à 3,7 % de la population active la proportion des chômeurs en Grande-Bretagne et évoquaient au printemps 1975 un nombre voisin de 900 000 sans-emploi. L'ampleur de la protection sociale accordée aux victimes économiques de la crise ne rassure pas les responsables des finances publiques. Elle contribue à maintenir un certain esprit d'inconscience dans les masses laborieuses, bien que celles-ci aient semblé sensibles au franchissement, au début d'août 1975, du « seuil psychologique » d'un million de chômeurs.

La recherche des remèdes et l'option européenne

Les motifs d'espoir résident surtout dans la continuation de l'œuvre européenne et dans la mise en valeur des richesses pétrolières de la mer du Nord.

À leur retour au pouvoir, les travaillistes étaient à la fois divisés et engagés. Harold Wilson avait fait dépendre d'une renégociation le maintien de l'adhésion au Marché commun ; ses troupes étaient partagées entre ceux qui voyaient dans cette renégociation la parodie préalable à un dégagement et les autres, sincèrement convaincus qu'au prix de quelques modifications mineures on pourrait obtenir la confirmation d'un engagement décisif. Le Premier ministre lui-même laissa longtemps planer le doute sur ses intentions : son silence lui garantissait seul la discipline de son groupe parlementaire et lui permit aussi à plusieurs reprises d'obtenir davantage de ses partenaires continentaux lors des négociations. Celles-ci furent marquées par l'octroi au Royaume-Uni de garanties nouvelles, mais limitées, en particulier sur le réexamen de la part britannique dans le budget commun européen à la fin de la période de transition, en 1978. Pour échapper à tout risque de brisure au sein de son parti, H. Wilson avait fait décider que le peuple serait appelé à trancher par référendum : cette consultation allait constituer un élément entièrement inédit dans la vie politique nationale et paraît bien marquer un nouveau signe de l'effacement de l'institution parlementaire. Fixé au 5 juin 1975, le référendum fut précédé d'une immense campagne d'opinion ; curieusement, des socialistes avérés figurèrent sur les tribunes aux côtés de leaders conservateurs et de représentants de la grande industrie ; le Premier ministre se résigna à jeter son poids personnel dans la balance en faveur du « oui ». La participation au vote n'atteignit que 64,5 % mais fut considérée comme satisfaisante compte tenu de l'innovation représentée par ce type de scrutin. Près des deux tiers des votants se prononcèrent en faveur du maintien de leur pays dans le Marché commun et, fait plus notable, même l'Écosse et le pays de Galles accordèrent plus de la moitié de leurs suffrages au « oui ». Ainsi se trouva confirmé le choix de 1973.

Bien des Anglais estiment déjà que l'essor sera plus fortement soutenu par l'accession du Royaume-Uni au rang de grand producteur de pétrole et de gaz naturel. Les gisements de la zone britannique de la mer du Nord sont localisés à l'ouest de l'Écosse et le seul gisement de Forties était estimé à la fin de 1973 à 280 millions de tonnes. En 1975, le centre de prévision de Henley estimait à 6 milliards de livres en 1980 et 10 milliards en 1985 l'apport de l'exploitation à la balance des paiements britanniques. Celle-ci deviendrait alors positive. Une progression modérée de la production et une croissance du niveau de vie seraient au bout du tunnel. L'ampleur du flux des richesses explique l'attitude des nationalistes écossais, et permet aussi de comprendre la position commune des grands partis : ceux-ci acceptent l'idée d'une dévolution de pouvoirs limités à un « Parlement » écossais, mais entendent bien refuser toute cassure de l'unité nationale. En attendant la venue de temps idylliques, le présent a exigé des choix parfois douloureux.

La politique à court terme

La conjoncture politique a longtemps retardé l'adoption de mesures rigoureuses. Avant le 10 octobre 1974, H. Wilson n'a pas cru possible électoralement de les envisager. L'approche des échéances européennes et du référendum de juin 1975 ont joué dans le même sens. Beaucoup de temps a été perdu et on a trop facilement persévéré dans les voies mêmes qui avaient été reprochées aux conservateurs.

Les réformes de structure ont été éludées et les seules nationalisations opérées l'ont été pour renflouer des secteurs malades de l'économie, en particulier dans l'automobile (British Leyland) et non pas pour des raisons idéologiques. La gauche travailliste a en vain réclamé la mainmise de l'État sur les constructions navales, l'industrie aéronautique, et diverses autres sociétés. Son échec tient en partie à la méfiance des syndicats mêmes, contraints de s'apercevoir que les firmes nationales, telles les entreprises métallurgiques, ont cherché comme les entreprises privées à améliorer leur rentabilité par une rationalisation créatrice de chômage.

Convaincu de la nécessité de combattre l'inflation, le gouvernement a relativement peu restreint les dépenses publiques, optant parfois pour des mesures plus spectaculaires qu'efficaces. Des économies réelles résultent pourtant de l'abandon du coûteux programme de construction du tunnel sous la Manche et surtout des infrastructures ferroviaires qui devaient le compléter. De même, en dépit des insistances françaises, la construction de nouveaux *Concorde*, après une première série limitée, est « suspendue ». De nouvelles économies budgétaires sont prévues grâce à une réduction des dépenses militaires : un « livre blanc » publié le 19 mars 1975 annonce un repliement sur l'Europe, l'abandon définitif en 1976 de presque toutes les positions encore tenues à l'est de Suez, un retrait complet de Malte en 1979, le ralentissement de la construction navale de guerre, la diminution des effectifs dans l'armée et l'aviation, toutes mesures qui devraient permettre l'économie de 4,7 milliards de livres avant 1984 et ramener de 5,5 à 4,5 % la part du produit national brut consacrée à la défense.

Une diminution de la consommation intérieure et une véritable réduction du niveau de vie pendant quelques années ont paru inéluctables. Les travaillistes au pouvoir ont recherché l'appui des syndicats en vue d'une modération des revendications. Dès octobre 1974, la campagne électorale avait été menée sur le thème du « contrat social » : H. Wilson se targuait d'avoir obtenu le soutien syndical et d'être en mesure de pratiquer une politique des prix et des revenus sans utiliser l'appareil de contrainte rêvé par les conservateurs. Mais le 1er juillet 1975, le Chancelier de l'Échiquier, D. Healey, stipule une limitation des dividendes et des salaires, dont la croissance annuelle est limitée à 10 %, et le gouvernement se déclare prêt à des mesures coercitives. Deux jours plus tard, les syndicats se voient préciser que l'augmentation maximale des salaires devrait être limitée à 6 livres par semaine : entre juillet et septembre, la plupart se résignent à cette mesure.

Le gouvernement a ainsi longtemps « géré » la crise avant de chercher à l'affronter.

3. LE REDRESSEMENT ET SA FRAGILITÉ, 1976-1978

Deux ans après son retour au pouvoir, lassé semble-t-il par l'ampleur des dissensions internes, H. Wilson s'efface au profit de James Callaghan, que le parti parlementaire préfère à Michael Foot. Homme solide, fortement lié aux syndicats, le nouveau Premier ministre, âgé de 64 ans à son arrivée au pouvoir, en avril, s'entoure d'hommes réalistes, dont Denis Healey, Chancelier de l'Échiquier. Les problèmes ne manquent pas, alors que la majorité parlementaire est fragile et s'effrite au fil des élections partielles et des décès : le Cabinet estime indispensable de redresser la situation avant d'en appeler aux électeurs, M. Callaghan faisant ici preuve d'une volonté inébranlable comme le prouve en septembre 1978 sa décision inattendue de ne pas dissoudre les Communes. Du coup, le système bipartite est plus que jamais un mythe, la majorité parlementaire devant obligatoirement inclure des partis mineurs, dont les libéraux, un temps formellement liés par un véritable contrat au *Labour*, et aussi les nationalistes gallois et écossais : ceux-ci se laissent séduire par les promesses d'une « dévolution » très limitée des pouvoirs à des autorités régionales et décident de soutenir le gouvernement au moins jusqu'aux référendums prévus en mars 1979 sur l'approbation des schémas laborieusement élaborés à Westminster. Alors que la question de l'Ulster demeure sans solution, que la mise en place du Marché commun est l'occasion d'incessantes controverses avec les partenaires du Continent, que l'élection au suffrage universel d'un Parlement européen au cours de l'été 1979 n'a pas été sans fortement diviser les Britanniques, que les problèmes extérieurs les plus pressants ne cessent de se poser, James Callaghan joue tout l'avenir de son parti sur le pari du redressement économique.

Ce redressement n'est pas escompté des profondes réformes de structure réclamées par l'aile gauche du parti ; le respect du capitalisme privé, l'appel aux capitaux étrangers, les encouragements à toutes les initiatives, la restauration de la confiance dans la monnaie font partie des grandes options du Cabinet. On attend des syndicats un appui volontaire dans le cadre du « contrat social » et de l'acceptation d'une baisse du pouvoir d'achat et de mesures de rationalisation de l'appareil économique. En même temps, l'austérité devient de règle pour les dépenses publiques nationales ou locales. Les recettes pétrolières (ou les économies d'importation) apportent un soulagement sensible à la balance des paiements, 2 milliards de livres en 1977, plus de 3 milliards l'année suivante. La faiblesse du dollar n'est pas sans favoriser un mouvement de capitaux vers le Royaume-Uni, cependant que la confiance inspirée par les gouvernants a favorisé parfois de considérables emprunts à l'étranger.

Les effets de la politique suivie ont parfois été spectaculaires. L'inflation, dont le taux était encore supérieur à 15 % en 1976, a été ramenée à 12 % en 1977 et à moins de 8 % en 1978. Pour la première fois depuis 1972, la balance des paiements est devenue positive à la fin de 1977. Les réserves monétaires, de l'ordre de 20 milliards de dollars à cette époque, équilibraient l'endettement officiel (mais une partie notable de ces réserves était constituée par des capitaux flottants). La production industrielle, malgré le frein imposé par la baisse des moyens des consommateurs nationaux a recommencé à monter, de moins de 1 % en 1977, mais de plus de 3 % en 1978.

Ces résultats brillants ne doivent pas dissimuler des ombres reconnues ou menaçantes. Le chômage est resté d'autant plus élevé que les gains de productivité ajoutent leurs effets à la crise structurelle de certains secteurs. Plus de un million et demi de sans-emploi, entre 6 et 7 % de la population active, soulignent la faillite du dogme du *full employment* de l'après-guerre. La patience des travailleurs semble trouver de plus en plus rapidement ses limites et, à la fin 1978, en voulant fixer à 5 % au maximum la hausse des salaires nominaux l'année suivante, le Cabinet Callaghan a pris le risque de déchaîner des tempêtes sociales. Le succès de la rationalisation paraît des plus douteux aux experts étrangers et la puissance des syndicats est dénoncée par les partisans d'un effort plus considérable de rénovation et de productivité. L'immensité des dettes à court terme risquerait de relancer l'inflation si des conflits sociaux majeurs venaient ruiner la confiance des capitalistes britanniques ou extérieurs. La satisfaction attendue des besoins nationaux en pétrole par la production de la mer du Nord dès 1979 (40 % de la consommation en 1977) ne suffira peut-être pas à contrebalancer toutes les autres difficultés.

À la fin de 1978, la Grande-Bretagne est-elle sur la

voie du renouveau ou les facteurs de crise l'emporteront-ils ? Est-elle en convalescence ou son redressement n'est-il qu'une rémission ? Son système politique vieilli, l'ampleur des mouvements régionalistes, les incertitudes européennes constituent d'autres interrogations et peuvent conduire l'observateur le mieux disposé à éprouver quelques craintes. Tant d'épreuves surmontées dans le passé, la vitalité de l'esprit démocratique, le dynamisme des jeunes générations, l'esprit de réalisme toujours présent, la vision des progrès de la Grande-Bretagne sur la voie d'une société réellement « civilisée » et accueillante au souci de bonheur nourrissent un optimisme mêlé d'admiration. Les réalités sont pourtant cruelles : un an après la défaite de James Callaghan, en 1980, un bilan de l'économie britannique sonne l'alarme : le P.N.B. du Royaume-Uni ne se classe plus alors qu'au sixième rang mondial, derrière les États-Unis, l'U.R.S.S., le Japon, l'Allemagne fédérale et la France ; par tête d'habitant, le produit britannique se situe au 5e rang, loin derrière le français (7 920 $ contre 11 730), la croissance annuelle moyenne, de 1955 à 1980, a été de 2,6 % contre 4,8 en France, 5,7 en Allemagne.

4. LES ÉLECTIONS GÉNÉRALES DE 1979 ET LE PROGRAMME NÉO-CONSERVATEUR

L'année 1979 résout plusieurs problèmes. Elle confirme l'insuffisance des projets travaillistes en faveur des « franges celtiques » : les référendums de mars sont un échec pour le programme de « dévolution » et entraînent par là même l'abandon du gouvernement Callaghan par les députés écossais et gallois. Les partis nationalistes perdent leur « procès en appel » : les élections générales privent le S.N.P. de neuf de ses onze sièges et les Gallois de l'un de leurs trois mandats. La route de l'indépendance paraît à tout le moins coupée pour une durée indéterminée ! Celle de l'autonomie interne est à coup sûr condamnée dans les termes modérés qui avaient été envisagés.

Cinq ans après avoir été menacé d'une crise grave, le système parlementaire retrouve, le 3 mai 1979, sa traditionnelle assise bi-partisane : conservateurs et travaillistes réunissent plus de 80 % des votes exprimés, alors que 76 % des électeurs inscrits s'étaient rendus aux urnes. Ensemble, ils contrôlent 607 des 635 sièges des Communes, et le vainqueur n'a pas à se soucier de constituer une coalition de partis pour garantir la survie d'une majorité de gouvernement.

Ce vainqueur, c'est le parti conservateur, qui a su provoquer, par rapport à 1974, le glissement de 5,2 % des votants en sa faveur, a réuni près de 44 % des votes et obtenu 339 mandats. Les travaillistes n'ont su retenir que 36,9 % des votants et ne gardent que 268 sièges. Ils payent très cher sans doute l'hésitation de James Callaghan à organiser des élections à l'automne et, surtout, l'agitation sociale qui, durant l'hiver, a discrédité les fidèles du « contrat social » et minimisé l'argument selon lequel le *Labour* serait toujours mieux à même de procurer au pouvoir la neutralité bienveillante et la discipline des syndicats. La défaite des socialistes sanctionne aussi leurs divisions internes, le choc sans cesse plus visible entre la gauche, majoritaire dans le mouvement, et l'aile réaliste qui a difficilement continué de l'emporter dans le « parti parlementaire ». La déception des travaillistes est d'autant plus vive qu'ils craignent de voir les conservateurs tirer à présent les bénéfices du redressement amorcé et, surtout, de l'apport massif des revenus pétroliers à la balance commerciale et des paiements.

Telle n'est pas la perspective partagée par les conservateurs. Ayant trouvé en Mrs Thatcher « la dame de fer », un leader énergique, parfois réticents devant les excès apparents du néo-libéralisme de ses proches conseillers et déçus par le refus de leur chef d'offrir à Edouard Heath un poste à sa mesure, ils partagent généralement la conviction que leur pays est en déclin et qu'une cure majeure est indispensable pour lui redonner vigueur.

Chapitre 17

L'ÈRE THATCHÉRIENNE (1979-1990) ET SON HÉRITAGE

Arrivée au pouvoir en mai 1979, la première femme Premier ministre du Royaume-Uni triomphera encore dans deux élections générales, en 1983 et 1987, avant d'être contrainte de s'effacer au bénéfice de John Major en novembre 1990. Ce long « règne » correspond à la mise en œuvre d'une politique sensiblement nouvelle, mais aussi aux faiblesses des opposants. Le thatchérisme n'a pourtant pas légué un héritage sans défauts.

On peut distinguer, dans une période déjà longue, les étapes de la mise en route d'une nouvelle politique, jusqu'en 1985, celle du règne de plus en plus tranquille, marquée par l'éclatante victoire de 1987, et, depuis lors, celle du raidissement et de la sclérose relative, qui devient aussi celle des nouveaux doutes. Le Cabinet Major a eu la tâche de revenir sur certaines imprudences, et connut l'infortune, malgré la victoire électorale d'avril 1992, de ne pas échapper aux conséquences négatives de certaines orientations antérieures.

1. L'AVÈNEMENT DU THATCHÉRISME

Il convient d'abord de bien mesurer les forces et les objectifs des nouveaux dirigeants.

Margaret Thatcher, quand elle est élue à la tête de son parti en 1975, est peu connue ; ses origines petites-bourgeoises, sa flamme, son sexe lui permettent d'incarner un renouveau, sa philosophie libérale promet un programme novateur ; son élection avait été aisée au point qu'on parla d'une « assomption ». Elle avait exalté ses partisans par le rappel de vieux thèmes, l'effort individuel *(self-help)*, la libre-entreprise, la désétatisation ; cette fille d'épiciers, passée par Oxford, gagne aussi très vite le surnom de « dame de fer ». Son expérience ministérielle est limitée, elle avait eu la charge de l'Éducation en 1970, mais elle s'appuie sur des mentors auxquels elle se fie : sir Keith Joseph est son principal conseiller, mais elle écoute aussi volontiers sir Geoffrey Howe, dont elle fera son premier chancelier de l'Échiquier. Ses idées lui viennent de l'école américaine de Chicago, de Milton Friedman, auteur en 1962 de *Capitalism and Freedom*, aussi hostile à l'emprise « bureaucratique » que confiant dans les vertus d'une bonne monnaie ; le professeur autrichien Frédéric Hayek, dès les années 1940, avait proclamé ses thèses retentissantes sur la faillite du socialisme et ses mises en garde contre le danger du glissement du socialisme au fascisme : la rhétorique thatchérienne lui devra beaucoup.

À l'espérance d'une transformation économique, le nouveau Premier ministre ajoute une touche passionnelle qui autorise à parler de son « populisme ».

Le nationalisme en est un fondement essentiel. Il est démontré par des combats menés avec détermination au sein de la C.E.E. pour obtenir « justice ». Il culmine lors de l'affaire des Malouines (en anglais, *Falklands*) de 1982. Aux Argentins, sûrs de leurs droits nationaux sur l'archipel et qui y ont débarqué quelque 30 000 hommes, Margaret Thatcher oppose rapidement une rhétorique churchillienne et des forces aéronavales dont la victoire est facilitée par la discrète assistance technique américaine : c'est l'occasion de rappeler la survie des plus hautes vertus britanniques de courage et de volonté et, dans un cadre fort étriqué, de faire revivre un instant les splendeurs impériales. Le coût n'en est pas négligeable : 255 morts et 777 blessés parmi les forces d'intervention, un surcroît de dépenses de 700 millions de £ au moins en 1982-83 et de plus de 600 millions par an depuis lors.

D'autre part, ses valeurs morales, son appel à l'effort lui valent des soutiens jusque dans le monde ouvrier et chez les assistés sociaux. Sa popularité a certes varié, descendue très bas en décembre 1981 où les sondages d'opinion ne lui prêtent guère plus de 25 % de l'opinion, en hausse sensible quand la conjoncture économique évolue et, surtout, du fait d'un « effet Malouines » (son indice de popularité passe de 34 % en mars 1982 à 52 % en juin). Le Premier ministre, mieux que son Opposition, sait utiliser d'autres ressorts de la psychologie populaire : ainsi la nostalgie de la propriété du logement familial, dont le *Labour Party* a tort de ne vouloir mettre en exergue que ses conséquences néfastes, après acquisition, sur l'équilibre de budgets familiaux surendettés.

Mme Thatcher a aussi bénéficié de la faiblesse et des divisions de ses opposants. Le Parti travailliste a connu en 1981 la scission des « sociaux-démocrates », menée par le Docteur Owen et par Shirley Williams, soutenus par lord George Brown. Le leader du *Labour Party*, Michael Foot, est une personnalité attachante, mais peu crédible, et son successeur après les élections de 1983, Neil Kinnock, doit d'abord affirmer son autorité et justifier une confiance nouvelle.

La chance du Premier ministre est d'avoir connu les retombées de l'exploitation pétrolière de la mer du Nord, la plus notable étant le redressement de la balance des paiements : les travaillistes soulignent qu'elle a tiré du feu des marrons préparés entre 1974 et 1979 !

Pendant les premières années, la gestion économique et sociale est faite d'ombres et de lumières. Le grand point noir demeure longtemps le chômage, aggravé par la perte de deux millions d'emplois dans la seule période de juin 1979 à décembre 1982 et qui culmine, en 1985, au taux de près de 14 % de la population active, rappelant les hauts niveaux des années 1930 ; les jeunes de moins de 24 ans, les plus de 55 ans constituent la moitié des inemployés de longue durée, l'Angleterre du Nord, le pays de Galles, certaines villes comme Liverpool sont réellement sinistrés. Mais ce point noir découle d'un choix délibéré : la limitation des crédits publics, le refus de sauver des « canards boîteux » de l'industrie, l'acceptation d'un « dégraissage » de l'appareil économique dans l'espérance d'une meilleure productivité, de l'émergence de secteurs de pointe, d'une économie concurrentielle sur les marchés du monde et aussi, malgré l'impression réactionnaire qu'elle suscite, une réforme de la fiscalité de nature à ne plus décourager les riches d'investir et d'entreprendre. La disparition de pans entiers de la production nationale, la perte du contrôle britannique sur le secteur de l'automobile, le terrible désespoir des jeunes, tentés par le *hooliganisme*, les tensions raciales, la déchéance des « *inner cities* », quartiers des grandes villes transformés en bidonvilles avant reconstruction et embourgeoisement, ont paru aux gouvernants un prix qu'il convenait de payer. De même, la chute de la production industrielle, accentuée par la réduction des dépenses des ménages. En 1985, accentuant une distanciation croissante avec le pouvoir, l'Église anglicane, dans un rapport sur le déclin urbain, estime « de son devoir de remettre en question sur le plan moral les fondements philosophiques de la politique économique » et elle dénonce « le coût inacceptable » de cette politique qui a pour conséquence de faire peser « les charges les plus lourdes qui résultent des changements économiques sur ceux qui sont le moins à même de les supporter » !

Les premiers fruits de cette politique apparaissent pourtant en 1984-85, où l'on se reprend à rêver de taux de croissance supérieurs à 3 % par an ; ils sont aussi sensibles dès 1982 dans la productivité (7,6 % de croissance depuis 1980), grâce à la disparition des entreprises les moins rentables et à la rationalisation et la modernisation du travail dans les autres.

La lutte contre l'inflation a connu ses victoires : de 13,4 % en 1979, on revient à 4,6 % en 1984. Le freinage des dépenses publiques y a contribué : de 1978-79 à 1983-84, les crédits d'éducation ont baissé de 6 %, ceux de l'environnement de 9 %, ceux du logement de 54 % (mais les forces de l'ordre ont augmenté les leurs de 30 %, plus que les services sociaux et de santé avec leurs 21 %) ; de rudes batailles contre les administrations locales, en particulier à Londres, Liverpool, ont eu pour objet de réduire la source d'inflation évidente que représentait l'excès des taxes et dépenses dans les villes et comtés : on a diminué les subsides du Trésor et invité les autorités à vendre une partie de leur capital immobilier de logements bon marché à leurs occupants, avec le double avantage de reconstituer des fonds de roulement et d'investissement sans accroissement de la charge fiscale et de satisfaire une clientèle populaire (deux millions et demi de familles britanniques sont devenues propriétaires de leur logement principal entre 1979 et 1986, et la vente de H.L.M. en a fourni à elle seule un million). Ces « privatisations » locales ont procédé du même état d'esprit que la politique générale de dénationalisation de grands secteurs, compagnies pétrolières, télécommunications, etc. Rapportant un demi-milliard de £ par an dans les quatre premières années, cette politique vaut plus d'un milliard de revenus en 1983-84, deux milliards l'année suivante ; le plus souvent, on est passé de régies publiques à des sociétés de droit privé à capital mixte, mais à gestion privée. Si d'aucuns parlent de la « braderie » des meilleures entreprises et des pertes encourues par une sous-estimation de la valeur de leur capital, si on compromet effectivement l'équilibre financier de certaines firmes obligées de revendre leur secteur rentable (ainsi *British Gas* cédant ses actifs pétroliers en mer du Nord), l'enthousiasme des acquéreurs d'actions ne se dément pas.

La livre sterling inspire davantage confiance et Londres redevient la grande place financière mondiale, lieu de transit des investissements extérieurs en Europe, lieu de départ d'investissements croissants des Britanniques sur le continent, mais à nouveau aussi dans le monde entier. Alors que 16 milliards de £ se sont fixées dans le pays en provenance de l'étranger entre 1979 et 1982, un tableau de 1981 fait état de 11 milliards d'investissements dans des pays « sûrs » (plus de 9 milliards dans les seuls États-Unis).

Les conservateurs étaient de longue date persuadés de la responsabilité du syndicalisme dans la sclérose croissante de l'appareil industriel et ils ont tenté de limiter les capacités d'action des Trades Union. La loi du 1er septembre 1981 sur « la protection de l'emploi » facilite les licenciements économiques, réduit les indemnités à verser, diminue les droits de la femme enceinte et de la jeune mère à retrouver leur travail. Le monopole syndical d'embauche *(closed shop)* est attaqué dans la loi syndicale de 1982 qui autorise des actions en justice contre un syndicat coupable de manœuvres illégales. En 1984, une autre loi prévoit la consultation à bulletins secrets avant une grève et, surtout, soumet tous les dirigeants syndicaux au renouvellement périodique par un vote démocratique. On en arrive aux grands conflits de 1984-85 dans le monde des mineurs et à la défaite du syndicat animé par Arthur Scargill : ce dernier, persuadé du rôle encore important du charbon parmi les sources d'énergie employées en Grande-Bretagne, n'a pas été assez sensible à l'hémorragie énorme qui a coûté aux mineurs sept emplois sur les huit de 1945 ; il a trop escompté le soutien du mouvement syndical alors que la loi a rendu malaisées les actions de solidarité.

Dès 1983, en remportant 61 % des sièges (mais grâce à un peu plus de 42 % seulement des votants), Mme Thatcher a connu la satisfaction de voir sa politique de rigueur approuvée même par une fraction importante des travailleurs manuels, convaincus par les talents pédagogiques du Premier ministre que rigueur et continuité seront seules efficaces. L'Alliance Libéraux-Sociaux-Démocrates n'est d'ailleurs pas loin de partager ce sentiment, tout en rêvant d'un « thatchérisme à visage humain ».

La politique européenne du gouvernement a contribué à sa popularité. L'adhésion britannique à une Europe des États, dans le plein respect de la souveraineté des États membres, a été son credo au départ. Elle a certes hérité du principe de l'élection de l'Assemblée des Communautés européennes au suffrage direct, mais la majorité précédente avait déjà imposé que les 81 représentants britanniques soient élus au scrutin uninominal à un tour et non pas à la proportionnelle comme ailleurs, et c'est le système employé dès les premières élections, en juin 1979. Le « Parlement européen » lui a semblé un organisme utile pour contrecarrer les ambitions « technocratiques » prêtées à la Commission de Bruxelles. Fidèle aussi à sa vision d'un monde le plus largement ouvert, elle a été un partisan déterminé de l'adhésion de nouveaux membres, en particulier l'Espagne et le Portugal. Son grand objectif a été de mettre fin à la « politique agricole commmune » plutôt que de verser de lourdes indemnités aux agriculteurs. Selon le gouvernement anglais il conviendrait de privilégier les investissements productifs et le développement de régions en difficulté, du Mezzagiorno italien à l'Ouest britannique et aux deux Irlandes. Le Premier ministre a échoué dans cet effort, sans jamais renoncer à revenir au sujet chaque fois que l'occasion se présenterait. Elle a par contre imposé la notion d'un « juste retour » et, après diverses concessions préliminaires, a obtenu en 1984 une redéfinition des règles budgétaires de la Communauté et, en conséquence, des ristournes non négligeables pour son pays.

Sincère dans son adhésion à une Communauté dont la part, dans les échanges extérieurs, n'est pas loin en 1985 de peser autant que celle du Commonwealth après 1945, Mme Thatcher n'a pas oublié que l'Angleterre entendait demeurer « une fille aînée de l'Église atlantique » et a joué sans vergogne sur le registre des relations privilégiées, tout en donnant à l'allié américain des gages, en particulier l'acceptation de nouvelles fusées sur son sol en dépit des protestations des « antinucléaires », nombreux dans le Parti travailliste. Elle n'a nullement abandonné sa foi dans le Commonwealth : outre les aides communautaires que les accords successifs de Lomé valent à ses parties les plus déshéritées et les avantages dont on continue à faire bénéficier la Nouvelle-Zélande, le gouvernement s'est appliqué à éliminer certaines tensions : en 1979, grâce aux efforts du secrétaire au Foreign Office, lord Carrington, on parvient à un compromis en Rhodésie du Sud, la minorité blanche acceptant de s'intégrer dans un nouveau « Zimbabwe » indépendant, qui adhère immédiatement au Commonwealth et se transforme en République en 1987. On est moins heureux quand on en vient à l'Afrique du Sud : les partenaires du Royaume-Uni dénoncent souvent le laxisme de Mme Thatcher, son long refus de toute sanction et la place excessive des investissements britanniques dans le pays, encore 50 % du capital étranger à la fin de 1983. L'évolution de la situation en 1989-90 paraît immédiatement offrir au Royaume-Uni l'occasion de lever (l'annonce en est faite en février 1990), toutes les timides sanctions auxquelles on s'était résigné à partir de 1986.

Parmi les échecs de cette première période, l'affaire irlandaise demeure le plus grave. La tendance du gouvernement a été à la fermeté ; elle a été démontrée lors des grandes grèves de la faim des prisonniers de l'I.R.A. à la prison de Maze, dont celle de mars-octobre 1981 qui voit dix grévistes se laisser mourir pour tenter d'obtenir, en vain, un statut honorable. Sur le terrain, les succès des forces de l'ordre n'ont pas été niables, on a également pu retirer des troupes en « ulstérisant » les forces de l'ordre ; mais le terrorisme a frappé l'Angleterre elle-même, les attentats les plus meurtriers se multipliant : ainsi en décembre 1983 contre le grand magasin Harrods de Londres, en septembre 1984, à Brighton, contre le Cabinet britannique lui-même, dont Mme Thatcher, dans l'hôtel qui recevait de nombreux ministres à l'occasion du Congrès annuel du parti conservateur. Il faut attendre l'initiative de la République irlandaise qui organise un « Forum pour l'Irlande » et aboutit à des propositions modérées au cours de l'été 1984 et un rapprochement de Londres et de Dublin pour aboutir à 1985 à une approche de solution anglo-irlandaise, par les accords de Hillsborough. Ceux-ci donnent à Dublin un droit de regard et de protection sur la minorité catholique du Nord, mais... ils déchaînent du coup, immédiatement, les passions dans le camp protestant !

2. LA CONSOLIDATION DE L'EXPÉRIENCE

En l'espace de deux ans, entre 1985 et 1987, elle est remarquable. On peut partir de la grande victoire électorale conservatrice de 1987 pour en apprécier les données.

Le 11 juin 1987, les électeurs sont appelés aux urnes.

Le Manifeste conservateur, *The Next Moves Forward* (les nouveaux pas en avant à venir), plaçait en tête le logement en promettant de nouvelles ventes d'appartements sociaux et en se déclarant en faveur d'une libération partielle des loyers, mais aussi l'éducation qu'on souhaitait rendre de plus en plus à l'initiative privée et à la liberté des programmes et des cursus ; on y lisait aussi la perspective de nouvelles privatisations des services publics ; très significativement, l'économie en tant que telle n'apparaissait guère, et le chômage des jeunes était mentionné sous la forme du développement de services de recyclage et de formation. Le Manifeste travailliste, *Britain Will Win*, insistait sur la nécessité de réduire le chômage en général grâce à la mise en œuvre d'un programme d'urgence et d'un plan d'investissements massifs grâce à des emprunts d'État et des incitations fiscales aux particuliers ; la lutte contre la pauvreté, l'amélioration des services sociaux, la restauration des libertés syndicales et, dans le domaine militaire, la dénucléairisation à terme de la Grande-Bretagne constituaient d'autres pièces essentielles du programme ; le mot « socialiste » n'apparaissait nulle part et « nationalisation » avait été remplacé par « appropriation sociale » ; le désarmement atomique unilatéral avait aussi été gommé en faveur de la proclamation d'une fidélité sans faille à l'Alliance atlantique. L'Alliance (Sociaux-Démocrates-Libéraux) alors profondément divisée sur les armements nucléaires, était affaiblie par la rivalité des deux leaders, le social démocrate Owen et le libéral Steel, elle était résignée d'avance à ne pas gagner seule le pouvoir et plaçait en fait ses espérances dans l'élection d'un Parlement où elle constituerait le groupe charnière indispensable à une coalition ; son Manifeste, *Britain United*, préconisait des investissements publics, une politique plus résolument européenne, la réduction du chômage à un million de demandeurs d'emploi après un an, et se singularisait surtout, comme toujours, par son exigence de l'instauration d'un scrutin proportionnel de nature à permettre le renouvellement des élites politiques ; elle demandait d'autre part plus d'autonomie à l'Écosse et au pays de Galles ; elle jonglait difficilement entre la proposition de quelques mesures de désarmement et l'acceptation provisoire d'armes nucléaires jusqu'à la conclusion d'un accord international.

L'issue de la campagne paraît d'autant plus remarquable que le chef travailliste démontra de grands talents et que les sondages d'opinion avaient tous mentionné de notables progressions du *Labour*. Les conservateurs obtiennent 13 738 000 voix, 376 sièges (cinquante de plus que la majorité absolue), leurs pertes sont limitées (21 sièges) et le pourcentage de leurs votants s'élève à 43 %. Les travaillistes se consolent par... des espoirs : 10 millions de suffrages, 31 % des suffrages exprimés, 229 députés (un gain de 20), une Alliance retombée à 22,6 % (contre 25,4 en 1983) et à 22 sièges et à présent déchirée entre ses composantes et ses chefs, l'écrasement des petits partis, en particulier les régionalistes, et voilà qui paraissait créer de bonnes chances de revanche pour 1991 ou 1992 !

Le succès de Mme Thatcher, à 61 ans, découle en fait des mutations profondes du Royaume-Uni depuis son arrivée au pouvoir, et d'autre part d'améliorations certaines de la conjoncture.

Les conservateurs sont surtout les élus de la Grande-Bretagne riche du sud, et, même si les économistes relèvent alors que l'écart ne se creuse plus nécessairement entre sud et nord, ils y voient, comme la plupart des observateurs le vote de confiance des régions et des groupes sociaux les plus dynamiques et, aussi, des zones de croissance démographique la plus vigoureuse ; le succès des Tories se lit comme la récompense d'une politique économique qui a favorisé le développement d'industries de pointe dans le sud, l'installation ou la rénovation de firmes avec l'aide du capital importé, l'extraordinaire renouveau de villes comme Londres, la reprise des commerces intérieur et extérieur. Que l'Écosse, le pays de Galles, que Liverpool et Glasgow se trouvent dans l'Opposition, et c'est l'autre illustration : le sacrifice de pans traditionnels de l'économie, la crise des charbonnages, le déplacement structurel continu qui fait de l'ancienne Angleterre verte une partie du cœur prospère de l'Europe communautaire. Tout démontre aussi qu'une partie de la classe ouvrière a été gagnée par le populisme thatchérien et que les classes nouvelles des cols blancs et des services se reconnaissent dans ce message. Et aussi qu'on a voulu ignorer les réalités plus gênantes : le Royaume-Uni, en 1986 encore, connaît un P.I.B. inférieur de 20 à 25 % au français, de 40 % à l'allemand.

Pour les uns, la politique conservatrice, poursuivie depuis 1985, a signifié une participation accrue, grâce à la privatisation et aux ventes massives d'actions, aux profits d'entreprises en expansion ; pour d'autres, la baisse de la pression fiscale nationale, due à la réduction systématique des fortes tranches de l'impôt sur le revenu, et de la fiscalité locale a valu la promesse d'un niveau de vie qui récompenserait le travail et l'innovation ; pour les amateurs de stabilité monétaire, une consommation accrue (le commerce de détail accroît ses ventes de l'ordre de 6 % par an) accompagnée d'une baisse du taux d'inflation au-dessous des 5 % (4,5 %) constituait une performance étonnante ; le chômage, bête noire des économies de bien des puissances mondiales, était retombé à moins de 10 % au printemps 1987 et semblait engagé sur une pente des plus prometteuses, d'autant que l'appareil industriel dont la part dans le P.N.B. n'était plus que de 24 % en 1985 (37 % en 1955) semblait avoir achevé sa restructuration, annonçait des gains de productivité de 30 % entre 1980 et 1985 et, après « dégraissage », devait conserver ce qui avait été gardé en main-d'œuvre ; la production industrielle avait repris une croissance sur un rythme de 1,5 à 2 % par an. Les agriculteurs connaissent une prospérité considérable... qui leur vaut d'être parmi les moins aidés de la Communauté agricole. Les services semblent prendre le relais de l'industrie comme consommateur de la force de travail disponible. La Cité de Londres, fière de sa conversion totale, en bourse, à la télématique semble avoir recouvré son sceptre mondial. Des entreprises ambitieuses, le lancement du tunnel sous la Manche notamment, portent la promesse de grosses commandes de travaux publics et de mécanique.

On pouvait bien maudire, dans les zones en difficulté, les excès de la misère, vivre dans une ville comme Liverpool un véritable enfer, on pouvait regretter la timidité des services éducatifs, constater avec crainte le recul des investissements locaux sous l'effet de la lutte contre les *rates* excessifs (les projets de Mme Thatcher ont entraîné au 1er avril 1986 la totale suppression des gouvernements des grandes métropoles, à commencer par Londres, que l'on accusait, non sans quelque raison, de contrarier la politique de réduction des dépenses publiques et de lutte contre l'inflation) : le bilan positif l'emportait nettement sur tout cela.

À l'extérieur, malgré la guerre Iran-Irak et ses répercussions sur la sécurité des approvisionnements pétroliers de l'Occident, la paix semblait aussi mieux assurée, la Grande-Bretagne secondait fidèlement les États-Unis sans renoncer à un rôle de premier plan entre Est et Ouest, et si l'Irlande du Nord attendait toujours la fin de ses épreuves, les chances s'étaient renforcées d'isoler l'I.R.A. et, malgré les pressions des ultras protestants, de faire triompher une solution raisonnable. Le Commonwealth n'était pas mort, une Conférence de 48 États membres s'est tenue en 1987... avec le résultat quelque peu décevant de la seule exclusion des îles Fidji d'une organisation qui se prétend association de pays démocratiques !

En 1987, « doctrine et action » semblent conférer au thatchérisme des lettres de noblesse valant garantie de pouvoir pour longtemps.

3. DURCISSEMENT ET DÉSENCHANTEMENT

La personnalisation du pouvoir avait été très sensible dans les années précédentes ; elle a encore tendance à s'accroître, tant le Premier ministre refuse de supporter longtemps la contradiction dans son propre Cabinet et tant elle a tendance à s'entourer de conseillers particuliers qui la conseillent parfois dans un sens inacceptable pour les responsables de portefeuilles ministériels : en 1989, la démission du chancelier de l'Échiquier, Nigel Lawson, s'explique par un tel comportement, qu'il juge inacceptable. Les critiques du pouvoir personnel s'accentuent avec la perception de quelques échecs et aussi dans la perspective d'une probable succession à la tête du parti conservateur, dont pourtant Mme Thatcher écarte l'échéance. D'aucuns voient venir une crise de la démocratie elle-même, et dénoncent les multiples pressions du pouvoir sur la B.B.C., les efforts pour réduire les possibilités d'information de la presse en renforçant les mesures sur la préservation des secrets officiels, la désinformation systématique par la diffusion d'informations officieuses tronquées ; non sans exagération dans un pays où la concentration considérable de la propriété de presse n'a pas été accompagnée de l'uniformisation des opinions, et où la liberté de l'information paraît d'une exceptionnelle qualité encore, ils voient dans la domestication croissante que subirait « le quatrième pouvoir » un complément inquiétant de l'abaissement du Parlement par rapport à l'Exécutif. À la fin de 1989, en annonçant des mesures de privatisation partielle de la B.B.C. et le démantèlement de la « fédération » des télévisions privées, l'I.B.A. (anciennement I.T.A.), le gouvernement Thatcher a apporté de l'eau au moulin de ses critiques.

Les succès de la politique économique sont de plus en plus contrebalancés par des échecs. Certes, l'amélioration de l'emploi traduit une tendance encore très positive de l'économie : en 1989, on est tombé au-dessous du seuil de 7 % de chômeurs et cela suscite la fierté souvent proclamée du chef du gouvernement. Mais la politique monétaire connaît un destin moins positif. En 1986 et 1987, la dépréciation du dollar conduit la Banque d'Angleterre à chercher à augmenter ses réserves dans cette monnaie, et elle les triple ; les banques commerciales qui vendent ces dollars se trouvent disposer de liquidités considérables qui les portent à ouvrir largement les vannes du crédit aux entreprises et aux particuliers : avant d'avoir perçu ce danger, le gouvernement maintient des taux d'intérêt relativement modérés qui contribuent largement à la relance de l'inflation ; à partir de 1988, une véritable course au soutien de la livre sterling s'engage, on augmente les taux d'intérêt, qui, au début de 1990, atteignent des taux supérieurs à 15 %, sans réussir à casser la spirale inflationniste. On revient à des taux d'inflation de 5,5 à 7 % et on n'évite pas un affaiblissement de la monnaie par rapport au mark, au yen, mais aussi au franc français. La limitation des dépenses publiques, le refus de consentir de nouvelles baisses d'impôt, une résistance déterminée aux revendications salariales des enseignants, des infirmières, des ambulanciers accompagnent alors une dégradation réelle des entreprises soumises au contrôle des collectivités, écoles, universités, hôpitaux. La crédibilité du néolibéralisme thatchérien est atteinte, d'autant plus que des mouvements boursiers plus erratiques ne persuadent pas tous les citoyens du bien-fondé de l'épargne placée en valeurs mobilières. Les nouveaux projets de privatisation, en particulier du service des eaux, paraissent ouvrir le champ autant aux appétits internationaux qu'à l'avidité supposée de nouveaux petits acquéreurs britanniques. Le freinage des dépenses locales, fruit de la lutte obstinée contre les traditionnelles libertés des bourgs-comtés et des comtés, est également devenu moins convaincant avec l'extension en 1990 à toute la Grande-Bretagne d'une expérience tentée d'abord en Écosse : la capitation ou *poll-tax*, fixée à un niveau uniforme quel que soit le revenu du contribuable et imposée à tous les adultes. On a connu l'impression d'une obstination dangereuse dans une voie qui pourrait coûter aux tories le soutien indispensable des classes populaires et d'une partie des classes moyennes.

L'Europe demeure une espérance économique et la Grande-Bretagne a également pris en compte l'« échéance 1992 », celle d'un grand marché unique à inaugurer en fait le 1er janvier 1993. C'est l'occasion pourtant de souligner les faiblesses britanniques dans la concurrence avec des partenaires continentaux mieux dotés : le système monétaire européen impose des disciplines précieuses auxquelles la livre sterling est d'autant plus soustraite qu'on fait de la liberté de la manipulation des taux d'intérêt une arme nationale majeure ; la population britannique est vieillissante, la proportion des plus de soixante-cinq ans croît parmi ses 57 millions d'habitants (près de 16 % en 1987), les taux de natalité et de fécondité se sont effondrés, et, comme en France, le poids des services sociaux menace de s'accentuer ; les réformes éducatives passées ne portent pas assez de fruits et, formée dans les *public schools* et dans les grandes universités, l'élite paraît trop restreinte en nombre dans certains domaines scientifiques et technologiques pour satisfaire les besoins nationaux et se porter aussi vers le continent, voire le reste du monde. La réforme de l'enseignement supérieur est envisagée sans que les résultats des décisions à venir et à appliquer soient évidemment perceptibles.

Le mot de « déclin » revient dès lors de plus en plus souvent dans la presse ou sur la couverture de livres « catastrophistes », on discute de statistiques internationales qui, en 1988 par exemple, rangeaient l'Italie même avant le Royaume-Uni dans le classement des grandes puissances industrielles du monde, on souligne l'importance du pétrole dans le commerce extérieur alors que la part des marchandises est en baisse, on relève la faiblesse nationale dans certains secteurs de technique avancée, hors les produits pharmaceutiques et la chimie. La montée des pays d'Asie entraîne les sombres prédictions de nouveaux déclins industriels à l'aube du XXIe siècle. On s'inquiète d'autre part du déséquilibre créé sur le continent par l'« axe » franco-allemand... en nourrissant, au début de 1990, l'espoir, qui se révélera vain, que cet axe ne résisterait pas à une unification de l'Allemagne.

Le pessimisme renaît quand la situation est pourtant bien meilleure qu'en 1979. L'ensemble des investissements mondiaux du pays en a fait le second « banquier du monde », après les États-Unis, et, par tête, le premier. De 1981 à 1987, les revenus invisibles du Royaume-Uni ont augmenté de 25 % par an, la balance des investissements extérieurs étant des plus positives (37 milliards de £ d'investissements à l'étranger de 1980 à 1986 contre 19 milliards d'investissements étrangers dans le Royaume-Uni) ; et 60 % des capitaux exportés « résident » aux États-Unis qui, avec le Canada, monopolisent la moitié de tous les nouveaux investissements extérieurs depuis 1977. Des divisions considérées comme majeures il y a plus de dix ans ont perdu de leur gravité : ainsi le problème racial, quand on constate que les minorités ethniques se sont stabilisées autour de quelque 2 millions et demi d'habitants, dont plus de 40 % nés dans le pays ne peuvent plus sérieusement être considérés comme « rapatriables » ; la quasi-non-existence politique du Front national témoigne du peu de prise de ses positions.

En fait, la contradiction entre les réalités et la profondeur des craintes s'explique sans doute par la diversité même des choix et des dilemmes qui caractérise la Grande-Bretagne contemporaine. Elle vit dans un âge de permissivité extrême (14 % de familles monoparentales en 1987 contre 7 % en 1979) au moment où on se réclame, dans les milieux dirigeants, d'une morale victorienne. Elle est une société multiethnique, mais s'inquiète encore de la difficulté d'intégrer pleinement ses citoyens de couleur. Elle se proclame volontiers une grande puissance, alors que ses initiatives sont en fait conditionnées par l'attitude de ses partenaires européens et que son autre choix est de se raccrocher aux États-Unis en confondant les bonnes relations personnelles de Mme Thatcher avec le président Reagan et une garantie de solidarité que le président Bush n'est sans doute pas disposé à accorder les yeux fermés. Elle est une démocratie encore marquée par l'esprit aristocratique, menacée par la pression de forces plus ou moins avouées et, davantage encore, par l'accentuation des injustices sociales dans une société qualifiée volontiers de « duale », pour ne pas reprendre le vocable obsolète « de classes ». Elle doit affronter un monde en pleine mutation, où la commode distinction des « forces du mal » et des « pays de liberté » s'estompe, et, malgré la lucidité précoce de Mme Thatcher sur la sincérité de M. Gorbatchev, elle doit trouver un nouveau discours qui tienne compte de méfiances et de besoins de sécurité et qui s'accommoderait aussi des espérances nouvelles de la paix. Ce n'est pas chose aisée, et il est encore plus difficile de convaincre ses interlocuteurs de la qualité d'une conversion ; d'où le problème personnel du Premier ministre lui-même.

En novembre 1990, Margaret Thatcher, d'atout qu'elle fut longtemps, est devenue, aux yeux des chefs du parti conservateur, le poids fatal qui entraînerait les tories à une cuisante défaite aux prochaines élections générales.

Son éviction se décide lors du renouvellement statutaire du *leader*, lorsqu'elle n'obtient pas la majorité qualifiée au premier tour de scrutin. Elle doit s'effacer, bien qu'à contrecœur, et se console un instant en aidant à la victoire de son favori, John Major, alors chancelier de l'Échiquier. Elle croit lui léguer un pays transformé et un système de pensée politique et économique auquel elle a eu la gloire d'attacher son nom. Elle croit, en s'illusionnant beaucoup, encore garder suffisamment d'influence et de popularité pour veiller personnellement sur cet héritage : en décidant en 1992 de ne pas rechercher un nouveau siège de député et d'accéder à la chambre des Lords, elle se privera pourtant d'une tribune indispensable.

4. JOHN MAJOR À LA RECHERCHE D'UN « MAJORISME »

D'origine populaire, adoptant volontiers le style de l'animateur plus que du chef, capable pourtant de fermeté, John Major doit s'affirmer autant en « tuant la mère » que par de subtiles adaptations des orientations précédentes. Il évite de solliciter immédiatement des électeurs un mandat qui lui aurait alors sans doute été refusé, et repousse les élections générales jusqu'en avril 1992, moins de trois mois avant l'échéance légale.

Les seize mois ainsi gagnés permettent au nouveau Premier ministre d'affiner son image. Il se montre aussi déterminé que Mme Thatcher à soutenir l'intervention des Nations unies au Koweït et leur victoire sur l'Irak devient ainsi en partie la sienne ; son atlantisme et l'affirmation d'une fidélité totale à l'alliance américaine font de lui un interlocuteur écouté à Washington. Européen plus convaincu que l'ancien leader, à laquelle il avait pratiquement imposé en 1990 l'adhésion au Système monétaire européen, il donne des gages à ses partenaires de la Communauté en contribuant à la mise sur pied, en décembre 1991, des accords de Maastricht ; tout en se montrant digne de la prudence britannique habituelle en refusant d'adhérer aux dispositions sociales du traité et en faisant reconnaître pour son pays le droit de ne pas passer automatiquement, le moment venu, à la monnaie unique sous la houlette d'une Banque centrale européenne (l'aménagement de la Politique agricole commune satisfait par ailleurs une revendication britannique de toujours). Ces succès ne désarment pas une fraction nationaliste des tories, qui, soutenus par Mme Thatcher, sont des « eurosceptiques » déterminés à s'opposer à une ratification de Maastricht qui, dans les premiers mois de 1992, ne semble pourtant pas faire de doute.

Sur le plan intérieur, si John Major confirme ses engagements en faveur de l'économie de marché et de l'extension des privatisations, il apparaît plus « humain » dans le traitement des questions sociales et semble revenir à la tradition philanthropique et disraélienne. Sa décision la plus attendue et la plus urgente est de modifier immédiatement les conditions de la levée de la nouvelle taxe locale, puis, faisant abolir purement et simplement cette *Poll Tax*, de faire voter une fiscalité locale infiniment moins injuste. Il désarme ainsi une croissante opposition dans le pays.

En avril 1992, contre tous les pronostics, et malgré l'amélioration remarquable de l'image de marque du leader travailliste Neil Kinnock, il remporte une excellente victoire aux élections générales. Si les travaillistes obtiennent 35,2 % des suffrages et les libéraux démocrates (ancienne Alliance) 18,3 %, les conservateurs demeurent de loin le premier parti avec 42,8 % des suffrages exprimés qui leur valent 336 sièges : ils en ont certes perdu 40 au profit surtout du *Labour Party*, mais leur majorité absolue aux Communes est sans discussion. La division géographique du Royaume, dont le Nord et l'Écosse ont choisi des opposants quand Londres, les

Midlands et surtout le Sud ont opté pour les conservateurs, confirme la différence de degré, voire de nature, des problèmes selon les régions et constitue, compte tenu du poids relatif des zones les plus prospères, l'une des clefs du succès de la droite. Pourvu d'une autorité dès lors mieux assurée, John Major contemple le désarroi de l'opposition qui remplace Neil Kinnock par John Smith à la tête du parti travailliste.

Cinq mois plus tard, une violente crise financière secoue le monde, contraint la Grande-Bretagne à sortir du Système monétaire européen, entraîne un flottement de la livre qui, rapidement, apparaît dévaluée de 15 à 20 % par rapport aux grandes monnaies mondiales ; la perspective d'une ratification aisée des accords de Maastricht fait place à des controverses menaçantes. Le Premier ministre fait face avec quelques hésitations, parfois avec maladresse : ainsi lorsqu'il appuie dans un premier temps, en octobre 1992, l'impopulaire décision de la *British Coal* de fermer plus de la moitié des puits de mine encore en exploitation et de condamner ainsi au chômage au moins trente mille ouvriers ; son recul tactique ne convainc pas.

C'est alors qu'on prend conscience des effets pervers du thatchérisme. En voulant laisser faire les lois du marché, on a en fait profondément « désindustrialisé » l'Angleterre, et, les investissements intérieurs demeurant limités, l'État « démissionnant » (par exemple pour la construction de logements sociaux), les frontières ouvertes, le Royaume-Uni n'a pas été capable de créer suffisamment d'emplois pour compenser les pertes : on en arrive à la limite redoutée de trois millions de chômeurs. Les déséquilibres des balances extérieures, la baisse constante des revenus de l'or noir, dont les prix mondiaux sont en baisse depuis 1986, ont révélé la précarité des espoirs monétaristes. On ne peut ni sortir de la Communauté, devenue indispensable, ni faire face convenablement à la concurrence internationale de plus en plus déchaînée. Et il n'y a aucune solution de rechange : le Commonwealth avec ses 50 membres en 1992 (le Pakistan réintégré en 1989) demeure un « club » dont les solidarités ne cessent de se relâcher ; et l'économie américaine elle-même affronte une crise et y fait face en renforçant ses propres solidarités continentales avec le Canada et le Mexique.

De 1992 à 1995, la préoccupation du cabinet Major est d'échapper au destin de l'« homme malade » du monde développé. Ces années constituent un paradoxe : de remarquables succès sur les fronts économique et social, dans les affaires internationales et sur le problème irlandais, et pourtant une érosion majeure de la popularité du parti tory et de son chef. L'habileté du Premier ministre à contourner les obstacles, son constant pragmatisme lui valent d'honorables succès, mais rendent flou le « message » du pouvoir, raniment les nostalgies du temps de la « Dame de fer », donnent du « majorisme » l'image d'une pratique du pouvoir davantage que d'une doctrine, font le lit d'une opposition revigorée par les divisions mêmes de ses adversaires.

Les deux années qui suivent la victoire électorale connaissent une remise en question quasi permanente de l'autorité du Premier ministre, que ne ménage pas son prédécesseur à l'occasion de la publication de ses *Mémoires* ou de ses interventions dans le débat politique. Sa majorité paraît bien étriquée quand les « eurosceptiques » menacent de rompre sur une politique européenne qu'ils jugent dangereuse, quand les unionistes irlandais s'ébaudissent des concessions faites, à partir de 1994, à l'IRA et à son aile politique, le Sinn Féin, quand les plus « orthodoxes » des conservateurs réclament toujours davantage de privatisations et de renoncements aux interventions étatiques contre le vœu d'une aile socialement plus généreuse ; lorsque, par ailleurs, on ne cesse de spéculer sur le nom de « sauveurs » qui, au lendemain de telle élection partielle perdue ou de tel scrutin local désastreux, paraissent susceptibles de garantir, mieux que John Major, la victoire aux futures élections générales de 1996 ou 1997. En juillet 1995, le Premier ministre doit se résoudre à remettre son mandat de leader du parti en jeu pour obtenir ce qu'il pense être un nouveau mandat, et qui ne se révèle bientôt qu'un sursis aux critiques. Au même moment, le parti travailliste qui, au printemps 1994, à la mort de John Smith, s'est choisi un jeune et dynamique leader en la personne de Tony Blair, se forge une virginité doctrinale en renonçant à ce qui restait de son programme « collectiviste », entend annoncer à l'électeur la « bonne nouvelle » d'un programme qui combinerait d'importantes réformes en faveur de l'éducation et des victimes et exclus de la société avec le souci de préserver les réformes du statut des syndicats, de pratiquer des finances saines sans surcharge fiscale excessive, de se soucier autant des classes moyennes que des salariés de l'industrie et des démunis. Politiquement, le bilan pour le pouvoir est consternant, les sondages d'opinion accordent à la gauche une avance sans cesse accrue, et le Premier ministre n'est plus préservé que par la difficulté de découvrir un successeur capable de faire mieux que lui.

Aux pessimistes, John Major oppose une confiance qui n'est pas que de façade. Selon lui, les citoyens prendraient tôt ou tard conscience de la valeur d'une œuvre accomplie à contre-courant et en dépit de bien des difficultés.

Le redressement économique est évident, symbolisé par l'abaissement considérable du nombre des chômeurs, près d'un million en moins de trois ans après 1992, et un taux de chômage à nouveau proche de 8 % ; la dévaluation de fait de la livre sterling a fouetté les exportations ; la discipline sociale, compagne du déclin relatif des syndicats, et les bas salaires ont fait du Royaume-Uni une plate-forme idéale pour des investisseurs étrangers, japonais notamment, soucieux de pouvoir accéder au marché européen ; la vigueur de la Bourse et des institutions financières, malgré la crise sévère de la Lloyd's, et les revenus d'investissements britanniques énormes à l'étranger ont contribué au redressement des balances extérieures ; nombre des progrès obtenus sont fragiles, la relance de la consommation à l'approche des élections générales représenterait un risque certain, mais est une tentation, les économies budgétaires ont retardé la modernisation, par exemple en renforçant les préventions à l'encontre d'une participation publique à l'indispensable rénovation ferroviaire et au prolongement du TGV trans-Manche, et bien des observateurs soulignent aussi, sur ce point, la dégradation de la formation éducative et l'affaiblissement à venir de la qualité des travailleurs et des cadres.

L'unité du Royaume-Uni, malgré les prophéties d'irrémédiable cassure entre Nord et Sud, a été préservée, en partie grâce aux efforts d'entreprises privées et à des initiatives locales. On discute toujours du destin futur de l'Écosse, sans être assuré que les travaillistes, en cas de retour au pouvoir, iraient jusqu'à offrir à cette province une chance de réelle autonomie, pour ne pas parler d'indépendance. La pacification en Irlande du Nord a été recherchée, surtout à partir de 1993, par le développement de la coopération avec la république d'Irlande, des négociations avec les partis loyalistes ou non violents, et on a abouti à la trêve des armes : demeurent, à la fin de 1995, bien des problèmes, dont les moindres ne sont pas la destruction des dépôts d'armes, la négociation d'un statut de l'Ulster, la solution de la quadrature du cercle formée par la promesse de ne rien faire sans l'aval de la majorité des citoyens des six comtés, donc d'une majorité protestante, et de ne pas s'opposer pourtant à l'unification. Des réformes opportunes de la Constitution de la république d'Irlande, l'évidence des liens consolidés par l'appartenance de tous à l'Union européenne, les interventions plus ou moins discrètes des États-Unis pourraient aider à de nouveaux progrès.

Le destin mondial du Royaume-Uni, qui demeure l'un des Cinq Grands à l'ONU et une puissance nucléaire, a été souligné, dans la difficile conciliation de l'affirmation, bien souvent unilatérale, de liens « spéciaux » avec les États-Unis et de la recherche d'une politique mieux coordonnée avec les partenaires continentaux. La participation active aux efforts de pacification en Bosnie, le rôle certain joué dans le développement d'un libre-échange à l'échelle du globe lors de la grande réforme du GATT, la persistance de liens culturels et linguistiques avec nombre d'États du monde ne peuvent pas compenser les effets d'un affaiblissement militaire évident, la faiblesse de la politique de coopération avec le tiers monde, quand Londres privilégie les aides communautaires décidées à Bruxelles sur budget commun, la prudence avec laquelle on envisage l'évolution vers une Europe politiquement plus unie. La préservation du Commonwealth qui, en juin 1994, a salué le retour de l'Afrique du Sud et s'apprête à accueillir le Cameroun sous réserve de preuves de sa volonté démocratique, est celle d'un ensemble de 51 États, bientôt 52 ; la plupart sont des républiques ou des monarchies détachées de tout lien d'allégeance à la Couronne anglaise. Les forces centrifuges sont considérables, quand le commerce de l'ancienne métropole avec son ex-empire ne représente même plus 9 % de ses échanges extérieurs, quand un dominion ancien comme l'Australie rêve à présent de dominer le Pacifique sud et de développer prioritairement ses échanges, y compris humains, avec l'Asie, après avoir placé sa sécurité, depuis bien longtemps, sous garantie américaine, quand on en est réduit, souvent, à invoquer l'existence de traditions, de sports spécifiques, de manifestations festives pour faire la preuve d'une unité exsangue. Du moins John Major, à la suite de Margaret Thatcher, s'apprête-t-il à clore pacifiquement le processus de décolonisation en rendant, en 1997, Hong-Kong à la Chine, et a-t-il conservé le contrôle des Malouines tout en réussissant une incertaine réconciliation avec l'Argentine.

Le bilan est pourtant bien mitigé. À l'intérieur, on n'a pas véritablement maîtrisé les effets de cassures sociales d'autant plus inquiétantes qu'elles concernent au premier chef, dans les quartiers sensibles des grandes villes, les *inner cities*, une fraction non négligeable des minorités ethniques et aussi des jeunes, et qu'elles poussent parfois à ignorer les grandes traditions du droit et d'un ordre policier raisonnable. À la crise du système éducatif s'ajoute celle d'une culture proprement britannique, quand la langue aidant l'américanisation s'accélère dans tous les médias et dans les loisirs populaires. Le déchaînement de la concurrence dans la presse et à la télévision a poussé aux pires excès, et le « journalisme d'investigation » est souvent tombé au niveau de feuilles plus ou moins clandestines de l'époque victorienne, dans la dénonciation résolue des moindres écarts de mœurs des élites politiques et sans épargner la famille royale ; la vertu se met ainsi, à l'occasion, au service du vice, et, dénonçant certes d'insupportables comportements, ne fait pas toujours preuve des nécessaires prudences.

Société de consommation, revenue au règne de l'argent du début du siècle, la nation britannique en est encore à rechercher, par ailleurs, le point d'équilibre entre les nécessités de l'économie de marché et les besoins criants des plus démunis. La réponse n'est pas simple, John Major et Tony Blair, chacun à sa manière et avec plus que des nuances, font le pari de l'esprit communautaire et de la générosité individuelle, l'un et l'autre soucieux, semble-t-il, de ne pas « casser » la dynamique du progrès économique, mais aussi de ne pas condamner au désespoir et à la violence aveugle une forte proportion de leurs concitoyens.

Est-ce une consolation que tant de questions et tant d'errements soient devenus le lot commun de tant de nations développées et que le Royaume-Uni, ici également, puisse envelopper ses perspectives d'avenir dans le manteau d'incertitudes à l'échelle du monde ?

Chapitre 18

1994-2004 : UNE « GRANDE-BRETAGNE NOUVELLE » ?

Parler de « Grande-Bretagne nouvelle » pour qualifier la période 1994-2004 ne fait pas seulement référence au slogan « *New Labour, New Britain* » (« Un parti travailliste nouveau, une Grande-Bretagne nouvelle ») qui porta le parti travailliste au pouvoir en 1997. Car, au début du XXIe siècle, le pays peut à bon droit paraître transformé : vitalité économique, société plus ouverte et plus mobile, architecture institutionnelle sensiblement modifiée, dynamisme culturel retrouvé, présence internationale renforcée... Sans doute l'homogénéité de la période 1994-2004 relève-elle avant tout de l'économique : une fois sortie de la crise de 1990-1993, la Grande-Bretagne est entrée dans un cycle de croissance à la fois forte et soutenue, avec des performances supérieures à celles de ses partenaires d'Europe continentale, qui continue à ce jour. Elle est cependant aussi politique : même si la défaite des conservateurs de 1997 a permis la première alternance en dix-huit ans, c'est en 1994 que Tony Blair devint *leader* du parti travailliste, trois ans avant de le porter au pouvoir ; avec maintenant sept années aux affaires, il fait jeu égal avec son prédécesseur John Major et son mandat prend rang parmi les plus longs de l'histoire britannique. On peut d'ailleurs soutenir à bon droit que la décennie a été dominée de bout en bout par le parti travailliste, d'abord dans l'opposition, du fait de l'ampleur de la rénovation idéologique à laquelle il procéda, puis au pouvoir, avec ses deux triomphes électoraux de 1997 et 2001 — succès qui contrastent avec les déboires d'un parti conservateur apparemment incapable de se renouveler. Période homogène, donc, mais il faut aussi aller au-delà des apparences et souligner ce qui relève du changement ou de la continuité, ou de la réforme de fond et du *gimmick* électoraliste.

1. UN NOUVEL « ÂGE D'OR » DE L'ÉCONOMIE BRITANNIQUE ?

Une croissance économique spectaculaire

La sortie de la livre sterling du SME (16 septembre 1992), son retour au statut de monnaie flottante et sa dépréciation de quelque 15 % qui suivit eurent très rapidement des effets positifs : exportations plus compétitives, baisse des taux d'intérêts relançant la consommation intérieure et stimulant les investissements. Dès 1994, l'économie britannique progressait de 3,9 % alors que l'Europe continentale s'engluait dans la récession ; au cours des dix années suivantes, son rythme annuel de croissance s'éleva en moyenne à 2,6 %, avec des pointes à 3-3,5 % en 1997 et 2000. Cette croissance s'avéra faiblement inflationniste : le taux d'inflation sous-jacente [1] se situe en dessous de 2,5 % pour l'ensemble de la période. Inversement, les revenus augmentaient de façon appréciable (+ 5 % en

1. C'est-à-dire hors crédits immobiliers : le calcul de l'inflation en Grande-Bretagne tient compte de la très forte spéculation immobilière qui affecte le pays. On se souviendra qu'en France, le « panier » qui sert au calcul de l'indice des prix officiel exclut le tabac et les produits pétroliers...

2001, + 3,8 % en 2002, + 3,4 % en 2003) ; depuis le début des années 1990, ils progressent à un rythme supérieur à celui du PNB par tête (1992-2002 : PNB/tête + 26,6 %, revenu disponible par ménage + 41 %), et la consommation privée constitue le principal soutien de l'activité économique. La plupart des autres indicateurs sont également passés au vert : de 10 % de la population active, le chômage recula pour atteindre 6 % en 1997, lorsque les travaillistes arrivèrent au pouvoir, et 4,8 %[1] au début de l'année 2004, son plus bas niveau depuis les années 1970 ; l'endettement public recula de 52 % du PIB (son maximum, en 1996) à 32 % en 2004 ; le déficit budgétaire (8 % en 1993), diminua progressivement pour déboucher sur un excédent en 1998-2001, date à laquelle le gouvernement Blair profita de cette conjoncture pour engager un programme d'investissements publics massifs, qui entraîna un déficit limité (3 % du PNB en 2003).

Les principaux points noirs demeurent les déficits de la balance commerciale et de celle des paiements courants, qui s'accroissent depuis le début des années 1990 : entre 1994 et 2003, le premier est passé de 4,5 milliards de £ à 32,4 milliards et le second de 1,4 milliard à 18 milliards, en partie en raison de l'appréciation de la livre entre 1996 et 1998. De même, la productivité du travail demeure faible, par rapport aux résultats des autres pays industrialisés. Enfin, comme le recensement de 2001 l'a bien montré[2], l'éventail des revenus est plus étiré, avec davantage de gens très riches (6,8 % en 1991, 8,9 % en 2001) mais aussi davantage de pauvres (21 % en 1991, 24 % en 2001) ; en outre, la prospérité est surtout présente dans une grande moitié sud-est du pays — le « très très

1. Selon la mesure du Bureau international du travail ; selon les critères britanniques (chômeurs indemnisés), le pourcentage de sans-emploi s'établissait alors à 2,9 % de la population active.

2. *People and Places. A 2001 Census Atlas of the UK*, Londres, 2004.

Grand Londres » —, en deçà d'une ligne allant de Bristol à Scunthorpe, alors que les régions qui se situent au-delà concentrent davantage de foyers pauvres : si le revenu disponible par foyer est supérieur de 20 % à la moyenne nationale, il lui est inférieur de 13 % au pays de Galles et en Irlande du Nord ; à Glasgow, 41 % des ménages vivent en dessous du seuil de pauvreté.

La fin du « déclin » ?

La question du « déclin » de l'économie britannique au XXe siècle a suscité d'intenses controverses parmi les économistes et les historiens[1]. Dans les années 1980, les thatchériens revendiquèrent haut et fort d'avoir enrayé la « spirale du déclin », mais la très forte crise de 1990-1992 avait paru leur apporter un cinglant démenti. Cependant, les résultats macro-économiques récents ont permis au pays de regagner une partie du terrain perdu dans les années 1960-1970. En 2003, la Grande-Bretagne était la quatrième puissance économique mondiale par la taille de son économie, derrière les États-Unis, le Japon, l'Allemagne, et la deuxième en Europe ; en termes de richesse créée (valeur de la production additionnelle par rapport à 2002), elle était au cinquième rang mondial, avec 28,2 milliards de dollars, derrière les États-Unis (303 milliards), le Japon (115,2 milliards), la Chine (94 milliards) et l'Inde (32,6 milliards) et au premier rang européen, largement devant la France (2,7 milliards) et l'Allemagne (– 1,9 milliard). Avec un PNB par tête équivalent à 26 400 $, elle se situait au 10e rang de l'OCDE (18e en

1. Aux ouvrages déjà datés des années 1980-1990 (dont, notamment, le surfait Martin Wiener, *British Culture and the Decline of the Industrial Spirit*, Cambridge, 1980), on préférera les synthèses récentes d'historiens de l'économie, tel Alan Booth, *The British Economy in the 20th Century*, Londres, 2001.

1976), surclassant l'Italie (25 600 $)[1], l'Allemagne (24 100 $) et la France (23 400 $).

La renaissance économique des vingt dernières années a été en large partie le fait des services : à la fin du XXe siècle, ils représentaient 71,6 % de l'emploi et 70 % du PNB, accentuant un phénomène qui se manifeste depuis la fin du XIXe siècle). Outre les services aux personnes et le commerce de détail, les services bancaires et financiers ont été les moteurs de la croissance. La renaissance de Londres comme place financière de premier plan en est l'une des traductions emblématiques : au troisième rang mondial, et au premier rang européen, elle a comblé son écart avec Wall Street en terme de capitalisation, le ramenant de 1 à 12 en 1980, à 1 à 3 en 2000. Cette évolution a fait l'objet de critiques de la part de ceux qui sont restés tributaires d'une conception exclusivement industrialiste de la croissance économique. D'autant qu'il ne faut pas exagérer l'ampleur de la « désindustrialisation » : à la fin du XXe siècle, la part du secteur manufacturier dans la production globale de valeur ajoutée oscillait entre 21 et 24 % au Royaume-Uni comme en France, en Italie et aux États-Unis[2]. Les performances de ce secteur, en termes de productivité, sont d'ailleurs bien meilleures pour la période 1979-1999 que pour la période 1973-1979, que ce soit pour la productivité du travail (+ 3,3 % contre + 0,4 %) ou la productivité totale des facteurs (+ 2,6 % contre – 0,1 %). Pour l'historien économiste Nicolas Baverez, la Grande-Bretagne bénéficie maintenant des fruits du « sursaut national » engagé à la fin des

1. En 1987, « *il sorpasso* » (« le dépassement »), c'est-à-dire que la richesse par tête italienne venait de dépasser celle de la Grande-Bretagne, avait fait grand bruit ; il ne semble pas que le phénomène inverse ait été autant souligné...

2. Alan Booth, « The Manufacturing Failure Hypothesis and the Performance of the British Industry during the Long Boom », *Economic History Review*, 56, 1, 2003.

années 1970 par Margaret Thatcher [1], jugement qui pose fort justement la question des parts respectives du changement et de la continuité dans la politique économique mise en œuvre sur l'ensemble de la période.

Thatcher-Major-Blair : la continuité des choix macroéconomiques

Si la continuité de la politique économique menée par John Major avec celle de Margaret Thatcher ne pouvait guère surprendre (Major avait d'ailleurs été un de ses chanceliers de l'Échiquier), elle était moins évidente pour le gouvernement travailliste installé en 1997. Il apparaît pourtant que les changements n'ont été que limités, et que le pays bénéficie en effet aujourd'hui des fruits des grandes options prises en son temps par la « Dame de fer ». Dans tous les cas, l'accent est mis sur l'offre (*supply-side economy*), suivant le modèle néolibéral, plutôt que sur la demande, selon le modèle keynésien. Pour le « nouveau parti travailliste », qui a envoyé le plaidoyer en faveur de l'appropriation collective des moyens de production aux oubliettes de l'Histoire, l'État n'est rien de plus que le « lubrifiant » du marché [2] ; son principal rôle est de contenir l'inflation à un niveau faible, *via* le taux de base de la Banque d'Angleterre (institution que les travaillistes ont par ailleurs rendue indépendante du gouvernement central en 1997 [3]). Pour Gordon Brown, chancelier de l'Échiquier depuis 1997, la politique du gouvernement travailliste est « post-monétariste », signifiant en cela qu'elle doit aller au-delà de cette doctrine,

1. Nicolas Baverez, *La France qui tombe*, Paris, Plon, 2003.

2. Michael Kitson, « British Economic Growth since 1949 », in Roderick Floud et Paul Johnson (dir.), *The Cambridge Economic History of Modern Britain*, Cambridge, 2004, vol. 3, *Structural Change and Growth, 1939-2000*, p. 52.

3. On se souvient qu'ils l'avaient nationalisée en 1946, la rendant responsable de l'échec du gouvernement MacDonald en 1931.

bien plus que rompre avec elle. Comme l'avait expliqué tout de go Peter Mandelson, proche de Tony Blair et plusieurs fois ministre, dans une tribune du *Times*, en avril 2003 : « Sur le plan économique, nous sommes tous des thatchériens. » Les mesures destinées à encourager l'« employabilité » et la « flexibilité » du marché du travail, l'insistance mise sur la compétitivité et l'esprit l'entreprise, les programmes tels que « *Welfare to Work* », incitant, au besoin par une dose de mesures coercitives, les chômeurs à retourner sur le marché du travail, attestent encore de cette continuité.

Il en va de même en matière de politique fiscale et d'intervention de l'État dans l'économie. Au cours de son premier mandat, Tony Blair respecta sa promesse électorale de ne pas augmenter les impôts directs par rapport aux niveaux établis par les conservateurs et le poids des dépenses publiques dans le PNB recula même de 40 % (1997) à 37 % (2000). Réélu en 2001, il mit en œuvre une politique d'investissements publics plus volontaire, qui devrait porter les dépenses publiques à 42 % du PNB en 2005. Cependant, la structuration même de ses dépenses, et une mise en perspective historique plus large montre, là encore, des continuités évidentes (tableau 1).

Tableau 1. *Évolution des dépenses publiques en Grande-Bretagne, 1996-2004* [1]

	1993-1994*	1997-1998*	2002-2003*
Dépenses publiques totales (milliards de £)	284,6	322,7	418,9
% du PNB	43,6	39,2	39,7
Dont (% des dépenses publiques)			
– Défense	7,9	6,4	6,2
– Ordre public	5,2	5,2	6

1. Compilé d'après *Economic Trends*, différentes années.

– Transports	3,7	2,9	3,2
– Santé	12,8	13,7	16
– Éducation	11,7	11,6	13
– Protection sociale	34,3	35,2	34,3
Dont (% du PNB)			
– Défense	3,4	2,5	2,5
– Ordre public	2,3	2,1	2,4
– Transports	1,6	1,1	1,3
– Santé	5,6	5,4	6,3
– Éducation	5,1	4,5	5,1
– Protection sociale	15	13,8	13,6

* année fiscale

2. L'« ÈRE BLAIR »

La décennie noire des tories

Pour les conservateurs, qui, ayant été au pouvoir, seuls ou en coalition, pendant 62 ans depuis le début du siècle, faisaient figure de parti naturel de gouvernement, la décennie 1994-2004 est assurément une période noire, marquée par une lente déliquescence jusqu'en 1997, puis par une série continue d'échecs. Le retour de la croissance économique ne leur bénéficia pas en terme de popularité : la récession de 1990-1992 avait réduit à néant le vieil argument selon lequel les conservateurs étaient « le parti de la prospérité ». En outre, le parti qui s'était engagé en faveur d'un « retour aux valeurs traditionnelles » (campagne *Back to Basics*, 1993) se distingua par une succession d'affaires de mœurs et de corruption (le « *sleaze* », de *sleazy*, « sordide ») qui, en trois ans, contraignit une vingtaine de dignitaires *tories* (dont plusieurs ministres) à la démission. Outre cette usure du pouvoir évidente, qui n'était pas sans rappeler l'atmosphère de la fin du gouvernement Macmillan, le Premier ministre John Major devait faire face à la fronde de plus en plus ouverte de l'aile droite de son parti, hostile à sa politique européenne : en juillet 1995, il alla jusqu'à remettre en jeu son titre de *leader* du parti et, s'il sortit largement vainqueur (218 voix contre 89) du duel qui l'opposa à son secrétaire d'État pour le pays de Galles, John Redwood, porte-parole des europhobes, son crédit politique était grandement diminué.

Sur le plan électoral, le parti alla d'échecs en échecs à partir de 1993, tant dans les élections locales (avec 25 % des voix en 1995 et 1996, il était loin derrière les travaillistes, à 46 %, et talonné par les libéraux-démocrates) qu'aux partielles (toutes perdues, au point de ne plus détenir la majorité aux Communes à partir de mars 1997) ou aux européennes (en juin 1994, les *tories* recueillirent 28 % des voix, contre 44 % aux travaillistes et 17 % aux libéraux-démocrates). L'élection générale de 1997 (cf. tableau 2) fut la plus mauvaise pour le parti conservateur depuis 1906, avec un groupe parlementaire réduit à 165 députés. John Major, qui avait démissionné le soir même, fut remplacé à la tête du parti par William Hague mais, bien que jeune et représentant l'arrivée d'une nouvelle génération de responsables conservateurs (il avait été ministre du pays de Galles de 1995 à 1997), son absence de charisme ne contribua pas à améliorer l'image du parti.

Prévisible, la nouvelle défaite de 2001 fut particulièrement cuisante du fait que les *tories* ne progressaient pas en voix et ne faisaient élire qu'un seul député supplémentaire. Hague démissionna à son tour, et son successeur fut élu suivant les règles nouvellement établies pour « démocratiser » le parti : les prétendants à la direction se soumettaient au vote du groupe parlementaire, les deux candidats arrivés en tête étant ensuite départagés par un vote par correspondance des adhérents du parti. L'ancien ministre de la Défense du gouvernement Major, Michael Portillo, initialement donné comme grand favori, se trouva écarté par ses pairs, sans doute tout autant en raison d'un programme quasiment libéral libertaire que du fait qu'il avait reconnu avoir eu des aventures homosexuelles dans son plus jeune temps. Ayant à choisir entre l'ancien chancelier de l'Échiquier Kenneth Clarke, plutôt centriste et « europhile », et Jan Duncan-Smith, un quasi-inconnu représentant l'aile droite du parti, les adhérents donnèrent la préférence à ce dernier. « IDS » ne parvint pourtant pas à convaincre et les députés conservateurs le remplacèrent en novembre 2003 par Michael Howard, ancien ministre de l'Intérieur de John Major. Les premiers résultats électoraux du parti sous sa direction se sont cependant avérés mitigés, avec un réel succès aux élections locales de juin 2004 (40 % des voix, devançant les libéraux-démocrates et les travaillistes), mais un semi-échec aux européennes qui eurent lieu dans la foulée : avec 27 % des votes, ils ne devançaient les travaillistes que d'un seul point et, malgré une campagne aux tonalités résolument europhobes, ils avaient considérablement souffert du vote antieuropéen (16 % des voix allèrent au parti souverainiste UKIP).

Les problèmes du parti vont au-delà de la qualité de son *leadership* : rétrécissement et vieillissement de sa base militante (moins de 300 000 adhérents, âgés en moyenne de 65 ans), problèmes financiers chroniques, éviction, depuis 1997, de l'Écosse et du pays de Galles, où le parti n'a plus un seul député, persistance d'une image négative dans l'opinion [1], incapacité à proposer un programme véritablement différent de celui d'un parti travailliste recentré, divisions profondes sur l'Europe, entre une majorité hostile à l'adhésion à la monnaie unique et à l'évolution vers une Europe fédérale, et une minorité europhile, rassemblant d'ailleurs plus les « éléphants » du

1. En juin 2004, un sondage *Telegraph*/YouGov montrait que, pour 57 % des Britanniques, le parti conservateur ne serait « ni honnête, ni de confiance » s'il revenait au pouvoir. *Daily Telegraph*, 28 juin 2004, p. 4.

parti, tels Michael Heseltine, Kenneth Clarke ou Chris Patten, que les représentants de la nouvelle génération. Le risque de voir le parti relégué en troisième position derrière les libéraux-démocrates paraît cependant moins réel qu'avant les élections de 2001, ces derniers ne parvenant pas, dans les sondages ou dans les urnes, à dépasser significativement le seuil des 20 %.

Tony Blair, incarnation de la Grande-Bretagne moderne ?

Même si on utilise moins le néologisme de « blairisme » que l'on a pu le faire du « thatchérisme », Tony Blair occupe, à l'instar de la Dame de fer, une place à part dans l'histoire politique britannique. Né à Édimbourg en 1953 dans une famille conservatrice, passé par la *public school* de Fettes, puis par Oxford, il s'inscrivit au barreau en 1976 comme avocat spécialiste du droit du travail. Militant travailliste depuis 1975, il fut élu à Sedgefield (comté de Durham) en 1983. Il connut ensuite une rapide progression dans la hiérarchie d'un parti désorienté par ses échecs électoraux successifs : porte-parole pour les affaires budgétaires (1985), puis industrielles (1987), il entra au Cabinet fantôme en 1988, tour à tour à l'Énergie, au Travail, puis à l'Intérieur. Succédant, en juillet 1994, à John Smith, prématurément disparu, il accentua l'entreprise de modernisation du parti engagée par ce dernier : à l'idéologie traditionnelle du *old Labour* (« vieux travaillisme »), il substitua un « centrisme radical » inspiré tout à la fois du socialisme chrétien des premiers temps du parti, du solidarisme — Tony Blair reprend à son compte la notion disraélienne de « *One Nation* » — et de la « démocratie de partenaires » (*stakeholder democracy*) prônée par le politologue Anthony Giddens, où la gestion des affaires publiques doit être l'affaire de tous. L'abolition de la Clause IV des statuts du parti (avril 1995), qu'avait déjà vainement tentée en son temps Hugh Gaitskell, fut emblématique de ce revirement : la profession de foi en faveur de la propriété collective des moyens de production fut remplacée par la reconnaissance du fait que « le marché et la concurrence s'allient aux forces de partenariat et de coopération pour produire la richesse dont la nation a besoin ». Tony Blair priva ainsi les conservateurs d'un argument électoral facile (travaillisme égale étatisme) et permit au *Labour* de revenir au pouvoir en mai 1997 en se réconciliant avec les classes moyennes bénéficiaires des privatisations thatchériennes.

Jeune (44 ans en 1997), cultivant une image de proximité et de simplicité (il fut ainsi le premier Premier ministre à devenir père, pour la quatrième fois, en cours de mandat), Tony Blair personnifiait bien l'esprit de la Grande-Bretagne nouvelle du début du XXIe siècle, dynamique, moderne et « décontractée » : *Cool Britannia*, comme le voulait un slogan à la mode. Sur le plan des valeurs, la « troisième voie » (*Third Way*) dont il s'est fait l'apôtre se démarquant tout autant du travaillisme classique que du conservatisme, pouvait également apparaître en phase avec les attentes d'une population désormais plus soucieuse d'efficacité que de débats idéologiques : comme Tony Blair pouvait le dire à la tribune de l'Assemblée nationale française, en mars 1998, « ce qui compte, c'est ce qui marche », *what counts is what works*.

Tony Blair n'en est pas moins un animal politique de premier plan, et le « Bambi » de 1997 (surnom donné par la presse populaire du fait de son allure juvénile) a cédé la place à « *Teflon Tony* », capable de surmonter toutes les tempêtes politiques : crises de l'encéphalite spongiforme bovine (1998) et de la fièvre aphteuse (2001), gâchis du « Dôme du Millénaire » (2000), grève des transporteurs routiers bloquant la distribution de carburants (2000), divers scandales de concussion obligeant plusieurs de ses proches amis politiques à quitter le pouvoir, forte opposition à la guerre en Irak... De fait, sa cote de popularité a été supérieure à 50 % pendant plus de trois ans et demi sur les sept passés au pouvoir à ce jour. Formidable machine à gagner les élections, il a su circonscrire la vieille garde travailliste, qui n'hésite pas à le considérer comme un crypto-conservateur (« *Tory* » Blair), jusqu'à ce que l'impopularité de la guerre en Irak et les mauvais résultats électoraux de 2004 ne l'encourage à relever la tête, le ministre des Affaires étrangères, Robin Cook, allant jusqu'à démissionner. Le chancelier de l'Échiquier, Gordon Brown, accentue son positionnement comme successeur possible (il avait été le concurrent de Blair pour le *leadership* travailliste en 1994), mais le Premier ministre ne manifeste aucune intention de quitter le devant de la scène.

Le « nouveau travaillisme » au pouvoir

Les élections de 1997 et 2001 démontrèrent la réussite de la stratégie de recentrage du parti. En 1997, le « raz de marée » travailliste était moins remarquable en termes de suffrages (43,2 % des voix, soit une progression de près de dix points par rapport à 1992, mais quatre de moins que lors de l'autre élection de référence, celle de 1945 : 47,8 %) que d'élus (419 députés, soit sa plus forte représentation de toute son histoire). Les élections de 2001 confirmèrent ce nouveau paysage politique : la victoire travailliste était attendue, d'où un faible participation (59,4 %, le plus bas niveau depuis 1918), et des résultats peu différents de ceux de 1997 (cf. tableau 2)

Assuré de la durée, le parti travailliste engagea d'importantes réformes institutionnelles destinées à refonder les rapports entre les citoyens et l'État dans le sens d'une plus grande proximité. Le processus de dévolution, relancé dès l'été 1997, déboucha sur la mise en place,

Tableau 2. Les élections législatives de 1997 et 2001 au Royaume-Uni

	mai 1997		mai 2001	
	% des voix	Sièges	% des voix	Sièges
Conservateurs	30,7	165	31,7	166
Travaillistes	43,2	419	40,7	413
Libéraux-démocrates	16,8	46	18,3	52
Partis d'Irlande du Nord	2,5	17	4	17
Plaid Cymru	0,5	4	0,8	4
SNP	2	6	1,9	5
Autres	4,3	1	2,6	1

après référendums auprès des populations intéressées[1], d'assemblées régionales dotées de pouvoirs autonomes. En Écosse, le Parlement de 129 membres, élus pour quatre ans selon un mélange de scrutin majoritaire à un tour et de proportionnelle, a juridiction directe sur la santé, l'éducation, la police, la justice, les transports, le logement et l'environnement ; il a en outre la possibilité de lever un impôt spécifique afin de compléter la dotation de fonctionnement allouée par Londres. Au pays de Galles, les prérogatives de l'assemblée de 60 membres sont essentiellement de nature réglementaire, limitées à l'adoption de textes « secondaires » dérivés de la législation votée à Londres, et elle ne dispose pas de pouvoir fiscal. Dans les deux régions, l'exécutif était confié à un Cabinet placé sous l'autorité d'un « Premier ministre » (*First Minister*). La politique économique, la diplomatie et les questions constitutionnelles demeurent du ressort du Parlement de Westminster, où continuent de siéger des députés écossais et gallois, de même que les ministres

1. Si 75 % des Écossais se prononcèrent en faveur de la réforme, les Gallois ne l'approuvèrent qu'à 50,3 %, signe d'une moindre prégnance des thématiques nationalistes.

pour l'Écosse et le pays de Galles font toujours partie du Cabinet britannique. Les élections régionales de 1999 et de 2003 (cf. tableau 3) ont vu le parti travailliste s'affirmer comme le parti majoritaire alors que les conservateurs ne doivent leur perpétuation qu'aux vertus du scrutin proportionnel. Les partis nationalistes bénéficient eux aussi fortement du double mode de scrutin, qui leur assure une représentation significative.

Tableau 3. Les élections régionales de 1999 et 2003 en Écosse et au pays de Galles (sièges).

	mai 1999				mai 2003			
	% des voix		Sièges		% des voix		Sièges	
	FPTP	RP	FPTP	RP	FPTP	RP	FPTP	RP
Travaillistes	53	3	53	3	27	1	27	1
Conservateurs	0	18	0	18	1	8	1	8
Libéraux-démocrates	12	5	12	5	6	3	3	3
Nationalistes	7	28	7	28	9	8	9	8
Autres	1	2	1	2	0	0	0	0

N.B. : FPTP : scrutin uninominal à un tour (*first-past-the-post*) ; RP : représentation proportionnelle.

Londres se vit dotée d'une municipalité de plein droit pour la première fois de son histoire (Autorité du Grand Londres), élue suivant un mode de scrutin comparable à celui des assemblées régionales ; ses 25 membres ont compétence sur les transports, l'emploi, la sécurité publique, l'environnement et la culture avec, à leur tête, un maire, élu lui aussi au suffrage universel. Les élections municipales de 2000 et 2004 ont vu la victoire de Ken Livingstone, représentant très médiatique de l'aile gauche du parti (« *Red Ken* ») et qui, en 2000, avait largement devancé le candidat officiel travailliste soutenu par Tony Blair (en 2004, il reçut d'office l'investiture du parti). Le bilan du premier mandat de Ken Livingstone est cependant mitigé, avec, notamment, peu d'améliorations sur le plan des transports publics, en dehors de l'instauration d'une *congestion charge* destinée à diminuer le nombre des voitures circulant dans la capitale en imposant à leurs conducteurs le paiement d'une taxe. Les conservateurs ont d'ailleurs réussi en juin 2004 à distancer les travaillistes (27,8 % des voix contre 24,4 %), résultats qui doivent toutefois être relativisés du fait de la très faible participation (37 % des inscrits).

Enfin, la Chambre des lords vit sa composition profondément modifiée sous couvert de démocratisation (*House of Lords Act* de 1999) : ses effectifs chutèrent de 1 213 membres à 659, essentiellement du fait du départ des pairs héréditaires, à l'exception de 92 d'entre eux que le « compromis de Cranborne » (décembre 1998) autorisait à conserver leurs sièges, remplacés par des pairs à vie, censés mieux représenter la société civile ; en revanche, les 24 évêques, les deux archevêques anglicans et les 12 lords juges (*Law Lords*) conservaient leur siège. Ce devait être une première étape sur le chemin de la réforme définitive. En décembre 2001, le Rapport Wakeham proposait que la future Chambre des lords comptât 600 membres, renouvelés tous les 15 ans ; 120 seraient élus dans des circonscriptions régionales, 120 nommés sans critères partisans et 330 seraient désignés par les partis politiques sur la base de leur score aux élections législatives les plus récentes ; les *Law Lords* et 16 évêques continueraient de siéger. Le rapport fut diversement accueilli, le gouvernement étant notamment supposé de vouloir constituer ainsi une deuxième chambre à sa dévotion, et la question demeure à ce jour encore en suspens.

En Irlande du Nord, le processus de paix reprit avec la signature de l'« Accord du Vendredi saint » (*Good Friday Agreement*) du 10 avril 1998, qui prévoyait l'élection d'une assemblée régionale, le partage du pouvoir entre les deux communautés, le désarmement des formations paramilitaires et le renoncement par la république d'Irlande à ses revendications territoriales sur l'Ulster. Toutefois, l'IRA refusa dans un premier temps de déposer les armes, des dissidents organisant même à Omagh (15 août 1998) l'un des attentats les plus meurtriers de tout le conflit nord-irlandais (30 morts). Un gouvernement autonome et interconfessionnel, associant, sous la direction de David Trimble, *leader* de l'*Ulster Unionist Party* (protestants modérés), quatre ministres UUP, quatre ministres du *Social-Democratic Liberal Party* (catholiques modérés), mais aussi deux *Democratic Unionist Party* (loyalistes protestants) et deux républicains du *Sinn Féin* fut finalement investi en décembre 1999, alors que les articles réclamant l'unification de l'île étaient retirés de la constitution de la République d'Irlande et que l'IRA s'engageait à commencer immédiatement son désarmement sous le contrôle d'une commission internationale. Toutefois, les incertitudes planant sur la réelle attitude de l'IRA entraînèrent la démission des ministres UUP et le rétablissement de l'administration directe par Londres en octobre 2002.

Ces réformes institutionnelles de fond ont été doublées de quelques mesures plus symboliques, telle l'adoption de la loi sur les Droits de l'homme (*Human Rights Act*) en novembre 1998, qui inscrit la Convention européenne des droits de l'homme dans le droit anglais, ou plus ponctuelles, telle l'admission des homosexuels dans les forces armées (2000). Elles s'accompagnent d'une centralisation accrue des pouvoirs du Premier ministre, au point que l'on parle de plus en plus d'un gouvernement de style présidentiel sur le modèle américain : l'importance considérable donnée à la communication médiatique, par le biais des *spin doctors* (conseillers en communication politique) Peter Mandelson, puis Alastair Campbell, la multiplication des conseillers personnels (près de 150, soit deux fois plus que John Major) court-circuitant les ministres, ou la réduction du rôle du Cabinet à une simple chambre d'enregistrement de décisions prises en amont, en sont quelques-uns des signes les plus marquants. En outre, la politique systématique de nomination de « blairistes » convaincus à des postes clefs, telle la BBC (son directeur général en 2000, son président en 2001), a fait taxer Tony Blair, non sans raison, de dérive autoritariste.

3. UN RÔLE INTERNATIONAL RENFORCÉ

Les années 1994-2004 ont vu la confirmation du retour de la Grande-Bretagne au premier plan de la scène internationale, déjà évident sous le mandat de Margaret Thatcher. Ainsi, sur le plan militaire, les troupes britanniques, dégagées de leur fonction traditionnelle de défense du territoire, sont maintenant destinées à contribuer au maintien de la sécurité mondiale par le biais d'interventions rapides interarmées ; elles ont ainsi été envoyées, le plus souvent dans le cadre d'opérations diplomatico-militaires de maintien de la paix sous l'égide de l'ONU ou de l'UE, dans les Balkans, dans la région des Lacs en Afrique, au Timor-Oriental ou en Sierra Leone.

Déclin et renouveau de la « relation spéciale »

La proximité anglo-américaine caractéristique des années 1980 se relâcha au début de la décennie suivante : les relations entre John Major et George Bush, puis, le démocrate Bill Clinton, successeur de celui-ci (1992 à 2000) étaient si peu cordiales que l'on annonça la fin de la « relation spéciale »[1]. Il n'en fut rien : l'arrivée au pouvoir de Tony Blair ouvrit une ère de coopération renforcée entre les deux pays, que certains dénoncent comme un alignement pur et simple de Londres sur Washington. Les similitudes étaient, il est vrai, nombreuses entre les deux

1. Voir, par exemple, John Dickie, *Special No More. Anglo-American Relations, Rhetoric and Realities*, Londres, 1994.

hommes, tous deux jeunes, dynamiques, incarnant une gauche recentrée sur des positions sociales-libérales. Atlantiste indéfectible, persuadé que la Grande-Bretagne est la mieux placée pour servir de pont entre les États-Unis et l'Europe et plus que dubitatif devant les conceptions multilatéralistes des relations internationales, défendues, par exemple, par le président français Jacques Chirac, Tony Blair s'opposa à la constitution de toute « défense européenne » indépendante de l'OTAN, et soutint sans réserve les opérations américaines contre l'Irak (décembre 1998) et la Serbie (juin 1999).

L'arrivée du républicain George W. Bush à la Maison-Blanche en janvier 2001 ne modifia nullement la politique britannique, ce qui était moins prévisible : en fait, T. Blair et G. W. Bush, profondément croyants et pratiquants assidus, partagent une vision du monde structurée par la religion, où l'opposition entre le « bien » et le « mal » est fondamentale. Ils sont intimement convaincus de la vocation quasi messianique des pays anglo-saxons à œuvrer en faveur de la paix et de la démocratie dans le monde. Le Premier ministre britannique a soutenu sans faiblir des États-Unis après les attentats du 11 septembre 2001, tant dans la guerre contre les talibans en Afghanistan (octobre-novembre 2001) que dans la crise irakienne qui s'ouvrit à l'automne 2002 : il appuya sans réserve les affirmations américaines quant à la possession d'« armes de destruction massive » par Saddam Hussein. La Grande-Bretagne fut le principal partenaire des États-Unis dans la coalition qu'ils mirent sur pied en vue des opérations militaires contre l'Irak (mars-avril 2003) et se vit ensuite confier l'administration d'une large partie sud du pays où, en raison d'une bonne connaissance des réalités arabes (les Britanniques sont présents dans la région, à un titre ou un autre, depuis la fin du XIXe siècle), les choses se sont moins mal passées que dans les régions contrôlées par les Américains.

Alors qu'il est souvent accusé d'opportunisme ou de démagogie, Tony Blair a, au contraire, toujours défendu le bien-fondé de l'intervention militaire de la coalition, même si, comme il l'a reconnu le 6 juillet 2004, « on ne trouvera peut-être jamais d'armes de destruction massive en Irak » et il a accepté d'en payer le prix politique : il a fait face à de très violentes oppositions au sein du parti travailliste, traditionnellement pacifiste et volontiers anti-américain, et d'une large majorité de la population, qui a le sentiment d'avoir été sciemment trompée. L'été 2003 a vu le Premier ministre confronté à une tempête politique majeure, avec l'affaire Kelly[1], et, s'il parvint à s'en tirer politiquement, son crédit affaibli explique les difficultés du printemps suivant. La position britannique conduisit aussi à de vives tensions au sein de l'Union européenne : à un « axe atlantiste » associant Tony Blair, et les Premiers ministres Aznar (Espagne) et Berlusconi (Italie), s'opposa un axe franco-allemand, hostile à l'intervention contre l'Irak. Il n'en fallut pas davantage pour voir réapparaître le thème rebattu d'une Grande-Bretagne incapable de choisir « entre l'Europe et le grand large ».

La Grande-Bretagne et l'Europe

La « question européenne » fut le chemin de croix des dernières années du mandat John Major : soucieux avant

1. En mai 2003, la BBC avait diffusé un reportage accusant le gouvernement d'avoir volontairement exagéré la menace militaire irakienne pour justifier son intervention militaire. Les dénégations de ce dernier conduisirent à une vigoureuse campagne de presse pour savoir à quelle source les journalistes avaient puisé leurs informations. Il s'avéra qu'il s'agissait du Dr David Kelly, expert gouvernemental en armements ; celui-ci, dépassé par l'ampleur de l'affaire et en proie à de profonds tourments moraux, se suicida en juillet 2003. L'enquête parlementaire diligentée immédiatement après conclut à la déformation par la BBC des indications initialement transmises par le Dr Kelly (*Hutton Inquiry*, janvier 2004).

tout de l'unité du parti conservateur, il adopta une approche essentiellement attentiste une fois la ratification du traité de Maastricht difficilement obtenue du Parlement (juillet 1993). L'arrivée des travaillistes au pouvoir en 1997 suscita les espoirs des europhiles et, sur le Continent, on se mit à parler du gouvernement « le plus européen depuis Edward Heath » au début des années 1970. De fait, Tony Blair ne ménagea pas les professions de foi enthousiastes, les doublant de quelques gestes symboliques, comme la signature de la Charte sociale du traité de Maastricht, dont John Major avait obtenu l'exemption, ou l'intégration de la Convention européenne des droits de l'homme dans le droit anglais, mais sa politique européenne se caractérise elle aussi par son extrême prudence, voire des contradictions. La question de la monnaie unique est un exemple assez significatif : si le Premier ministre s'en est déclaré à plusieurs reprises un fervent partisan et a lancé en février 1999 un plan national de préparation au passage à l'euro, son adoption a été renvoyée à une date toujours plus lointaine, attentisme justifié par la nécessité de respecter les cinq critères de compatibilité énoncés dès 1997 par Gordon Brown [1]. Le spectacle des difficultés économiques de l'Euroland depuis 2001 n'est par ailleurs pas de nature à convaincre les Britanniques de l'opportunité de ladite adoption, comme le montra, en juin 2004, les 16 % des voix obtenus par le parti souverainiste UKIP (*United Kingdom Independence Party*, parti de l'indpendance du Royaume-Uni), mené par un ancien animateur de télé-réalité (mais aussi ancien député travailliste) James Kilroyd-Silk. Encore ne faut-il pas surestimer l'importance de ce vote : les élections européennes ne mobilisent que faiblement

1. Qui sont : convergence des cycles économiques, flexibilité des politiques économiques en cas de crise, impact sur les flux des investissements, sur les services financiers et sur l'emploi.

les électeurs britanniques (30 % en 2004), signe que l'indifférence l'emporte sur la franche hostilité, exception faite de la question de l'abandon de la livre sterling, devenue un véritable abcès de fixation de l'orgueil national sous les effets de la presse populaire, dans sa quasi-totalité antieuropéenne.

Pour Tony Blair, cependant, le plus important est sans doute ailleurs : ayant déclaré, dès 1997, vouloir donner à son pays un place de *leader* en Europe, il s'est efforcé de faire prévaloir ses positions parmi ses partenaires de l'UE. Ses plaidoyers en faveur de la libéralisation de l'économie, contre la bureaucratie bruxelloise ou les lourdeurs de la politique agricole, sa défense du statut privilégié de la Grande-Bretagne (la « ristourne » sur sa contribution au budget communautaire) obtenu en 1984 par Margaret Thatcher au sommet de Fontainebleau, sont autant d'éléments de continuité avec ses prédécesseurs conservateurs. Lors des négociations sur la Constitution européenne, Tony Blair a obtenu le maintien du droit de veto sur la politique étrangère, la fiscalité, la justice, la sécurité sociale, ou encore la définition des ressources propres de l'Union, sujets touchant aux intérêts vitaux des États et que Londres considère comme les « lignes rouges » à ne pas franchir pour ne pas créer un « super-État » européen. Face à un couple franco-allemand nourrissant des vues manifestement différentes, la Grande-Bretagne a su s'allier avec l'Italie, les pays scandinaves et la plupart des nouveaux pays admis dans l'Union le 1er mai 2004 pour proposer un modèle alternatif, économiquement libéral, diplomatiquement atlantiste et politiquement soucieux des prérogatives des États ; un résultat immédiat a été la désignation du Premier ministre portugais José Manuel Barroso, fermement soutenu par Londres alors que Paris et Berlin auraient voulu le Belge Guy Verhofstadt, comme président de la Commission européenne, en juin 2004.

Au début du XXIe siècle, la Grande-Bretagne se présente donc sous les traits d'un pays économiquement dynamique, jouant un rôle mondial de premier plan. Plus encore que la période 1994-2004, ce sont les vingt-cinq dernières années (1979-2004) qui ont constitué une période cruciale dans l'histoire du pays. Cependant, si la prégnance de l'héritage thatchérien est évidente, si Tony Blair entend parachever sur le plan institutionnel et social l'entreprise de modernisation engagée dans le domaine économique dans les années 1980, il ne faut pas mesurer le bilan, nécessairement provisoire à ce jour, des « années Blair » qu'à son aune. En particulier, les transformations institutionnelles réalisées dès le premier mandat travailliste ont eu un impact décisif sur la perception de la « britannitude » (*Britishness*), en l'affaiblissant au bénéfice des identités « nationales » — écossaise et galloise, bien sûr, compte tenu du processus de dévolution, mais aussi, par réaction, anglaise. En outre, une politique d'immigration ciblée sur les travailleurs qualifiés (*Highly Skilled Migrant Programme*, 2002) a contribué à accentuer le caractère multi-culturel de la société britannique. Encore ceux-ci se concentrent-ils, pour moitié, dans une capitale hypertrophiée. Ce réarrangement géographique, démographique et économique est assurément de première importance : le recensement de 2001 décrit la Grande-Bretagne contemporaine comme composée d'une part du « très grand Londres » couvrant près de la moitié du pays, d'autre part d'un « archipel » de conurbations (Birmingham, l'ensemble Liverpool-Sheffield, Tyneside, Clydeside, Édimbourg) se définissant toutes par rapport à la capitale omniprésente. Elle est donc bien « nouvelle » par plus d'un trait, et pas seulement en vertu du zèle réformateur du *New Labour*.

BIBLIOGRAPHIE COMPLÉMENTAIRE

— « Le Royaume-Uni de Tony Blair », *Pouvoirs*, n° 93, 2000.
— BLAIR Tony, *The Third Way. New Politics for the New Century*, Londres, 1998.
— CROWLEY John, *Sans épines, la rose : le blairisme, un modèle pour l'Europe ?*, Paris, 1999.
— GIDDENS Anthony, *The Third Way*, Oxford, 1998.
— GILMOUR Ian, *Whatever Happened to the Tory Party ?*, Londres, 1998.
— MANDELSON Peter et RIDDLE Robert, *The Blair Revolution. Can New Labour Deliver ?*, Londres, 1996.
— MARQUAND David et SELDON Anthony (dir.), *The Ideas that Shaped Post-War Britain*, Londres, 1996 (mise en perspective intéressante des années Blair).
— *People and Places. A 2001 Census Atlas of the UK*, Londres, 2004.
— RENTOUL John, *Tony Blair, Prime Minister*, Londres, 2001.
— SELDON Anthony, *John Major*, Londres, 1998.
— SELDON Anthony, *The Blair Effect. The Blair Goverment (1997-2001)*, Londres, 2001.

I - DYNASTIES ET SOUVERAINS EN ANGLETERRE

depuis Ecgbert, roi de toute l'Angleterre

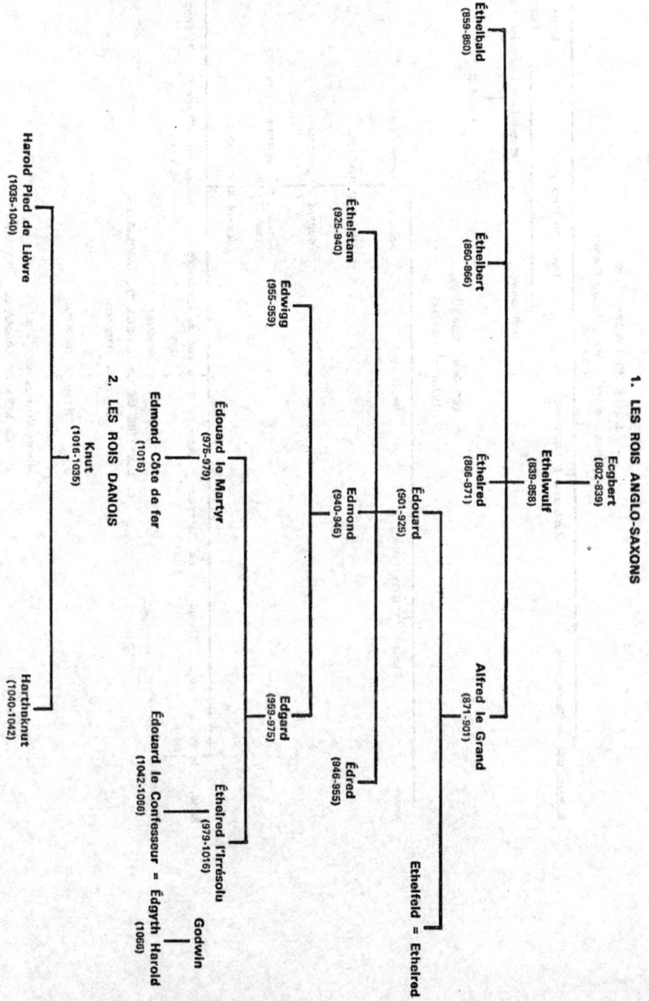

3. LES ROIS NORMANDS

Guillaume Ier = Mathilde de Flandre (1066-1087)

- Robert, duc de Normandie
- Guillaume II (1087-1100)
- Henri Ier (1100-1135)
  - Guillaume
  - Mathilde = Geoffroy Plantagenêt
    - Henri II
- Adèle = Étienne de Blois
  - Étienne (1135-1154)

4. LES ROIS ANGEVINS

Henri II (1154-1189)

- Henri
- Richard Ier (1189-1199)
- Geoffroy
- Jean sans Terre (1199-1219)
  - Henri III (1216-1272)
    - Édouard Ier (1272-1307)
      - Édouard II = Isabelle de France (1307-1327)
        - Édouard III (1327-1377)
          - Édouard le Prince Noir †1376
            - Richard II (1377-1399)
          - Lionel duc de Clarence †1368
          - Jean de Gand duc de Lancastre †1399
            - Henri IV (Lancastre)
          - Edmond duc d'York †1402
          - Thomas duc de Gloucester †1397

5. LES ROIS DE LA MAISON DE LANCASTER

Henri IV (1399-1413)

- Henri V (1413-1422)
  - Henri VI (1422-1461 et 1470-1471)

6. LES ROIS DE LA MAISON D'YORK

Richard, duc d'York

- Édouard IV (1461-1470 et 1471-1483)
- Richard III (1483-1485)

7. LES SOUVERAINS DE LA MAISON DES TUDORS

Henri VII Tudor = Élisabeth d'York (1485-1509)

- Henry VIII (1509-1547)
  - Édouard VI (1547-1553)
  - Marie Ire (1553-1558)
  - Élisabeth Ire (1558-1603)
- Margaret = Jacques Stuart d'Écosse
  - Jacques V d'Écosse
    - Marie Stuart, reine d'Écosse
  - Margaret
    - Henri Stuart, comte de Darnley
      - Jacques Ier Stuart

8. LES SOUVERAINS DE LA MAISON DES STUARTS

Jacques Ier Stuart (1603-1625)

- (1) Charles Ier (1625-1649)
  - Charles II (1660-1685)
  - Jacques II (1685-1688)
    - Marie II (1688-1694) épouse de Guillaume III d'Orange (1688-1702)
    - Anne (1702-1714)
- Élisabeth, électrice Palatine
  - Sophie, électrice de Hanovre
    - George Ier de Hanovre

9. LES SOUVERAINS DE LA MAISON DE HANOVRE (Windsor après 1914)

George Ier de Hanovre (1714-1727)

- George II (1727-1760)
  - George III (1760-1820)
    - George IV (1820-1830)
    - Guillaume IV (1830-1837)
    - Édouard, duc de Kent † 1829
      - Victoria (1837-1901)
        - (2) Édouard VII (1901-1910)
          - George V (Windsor) (1910-1936)
            - Édouard VIII (1936)
            - George VI (1936-1952)
              - Élisabeth II

1. Commonwealth (République) : Olivier Cromwell (1653-1658) ; Richard Cromwell (1658-1659).

2. Édouard VII (Saxe-Coburg-Gotha).

II - CHRONOLOGIE SOMMAIRE

N.B. : on trouvera ici quelques points de repère et on se gardera d'y rechercher une chronologie exhaustive que le volume de cet ouvrage ne nous permettait pas d'envisager.

Date	Histoire politique et institutionnelle	Histoire religieuse	Histoire économique et sociale
407-410	Départ des Romains		
440-46	*Adventus Saxonum*		
597		Mission de saint Augustin	
802	Ecgbert, premier roi de toute l'Angleterre		
1017	L'Angleterre intégrée par Knut à un grand empire nordique		
1066	Bataille de Hastings		
1086	Serment de tous les vassaux au roi		*Domesday Inquest*
1172		Assassinat de Thomas Becket	
1213		Jean sans Terre, vassal de la papauté	
1215	La Grande Charte		
1295	Réunion du *Parlement-Modèle* (Lords, *Knights*, Bourgeois)		
vers 1350	Division du Parlement en deux Chambres		
1348-1369			Grandes épidémies (dont la Peste Noire)
1381			Soulèvement des paysans et artisans

Date	Histoire politique et institutionnelle	Histoire religieuse	Histoire économique et sociale
1382		Condamnation de Wyclif et poursuites contre les *Lollards*	
1422	Henri VI, « roi d'Angleterre et de France »		
1455-85	Guerre des Deux Roses		
1487	Création de la *Star Chamber*		
1515-17			Mesures contre les *enclosures*
1521		Henri VIII, « Défenseur de la Foi »	
1534		Acte de Suprématie	
1536-39		Suppression des monastères	
1559		Retour au schisme	
1563		XXXIX Articles	Statut des apprentis et artisans
1584			Établissement en Virginie
1585		Établissement de la *High Commission*	
1588	L'*Invicible Armada* ; un sommet du patriotisme britannique		
1597			Loi des pauvres
1600			Création de l'*East India Cy*
1605		Complot des Poudres	
1606		Législation anti-catholique	
1628	La *Pétition des Droits*		
1641	La *Grande Remontrance*		
1642	Début de la Révolution		
1643		Abolition de l'Église épiscopalienne	
1649	Exécution de Charles Ier, suppression de la Royauté, abolition de la Chambre des lords, proclamation d'un *Commonwealth and Free State*	Début d'une liberté totale pour les sectes protestantes	

Date	Histoire politique et institutionnelle	Histoire religieuse	Histoire économique et sociale
1651			Le premier *Acte de Navigation*
1653	Cromwell, *Lord Protecteur*		
1660	Restauration de la Monarchie	Rétablissement de l'Église Établie et de l'Épispopat	
1673		Le *Test Act*	
1679	Triomphe de l'*Habeas Corpus*		
vers 1680	Appellation des *whigs* et des *tories*		
1688	Deuxième Révolution		
1689	Vote du *Bill of Rights*	Promulgation de l'Acte de Tolérance	
1690	Publication de l'*Essai sur le Pouvoir Civil*, de John Locke		
1694			Fondation de la Banque d'Angleterre
1701	Promulgation de l'*Acte d'Établissement*		
1707	Formation du Royaume-Uni d'Angleterre et d'Écosse		
1707			Newcomen découvre la « pompe à feu »
1709-1713			Les frères Darby inventent le coke
1740		Début de la prédication méthodiste	
1765-85			Les grandes inventions de machines textiles
1769			Premier brevet de James Watt
1783-85			Applications de la vapeur au travail industriel
1786			Traité de commerce anglo-français

Date	Histoire politique et institutionnelle	Histoire religieuse	Histoire économique et sociale
1787		« Déclaration d'Indépendance de l'Église méthodiste »	
1790	Publication des *Réflexions sur la Révolution française* d'Edmund Burke		
1799			Le *Combination Act* interdit les Associations ouvrières
1801	Formation du Royaume-Uni d'Angleterre, d'Écosse et d'Irlande		Vote de l'Acte général d'*enclosure*
1825			Abolition du *Combination Act*
1829		Émancipation des catholiques	
1830			Débuts de l'« ère du rail »
1832	Première grande réforme électorale		
1833			Première grande loi sur le travail des enfants
1834			Nouvelle loi des pauvres
1839			Première pétition chartiste
1836-47	Naissance des partis *libéral* et *conservateur*		
1837-54	Le mouvement chartiste		
1846			Abolition des lois sur le blé : le tournant du libre-échange
1848			Effondrement du *Chartisme*
1850		Reconstitution d'une hiérarchie catholique	
1867	Seconde réforme électorale (droit de vote aux ouvriers qualifiés)		
1871	Instauration du scrutin secret		Reconnaissance légale des syndicats

Date	Histoire politique et institutionnelle	Histoire religieuse	Histoire économique et sociale
1876	Victoria, Impératrice des Indes		
1876-77			Début de la grande dépression économique
1881-86			Essor du socialisme britannique
1885-86	Troisième réforme électorale (suffrage quasi universel des hommes) Échec du premier *Home Rule*		
1888-92			Développement du *Néo-Unionisme*
1893	Keir Hardie fonde l'I.L.P.		
1896		Échec du mouvement anglo-catholique	
1900	Formation du L.R.C.		
1906	Fondation du *Labour Party*		
1910-13			Le *Great Unrest*
1911	Vote du *Parliament Act* et suprématie des Communes sur les Lords		
1912	Vote du *Home Rule*		
1918	Quatrième réforme électorale (droit de vote aux femmes)		
1921	Règlement du problème irlandais par le partage		
1921-27			Les grandes grèves
1924	Premier gouvernement travailliste		
1926-27		Nouveaux échecs anglo-catholiques	
1929	Première majorité relative du *Labour* aux Communes		
1930-32			Crise et chômage à leur point culminant
1931	Formation du Gouvernement d'Union Nationale - *Statut de Westminster* et premier Commonwealth		Dévaluation monétaire et protectionnisme

Date	Histoire politique et institutionnelle	Histoire religieuse	Histoire économique et sociale
1932			Naissance de la préférence impériale
1942			Rapport Beveridge
1945	Victoire électorale des travaillistes et début de l'expérience socialiste		
1946-47			Grandes nationalisations
1947-49	Le Commonwealth devient multiracial		Création du *National Health Service*
1948	Promulgation du *Representation of the People Act*		
1949	Nouveau *Parliament Act*, contre le pouvoir des Lords		
1951	Retour au Conservatisme		
1953-56			Dénationalisation de l'acier et des transports
1958	*Life Peerage Act*		
1959			Adhésion à une « petite zone de libre-échange » (Europe des Sept)
1961			Fondation du N.E.D.C. ; candidature au Marché commun
1963	*Peerage Act*		Échec des négociations de Bruxelles
1964	Retour au pouvoir des travaillistes		Crise monétaire
1966	Confirmation électorale de l'équipe travailliste au pouvoir		
1967			Dévaluation de la livre
1969	Échec d'un projet de réforme de la Chambre des lords Début des troubles civils en Ulster	Échec de l'Union Anglicanisme-Méthodisme	
1970	Victoire-surprise des Conservateurs aux élections du 18 juin		1er janvier : Entrée de la G.-B. dans le

Date	Histoire politique et institutionnelle	Histoire religieuse	Histoire économique et sociale
			Marché commun. Début de la crise économique mondiale
1973	Administration directe de l'Ulster, accords de Sunningdale		
1974	Élections les 28/2 et 10/10 et victoires travaillistes		
1975	5 juin : référendum positif pour l'Europe		
1979	Échec des référendums sur la dévolution des pouvoirs en Écosse et au pays de Galles Élections du 3 mai : victoire des conservateurs		
1980-84			Législation antisyndicale
1983	Élections générales		
1985	Accords de Hillsborough sur l'Irlande du Nord		
1987	Élections générales		
1990			Adhésion au S.M.E.
1992	Élections générales	L'Église anglicane accepte le ministère des femmes	Crise grave à partir de septembre
1993			Juillet : ratification des accords de Maastricht
1994	Tony Blair, leader du parti travailliste. Accords de cessez-le-feu en Ulster		

III - INDICATIONS BIBLIOGRAPHIQUES GÉNÉRALES

Nous ne mentionnerons ici que quelques ouvrages ou collections, revues et instruments de travail, que l'étudiant doit connaître et qui lui permettront de se tenir au fait des progrès de la science historique ou, plus simplement, de compléter telle ou telle lacune de son érudition.

Histoire générale

En anglais :

The Cambridge Modern History, 14 vol., 1902-1924, à présent remplacé par la *New Cambridge Modern History.*

The Oxford History of England, 14 vol., irremplaçable.

The Pelican History of England, 9 vol., souvent très bonne et dont les divers tomes sont commodes à utiliser.

Foundations of Modern Britain, sous la dir. de Geoffrey Holmes, Londres, Longman, 6 vol. à partir de 1370 et jusqu'en 1992, texte et références de premier ordre publiés à partir de 1982.

En français :

Collection *Peuples et Civilisations*, 20 vol., Paris, *P.U.F.*

Marx R., *Histoire de l'Angleterre*, Paris, Fayard, 1993.

Maurois A., *Histoire d'Angleterre*, Paris, 1938, événementiel.

Morgan Kenneth (sous la dir. de), *Histoire de la Grande-Bretagne*, Paris, Armand Colin, 1985, à compléter par son ouvrage en anglais, *The People's Peace, British History, 1945-1988*, O.U.P., 1990.

Histoire économique et sociale

Léon P., *Histoire économique et sociale du monde*, 6 vol., Paris, A. Colin, 1977-1978.

Heaton H., *Histoire économique de l'Europe*, 2 vol., Paris, A. Colin, 1952.

REINHARD M. et ARMENGAUD A., *Histoire générale de la population mondiale*, Paris, Montchrestien, 1961.

Collection *Histoire Générale du Travail*, 4 vol., Paris, Nouvelle Librairie de France.

Et, en anglais :

CAIN P.J. et HOPKINS A.G., *British Imperialism (1688-1990)*, 2 vol., Longman, 1993 (admirable synthèse, beaucoup sur les aspects économiques de l'impérialisme).

THOMPSON F.M.L. (sous la direction de), *The Cambridge Social History of Modern Britain, 1750-1950*, Cambridge U.P., 3 vol., 1990.

The Cambridge Economic History of Europe, en cours de publication.

FLOUD Roderick and MCCLOSKEY Donald (sous la direction de), *The Economic History of Britain since 1700*, 2 vol., C.U.P., 1981.

The Pelican Economic History of Britain, 3 vol., 1967-1969.

TREVELYAN G.M., *English Social History*, 1re éd. Longman, 1944.

BRIGGS Asa, *A Social History of England*, Penguin Books, 1983 (un texte enfin au fait des recherches récentes).

MOINDROT Cl., *Villes et campagnes britanniques*, Armand Colin (U2), 3e édit., 1972.

GREGG P., *A Social and Economic History of Britain*, 1860-1972, Londres, Harrap, 1973.

The History of British Society, E.J. Hobsbawn éd., Londres, Weidenfeld, 7 vol. en cours de publication (du milieu du XVIIIe au XXe siècle), 3 tomes parus sur 1832-1851, 1851-1875 et les « années trente ».

Social and Economic History of England, Asa Briggs éd., Londres, Longman, en cours de publication (11 vol. prévus).

Histoire religieuse

Collection *Histoire de l'Église*, par Fliche et Martin, continuée par Duroselle et Jarry.

LEONARD E.G., *Histoire générale du protestantisme*, 3 vol., Paris, P.U.F., 1960-1962.

HUGHES P., *History of the Church*, 3 vol., Londres, 1956.

SIMON M., *L'Anglicanisme*, Armand Colin (U2), 1969.

BERTRAND J.-Cl., *Le Méthodisme*, Armand Colin (U2), 1971.

DAYRAS S. et D'HAUSSY Ch., *Le Catholicisme en Angleterre*, Armand Colin (U2), 1971.

GAY John D., *The Geography of Religion in England*, Londres, Duckworth, 1971 (analyses et cartographies originales et importantes).

MARX R., *Religion et société en Angleterre, de la Réforme à nos jours*, Paris, P.U.F., 1978.

Histoire politique et institutions

HUNT S. et POOLE R., *Political History of England*, 12 vol., Londres, 1905-1909.

ADAMS G.B., *Constitutional History of England*, 1941.

STUBBS W., *Histoire constitutionnelle de l'Angleterre*, 3 vol., 1907-1927.

Et, par les auteurs français :

CHARLOT M., *Le Système politique britannique*, Armand Colin (U), 3e éd., 1982 et *Le Pouvoir politique en Grande-Bretagne*, Paris, P.U.F., « Themis », 1990.

FRISON D. *et alii, Civilisation britannique, Documents constitutionnels*, Paris, Ellipses, 1993.

LERUEZ Jacques, *Gouvernement et Politique en Grande-Bretagne*, Paris, F.N.S.P., 1990.

L'Empire

CHEVALLIER J.J., *L'Évolution de l'Empire britannique*, 2 vol., Paris, 1930-1931.

The Cambridge History of the British Empire, 7 vol., 1930-1941.

GUILLAUME P., *Le Monde colonial, XIXe-XXe siècle*, Armand Colin (U), 1974.

GRIMAL H., *La Décolonisation, 1919-1963*, Paris, A. Colin, Coll. U, 3e éd., 1970 ; et *De l'Empire britannique au Commonwealth*, Paris, A. Colin (U2), 1971.

LLOYD T.O., *The British Empire, 1558-1983*, Oxford U.P., 1984.

KENNEDY Paul M., *The Rise and Fall of British Naval Mastery*, Londres, Mac Millian, 1976, 2e éd., 1983.

MARX R., *De l'Empire au Commonwealth, 1850-1994*, Paris, Ophrys-Ploton, 1994.

Les revues à consulter

Outre les grandes revues historiques françaises *(Annales économies-Sociétés-Civilisations, Revue historique)*, on retiendra, du côté anglais :

The English Historical Review, trim. depuis 1886 (Longman éd.)

History, paraît trois fois par an depuis 1911 (University College London).

The Economic History Review.

International Affairs, trimestriel (Oxford U.P.).

Past and Present, trimestriel.

Instruments de travail et documents

The Encyclopædia Britannica, 24 vol., diverses éditions et révisions.

Dictionary of National Biography, 1835-1900, suppléments décennaux jusqu'en 1981.

A New Dictionary of British History, ed. by S.H. Steinberg, Londres, Arnold, 2e éd. 1964, extrêmement utile et qui remplace le *Dictionary of British History* édité en 1937 et rapidement épuisé ; une douzaine d'auteurs ont contribué à la rédaction des définitions de termes institutionnels, économiques, politiques.

HANHAM H.J., *Bibliography of British History, 1851-1914*, Oxford, Clarendon, 1976, et ROBBINS Keith, *Bibliography of British History, 1914-1989*, ibid., 1995.

MARX R., *Lexique historique de la Grande-Bretagne*, Paris, A. Colin, 1976.

PORTER A.N., *Atlas of British Overseas Expansion*, Londres, Routledge, 1991 (admirable collection de cartes et graphiques, excellents commentaires, très original).

English Historical Documents, David C. Douglas Ed., 15 vol., avec de précieuses notes introductives et de copieuses indications bibliographiques.

MARX R., *Documents d'histoire anglaise du* XIe *siècle à 1914*, Armand Colin (U2), 1972.

MITCHELL B.R. et DEANE Ph., *Abstract of British historical statistics*, Cambridge U.P., 1962, fait autorité.

CHARLOT M. (sous la direction de), *Encyclopédie de la civilisation britannique*, Paris, Larousse, 1976.

CHARLOT M., *L'Angleterre cette inconnue, une société qui change*, Armand Colin, 1980.

COOK Chris et STEVENSON John, *The Longman Handbook of Modern British History, 1714-1987*, Londres, Longman, 2e éd., 1988, mine de faits et de données bibliographiques.

TABLE

Deuxième partie
L'éveil maritime et la consolidation de l'originalité anglaise
XVIe-XVIIe siècle

Troisième partie
La conquête de l'hégémonie, 1689-1815

Quatrième partie
L'hégémonie et son déclin, 1815-1914

Sixième partie
Des incertitudes contemporaines à la crise de 1973-1979

ANNEXES

collection tempus
Perrin

DÉJÀ PARU

50. *Histoire de l'Allemagne* – Henry Bogdan.
51. *Lieutenant de panzers* – August von Kageneck.
52. *Les hommes de Dien Bien Phu* – Roger Bruge.
53. *Histoire des Français venus d'ailleurs* – Vincent Viet.
54. *La France qui tombe* – Nicolas Baverez.
55. *Histoire du climat* – Pascal Acot.
56. *Charles Quint* – Philippe Erlanger.
57. *Le terrorisme intellectuel* – Jean Sévillia.
58. *La place des bonnes* – Anne Martin-Fugier.
59. *Les grands jours de l'Europe* – Jean-Michel Gaillard.
60. *Georges Pompidou* – Eric Roussel.
61. *Les États-Unis d'aujourd'hui* – André Kaspi.
62. *Le masque de fer* – Jean-Christian Petitfils.
63. *Le voyage d'Italie* – Dominique Fernandez.
64. *1789, l'année sans pareille* – Michel Winock.
65. *Les Français du Jour J* – Georges Fleury.
66. *Padre Pio* – Yves Chiron.
67. *Naissance et mort des Empires.*
68. *Vichy 1940-1944* – Jean-Pierre Azéma, Olivier Wieviorka.
69. *L'Arabie Saoudite en guerre* – Antoine Basbous.
70. *Histoire de l'éducation,* tome III – Françoise Mayeur.
71. *Histoire de l'éducation,* tome IV – Antoine Prost.
72. *La bataille de la Marne* – Pierre Miquel.
73. *Les intellectuels en France* – Pascal Ory, Jean-François Sirinelli.
74. *Dictionnaire des pharaons* – Pascal Vernus, Jean Yoyotte.
75. *La Révolution américaine* – Bernard Cottret.
76. *Voyage dans l'Égypte des Pharaons* – Christian Jacq.
77. *Histoire de la Grande-Bretagne* – Roland Marx, Philippe Chassaigne.
78. *Histoire de la Hongrie* – Miklós Molnar.
79. *Chateaubriand* – Ghislain de Diesbach.
80. *La Libération de la France* – André Kaspi.
81. *L'empire des Plantagenêt* – Martin Aurell.
82. *La Révolution française* – Jean-Paul Bertaud.
83. *Les Vikings* – Régis Boyer.
84. *Examen de conscience* – August von Kageneck.
85. *1905, la séparation des Églises et de l'État.*

86. *Les femmes cathares* – Anne Brenon.
87. *L'Espagne musulmane* – André Clot.
88. *Verdi et son temps* – Pierre Milza.
89. *Sartre* – Denis Bertholet.
90. *L'avorton de Dieu* – Alain Decaux.
91. *La guerre des deux France* – Jacques Marseille.
92. *Honoré d'Estienne d'Orves* – Etienne de Montety.
93. *Gilles de Rais* – Jacques Heers.
94. *Laurent le Magnifique* – Jack Lang.
95. *Histoire de Venise* – Alvise Zorzi.
96. *Le malheur du siècle* – Alain Besançon.
97. *Fouquet* – Jean-Christian Petitfils.
98. *Sissi, impératrice d'Autriche* – Jean des Cars.
99. *Histoire des Tchèques et des Slovaques* – Antoine Marès.
100. *Marie Curie* – Laurent Lemire.
101. *Histoire des Espagnols,* tome I – Bartolomé Bennassar.
102. *Pie XII et la Seconde Guerre mondiale* – Pierre Blet.
103. *Histoire de Rome,* tome I – Marcel Le Glay.
104. *Histoire de Rome,* tome II – Marcel Le Glay.
105. *L'État bourguignon 1363-1477* – Bertrand Schnerb.
106. *L'Impératrice Joséphine* – Françoise Wagener.
107. *Histoire des Habsbourg* – Henry Bogdan.
108. *La Première Guerre mondiale* – John Keegan.
109. *Marguerite de Valois* – Eliane Viennot.
110. *La Bible arrachée aux sables* – Werner Keller.
111. *Le grand gaspillage* – Jacques Marseille.
112. *« Si je reviens comme je l'espère »: lettres du front et de l'Arrière, 1914-1918* – Marthe, Joseph, Lucien, Marcel Papillon.
113. *Le communisme* – Marc Lazar.
114. *La guerre et le vin* – Donald et Petie Kladstrup.
115. *Les chrétiens d'Allah* – Lucile et Bartolomé Bennassar.
116. *L'Égypte de Bonaparte* – Jean-Joël Brégeon.
117. *Les empires nomades* – Gérard Chaliand.
118. *La guerre de Trente Ans* – Henry Bogdan.
119. *La bataille de la Somme* – Alain Denizot.
120. *L'Église des premiers siècles* – Maurice Vallery-Radot.
121. *L'épopée cathare,* tome I, *L'invasion* – Michel Roquebert.
122. *L'homme européen* – Jorge Semprún, Dominique de Villepin.
123. *Mozart* – Pierre-Petit.
124. *La guerre de Crimée* – Alain Gouttman.
125. *Jésus et Marie-Madeleine* – Roland Hureaux.
126. *L'épopée cathare,* tome II, *Muret ou la dépossession* – Michel Roquebert.
127. *De la guerre* – Carl von Clausewitz.
128. *La fabrique d'une nation* – Claude Nicolet.

129. *Quand les catholiques étaient hors la loi* – Jean Sévillia.
130. *Dans le bunker de Hitler* – Bernd Freytag von Loringhoven et François d'Alançon.
131. *Marthe Robin* – Jean-Jacques Antier.
132. *Les empires normands d'Orient* – Pierre Aubé.
133. *La guerre d'Espagne* – Bartolomé Bennassar.
134. *Richelieu* – Philippe Erlanger.
135. *Les Mérovingiennes* – Roger-Xavier Lantéri.
136. *De Gaulle et Roosevelt* – François Kersaudy.
137. *Historiquement correct* – Jean Sévillia.
138. *L'actualité expliquée par l'Histoire.*
139. *Tuez-les tous ! La guerre de religion à travers l'histoire* – Elie Barnavi, Anthony Rowley.
140. *Jean Moulin* – Jean-Pierre Azéma.
141. *Nouveau monde, vieille France* – Nicolas Baverez.
142. *L'Islam et la Raison* – Malek Chebel.
143. *La gauche en France* – Michel Winock.
144. *Malraux* – Curtis Cate.
145. *Une vie pour les autres. L'aventure du père Ceyrac* – Jérôme Cordelier.
146. *Albert Speer* – Joachim Fest.
147. *Du bon usage de la guerre civile en France* – Jacques Marseille.
148. *Raymond Aron* – Nicolas Baverez.
149. *Joyeux Noël* – Christian Carion.
150. *Frères de tranchées* – Marc Ferro.
151. *Histoire des croisades et du royaume franc de Jérusalem*, tome I, *1095-1130, L'anarchie musulmane* – René Grousset.
152. *Histoire des croisades et du royaume franc de Jérusalem*, tome II, *1131-1187, L'équilibre* – René Grousset.
153. *Histoire des croisades et du royaume franc de Jérusalem*, tome III, *1188-1291, L'anarchie franque* – René Grousset.
154. *Napoléon* – Luigi Mascilli Migliorini.
155. *Versailles, le chantier de Louis XIV* – Frédéric Tiberghien.
156. *Le siècle de saint Bernard et Abélard* – Jacques Verger, Jean Jolivet.
157. *Juifs et Arabes au XXe siècle* – Michel Abitbol.
158. *Par le sang versé. La Légion étrangère en Indochine* – Paul Bonnecarrère.
159. *Napoléon III* – Pierre Milza.
160. *Staline et son système* – Nicolas Werth.
161. *Que faire ?* – Nicolas Baverez.
162. *Stratégie* – B. H. Liddell Hart.
163. *Les populismes* (dir. Jean-Pierre Rioux).
164. *De Gaulle, 1890-1945,* tome I – Eric Roussel.
165. *De Gaulle, 1946-1970,* tome II – Eric Roussel.
166. *La Vendée et la Révolution* – Jean-Clément Martin.

167. *Aristocrates et grands bourgeois* – Eric Mension-Rigau.
168. *La campagne d'Italie* – Jean-Christophe Notin.
169. *Lawrence d'Arabie* – Jacques Benoist-Méchin.
170. *Les douze Césars* – Régis F. Martin.
171. *L'épopée cathare,* tome III, *Le lys et la croix* – Michel Roquebert.
172. *L'épopée cathare,* tome IV, *Mourir à Montségur* – Michel Roquebert.
173. *Henri III* – Jean-François Solnon.
174. *Histoires des Antilles françaises* – Paul Butel.
175. *Rodolphe et les secrets de Mayerling* – Jean des Cars.
176. *Oradour, 10 juin 1944* – Sarah Farmer.
177. *Volontaires français sous l'uniforme allemand* – Pierre Giolitto.
178. *Chute et mort de Constantinople* – Jacques Heers.
179. *Nouvelle histoire de l'Homme* – Pascal Picq.
180. *L'écriture. Des hiéroglyphes au numérique.*
181. *C'était Versailles* – Alain Decaux.
182. *De Raspoutine à Poutine* – Vladimir Fedorovski.
183. *Histoire de l'esclavage aux Etats-Unis* – Claude Fohlen.
184. *Ces papes qui ont fait l'histoire* – Henri Tincq.
185. *Classes laborieuses et classes dangereuses* – Louis Chevalier.
186. *Les enfants soldats* – Alain Louyot.
187. *Premiers ministres et présidents du Conseil* – Benoît Yvert.
188. *Le massacre de Katyn* – Victor Zaslavsky.
189. *Enquête sur les apparitions de la Vierge* – Yves Chiron.
190. *L'épopée cathare,* tome V, *La fin des Amis de Dieu* – Michel Roquebert.
191. *Histoire de la diplomatie française,* tome I.
192. *Histoire de la diplomatie française,* tome II.
193. *Histoire de l'émigration* – Ghislain de Diesbach.
194. *Le monde des Ramsès* – Claire Lalouette.
195. *Bernadette Soubirous* – Anne Bernet.
196. *Cosa Nostra. La mafia sicilienne de 1860 à nos jours* – John Dickie.
197. *Les mensonges de l'Histoire* – Pierre Miquel.
198. *Les négriers en terres d'islam* – Jacques Heers.
199. *Nelson Mandela* – Jack Lang.
200. *Un monde de ressources rares* – Le Cercle des économistes et Erik Orsenna.
201. *L'histoire de l'univers et le sens de la création* – Claude Tresmontant.
202. *Ils étaient sept hommes en guerre* – Marc Ferro.
203. *Précis de l'art de la guerre* – Antoine-Henri Jomini.
204. *Comprendre les Etats-unis d'aujourd'hui* – André Kaspi.
205. *Tsahal* – Pierre Razoux.
206. *Pop philosophie* – Mehdi Belahj Kacem, Philippe Nassif.
207. *Le roman de Vienne* – Jean des Cars.
208. *Hélie de Saint Marc* – Laurent Beccaria.

209. *La dénazification* (dir. Marie-Bénédicte Vincent).
210. *La vie mondaine sous le nazisme* – Fabrice d'Almeida.
211. *Comment naissent les révolutions.*
212. *Comprendre la Chine d'aujourd'hui* – Jean-Luc Domenach.
213. *Le second Empire* – Pierre Miquel.
214. *Les papes en Avignon* – Dominique Paladilhe.
215. *Jean Jaurès* – Jean-Pierre Rioux.
216. *La Rome des Flaviens* – Catherine Salles.
217. *6 juin 44* – Jean-Pierre Azéma, Philippe Burrin, Robert O. Paxton.
218. *Eugénie, la dernière impératrice* – Jean des Cars.
219. *L'homme Robespierre* – Max Gallo.
220. *Les Barbaresques* – Jacques Heers.
221. *L'élection présidentielle en France, 1958-2007* – Michel Winock.
222. *Histoire de la Légion étrangère* – Georges Blond.
223. *1 000 ans de jeux Olympiques* – Moses I. Finley, H. W. Pleket.
224. *Quand les Alliés bombardaient la France* – Eddy Florentin.
225. *La crise des années 30 est devant nous* – François Lenglet.
226. *Le royaume wisigoth d'Occitanie* – Joël Schmidt.
227. *L'épuration sauvage* – Philippe Bourdrel.
228. *La révolution de la Croix* – Alain Decaux.
229. *Frédéric de Hohenstaufen* – Jacques Benoist-Méchin.
230. *Savants sous l'Occupation* – Nicolas Chevassus-au-Louis.
231. *Moralement correct* – Jean Sévillia.
232. *Claude Lévi-Strauss, le passeur de sens* – Marcel Hénaff.
233. *Voyage d'automne* – François Dufay.
234. *Erbo, pilote de chasse* – August von Kageneck.
235. *L'éducation des filles en France au XIX*e *siècle* – Françoise Mayeur.
236. *Histoire des pays de l'Est* – Henry Bogdan.
237. *Les Capétiens* – François Menant, Hervé Martin, Bernard Merdrignac, Monique Chauvin.
238. *Le roi, l'empereur et le tsar* – Catrine Clay.
239. *Neanderthal* – Marylène Patou-Mathis.

À paraître

Judas – Pierre-Emmanuel Dauzat.
La guerre des capitalismes aura lieu – Le Cercle des économistes (dir. Jean-Hervé Lorenzi).

Cet ouvrage a été imprimé en France par

CPI

BUSSIÈRE

à Saint-Amand-Montrond (Cher)
en avril 2012
pour le compte des Editions Perrin
76, rue Bonaparte 75006 Paris

N° d'édition : 1923 – N° d'impression : 121546/4
Dépôt légal : août 2004